孝經 真義鈎沉

支那 著

書名：孝經真義鉤沉
作者：支那
封面裝幀設計：陳鐵騎
美編：趙學雙

出版：心一堂有限公司
通訊地址：香港九龍旺角彌敦道六一0號荷李活商業中心十八樓0五-0六室
深港讀者服務中心：中國深圳市羅湖區立新路六號羅湖商業大廈負一層008室
電話號碼：(852) 90277110
網址：publish.sunyata.cc
電郵：sunyatabook@gmail.com
網店：http://book.sunyata.cc
淘宝店地址：https://sunyata.taobao.com
微店地址：https://weidian.com/s/1212826297
臉書：https://www.facebook.com/sunyatabook
讀者論壇：http://bbs.sunyata.cc

香港發行：聯合新零售(香港)有限公司
香港新界荃灣德士古道220～248號荃灣工業中心16樓
電話號碼：(852)2150-2100
電郵：info@suplogistics.com.hk

版次：二零二三年十一月初版

平裝

定價：港幣　　二佰四十八元正
　　　新台幣　九佰九十八元正

國際書號　978-988-8582-38-9

謹以此書獻給——

睜眼看歷史、睜眼看文化、睜眼看世界的學人

尤其是渴求睜眼看《孝經》的同人

目錄

序

馬大勇

支那先生大著《孝經真義鉤沉》出版在即，採擷至於菲薄，強命我為序冠之書首，幾番推辭不獲准，只能略說幾句外行話。

以我有限所知，《孝經》作為儒家「十三經」之一，自古即備受推崇。迄唐玄宗李隆基親為作注，宋代邢昺疏之，影響至於頂點。雖明清後而稍殺，其地位亦僅在「四書五經」之亞。以故，古代關乎《孝經》之研究林林總總，汗牛充棟，但由於研究手段的局限與人文眼光的匱乏，始終存有諸多隔膜淆亂甚至錯謬之處，致其真義湮沒愈甚。迄乎近今，《孝經》更在文化激進主義潮流下漸次被妖魔化、邊緣化，幾乎完全被掃進歷史的垃圾堆。《孝經》真的只是「愚忠愚孝」的代名詞嗎？只是培植灌注奴性的工具嗎？這會不會是特定意識形態建構背景下形成的「鬼打牆」效應呢？是不是從文本到意蘊，這部古代儒家經典的「真義」還並沒有被我們真正理解呢？

我想，這也是支那先生多年來宣講《孝經》並奮筆撰寫這部大著的心理出發點吧！

對於《孝經》我是很生疏的，這次雖不得不應命為序，也因為雜事叢冗，沒能很認真地拜讀。但是，單從有限地翻閱流覽，已經能夠強烈感受到這部書稿中蘊涵著極豐沛的學術熱情和極精切的學術判斷。在報送有關部門的《審讀意見》中我寫下了這樣的「讀後感」：

支那先生的《孝經真義鉤沉》首次全面引入訓詁學方法全面解析關鍵字義，以文化人類學和紋飾考古學的觀念訓解經典文句的初文真義，發掘以「孝」為切入點、以「忠」為連接線、以「義」為支撐面的「孝忠義三位一體」的政治倫理思想體系，最大限度地還原了《孝經》之真貌。與之同樣重要的是，支那先生始終貫徹現代人文視角觀照這部上古經典，由此入手，對孝文化展開多層次多棱面的研究，並就孝文化的當代取捨發表了很多精闢見地，從而拂去塵蒙許久的歷史蛛網，準確衡定了「孝」的當代價值。

　　通觀全書，完全有理由說，支那先生無論從文本層面還是義理層面，都「鉤沉」出了《孝經》之「真義」，本書堪稱對《孝經》的一次截斷眾流、高標獨立的研究，無論從學術研究還是傳統文化普及傳播的角度來說，本書的出版都將起到推進的作用，具有重要的意義。

　　「審讀意見」有其文體要求，但第一，上文所述並非「場面話」，而是真實的閱讀感受；第二，我在閱讀過程中其實感受更深、也更被打動的是支那先生對於傳統文化飽含的深邃情感和深沉喟歎。我與支那先生尊酒論文，同聲同氣，因而覺得自己能聽懂幾分他發出的「千年一歎」，同時也期望著讀者能在領會理路之餘，更多去感受支那先生的「文心」與「哲心」。

　　所謂「序」，無非是「檻外人」的致敬而已，多說易露出狐狸尾巴，不如藏拙打住，並期待著支那先生有更多更好的論著陸續問世，沾溉學林，功莫大焉。

辛丑歲初於佳穀齋

（作者係吉林大學文學研究院中文系古代文學專業教授、博士生導師）

自敍

一

有人說，懷才就像懷孕。其實，鈎沉《孝經》這部儒家經典真義尤為如此：一旦懷上這份情思，遲早會降臨面世，所差只是一個時間而已。

多年來，身邊不乏懷才的文友，不時推出一篇篇大作。自慚形穢之餘，較之他人大作的高產，自感這部遲來的拙作，可謂難產。究其所以然，不止乏才可懷，況且懷有對傳統經典文獻那份敬畏使然。

年逾「耳順」，反躬自省，恐怕脫不了與「五〇後」人生軌跡之干係。年少時節，該長身體的時候在挨餓，該學知識的時候在停課。當斯之時，有誰膽敢放言「懷才就像懷孕」？因為「懷才」本身，多為罹難獲罪之秧苗。倘若顯懷，亦無非「心懷鬼胎」而已。

待到惡夢醒來，中年枉入新聞若許年，不時懷有「格物窮理」之念想；不料未屆「天命之年」，便按捺不住而蠢蠢欲動，方迷途知返。放下一切功利，始醉心於以訓詁方式方法考釋傳統經典文獻，隨之結合甲骨文字考正成果，繼而附帶彩陶紋飾文化的考古成就，致力於兩千多年來諸多名家注疏的考究，逐字索隱字形初文，講求「無一字無來處」；逐句探賾語詞本義，力求無一畫無去處。閉關十載，「發憤忘食，樂以忘憂，不知老之將至」。

近二十年來，「只管耕耘，不問收穫」，何止不合時宜，簡直不

5

識時務。不過，好在放下了職稱評聘的負累，遠去了功名利祿的誘惑，秉持自由之思想，堅守獨立之精神。雖談不上長於創他人之未創，但可以肯定的是：敢於言他人之未言，勇於發他人之未發，敏於論他人之未論。而且，從無些許遺憾，一向陶然自樂。曾幾何時，潛心於修正經典文句中語詞、語法等注疏的謬誤之時，放眼傳統文化「人云亦云」、「不知所云」、「雲山霧罩」的現象之際，竟不知不覺懷上了還原經典本真這一夢想。

隨著老眼日益昏花，禁不住友人與弟子再三敦促，歷經三載五易其稿，才將此難產的拙作，誠惶誠恐地付梓。

二

實話實說，多年前曾思謀著率先出版的論著，理應是述而將作的《道德經》、《論語》，抑或是述而未作的《大學》、《中庸》。而對這部儒家經典中唯一以「經」相稱的專著述而作之，實屬始料未及。

回首來時路，恐難排除那個「史無前例」年代所傳染的病毒。作為不諳世事的少年，一度身臨特定社會思潮翻捲的排空濁浪：《孝經》是「愚忠」、「愚孝」的代名詞，是灌輸「君讓臣死，臣不得不死；父讓子亡，子不得不亡」思想的奴化教育產物，是為統治階級服務而奴役勞動人民的工具……這種社會思潮，遂在幼小心靈中投下了一抹陰影。

憶及當年這部「禁書」輾轉到手，曾匆匆瀏覽一下。可開卷非但未有獲益，反而觸目驚心：因為全書除了「始於事親，中於事君」，便是「資於事父以事君」，再就是「君子之事親孝，故忠可移於君」……頓時，心中憤憤然不能自已，自此棄置而罷讀。

步入中年，即使全身心致力於以訓詁方式重新訓解儒家經典「四書」、「五經」，亦出於內心隱衷而不願顧及由孔子述作的這部專著。每憶及此，不由有所慨歎：一個時代思想觀念的扭曲，即使變換了時空，依然難以走出內心些許偏執的「鬼打牆」。對於這類慣性思維，雖不曾因腳步的停歇而中止，卻可隨某種機緣而改變。

記得四年前的一個冬日，於哈爾濱講學返長，受到弟子熱切的接風。待起杯敬酒之際，其中的一位雙手舉起酒杯，淚流滿面地懇請以訓詁方式釋解《孝經》。一時不禁為之怦然心動，這無疑出自對這位弟子歷經三年之久的苦苦期待。但不可否認的是，多年來在還原「四書」等經典本真之後，曾不時質疑並動搖著自己往昔對這部儒家專著形成的固有觀點。值此，當為弟子這番真情感動的瞬間，不由得與內心幾度悄然萌發的探究《孝經》究竟這一意願相契合，於是慨然應允。

當我應弟子懇請以訓詁方式釋解《孝經》之時，又應另一弟子之邀，在其國學館主講《孝經》。

三

古人云：讀萬卷書，行萬里路。今人講：行萬里路，不如閱人無

數；閱人無數，不如名師指路。本人主張：名師指路，不如背經典一部；背經典一部，不如還原經典本真面目。

不曾料想，時隔半個多世紀，重讀這部由孔子述作的專著，開卷觸目驚心依舊：步入這放射著至聖先師思想光華的古老殿堂，心頭那塵封日久而交織著偏見的蛛網不覺一抹而去，從自縛的絲繭中掙脫出紛飛的彩翼，翩然追逐著久違的春光。爾後，在千遍萬遍背誦之中走向孔聖，於百回千回的訓釋之時走近先師，一點點讀懂其思想，恍然參悟到其中遺存著言近而旨遠的「春秋筆法」；一次次解讀其初心，驀然發覺內在隱涵著詞約而意豐的「微言大義」。

通覽全篇，令人不勝感慨而唏噓。孔子的大半生，以承續上古夏商周三代禮學傳統為使命。身處「禮崩樂壞」而諸侯紛爭的春秋時期，他以「克己復禮」為己任，而制止諸侯爭霸那分裂戰爭的有效途徑，是踐行周公的「禮治」思想以和平方式實現一統天下，以拯救飽受戰亂之苦的黎民百姓。於是，他帶著弟子周遊列國長達十五載春秋，告誡實施暴政屬行「刑治」只能得計於一時，論說實行仁政踐行「禮治」才能得道於萬世。可這一切的說教，對於貪婪暴戾而攻城掠地的諸侯王來說，無異於與虎謀皮。殘酷的社會現實，破滅了孔子以周禮維護統一反對分裂的政治理想。

志士遲暮，窮且益堅。孔子回歸闊別多年的故國，鑒於周代封建制與宗法制那家國同構一分不二的政治建構，他改弦易張，以退求進，在山重水復的險境中，開闢出一條以「孝治」平天下的捷徑。概言之，此即以「孝」為切入點，以「忠」為連接線，以「義」為支撐

面，構建起「孝忠義三位一體」的政治倫理思想體系。

掩卷深思，令人既為之慨然讚歎，亦為之深感惋惜。試看孔子述作的這部《孝經》，實際以孝治為主，以孝親為輔，旨在闡發由孝親而孝治的政治倫理思想。如此機謀權變的政治智慧，歷來竟無人意會其所寄寓的這番良苦用心。人們未能透過從「孝親」至「忠君」的表象，窺見其由「禮治」變「孝治」這悄然轉身背後的通幽曲徑。個中玄妙，無非是利用為統治者易於接受的「孝治之忠義」，取代一向難以為統治者所接受「禮治之道義」，依然不失以「義」制衡和約束統治階級威權的旨歸。概言之，此經典旨在以「父子親」闡釋「君臣義」的政治倫理，根本未論及「夫婦順」的家庭倫理，以及「長幼序、友與朋」的社會倫理。

然而，令人頗為不解的是，即使作為孔子孝道文化傳人的曾子，其核心價值僅在於強化孝親的家庭倫理和孝道的社會倫理。從其承志諭道的孝敬論，到內省重行的修養論，以及弘毅守禮的人格論，無不圍繞普羅大眾大做文章而有所發展，儘管對後世產生極大的社會輻射影響，然非但未有傳承孔子以政治倫理為核心的孝治思想而有所建樹，反而無形間弱化了這部經典潛在約束統治者強權的鋒芒。

尤為令人遺憾的，是這部歷經由秦皇「焚書」至漢武「徵書」而浴火重生的專著，後代雖不乏為之注疏的帝王與學者，可無不囿於其社會歷史的局限性，產生形形色色的無意誤解，與林林總總的有意曲解，以致與其真義漸行漸遠。特別是二十世紀以降，儒學遭受到一系列的肆意塗抹而面目皆非，而《孝經》亦不免被千夫所指而蒙垢，一

度沉沒於被污染的歷史文化長河之中，豈不悲乎？

驀然回首，「田園將蕪，胡不歸？」走出偏見的泥淖，走過愧疚的曲徑，「實迷途其未遠，覺今是而昨非」。行成於思，一個民族文化的偉大復興，不僅有賴於傳統文化的縱向學術傳承，而且有賴於面向社會的橫向普及傳播。這是前行的兩輪，這是奮飛的雙翼。業精於勤，於是欣然為之命筆。

四

一部依託經典且闡發精義的論著，為其面世而擬訂書名，難免頗費躊躇。最後斟酌再三，才擬定為《〈孝經〉真義鈎沉》。

深究本書何以取名「真義」，較之陶淵明「此中有真意」詩句，似乎與其表示自然意趣的「真意」沒有太大關係，而與辛棄疾「無人會，登臨意」詩句所表無人領會那拳拳報國的心意，似乎不無關係。實則二者兼而有之，此即表示這部經典此中蘊含著孔子孝治天下的真義。尚且無人領會至聖先師「登泰山而小天下」的難酬心意。

至於「鈎沉」，則出於《易經‧繫辭上》「探賾索隱，鈎深致遠」句，不求拾取遺珠於滄海，但願以訓詁學、甲骨學、考古學的最新研究成果，撥亂反正，正本清源，鈎沉其孝忠義三位一體這久已湮滅的孝治核心，索隱其「生民之本」語義隱含此民本主義的孝道主旨，以期補苴罅漏於《孝經》兩千多年來注疏之闕。

《孝經》的真義鈎沉中，採用傳統訓詁學方式，打撈出這部經典

10

關鍵字久已湮滅的真義，是闡發他人舊所未識的事實節點。本書依據所破解甲骨文、金文的字義，索解出「人」、「民」二字久已埋沒的結體理據，進而揭秘出這部經典的受眾主體，即為政之天子、執政之諸侯王、輔政之卿大夫，以及佐政之家士，由此解開了「庶人」並非「庶民」這一斯芬克斯之謎。

《孝經》真義的鉤沉，以文化人類學的觀點，訓解經典文句的初文真義，並揭開古代先民「敬天法祖」信仰的奧秘，是論說他人從未論述史實的根本。此書依託本人構建的伏羲文化理論體系，索隱出「以配上帝」句文化斷層中的「上帝」真相，尚且探明了中華原始宗教文化「三一神」那往古來今的源頭。

鉤沉《孝經》的真義，以考古紋飾學的視點，啟動文言中冰封的詞素並還原詞語本義，捕捉殷商族玄鳥圖騰為夜半出沒貓頭鷹的真相，是創建他人所未創立理論的根基。本書依憑所揭秘彩陶與青銅器的紋飾文化，發掘出「君子」之「子」甲骨文遺存著商族玄鳥圖騰文化的深奧義理，尚且通過「玄鳥」之「玄」甲骨文的解碼，揭示出青銅禮器所謂「饕餮紋」那詭譎難辨的神秘傳奇，意外揭開了商周圖騰文化明爭暗鬥的謎底。

曾驚秋肅臨天下，敢遣春溫上筆端。一切為了《孝經》真義的鉤沉，為了鉤沉這部經典的一切真義。這樣執著，致力拂去塵蒙許久的歷史蛛網，還原儒家這部經典本真。值此，回首《孝經》這部經典的真義鉤沉，敬畏中不失惶恐，艱辛中不失欣喜。曾幾何時，殫精竭慮，幾度徹夜不眠？夙興夜寐，幾多白髮搔斷？冷暖自知，累並快樂

著。忍辱負重，砥礪前行，「輝光日新其德」，不失為實現中華民族文化復興的先機。時不我待，當盡一己綿薄之力。

放眼窗外，映射進庚辛年末第一縷春光。此部難產的拙作終於付梓，猶如期待新生兒呱呱墜地後割斷臍帶之分娩。不難想見，社會上會不時襲來割斷臍帶就罵娘的陣陣料峭春寒。但對於吮吸著儒家經典文化奶汁長大的國人，割不斷連接母體先天滋養的殷殷情懷。尤為令人期盼的是，作為學術版本《〈孝經〉真義鉤沉》的先行問世，而孕育中的通行版本《〈孝經〉真義》還會遠嗎？

庚辛年臘月22日立春（2021年2月3日）

識於長春信合公寓未名齋

【內容摘要】

真義鈎沉十二大要點

《孝經》是儒家唯一以「經」稱名的政治倫理學典籍，歷來雖備受推崇，可近現代不乏「愚忠」、「愚孝」之詬病。即使迄今通行的唐玄宗御注、宋代邢昺疏正的《孝經注疏》，亦由其歷史局限性而存在諸多謬誤。本書依據「新樸學」體系，在傳承和汲取歷代學術研究成果基礎上正本清源，撥亂反正，還原其歷史本來面目。

一、在訓詁學方面，首次融匯本人在人類學、甲骨學、考古學等學科最新研究成果，逐句鈎沉歷代名家注疏這部經典的真義，講求「無一字無來處」；逐字索隱本義，力求無一畫無出處。全書以所破解與新解甲骨文122字、其中舊所未識（或誤識）而隸定字22個，金文19字，以及簡帛文3字，共訓解出144個關鍵字，詮釋出與此經典各家注疏迥然不同的詞義、語義和句義。

二、在注疏學方面，首次透過「孝親」、「忠君」的表象，鈎沉出其中隱涵著一條以「義」貫穿全文始終的主線，顛覆了長期強加這部經典的「愚忠」、「愚孝」等不實之詞，構建起儒家以孝、忠、義三位一體為核心的孝治文化這系統而健全的理論體系。

三、在語義學方面，首次以訓詁的方式方法，鈎沉出這部經典中言近旨遠的「春秋筆法」，以及言簡意豐的「微言大義」。如《孝經·開宗明義章第一》開篇「仲尼居」，以「居」字初文「凥」像背靠憑几端

13

坐之形，披露了夫子業已結束周遊列國長達十五年的流離生涯，完成了由居無定所到安然而居、由「述而不作」到述而作之這華麗轉身背後的一系列資訊，從而解開孔子述作此部經典為回歸魯國晚年之作的謎題。

四、在語法學方面，首次依據古漢語文句結構特點，以現代漢語逐句進行語法、句法分析，發現歷代注家句讀理解之誤，導致句法之訛誤。如《孝經‧諫諍章第十五》「若夫慈愛、恭敬、安親、揚名，則聞命矣」，本文更正為「若夫慈愛、恭敬、安親，揚名則聞命矣」。「揚名」不止作為正句說明偏句假設「慈愛、恭敬、安親」三種孝行可產生的結果，關鍵與前章章題「廣揚名」相契合。

五、在詞彙學方面，首次以所破解甲骨文推翻了文言文「句首語氣詞」「無實在意義」之說，鉤沉出這部經典見諸句首的「夫」、「若夫」、「蓋」、「聿」皆為實詞，無不具有全新的實在字義。

六、在考古學方面，首次以彩陶紋飾所表現的漁獵文化，以及青銅器饕餮紋為离鳥與牛共生圖形的考正，鉤沉出「子」之甲骨文構形為离鳥之卵所孵化雛鳥的象形，索解出殷商族圖騰离鳥因「子夜」、「子時」出沒而稱「玄鳥」的成因，從而推翻「子」作為漢語詞尾以其無意義虛化性黏附於詞根的定論，為這部儒家經典關鍵字「君子」之「子」，還原其具有實義詞素的歷史真相。

七、在校勘學方面，首次以所破解甲骨文字，發現歷代名家注本的文句之謬誤，以及注疏的字義之舛誤。如《孝經‧三才章第七》「天之經也，地之義也，民之行也」句，根據章題「三才」所指天地人，並依據「才」字甲骨文的造字理據，將「民之行也」校讎為「人之行也」。

八、在倫理學方面，首次以家庭倫理、社會倫理與政治倫理的劃分，鉤沉出《孝經》以孝親為表象、以孝治為本質的政治倫理所遺存的資訊。披露了曾子重視家庭倫理和社會倫理而規避政治倫理的思想傾向，以致偏離了孔子以「孝治」制約統治者強權的政治指向。

九、在社會學方面，首次從訓詁學、甲骨學角度，鉤沉出上古「人」與「民」的不同階級屬性，同時依據《孝經·諸侯章第三》「和其民人」，與《孝經·喪親章第十八》「生民之本盡矣」，解碼其中所隱涵的民本主義之主旨。

十、在法學史方面，首次由上古「五刑」的探源，鉤沉出儒家禮法與法家刑法兩條相背而行的發展脈絡，既打撈出儒家由堯、舜、禹、湯、文、武、成王、周公等薪盡火傳的禮法，亦捕捉到法家由蚩尤、夏桀、商紂、周厲、周幽、秦皇等一脈相承的刑法。

十一、在人類學方面，首次以所創建的伏羲水文化理論體系，即以遠古大洪水消退的次序來揭示上古先民所祭祀「三一神」的成因，鉤沉出《孝經·聖治章第九》「宗祀文王於明堂，以配上帝」句中的「上帝」，為華夏祖先神伏羲這埋滅久遠的社會群體記憶，填補了中國宗教史起源的空白。

十二、在歷史學方面，首次釐清封建制由政治上的分封制、經濟上的井田制、文化上的宗法制成為上古政治文明的三駕馬車，並依據法家對封建制三大要素的顛覆，鉤沉出分封制為分權、郡縣制為專權的實質。其中尤為重要的是，顛覆性地發掘出秦王朝的社會意識形態，原本屬奴隸制的史實。

開篇：孝文化的前世今生

本書採用傳統的訓詁方式，又以有別於傳統訓詁的方法來考釋《孝經》。具體來說，除了以傳統的訓詁方式訓解古文字的字形、字音、字義之外，本人還以多年來在甲骨學、考古學等學科取得的原創性研究成果，逐字逐句索解這部經典字詞章句，修正歷代名家對文句中語詞、語法、語義等注疏的謬誤。

但先決條件是，弄清《孝經》何以稱之為「經」？其作者是誰？又緣何傳世？怎樣解讀？這一系列問題，都要進行深層研討。下面，我將圍繞以下十個方面的話題進行概括性闡述。

第一，《孝經》何以稱之為「經」？

《孝經》是儒家唯一以「經」相稱的代表性專著。中國傳統文化講究讀「三經」，此即儒家的《孝經》，道家的《道德經》，佛家的《金剛經》。

《孝經》這部經典，歷來被稱作儒家六經的總匯。它與以「經」稱名的其他典籍不同，因為《易經》、《詩經》、《書經》、《樂經》的「經」字，是由漢代儒士出於尊崇所附加的。《孝經》則不然，它在問世之後，戰國魏文侯曾作《孝經傳》，而《呂氏春秋》亦不乏引用《孝經》書名之處。因此，足見《孝經》這部經典成書之時，即以「經」名世。

第二，如何評價《孝經》這部專著？

《孝經》係孔子晚年系統闡發其孝治思想的政治倫理學著作。作

為歷代統治者平治天下的至德要道，它既是德育的根本，又是社會教化的必由之路，更是儒家以宗法倫理之孝道，為統治者做人治世所量身定制的政治道德準則。其社會歷史作用，旨在限制為政者天子的專權，制約執政者諸侯王的霸權，約束輔政者卿大夫的強權，規範佐政者家士的擅權，可謂上古封建社會政治文明建設的產物。

兩千多年來，這部經典由曾子與後世鴻儒名士以其無數的鴻篇巨制，一直著力於家庭倫理的孝親觀和社會倫理的孝行觀的全面論述。這樣一來，儒家的孝道觀在得以豐富和完善的同時，不免顧此失彼，淡化了孔子原本直指政治倫理的核心孝治觀。尤其是歷代名家突出地強調了「孝親」、「忠君」的思想文化，竟然忽視了貫穿其中潛在而不可或缺的「道義」，尤其無視其中以「春秋筆法」所隱含著孝忠義三位一體的「微言大義」。因此，鉤沉孔子述作這部經典的真義，還原其歷史真相，是我們義不容辭的使命擔當。

可以說，《孝經》不僅以中華優秀傳統文化的基因而薪盡火傳，而且還以其遺存的民本主義而與時精進。特別是以其具有的普世價值，成為世界文化寶庫中彌足珍貴的遺產。

第三，《孝經》作者究竟是誰？

《孝經》自問世二千多年來，就其作者而言，一向眾說紛紜，莫衷一是。概言之，主要有以下諸多說法：孔子自作、曾參所作、孔子嫡孫子思作、孔子弟子作、曾參弟子作、孟子弟子作、齊魯儒者和漢儒作、後人附會之作、漢人偽託之作這九種。

關於《孝經》這部經典為何人所作的問題，按說自漢魏晉隋，下

迨唐朝，歷代學者無不認為非孔子莫屬。如班固《漢書·藝文志》載：「孝經者，孔子為曾子陳孝道也。」又如《孝經緯》亦謂：「孔子云：『欲觀我褒貶諸侯之志，在《春秋》。崇人倫之行，在《孝經》』。」更何況《孝經緯·鉤命訣》引孔子所言：「吾志在《春秋》，行在《孝經》。」其中「行」字，是指孔子以其「春秋筆法」，倡行其孝治天下的「微言大義」之義舉。

此間頗有不同的觀點，緣於司馬遷《史記·仲尼弟子列傳》中記述曾參的文句：「孔子以為能通孝道，故授之業，作《孝經》。」詳察此句，是以「故」為關聯詞的因果關係複句。此句主語為「孔子」，而謂語「以為」本為「以之為」，係兼語結構：其省略的代詞「之」，代指曾參，即「以」為其間接賓語；其後「能通孝道」為其直接賓語。後分句在前分句說明原因後，說明由這個原因產生的結果。因此，無論是「授之業」，還是「作《孝經》」的施動者，只能是孔子，而非曾子。

時至南宋，朱熹在其《孝經刊誤》中指出：「孝經，夫子曾子問答之言，而曾子門人記之也。」朱子此說，明明是曾子門人「記之」，而並非「作之」。孰料後世學者偷換概念，將二者混為一談，遂形成《孝經》為「曾子門人所作」這一偽說。後至清代，紀曉嵐編纂《四庫全書總目》主張：「今觀其文，去二戴所錄為近，要為七十子徒遺書。」由此可見，所謂「七十門徒所作」之說，當出自紀氏臆斷，實不足取信。

唐代以降，諸家之所以認為《孝經》為曾子所作，或認作曾子門

人，以及其他人所作，此種種說法癥結有二：一方面從《孝經》開篇「仲尼居，曾子侍」此六字來講，認為孔子作為先生，不可能稱其弟子為「曾子」；而曾參作為弟子，更不能在尊師面前自稱「曾子」。於是，後世學者據此推斷《孝經》的作者為曾子門人。另一方面從《史記・仲尼弟子列傳》所載「作《孝經》」句來看，大多注家皆將動詞「作」，按其本義理解為「寫作」，並根據孔子「為曾子陳孝道」這一點，排除了孔子「作《孝經》」的可能性，從而臆斷為曾子所作。豈不知此句「作《孝經》」之「作」，當由其「寫作」本義，引申為「述作」。進言之，由《易・益卦》初九爻辭「利用為大作」，當知孔子之「大作」，即利用孝親傳述其孝治天下那博大思想的「作法」。鑒於此，「孔子以為能通孝道，故授之業，作《孝經》」句，其確切釋義當為：孔子認為曾參能通達孝行孝治之道，所以向他講授如何弘揚先王至德要道的功業，利用孝治天下的政治倫理思想，因而述作《孝經》這部大作。

本人觀點，《孝經》作者為孔子，此即孔子以口傳面授的述作方式，向弟子曾參傳述孝行孝治的博大政治倫理思想，先行由侍坐的曾子記述，再行向弟子傳述，最後由其門人結集成書。否則，假設《孝經》作者為曾參，他又何必另行撰寫《曾子大孝》來釋解孔子的《孝經》，豈不多此一舉？

倘若從世界宗教學角度來講，無論佛教經典《金剛經》，亦無論基督教經典《聖經》，還是伊斯蘭教經典《古蘭經》，抑或本土佛教禪宗經典《壇經》，無一不是由教主口述，然後由其弟子傳述，最後

再結集而問世。豈可以各大經典皆由其教主述作，而否定《金剛經》非佛主釋迦牟尼所作，《聖經》非基督耶穌所作，《古蘭經》非穆罕默德所作，而《壇經》非六祖慧能所作？

第四，《孝經》歷經了何種命運？

《孝經》自問世以來，雖命運多舛，屢遭劫難，但「烈火焚燒若等閒」，尚且浴火重生而涅槃。

一者，秦朝的焚毀與漢代的重生。

眾所周知，西元前213年，秦始皇統一六國後，為實行文化專制而「焚書」；前212年，繼而「坑儒」。值此，「制天下藏詩、書及偶語棄市」，是指對於天下藏匿《詩經》、《書經》以及偶而談論的人，要在人眾集聚的鬧市，遭到車裂、腰斬、梟首的死刑，並棄屍於街市之上。於是，大量文獻典籍付之一炬，所剩寥寥無幾。當然，《孝經》也難逃如此厄運。

多行不義，必自斃。西元前221年，嬴政滅除六國，開創了中華歷史上第一個奴隸制大秦帝國，曾自命「始皇」而夢想傳位於萬世。孰料「罷黜百家，獨尊『法』術」的暴政，前後統治僅僅14年，便在農民起義烽火中覆滅。這個短命王朝頗具諷刺意味的是：始以「焚書」不可一世，終以「楚人一炬」亡於二世，最終難逃「玩火者必自焚」這現世報應的結局。

秦王朝以其灰飛煙滅的歷史命運雄辯地說明，書可焚燒，思想文化卻無法焚毀。其後，楚漢經過四年逐鹿中原，最終劉邦勝出，遂於西元前202年創立起大漢王朝。這為包括《孝經》在內的歷史文化典籍

的浴火重生，帶來一線生機。

西漢初期，推崇黃老之術的無為而治，隨之由文帝劉恒與景帝劉啟父子以「與民休息」與「輕徭薄賦」的接力，開啟了「文景之治」的時世。政治的清明，經濟的興盛，社會的安定，呼喚著文化的復興。需要說明的是，漢景帝生有十四個兒子，除了第十子劉徹繼位大統，成為漢武大帝之外，還有兩個與《孝經》相關的重要人物。下面，亟待講講「老劉家」那點事兒。

與《孝經》有關的第一號人物，乃漢景帝次子劉德，受封為河間王。當他受封於此，非但沒有大興土木，反倒是為先秦傳統文化的焚毀而痛心疾首。他堅信，人間自有正義在，必有志士仁人冒著殺頭的危險，能將中華文化的火種保留下來。於是，河間王劉德便以重金徵集民間藏匿的文獻典籍。

當斯之時，頗有影響的人物為顏氏父子。父親顏芝將私藏的《孝經》交給兒子顏貞，獻給河間王劉德。於是，這部經典重見天日。當諸多文獻典籍再現於世之時，孰料重賞之下，必有贗品，一些偽劣假冒的《尚書》、《孝經》紛至遝來。劉德為王二十六載，在全身心投入先秦文化古籍的收集與整理過程中，以其高度的社會責任感和神聖的歷史使命感，對各種版本逐一進行甄別，並按照歷史發生的事實甄別其真偽。

河間王劉德薨殂後，諡號「獻」，葬於其封國。後人尊稱其「獻王」，亦稱「獻書王」。東漢史學家班固在《漢書》中以「實事求是，修學好古」八個字評價劉德，此即成語「實事求是」的出處。迄

21

今，其陵墓猶在，即河北省獻縣。提及獻縣，亦即清代紀曉嵐的故鄉。

與《孝經》有關的第二位人物，係漢景帝劉啟的第四子——劉餘。此人與其兄長劉德不一樣，患有口吃，不喜文辭，卻熱衷擴建宮殿，興建樓臺苑囿，並以熱衷「強拆」而知名。

他曾封為淮陽王，後被調到孔子的故鄉——山東曲阜，遂封為魯恭王。封國有變，但惡習不改。為了擴大宮殿，他繼續其「強拆」事業。可三拆兩拆，就拆到孔宅。據傳說，正當揮鍬舞鎬之間，天空傳來鐘磬的鳴響。令人驚訝不已的是，孔府舊宅的夾壁牆裏，一批古文經傳赫然呈現在眼前。這一大發現，據傳由孔子裔孫孔鮒所藏，其中就有用蝌蚪文書寫的古文《孝經》。這些史實，後來載於班固的《漢書》之中。可以說，在中國文化史上，魯恭王劉餘既以「強拆」之行惡名昭著，又以「強拆」之事而名留青史。

一部《孝經》，除了河間王劉德與魯恭王劉餘這兄弟倆先後貢獻出兩種版本的《孝經》，其他版本也相繼發現。漢昭帝劉弗陵時期，又有魯三公獻出一種新版本的《孝經》，此是後話。

二者，唐宋的興盛與元明清的式微。

《孝經》這部儒家經典，自唐宋以來，經由唐玄宗李隆基御注《孝經》，成為明經科目重要內容；後由宋儒邢昺疏正之後，遂成為傳世寶典。但是，隨著「程朱理學」的應運而生，朱熹的《四書章句集注》被後世奉為科舉考試的圭臬，《孝經》不免遭受冷落。

元朝初期廢除了科舉，社會各行業的地位排名，可見於趙翼《陔

22

餘叢考》：「元制：一官，二吏，三僧，四道，五醫，六工，七匠，八娼，九儒，十丐。」由此當知，當儒士淪落到連娼妓都不如的「臭老九」這一社會地位，《孝經》這部儒家典籍的下場，則不言而喻。後至中期元仁宗，即使首開「以經義取士」的先例，時光的短暫與儒士的卑下並未改變姑且不論，就其科考內容而言，由於僅限於《大學》、《中庸》、《論語》、《孟子》此四經，《孝經》則與其無緣。再至明清兩代，由於科舉仍將朱熹《四書章句集注》奉為圭臬，《孝經》遂日漸式微。但隨著清朝順治、雍正二帝為《孝經》再作御注，從而使「孔曾遺訓無一義不新，無一人不喻」。

步入二十世紀現代社會，從一十年代中葉由「尊孔」到「反孔」的「新文化」變奏曲，到六十年代中期由「破四舊」到「批孔」「反儒」的「文革」詠歎調，《孝經》作為儒家經典自然難逃厄運，並以「愚忠」、「愚孝」的罵名，被無情地「掃進歷史垃圾堆」。

第五，《孝經》傳世版本是否為先秦舊本？

《孝經》原有版本，自秦始皇「焚書」而付之闕如。西漢初期所發現的《孝經》版本，有「古文」和「今文」兩種文本。其一，漢景帝時，河間王劉德徵得民間顏芝私藏的《孝經》，全書分為十八章，因用隸文書寫，遂稱作「今文孝經」。後由東漢大儒鄭玄為之作注而傳世。其二，漢武帝時，魯恭王劉餘拆孔宅在牆壁中獲得暗藏的《孝經》，因用蝌蚪文書寫，所以稱為「古文孝經」。據《漢書・藝文志》載「《孝經》古孔氏一篇，二十二章」，斯時由大儒孔安國為之作注而名世。

按說，《孝經》的「古文」與「今文」兩種版本，除了文句與篇章存在些許增補刪減外，二者內容上並無較大出入。自唐宋迄今，世上通行文本係唐玄宗御注、宋人邢昺疏《孝經正義》，前後十八章。就其篇幅與內容而言，顯然是以「今文孝經」為本，尚且兼顧「古文孝經」而成書。

第六，《孝經》是否有權威性傳世版本？

自兩漢劉氏王朝以降，文化領域湧現出一批以孔安國、鄭玄為代表的著名訓詁學家。他們貢獻卓著而影響深遠，《孝經》皆以其所作之注而傳於後世。穿越六個世紀風雨滄桑，弘揚孝道文化的接力棒傳至李唐王朝手中。那麼，上面說完了劉家那些事兒，現在再來說說李家那點兒事。

唐朝作為中國歷史上最為鼎盛而輝煌的時代，高祖李淵早在開創李唐王朝之時，雖說以其李姓為唐宗室確立了尊崇老子而崇奉道教的基本國策，但從未影響歷朝帝王對於儒教與佛教的崇信。其中，唐玄宗李隆基這位才子皇帝，儘管以其御注《道德經》可與南朝梁武帝蕭衍有一拼，但就其二度御注《孝經》而言，使之定於一尊而流傳後世，則令梁武帝望塵而莫及。

上有所好，下必甚焉。基於唐玄宗《御注孝經》使這部經典成為治國之法典，後至宋儒邢昺為之作疏，於是形成唐玄宗注、邢昺疏之《孝經正義》，從此成為後世通行迄今的權威性版本。

第七，《孝經》研究的主旨是什麼？

一部《孝經》，由於歷代統治者與學者的曲解或誤解，以及社會

歷史的局限性，致使諸多極具價值的思想文化內涵被掩蓋。為還其歷史本來面目，亟待以訓詁學、甲骨學、考古學的最新研究成果深入鈎沉索隱，以正本清源，撥亂反正，激濁揚清，還其歷史本來面目，這是處於思想啟蒙前夜的當代中國，實現中華民族文化復興的先決條件。

《孝經》這部儒家經典的研究，旨在揭示它以宗法倫理為孝道的根基，揭秘其中以統治者為孝治的主體，鈎沉全文以愛親愛民為孝行的主題，索隱文中以潛在的民本主義為核心的線索，探賾句中所隱涵的以「義」為主線的玄機，貫穿以孝親、忠君為內容的全文始終的謎底。尤其是解密其內在以限制為政者天子威權為重點、以制約執政者諸侯王霸權為中心、以約束輔政者卿大夫強權為格局這一系列密碼，構建起以孝、忠、義三位一體為基礎的儒家孝文化思想理論體系。

第八，《孝經》之「孝」如何解讀？

「孝」字楷文結體，由上「耂」下「子」兩部分構成。上「耂」為「土」加上一撇，音讀「老」。當下社會流行的說法，即「入土為孝」。不過，「孝」的字義按這種說法，則與下偏旁「子」相悖，並極易由此產生歧義：到底入土的是盡孝的兒子，還是讓老人入土就是孝道的唯一標準？這類按楷文結構解讀古文字，往往望文生義而有失嚴謹，不免與其本義相去甚遠。

從「孝」字甲骨文來看，其結體為 ，像男孩頭上插有一物什之形，頗為令人費解。對於男孩頭上所插之 ，有人認為其狀像一根草。按說，將草插在孩子頭上，是出賣孩子的標記「草標」。其實不然，「孝」字楷文上從「耂」音「老」，須

25

知其甲骨文上从，實則像毛羽之狀，而非表示草標之（屮，音「冊」）。

　　細究「孝」字甲骨文，其上所從之，當與「考」之甲骨文其上所從之，有著割不斷的天然聯繫。十幾年前，本人在破解了甲骨文「老」、「考」二字時，曾將以「耂」為部首的漢字「老」和「考」逐一進行了考釋。就二者甲骨文結體構成而言，前者「老」字甲骨文寫作，為頭戴冠冕之人；後者「考」字甲骨文寫作，為頭戴鶡（音「合」）冠之人。先秦道家有一典籍《鶡冠子》，作者為戰國楚人鶡冠氏，其氏即由「以鶡為冠」而見稱。

　　「鶡」字，從鳥，曷聲，為形聲字。此鶡，是屬於「雉」類一種禽鳥。漢高祖劉邦的夫人呂後，名雉，因諱其「雉」字，這一禽鳥遂改稱「野雞」。因此，鶡雉，後世亦稱「鶡馬雞」。它與一般鬥雞不同，不僅兇猛而勇於爭鬥，尚且不鬥則已，鬥則不止，乃至以死相拼，死而後已。上古鑒於鶡雉這種大無畏精神，武將遂將其鶡尾插在所戴弁冠頂部，從而成為勇武的象徵。

　　早在黃帝戰蚩尤之時，勇者即以頭戴鶡冠視作榮耀。時至夏商周三代，武官皆以鶡冠作為軍戎服飾之首服，此即弁冠的前身。後至戰國趙武靈王「胡服騎射」，才將冠上三根鶡尾改成兩根。君不見戲曲舞臺上表勇武的將帥，從《群英會》中的周瑜、《鳳儀亭》中的呂布，到《大破天門陣》中的穆桂英，乃至《大鬧天宮》中的齊天大聖孫悟空，無一不頭戴著兩根矯健的雉雞翎，依然遺存著上古之遺風。

對於「考」字甲骨文之𦥑，除了頭頂之𦥑，已考正為弁冠所插一根鷗雉尾羽之外，手中所持之物尚未知曉。然頗為有趣的是，此「考」字甲骨文之𦥑，較之「老」字甲骨文之𦥑，二者手中所持之物的形狀，可謂別無二致。研契學者無不認定為「手杖」，實際則未必。

倘若考究手持這一構件之原委，可由此「考」本初詞性的考正，即可窺見其字義之端倪。如《詩經・唐風・山有樞》云：「子有鐘鼓，弗鼓弗考。」又如《莊子・天地》載：「金石有聲，不考不鳴。」由此可見，詩文中的「考」字，其初始詞性當為行為動詞，在文言文為「考擊」，而現代漢語為「敲擊」。

從周代禮制來看，其官爵分為九等級，稱作九命。其八命為侯王的三公，即身為軍隊統帥兼執政大臣的太師、太傅和太保。當進一步出封時，再加一命，稱為上公。另據東漢鄭玄為《周禮・王制》「天子之老」句所作之注：「老謂上公。」至此，可知「老」為頭戴冠冕而輔弼天子的九命「上公」，依然職掌征伐的軍權。值此，鑒於屈原《楚辭・國殤》「援玉枹（同「桴」）兮擊鳴鼓」這一詩句，當知手持「鼓枹」者，就是身為「三公」的太師、太傅和太保。他們頭戴鷗冠，以此擂響進軍的戰鼓。那麼，「老」、「考」二字甲骨文手持構件究竟為何物？經過此番鉤沉浮出水面，此即古稱「鼓桴」（或「枹」）的鼓槌。可以想見，無論頭戴鷗冠之「考」，還是頭戴冕冠之「老」，二者皆手持象徵兵權的鼓槌，並以此擂響震天動地的隆隆戰鼓，激發三軍將士勇往直前的鬥志。

考證至此，我們可恍然大悟：許慎在闡釋「六書」中的「轉注」時，何以提出「考老是也」。換言之，「考」、「老」二者字形、字義之所以可相互轉注，反映出上古掌握兵權太師、太傅、太保這「三公」，既憑其征戰沙場以枹擂鼓謂之「考」，又以其步入廟堂身居上公之位謂之「老」。可以說，前者之「考」，為過去完成時態；而後者之「老」，則為過去進行時態。而這一方面，正是「三公之上為上公，上公為老」的有力佐證。

僅就周朝來說，「三公」中居於首位的是太師，姜子牙是也；其次是太傅，周公旦是也；再次是太保，召公奭是也。這三位戎馬一生，戰功顯赫，才由輔佐君王之「三公」，晉升為輔弼周天子之上公，從而尊崇為「老」。申言之，上公以其功高德劭而身居「老」之尊位，不僅資歷深、資格高，而且年齡長。於是，此「老」的詞性，遂由名詞派生出表示「年長」的形容詞，從而兼具「年老」之意。不曾料想，後世隨著表示抽象性「年老」的形容詞得以廣泛應用，原本以表示上公這一官位而作為名詞的「老」，反而悄然從人們的視野中淡出，致使其兼義興而本義亡。

沒有對照比較，就沒有甄別。若將「考」字甲骨文之 𤔫 與「孝」字甲骨文之 𡥈 作一比較，便可發現二者存在著一定的內在聯繫。前者「考」字頭上之 ⅄，已知為三公弁冠所插鶡尾毛羽；而後者「孝」頭上之 𡥈，則像男孩頭上插有一根毛羽之形。

先從少兒的髮式來看，古時男孩子上學時，須將頭上散髮紮束成一根向上直豎的髮辮，由此稱為「豎子」；隨之在髮辮上端繫上絲

帶，而所縶絲帶兩端自然下垂，恰好與豎直的髮辮形成一「小」字，亦由此稱作「小子」。

後從少兒習性來說，但凡男孩，無不對父親懷有崇拜心理。他們不僅喜歡摹仿大人的言行舉止，尚且還喜歡私下穿上父親的寬大上衣，或偷偷靸上厚重的鞋履，甚至戴上父親華貴的冠冕……可謂「虎父無犬子」。作為太師、太傅、太保三公之子，當然對父親充滿無限崇拜，終不免將其頭上所戴弁冠的鶡羽尾，偷偷地拔下一支，插在自己直豎的髮辮上。因為在孩子的幼小心靈中，無不渴求像父親那樣建功立業。

再從「考」與「孝」的構成來論，上古原本尊稱父親為「考」，即頭戴鶡尾冠而手持鼓桴的軍隊統帥。而「孝」字所從之「子」，相對於這本指父親之「考」，自然屬膝下未成年的小兒子。那麼，作為將門虎子，將其父考所戴弁冠上的鶡羽毛尾，插入自己頭上直豎的髮辮，不僅與少兒的髮式相符，並與少兒的習性相關，同時還與「考」、「孝」二字甲骨文的結體構成相契合。應該說，此二字結體決非偶然，而是遺存著以子承父業為孝行這一彌足珍貴的文化資訊。

「孝」之字形、字義的破解，揭示出內在所寄寓的這種渴求傳承父業的少年壯志，以及所蘊涵的「雖不能至，心嚮往之」這一殷殷情結。曾子在《禮記·祭義》中指出：「君子之所為孝者，先意承志，諭父母於道。」大孝之道，先行於雙親尚未表達的意願，傳承其志向，讓父母明白這樣做的道理。簡言之，孩子從小自昭明德，將來才能把孝親之心，化作傳承父親未竟事業之行。而這正是《禮記·

大學》所主張「為人子，止於孝」的拳拳情懷，也恰是《孝經》首篇「開宗明義章」所闡發「立身行道，揚名於後世，以顯父母，孝之終也」的昭昭義理。孝行有小大，小孝在身家，大孝在天下。只有從小立下子承父業之心，長大才能實現建功立業之志。這誠如《三字經》結尾所言：「揚名聲，顯父母；光於前，裕於後。」

第九，《孝經》之「經」如何讀解？

所謂「經」者，經典也。「經」字，大陸簡體寫作「经」。《說文》載「經，織也。从糸，巠聲。」其初文則為「巠」，金文見諸西周𢉩（音「胡」）簋所作之巠。其上之「巛」，為織機的縱向絲線；其下之「工」，則為織機上的綜合拉杆。「先有經而後有緯」，左手拉動這「工」型拉杆，經線上下提拉接受橫向穿梭的緯線，遂織成布帛。那麼，又是誰首先發明了織布機呢？

早在五帝時期，華夏先人就發明了織布機，而發明人即著名民間故事《牛郎織女》的女主角織女。她原名女修，家住甘肅天水，係顓頊帝的孫女。作為中華紡織科技發明第一人，後人將其尊奉為紡織女神。當女修去世後，人們為了感念她的貢獻，不僅將天上一個星座命名為織女星，每年還以農曆七月七「乞巧節」來紀念她。

尤為需要指出的是，紡織的整個過程中，若沒有縱向經線，橫向緯線就無從談起，而絲帛就無法織成。於是，「經」便成為不可或缺的根本性要素。但是，任何一部經典，無須自我標榜，必須經過千百年歷史長河的大浪淘沙，依然能夠留傳後世，才稱得上「經典」。而

儒家這部《孝經》，幾千年來依然讓人唇齒留香，無愧於經典之作。

第十，如何解讀《孝經》這部經典？

對於如何解讀《孝經》這部經典，尚待向大家推介本人經過十多年研究，所繪製的一張探究中華傳統文化的路線圖。

首先，重在明確兩個基本概念：何者為「人」？何者為「民」？

對於何者為人，西方是從不同學科、不同角度進行論述，從而具有不同的觀點：一者，從生物學來看，人是具有直立行走，能夠創造性的使用勞動工具的高級靈長類動物。二者，從行為學來講，人是懂得使用語言、具有多種複雜的互助性社會組織，喜歡發展複雜科技的生物。三者，從宗教學來說，人是具有靈魂的肉體，並與神聖的力量或存在有關的生靈。四者，從哲學來談，人的本身最高的絕對的本性及其生存的目的，是在於意志、思維與情感之中。五者，從經濟學來論，馬克思認為，人的本質是一切社會關係的總和。然而，我們古老的華夏民族則不然，只是按社會分工的不同，劃分成「人」和「民」兩個階層。

先看一下「人」字甲骨文亻，為側立而俯身垂臂的人形，並呈現出謙卑恭敬的肅拜之狀。確切地說，此「人」並非單純象形字，因為他以謙卑恭敬肢體語言，體現出溫良恭儉讓的思想文化素養，足以意會其所擁有的貴族身份。因此，「人」字當為象形兼會意字。上古堯、舜二帝時代，貴族即已設置公、侯、伯、子、男五等爵位。他們之所以俯身垂臂而呈肅拜之狀，即在於他們深諳「貴以賤為本，高以下為基」的理念，或躬身祭天之神，以敬仰古聖先

賢的在天之神明；或俯身祭地，以敬畏列祖列宗的不滅之神靈；或躬耕田畝，以敬重天下黎民百姓的勞作之神聖。所以，「人」的字義，是指具有公、侯、伯、子、男五等爵位的貴族，以及失去貴族爵位而服事差役的庶人。

再看「民」字甲骨文罒，字形像一眼目之形，瞳孔處有一下垂豎直線，並以一點畫標在豎直線中間。這是個指事字，其豎直線表示生民勞作時那向下低垂而專注的目光；其一點畫為指事符，以此指示勞作時目光的視線僅限於一定距離，尚且集中在某一點上。

上古先民的社會生活，是以男耕女織為典型的經濟生產模式。人們日出而作，日入而息，無論女人在家中紡紗織布，還是男人在農田耕耘收穫，面朝黃土背朝天，目光無不向下低垂，專注於手中的活計。所以，此「民」字義，是指古代專注於耕織的勞作者。在社會關係中，亦指世代從事勞作的「庶民」，而這正是與失去貴族身份而勞作的庶人的不同之處。

最後，貴在明晰兩個基本概念：何者為「國」？何者為「家」？

上古封建社會各階級，按「人」作為貴族，「民」為非貴族的勞作者，自上而下分為天子、諸侯、卿大夫、士人、庶人及庶民六大階層。

首先是為政者「天子」，作為諸侯國「人君」的主宰者，周朝始稱「國王」，其直接統轄的區域稱作「王畿」，所擁有普天之下的王土，即代稱「天下」；其次是「人君」，即執政者侯王，簡稱為「君」，其封國稱作「邦國」，簡稱「國」；又次是「人君」之下，即

辅政者卿大夫，稱作「人臣」，其封邑稱作「采（音「菜」）邑」、「食邑」，以及「家邑」，簡稱「家」；再次是「人臣」之下，即佐政者「士人」，稱作「家臣」，其封地稱作「食田」；另次是「家臣」之下，即從政者「庶人」，稱作「役人」、「差人」。或由貴族淪落為勞作者，以其耕作在遠離王城的荒野，而稱作「野人」。至於「庶人」之下，即從未有貴族身份的芸芸眾生，稱之為「庶民」。

上述內容，說明「家」為卿大夫的家邑，「國」為諸侯王的封國，「天下」為天子統治的領域。這是本人十幾年前，經過對上古封建社會各階級進行分析、概括和總結，所繪製《中國上古封建社會各階級分析圖解》的內容。

國王	天子	為政者	王畿	天下
人君	侯王	執政者	封國	國
人臣	卿大夫	輔政者	封邑/采邑/家邑	家
家臣	修士	佐政者	食田	士人
家胥	庶人	從政者 失政者	從屬家臣，服事差役 淪落貴族，自耕郊野	差人/役人 野人
	庶民		平民	民

此圖解開闢了一條走出先秦經典文化迷宮的路徑，曾被著名紅學家土默熱先生譽為「打開先秦文化大門的一把金鑰匙」。沿著這條路徑，人們可走出儒家「修齊治平」這一學說被曲解已久的誤區。

對於儒家「修身、齊家、治國、平天下」這一從政理念，幾千年來一直誤解為：加強自身修為，就能管理好家庭；管理好家庭，就能治理好國家；治理好國家，就能平定天下。究其所以然，在於世人根

33

本不知何者謂「國」，何者謂「家」，何者謂「天下」，致使背離了經典本意，並且與之漸行漸遠。

反觀「修齊治平」對象，一是所謂「修身」，顯然是指士庶人中的修士。因為沒有自身修為，齊家則無從談起。二是所謂「齊家」，自然是指家臣。因為「家」是卿大夫的封邑，而「齊」為使動用法「使……齊」。也就是說，作為家臣，要使卿大夫封邑之「家」管理得整齊劃一，井然有序。三是所謂「治國」，當然是指大夫，要治理好侯王封國之「國」。四是所謂「平天下」，定然是作為上大夫的公卿，輔弼天子以平定天下。其中「平天下」之「平」，用如使動用法「使……平」，其意是「使天下太平」。

這一「修齊治平」的歷程，可由孔子的畢生經歷予以見證：從少年孜孜以求之「修身」，至青年以「委吏」、「乘田」之「齊家」；從中年相繼任中都宰、小司空、大司寇、代行相事之「治國」，乃至晚年潛力修詩書禮樂，雖未「平天下」於現世，卻以其思想學說「開太平」於後世。孔子從「修身」、「齊家」到「治國」這畢生不懈地追求，直至「平天下」的政治理想破滅。是對以訓詁學和甲骨學破解「人」與「民」、「國」與「家」的有力印證。它既有助於修正「修齊治平」釋解之誤，亦有利於抹去塵蒙在《孝經》之上的蛛網，讓飽受詬病的中華孝治文化浮。**⁇**

孝道無疆。沿著這條用訓詁方式破解經典的全新路徑，領略孝道文化那峰巔之上人跡罕至的無限風光，尚可沿途嗅到這部儒家經典所綻放的別樣馨香。出水面，展現其歷史的本來面目。

34

開宗明義章第一:

「至德要道」潛伏的道義

一、開篇章題之題解

(一) 章題說明

《孝經》原文，每章都有一個標題，稱作「章題」。關於《孝經》每章章題的形成時間，歷來眾說紛紜。

對後世影響最大的，當為北宋邢昺的「《孝經》章題始於玄宗」之說。邢氏認為，「而《援神契》自《天子》至《庶人》五章，唯皇侃標其目而冠其首」，而「御注依古今集詳議，儒官連狀，題其章句」。這兩段話大致是說，唯有南梁皇侃的《孝經義疏》，才對《孝經援神契》自《天子》到《庶人》前五章各加章名，尚且標注名目列於此五章的篇首位置；而唐玄宗依據古今注家之說集中審議，並且聽取學官建議，最終題寫於各章篇首。

上個世紀，敦煌遺書《孝經》殘本與大足石刻《古文孝經》先後面世，充分說明《孝經》章題早在秦漢之際即已形成。

(二) 章題釋解

本章標題，是「開宗明義」。那麼，什麼是「開宗」？什麼是「明義」呢？

以訓詁方式解讀經典，講求「無一字無來處」。而甲骨文更進一步，講究「無一劃無來處」。如今，我們解讀《孝經》，對於某些關

鍵字，既要以訓詁學為基礎，又要以甲骨文為根本，尚且還以考古學為參照，逐一鉤沉索隱每個字的本義，並辨明其引申義、比喻義，轉義，以至詮釋每一筆劃的成因。

1、何為「開宗」？

解讀「開宗」，先要考釋什麼是「開」。「開」字本義是「開啟」，是指將關閉的門打開。其簡體寫作「开」，顯然無「門」可開。其引申義表示「開端」。

至於何者為「宗」，要從「祖宗」講起。何謂「祖宗」？創業而有功者謂之「祖」，守業而有德者謂之「宗」。譬如，大唐的首創者李淵，他的廟號稱作「唐高祖」，因為他創立了李氏天下，所以稱為「祖」。其後，唐朝歷代皇帝的廟號都稱「宗」，如李世民稱「唐太宗」，李治稱「唐高宗」，李隆基稱「唐玄宗」，等等。

開宗明義的「宗」，上部首為「宀」（音「綿」），下偏旁為「示」，為「祇」字初文。其甲骨文寫作𭥦或𭥦，屬半內外結構。其外從𠂉，像房宅之形，為祭祀列祖列宗的廟宇；其內從𠄌為祭台；而異體之𭥦，其內𠄌之𠄌上有短畫➖，當為祭品。顯而易見，「宗」字本義，是指同一宗族之人祭祀先祖的宗廟。可以說，「宗廟」一詞的由來，當緣於此。

「開宗」何意？在上古封建社會，夏商周三代帝王創建起一個王朝後，要將天下土地分封自己的諸多兒子、兄弟、親屬，以及有功之臣，從而成為這些封國的侯王。當諸侯王來到各自封國時，當務之急是建一個祭祀先祖的宗廟，此即另「開」一「宗」。鑒於此，本章題

「開宗」，即其比喻義，是指開啟儒家孝治文化這宗學派之門。

今天，我們正開一門研學經典文化的新課，先就所開課的概況和必要性作簡要說明。我們與眾不同之處，是以訓詁學這一傳統教學方式新解經典。僅此而言，當然亦可稱作「開宗」哩。

2. 何為「明義」？

所謂「明義」，就是明示事物內在所蘊涵的義理。孔子所「明」之「義」，即以孝親孝治為主題，闡明中國封建制社會政治倫理，申明為政的天子、執政的侯王、輔政的卿大夫、佐政的士，以及從政的庶人所應擔當的道義。

本人開講《孝經》，首要一點，是索隱本文受眾主體為統治者，即為政的天子、執政的諸侯王、輔政的卿大夫，以及佐政之家士，並透過「孝」與「忠」的表象，鉤沉出篇章中隱涵著「孝、忠、義」三位一體的思想理論核心。那麼，這個闡明主旨的過程，亦可稱作「明義」。

二、開篇首句讀解

仲尼居，曾子侍。

這是本章開篇，首先推出本文兩大人物，同時交待二人的身份與動態。句法上，則為並列主謂結構陳述句。

（一）「仲尼居」句詮解

1、「仲尼」其人訓釋

句首「仲尼」，為孔子的表字。人們知道，孔子生於西元前551年，

當時中國處於西周時期的春秋時代。比較上古而言，周朝進入封建制社會後，貴族不僅有姓，有氏，有名，尚且有字。僅就孔子而言，他實際上姓子不姓孔。確切地說，孔子當簡介為：子姓，孔氏，名丘，字仲尼。

古人名和字，二者概念存在一定關聯性。況且，後取之「字」，亦稱作「表字」，即表明先前所取之名的寓意。那麼，孔子何以名「丘」，字「仲尼」？個中緣由，可見諸《史記・孔子世家》記載：其父叔梁紇、其母顏徵在「禱於尼丘得孔子」，況且「生而首上圩（音「需」）頂」。這段史料說明，其父母曾到尼丘山禱告而生孔子，出生後頭頂有些下凹，遂以「丘」為其名，後以「仲尼」表其字。

反觀「仲尼」之「仲」，則出自古時以伯、仲、叔、季為排行，表示同宗兄弟的長幼次序。孔子其上有一同父異母的長兄字孟皮，遂以「仲」表明兄弟中排行第二。孰料孔子由此「仲尼」這一表字，在大陸「文革」批判「孔孟之道」時被蔑稱為「孔老二」。尚且，孔子還以生下頭頂下凹這一外貌特徵，又被誣稱為「孔二扁頭」。

至於孔子長兄孟皮，何以不以「伯」為字，問題在於非正妻所生。按「嫡長為伯，庶長為孟」這一宗法制，遂以「孟」表明其庶出的身份；而「皮」則以其古音兼讀作「坡」，以此隱含其跛足之意。

對於「仲尼」之「尼」的音讀，古人出於「為尊者諱」，皆以「某」尊稱或敬讀。究其所以然，一則源於古時諸侯拜謁天子時，須以「某」自稱；二則與後世尊稱孔子為「素王」有關，即指孔子一生

38

雖身無居帝王之位，卻擁有先王之德；三則與《史記·孔子世家》相關，即司馬遷將孔子與西周至西漢初各主要諸侯國的侯王皆以「世家」相提並論。所以，「仲尼」的「尼」字，直至上個世紀初，也就是「新文化運動」之前，一直敬讀為「某」。

2、「居」之初文「尻」考釋

「仲尼居」的「居」，在《古文孝經》本作「尻」。《說文》謂：「尻，處也。從尸，得几而止也。《孝經》曰：『仲尼尻。』謂閒居如此。」

許文此說，將「尻」之字義釋為：閒坐之處。就其字形而言，上從之「尸」，像人側坐憑几之狀，而「得几而止」，是謂得見憑几止步而坐。顯然，許說不乏其灼見，但不過限於篆文而訓釋。

甲骨文中有一未隸定字 ⚇（合21035），從人從土，象人坐在土堆之形。此乃一會意字，像行人見土堆而止步居坐之形。那麼，此舊所未識甲骨文字 ⚇，當隸定為「居」本字。因此，其釋義析形當為：居，處也。從人，得土堆而止也。

基於上述，「居」與「尻」二者存在著有所同、有所不同之處。有所同者，字義皆為「閒坐之處」；有所不同者，「居」甲骨文 ⚇ 表郊野之外，以土堆為居坐之處；「尻」小篆字形為居室之內，以憑几為安居之處。

3、文句釋義

回看開篇此句「仲尼尻」，許氏釋之「謂閒居如此」。其實，由此「尻」字，反映出孔子晚年結束了周遊列國長達十五年的顛沛流離

生涯，六十八歲回到魯國後，改弦更張，以其卓而不凡的機謀權變，完成了由「禮治天下」到「孝治天下」這一華麗轉身。夫子在背靠憑几安然端坐之時，面向曾參這位晚年所收弟子，面授其政治倫理思想之機宜。那麼，此「凥」確切字義，當為「端坐」。

所以，句首「仲尼凥」，其釋義當為：孔子在憑几上安然端坐。

（二）「曾子侍」句訓解

後句「曾子侍」，「曾子」為主語，「侍」為謂語，此句亦為簡單主謂句。

1、曾子其人簡介

此句「曾子」，為孔子晚年弟子之一，儒家學派的重要代表人物，他以修齊治平的政治觀、省身慎獨的修養觀和以孝為本的孝道觀而著名，被後世尊為「宗聖」。

具體來說，曾子，姓姒，曾氏，名參(音「驂」)，字子輿。從他的姒姓來論，無疑是大禹姒文命的後裔。其父曾皙，父子倆皆為孔門弟子。但曾參的「參」，歷來多誤讀為「申」。豈不知這「參」是個破音字，後世對其音讀一向存在不同見解。

（1）「參」字音讀考正

兩千多年來，人們一直認為曾參的「參」字應讀作「申」。持有這一觀點的學者，主張「參」的發音應遵循古文獻記載，由「所今切」這一古音近似「申」。如東漢學者許慎在《說文解字》中即提出：「森，木多兒。从林从木，讀若曾參之參。」許氏此說言之鑿鑿，明確指出曾參之「參」的讀音，為與「申」相近的「森」。

40

後世不乏與許慎觀點相左者，認為曾參之「參」應讀作「驂」（音「餐」）。持有這種觀點的學者，則以古人名與字相互契合為依據，認為其字「子輿」的「輿」字與車相關。那麼，以字訓名，其「參」的音讀遂訓作「驂」。宋人高似孫在《子略》卷一「曾子」條提出，曾參之「參」通「驂」；明末學者方以智在《通雅‧姓名》中，亦明確主張：「曾參，字子輿，『參』當音參乘之『驂』。」而清代學者王引之在《春秋名字解詁》仍強調：「曾參，字子輿。參，讀為驂。」三大學者所見皆同，一致認為曾參之「參」應音讀「驂」。

以上兩種觀點，各持己見，見仁見智。前者許慎作為「字聖」，以其言之鑿鑿的權威性先入為主，後者三大學者以字訓名雖不乏灼見，但缺乏進一步的舉證，並未被世人所接受，以致迄今仍以許說為準。

　(2)　「參」字詞義考證

曾子此「參」之名，尚可見諸下文「參不敏」，還將涉及其音讀，究竟是「驂」還是「森」？這一疑問的解答，既可從訓詁學方面舉證，亦可從避諱學角度質證，則不難見其端倪。具體來說，解碼路徑有二：

一者，上古貴族出行，乘車所用馬匹數量，具有嚴格的等級制度。如《儀禮‧王度記》記載：「天子駕六馬，諸侯駕四，大夫三，士二，庶人一。」由此可知，其一，「天子駕六」，是指天子出行，以六匹馬駕車。至於揞（音「劃」）拳有「八匹馬」或「馬八匹」的

41

酒令，以及國畫家往往畫「八駿圖」，實則來自《穆天子傳》那美麗的神話傳說。其二，「諸侯駕四」，是指諸侯出行，以四匹馬駕車。在古文字中，即表示駟乘之「駟」字。況且，古有「君子一言，駟馬難追」這一成語，可為其佐證。其三，「大夫三」，是指卿大夫出行，以三匹馬駕駛的三套車。在古文字中，即表示驂乘之「驂」字。其四，「士二」，是指士人出行，以兩匹馬駕車。在古文字中，即表示駢乘之「駢」字。其五，「庶人一」，實則為失去貴族爵位而在官府充當差役的「國人」，他們出行時以一匹馬駕車。在古文字中，庶人出行，以一馬駕車出行，即表示騎乘之「騎」（音「寄」）字。《逸禮・王度記》有「庶人駕一」的記載，《尚書大傳》說「庶人單馬木車」，考古發掘中亦存在個別一馬配一車的現象，以致古今學者認定兩周時期存在著庶人一馬駕車的禮俗。

二者，上古貴族無論年幼取名，還是成年取字，不僅要避諱父母及先輩用字，甚至於諧音。鑒於此，曾參之「參」的音讀，究竟為「驂」還是「森」，抑或是「申」，尚可通過探索一下其子之名，即可了結這樁歷史懸案。史載，曾參生有三子，長子曾元，次子曾申，三子曾華。從其次子名「申」來講，按古代避諱文化的規則，曾參之「參」假若音讀為「森」，而與兒子名「申」同音，豈不冒天下之大不韙？

古人的表字，是貴族男子在二十歲行加冠禮時，由先生根據其名字義，所起的表明其德行，或由本名延伸意義的社會性稱謂。因此，曾參的「參」音讀當為「驂」。如此訓釋，遠不止因其字為「輿」與

車相關如此簡單，而是說明所乘之「輿」，為卿大夫出行當乘三馬並駕而行之驂乘。可想而知，曾子年幼時，其父曾晢為其取名「參」所寄寓的那份期望，希冀他將來乘坐三匹馬駕駛的驂乘，並躋身卿大夫之列，以治國平天下。

2. 「弟子」一詞索解

本章開篇的首句，「仲尼」與「曾子」雖然同時出場，其先後次序，已然表明曾參師從孔子的關係。然而，前面介紹曾參時，提及他與其父曾晢同師孔子，皆為孔門弟子。值此，人們不禁要問：「弟子」這一稱謂，難道是表示同出師門的兩種不同輩份嗎？

長期以來，社會即流行這種說法，認為弟是弟，子是子，二者分別表示不同輩份的門生。詳述之，即弟子的「弟」，屬於與先生同一輩份的門生，稱作「弟」字輩；而弟子的「子」，屬於比先生晚一輩份的門生，稱作「子」字輩。就曾氏父子而言，曾晢為弟字輩，曾參則為子字輩。這種觀點，可說表述清晰，論說不失其理據。然而，若從開篇「曾子侍」句來看，極易由上述「弟子」釋義產生錯覺：曾氏父子既然同師孔子，曾參何以在先生面前稱作「曾子」，難道因其「子」字輩的關係嗎？

對於這種認知的錯覺，關鍵在於「弟子」詞義幾經衍化和流變所致。倘若追溯其本義，可見諸《易經·師卦》六五爻辭：「長子帥師，弟子輿尸，貞凶。」由此「弟子」出處，知其詞義本指：為人弟者與為人子者。時至春秋時期發生衍變，由於孔子開辦私學收徒授業，遂以「弟子」轉稱同出孔門的門生。究其所以然，一者，由於「弟」字

43

本為「第」初文，遂以此表示孔宅之門第；二者，在於「子」字蘊涵可堪造就人才之期許；遂以此表示孔子之門生；三者，基於對為人師者孔子的尊重，遂以此作為孔子門生之專稱。試看《論語・雍也》：「哀公問：『弟子孰為好學？』」可見，句中「弟子」詞義，已轉義為：孔子門第的學子。

尤為需要指出的是，孔子弟子之中，儘管不乏為人弟和為人子者，而「弟子」一詞仍不乏此原義，但無非遺存而已。因為此表孔子門第求學的「弟子」，非彼僅表「為人弟者與為人子者」這一輩份的「弟子」。況且，原表示輩份的「弟子」，已成為其後表示孔子門第「弟子」這後起概念所兼子概念，二者決不可等而視之。

至於曾參何以稱之以「子」，既非曾參目無尊長的自稱，亦非以其子字輩的他稱，只是其門下弟子對他的尊稱。因為《孝經》一書，為孔子以「孝親」為名，向弟子曾參陳述其「孝治天下」思想的政治倫理，由曾參記述，爾後經整理傳述自己的門人，最後由曾子門人中的弟子編輯成書。那麼，曾參門人在編輯成書時，稱其先生為「曾子」，可謂順理成章，不足為奇。而這一點，反而說明《孝經》一書的作者既非曾參，亦非曾子門人，而是先由晚年孔子述而作之的明證，再由曾參記述而復述的佐證，後由曾子門人成書而傳述的見證。所以，不能以曾參稱「曾子」為由，成為否定《孝經》不是孔子所作的理據。

3. 文句釋義

至於「曾子侍」的「侍」，又指什麼呢？古代社會生活中，不管

是晚輩陪同長輩閑坐，還是弟子陪同先生閑坐，抑或下屬陪同官長閑坐，必須在尊者一側跪坐，皆稱作「侍坐」。本句「曾子侍」，即指曾參作為弟子，在孔子一側侍坐。

古人閑居和侍坐的生活方式，習慣於席地而坐，面前擺放著並不太高的匜几（音「冗機」）。順便講一下，此席居方式，並非以地為席坐在上面，而是跪在坐席上面。那麼，二千五百多年前的孔子，講課時和弟子都怎麼坐呢？應該是，先生坐在帶有靠背的憑几上，而弟子須雙膝著地跪坐。只不過弟子的坐姿分兩種：跪坐和跽坐。上課前，弟子們兩膝著地，臀部高聳，不可貼近小腿及腳跟，即為「跪坐」；上課時，經先生允許，諸弟子才可以將臀部坐在小腿及腳跟上，即為「跽坐」。

總之，開篇「仲尼尻，曾子侍」這兩句，其意是說：孔子在憑几上閑坐，曾參在旁侍坐，記述先生所陳述的以孝親促孝治的政治倫理思想。

三、次句問話釋解

子曰：先王有至德要道，以順天下，民用和睦，上下無怨，汝知之乎？

這是一反問句，孔子前面闡述其觀點，最後用疑問的方式，向曾參發問，旨在引起對方對其觀點進行認定性反思。

（一）「子曰」句讀解

先看「子曰」的「子」，顯然是孔子的簡稱，或者是專稱。「子曰詩云」，可泛指儒家言論。因為在先秦儒家經典中，出於對孔子的尊重，方可如此簡稱，並已形成通例。

「子曰」的「曰」，其甲骨文寫作凵，字形像人口之形，上加短橫為指事符，指示自口而出的話語；字義表示剛說出口的話。其詞性為名詞，同時兼表動詞「說」。

（二）「先王有至德要道，以順天下，民用和睦，上下無怨」句疏解

從句法來看，此句當為解注性複句，即先總說，後分說，再總說。

1、「先王有至德要道」句釋義

（1）「先王」一詞考正

對於「先王」，歷來由於釋「先」為「先前」的緣故，或宣稱「先代的聖賢帝王」，或聲稱「禹以下為三王」。這種種解讀，前者釋義雖未有不當，但表述似未盡其意；後者斷言禹以下的夏商周三代皆以王稱之。豈不知夏朝稱「后」，商朝稱「王」，而周朝稱「國王」，切不可一概而論。至於「先王」的原義，尚待通過甲骨文進一步鉤沉索隱，以求揭示其確切含義。

「先」字甲骨文作凶，上從止，下從人，會意字。顯然，其上之「止」同「趾」，表示腳足；其下為行走之「人」。那麼，這只置於人頭之上的大腳，決非後世階級鬥爭的慣用語所言，「踏上一只腳，讓他永世不得翻身」。按照本人所

46

歸納的古文字「上者表前，下者表後」的造字規則，即可發現「先」字上部之「止」，以其大腳趾在右，當為人前行時首先邁出的左腳，而人則在其之後。值此，「先」的字形則可意會：先行於人一步；而字義當為：先行。

總之，「先王」一詞，由於「先」字形義的揭曉，其確切含義至此大白於天下，此即：上古先行於所處時代和社會歷史的聖明帝王。

（2）「至德」之「至」考釋

對於「至德」一詞，宋儒邢昺釋之為「至美之德」，今之學者或將其譯作「至善至美的品行和道德」。如此釋解過於籠統，並未確解「至」字本義。倘若求其究竟，只有以其甲骨文形體進行訓解，才能揭示其結體構成的潛在寓意。

「至」字甲骨文寫作 ，上部為箭矢倒置 之「矢」，下部則為表地面之「一」，此乃象形兼會意字。就其字形來看，像箭支自上而下降至極遠地面之狀，其字義由此意會 「達到極至」。不難想像，此降至地面的箭矢，當為弓箭手盡其努力所達到的最遠射程。因此，此「至」為動詞，表示箭矢射出後所達到的極限，本義表示「達到極至」。

此「至」動詞詞性，後經引申兼作程度副詞，相當於「太」字。「至」和「太」二者相比較，雖然皆用作程度副詞，但前者「至」多修飾形容詞，表示「非常」，如「至清」、「至深」、「至真」、「至善」、「至美」等；而後者「太」則多修飾名詞，表示「無限」，如「太空」、「太陽」、「太師」、「太醫」等。但是，隨

著社會的分工與語言的相應調整，此「至」趨於式微，以致逐漸被「太」所取代。

總之，「至德」之「至」，當為程度副詞「極至」，多表示達到最佳境界或最高、最深的程度。因此，「至德」一詞的本義，可解讀為：極至的德治。也可以說，達到理想極至境地的德治。

（3）文句釋義

此句「先王有至德要道」，作為複句的前分句，以先總說方式，往往先行簡述某一事情的總體概況。

前面對「先王」與「至德」二詞義作了深層索隱，尚須對「要道」一詞稍作考釋：其「要」字，實則是指「簡要」。《周易·繫辭上》云：「易簡之善配至德。」邢昺疏引殷仲文之言亦釋解道：「以一管眾為要。」而「道」，則指「通道」、「途徑」，而並非「方法」。以上每一字詞的疏正，將有助於進一步理解文句總體概說的旨歸。

根據以上論述，「至德」為極至的德治，「要道」為簡要的通道。鑒於此，「先王有至德要道」，釋義是指：上古先行於所處時代的聖明帝王，自有其達到極至德治的簡要途徑。

物有本末，事有終始。孔子在開篇首句之所以提出「先王有至德要道」這一議題，旨在說明儒家核心思想之活水，來自上古那些先行於所處歷史時代的聖明帝王之淵源。深究儒家核心思想，應具有兩大來源：

一是孔子「仁」的觀念，來自堯、舜、皋陶、禹這「上古四聖」

的「至德」。古史五帝時代，唐堯讓位於虞舜，虞舜讓位於大禹，大禹先舉薦了皋陶，皋陶早逝又舉薦了伯益，他們率先在氏族部落共同體實行王權的「禪讓制」。

二是孔子「禮」的理念，來自夏、商、周三代禹、湯、文、武、成王、周公此「六君子」的「要道」。「禹」指大禹，為夏王朝的創始者；「湯」指成湯，為商王朝的創立者；「文」指文王姬昌，為周王朝的奠基者；「武」指武王姬發，為周王朝的創建者；「成王」指姬誦，為周王朝「成康盛世」的創治者；「周公」指周公旦，是周王朝分封制、井田制、宗法制的創興者，被尊為「元聖」和「儒學先驅」。

總之，以上「上古四聖」和三代「六君子」這些先王，這些以其「至德」之仁，與「要道」之禮，為儒家學派奠定了「德治」與「禮治」的思想理論基礎。

2、「以順天下，民用和睦」句解讀

此句為複句的分說部分，即圍繞總述這一中心具體分述，以說明達到的狀況。

句首「以」字，為介詞「用」。它既表示其後省略了代詞「之」，即由其所代指的前文所論「至德要道」；又表示目的，不止用於前分句以「至德」達到「順天下」的願望，尚且用於後分句以「要道」實現「民用和睦」的願景。

（1）「以順天下」句釋解

此前分句「以順天下」之「順」，為形容詞使動用法，即

「使……順」。「天下」之後，省略了中心詞「人」。鑒於此，本句釋義當為：以此使天下的人君歸順。或者說，以此使天下諸侯國順服，以及方國的歸順。

尤須明示的是，這使天下歸順之「人」，是指諸侯國及方國的人君。但是，倘若讓諸侯國悅服，以及諸方國順服，首先取決於天子是否「順乎天而應乎人」，而並非窮兵黷武，亦非橫徵暴斂、荼毒天下黎民百姓。所以，只有以「至德」使天下折服，才能展現四方來賀、八方來朝的盛世威儀。

總之，所謂「以順天下」，其釋義無非是：以「至德」使天下人君為之歸順。

(2)「民用和睦」句考正

此後分句「民用和睦」，仍表示承前省略之「以」，目的遠不止「使天下順從」，尤其還在於「民用和睦」。那麼，此「民用」與「和睦」二詞語，又該如何進一步訓釋呢？

先就「民用」來講，此語詞為偏義合成詞，表示「民之用」；其意是指生民衣、食、住、行等物質生活方面的需用。

再就「和睦」來看，則為並列式合成詞。據《禮記‧禮運篇》記載：「以睦兄弟，以和夫婦。」由此可知，「和睦」一詞由此而來。因此，夫妻之間琴瑟和鳴，融洽和美，稱作「和洽」；兄弟之間情同手足，同氣連枝，稱作「親睦」。

鑒於上述，以滿足民眾物質生活的需用為前提，才能消弭社會的根本性矛盾。門戶是社會的細胞，沒有民眾物質生活需用的滿足，就

沒有至愛親情的和睦；沒有家家戶戶的和睦，就沒有諸侯國的和諧；沒有諸侯國的和諧，遑論盛德大業的和美，乃至天下的和平？

總之，所謂「民用和睦」，其釋義不過是：以「要道」滿足天下生民的需用，使家家戶戶為之和洽親睦。

3、「上下無怨」句釋解

此句為複句的再總說部分，前文先以「先王有至德要道」為總說提出論題，後以分說闡述「至德」、「要道」具有的作用，最後再以此「上下無怨」為總說，概述將取得的社會成效。

此句「上下無怨」，是對前兩句「以順天下，民用和睦」所作的進一步概述。主語「上下」，為關鍵字。其「上」為上天之界，代指昊天上帝伏羲；其「下」為下界，代指生生不息的先民。從修辭學角度來看，這「上下」一詞，實際上採用了借代手法，即以方位的上下，代指敬天順民。句末「怨」字，表「怨尤」，即怨忿和指責。

概而言之，上古先行於時代的聖明帝王，具有達到極至德治教化的簡要途徑，以此使天下諸侯國及方國順服，並使庶民需用富足而和洽親睦，讓在上天界的昊天上帝伏羲與在下地界黎民蒼生，為之欣慰悅服而從無怨忿指責。

(三)「汝知之乎」句解讀

此反問句首「汝」字，其初文為「女」，即第二人稱單數「你」。而代詞「之」，它所代指的是開篇議論的成語「至德要道」。

大道至簡。孔子反問曾參的問題，無非是說，若使天下為之和

51

順，不止諸侯與方國國君這天下之人的歸順，還要以生民的安居樂業，而讓天下為之心悅誠服。應該說，諸侯與方國的順服，自然消弭爭戰而贏得天下之和平；而政治的清明，定然消弭苛政，帶來社會之和諧。

所以，孔子向曾參反問這句話，其意是說：你知曉此至德要道嗎？

四　正文答句續解

曾子避席曰：參不敏，何足以知之？

（一）「曾子避席曰」解析

此前分句「曾子」為主語，謂語則是「避席」和「曰」這一連動結構。

先看「避席」之「避」，其字本義表示「回避」；其引申義表示「逃避」、「離開」。本句「避席」之「避」，為引申義「離開」。

在古文言文中，「避」同「辟」。「辟」為初文，「避」為後起字。例如，《禮記·儒行》：「內稱不辟親，外舉不辟怨。」《說文》釋其為：「辟，法也。從卩從辛，節制其辠也；從口，用法者也。」許慎囿於小篆形體而訓解，釋「辛」為「辠」（「罪」本字），尚且析其字形「從口」等，自不免有違此「辟」造字之理據。

「辟」字甲骨文寫作🔲，金文寫作🔲，從卩從辛，屬會意字。其左從🔲為「卩」，像一跪坐之人以臀後圓圈表示

52

排出氣體之屁；其右從 ¥ 為「辛」，表示氣味之辛臭。值此，「辟」的字義不難意會：屁味辛臭，令人嗅而辟（避）之。

再看曾子所「避」之「席」，是指鋪在地面的坐席。據《禮記・祭統》注：「設之曰筵，坐之曰席。」此席居方式，是指古時坐具分上下兩層，鋪在下面的稱作「筵」，置於「筵」上面的稱作「席」，二者合稱「筵席」。由於「席」大多用蒲草、葦草等編織而成，所以初文寫作「蓆」；而「筵」多以竹篾編織而成，所以部首為「竹」字。筵長，席短。有一成語「孔席不暖」，是說孔子為了立身行道，急於四處奔走。可每到一處，坐席還未暖，又匆匆他往，而無暇安居。

所以，「避席」，是指離開所坐之席位。那麼，僅一「避」字，便將曾子對先生的敬畏，表現得淋漓盡致。

（二）「參不敏，何足以知之」詳析

此後分句，為曾子作答之句，表明其態度。

1、「參不敏」句考釋

此前句，「參」為主語，為曾參自稱；而謂語「不敏」之「敏」字，則為本句關鍵字。

對於「敏」字，《說文》釋曰：「疾也。」《博雅》釋為：「敏，捷敏，亟也。」至於其何以如此結體構形，則向無理據，語焉不詳。其甲骨文作 ，學界對其字形，多釋為「像用手整理頭髮的樣子」。

其實不然。「敏」字甲骨文 ，從每從攵，為會意字。其左從 為「每」，像跪坐女人頭插髮笄之形，可會意女人

53

每天梳頭都要插上髮笄，由此用作頻率副詞。其右從ㅏ為「攵」（音「撲」），像右手持髮笄之形。二者合而為一，可由女人愛美的天性，意會女人因每天梳頭後都插上髮笄，動作自然嫻熟而迅捷。由此形容動作之敏捷，進而以其比喻義，既形容才思之「敏捷」，又形容情志之「聰敏」，抑或形容反應之「機敏」，以及視覺之「敏銳」。

總之，此句「參不敏」，表示我曾參不夠聰敏。

2. 後句「何足以知之」句解析

句首「何足」表示反問語氣，其意是「不足」，亦即「如何能夠」；而句末「知之」的「之」，代指孔子所提出的先王的至德要道。

總之，這段話大意是說：曾子離開坐席後說：我曾參不夠聰敏，何以能夠知曉這番話的深意呢？

五、核心經句訓解

子曰：夫孝，德之本也，教之所由生也。復坐，吾語汝。身體髮膚，受之父母，不敢毀傷，孝之始也；立身行道，揚名於後世，以顯父母，孝之終也。夫孝，始於事親，中於事君，終於立身。

（一）「子曰：夫孝，德之本也，教之所由生也」文句訓解

此句為經典文句，是以「夫……，……也，……也」為標誌的判斷句。從上下文來看，此句承接首句「先王有至德要道」，以間接方式揭示其所蘊涵的主旨。此判斷句，謂語為並列分句，分別闡述

54

「孝」的性質與社會作用。

1、「夫孝」句考正

此句為此判斷句主語，關鍵字為「夫」字。

（1）「夫」字考正

句首「夫」字，音讀「扶」。古人稱其「發語詞」，尚且認為無實在意義。迄今，學界因襲此說，即使當今人教版教科書上，仍將其定性為：用在句首的語氣助詞，表示要發議論，起到引起下文的作用。此外，大多學者認為，它多由指示代詞虛化而來，因而沒有實際意義。

其實不然。「夫」字，《說文》釋之為：「丈夫也。從大，一以像簪也。周制以八寸爲尺，十尺爲丈。人長八尺，故曰丈夫。」許說極是，古代貴族男子二十歲舉行冠禮，結髮時須插入頭簪以表成年；同時古人以十尺為丈，人成年身高八尺，由此稱作「丈夫」。然而，古代亦多以「七尺男兒」稱成年男性，這又是怎麼一回事呢？

究此二者出處，實則皆出自《黃帝內經·靈樞》。其第十二篇《經水》中，提到了古人常見身高數據：「八尺之士」。顯然，這是指貴族男子成年由行冠禮到從政為「士」的標準。其第十四篇《骨度》中，又提出身高標準為「人長七尺五寸」，則不過是普通常人的身高標準。按古代度量長度，一尺約合現代23釐米左右。那麼，前者「八尺之士」，是指貴族男子的身高標準，約合現代1.84米；而後者「人長七尺五寸」，則是指非貴族的庶人及庶民的身高標準，約合現代1.61米。

「夫」字甲骨文作 ，从大从一。從字形來看，所從 為「大」，即張開四肢而表成年之大人，而人頭部那一短橫畫，誠如許說「一以象簪也」。但就其構字方法而言，歷來或以為象形，或以為會意，而清人段玉裁《說文解字注》則認為，「為象形，亦為會意」。其實，諸家之說並不盡然。因為橫插頭上那一短橫畫，除了可看作頭簪的象形之外，尚可將其視作指事符，即成年男子加冠之時，以此指明頭插簪子而成為丈夫的所在部位。鑒於此，前者視此短橫畫為頭簪的象形，詞性為名詞，即表示丈夫之「夫」；後者視此短橫畫為指事符者，詞性則為指示代詞，文言文中既表示遠指代詞之「彼」，亦表示近指代詞之「此」。

本人認為，古文字從誕生之日起，無論是刻劃在彩陶上的陶文，還是鍥刻在龜甲獸骨上的甲骨文，抑或是青銅器上鑴刻的金文，每一筆畫無不費時費力，其難度之大不言而喻。因此，古文言文力求表述言簡意賅，怎麼可能存在這「沒有實際意義」的所謂「發語詞」呢？

進一步說，本文除了將此句首之「夫」還原為實詞以外，其他用於句首的「蓋」、「維」、「聿」、「載」等字，亦概莫能外，無不具有其應有的實在意義。

(2) 文句讀解

且看本句「夫孝」，作為判斷句的主語，句首「夫」字，為指示代詞，相當現代漢語「那」或「這」。此「夫孝」句，其釋義是說：此孝道。

那麼，以「此」指其後之「孝」，其指代效用頗為明顯，非但未

有「虛化」，反而不可或缺，自不乏其實際意義。

2.「德之本也，教之所由生也」句考正

本句為此判斷句謂語部分，由前後二分句構成並列複合判斷。此並列複合判斷，在釐清了主語「孝」這一概念所具有社會屬性時，深入淺出地昭示其內在性質，不失為精闢判斷的經典。

圍繞「孝」所作的這一性質判斷，其內在玄機在於：前分句「德之本」，是對前文先王「至德」的契合；而後分句「教之所由生」，則是對先王「要道」的回應。下面，我們要進一步索解此並列分句，揭示此二者潛在之旨歸。

（1）「德之本也」句釋解

何為「德之本」？宋代邢昺疏引《禮記・祭義》稱曾子云：「眾人之本教曰孝。」由此可見，古之學者皆由此將「德之本」理解為，道德教育的根本；今之學者亦將其釋為「一切道德的根本」。其實，並不盡然。

此句「德」字，並非為德教，因為從《易・蹇卦・象傳》所言「君子以反身修德」，到《禮記・大學》開篇「大學之道，在明明德」，一切皆指自行修身，即明己之德。而「本」的確切字義，實則亦非「根本」，而是「根之本」。

「本」之字義，許慎《說文》釋之為：「木下曰本。從木，一在其下。」許氏此說，是以籀文帯為據，認為樹木凡向下生長著的根，即「木下根本」。從「本」的字體流變來看，其甲骨文迄今尚未發現，籀文僅見《說文》此帯，而金文為朩，二者為會意字，字形可意會為樹

57

根；字義無疑即「根本」。時至戰國，簡帛文始作木，秦陶作本，直至秦小篆亦作木，皆以丨這一豎表示樹幹，而其上端無論是簡帛文的「﹀」，還是秦陶的「一」，乃至小篆的「∪」，明顯皆表樹杈，而下端無疑為樹根。這樹木下邊長有多少根呢？三表眾多，根有眾多，主根只有一根。那麼，再在樹木眾多根須的主根上畫一圓點或一短橫，皆以此作為指事符，標明此處才是樹根之本。什麼叫「根本」？確切地說，應釋為：樹木眾根的主根。

　　隨著此「本」字體由籀文、金文衍變為簡帛文與小篆，以及字形亦由象形所表樹木眾多之根，演變為指事而專指樹根中間的主根，其字義遂由所表示的「樹木之根」，改變為「樹根之本」。後至兩漢，人們將「本」與「根」的概念相混同，而將「根」誤解為砍伐後的「樹樁」。如許慎《說文》釋「根」為「株木也」。漢末高誘徵引《呂氏春秋·士容論·辯士》「是以畝廣以平，則不喪本」即注為：「本，根也。」

　　反觀此句「德之本」，可知處於春秋時期這一社會歷史背景下的「本」字，其確切字義當為「眾根之本」。只有這樣，才能參悟孔子所倡言的孝道，是以明德內修作為眾多根須中唯一的主根之本，況且植根於感恩文化那深厚的大地之下。

　　(2)　「教之所由生也」句訓解

　　本句「教之所由生也」，其中關鍵字「所由」二字的索解，直接關係到此句句義的深層讀解，不僅知其然，而且知其所以然。

　　首先，是關鍵字「所」。此「所」字，迄今尚未見於甲骨文。

其金文多見諸春秋晚期青銅器，宋公差戈作𠂤，從戶從斤，為會意字。其左從𠂤為「戶」，其甲骨文作𠂤，為「門」字甲骨文䦆一半。從「半門曰戶」來講，此單扇門之「戶」，字義當為民居「住戶」；其右從𠂤為「斤」，其甲骨文作𠂤，為長柄開山砍柴刀其刀頭斜向折曲（見右圖）之狀；其金文作𠂤，則為短柄砍柴刀（見左圖）刀頭外圓內直角之狀。概言之，「戶」為半扇門，象徵著民居；「斤」為柴刀一把，表示住戶賴以生存的家什。不難想見，此民居中的住戶，無論是「一擔乾柴古渡頭，盤纏一日頗優遊」的樵夫，還是「伐薪燒炭南山中」的賣炭翁，他們晨起手持這古稱為「斤」的柴刀入山砍柴，日中以此長柄砍柴之「斤」擔著薪柴下山，日暮將薪柴在集市以「斤」賣出後，隻身手持此砍柴之「斤」歸來。不過，進入門戶首要的一點，是將此砍柴之「斤」放到門戶旁固定的場地，以便來日隨手拿起，開始其日復一日的勞作。基於此，這進入門戶後存放砍柴之斤的場地，遂形成表示抽象概念的名詞「處所」，並以此會意「居住的地方」。

在古漢語中，「所」亦兼特指代詞，形成所字結構，不能獨立充當句子成份，必須放在動詞或動詞性詞語前面，表示與動作有關的所在。它除了稱代人、事物、處所之外，尚可指代事理，構成表示「⋯⋯的所在」句式。本句「教之所由生也」中，「所由生」即一頗為特殊的所字結構。

最後，細觀此「由」字，其甲骨文寫作屮，下面是一張口（凵），上面為從口而出的唾液（◊）。按照古文字結體特點，上者為前，下者為後。那麼，在口之上的唾液，顯然是由其後之「口」向前吐出。所以說，「由」的字義，本為名詞「來由」，表示口中啐出唾液的出處；經引申還表示「原因」和「緣故」。與此同時，此「由」還以唾液從口啐出，而表示動詞「由來」，以及「經歷」或「經過」，如「由來以久」、「必由之路」。所以，句中「所由生」顯然是指，由此產生的所在。

從整個句子來看，在於對「孝」的性質與社會作用作出判斷。前分句「德之本」，是在與先王「至德」相契合的前提下，以反身修省而內求於心；而後分句「教之所由生」，則在與先王「要道」相契合的背景下，以順天應人而外從於道。如果說，前者「德之本」，其「本」向下植根於在大地，那麼「教之所由生也」，則指教化基於前者向下之根深，才能向上生發而葉茂，乃至樹木參天，成長為有利於家國天下的好大一棵樹。

儒家有「五教」之說，即：教父以義，教母以慈，教兄以友，教弟以恭，教子以孝。鑒於此，「教之所由生也」即指：教化由此產生之所在。

總之，反顧「子曰：夫孝，德之本也，教之所由生也」句，確切地說，其釋義當為：孔子說，此孝道，是明德的眾根之本，教化由此產生之所在。

（二）「復坐，吾語汝」句釋解

60

孔子在言談之中，此句是與所談話題無關的插入語。那麼，此句「復坐，吾語汝」，表達了什麼意思？

1、「復坐」句解讀

先看句中這個「復」，本指「復歸」。《道德經》有「萬物並作，吾以觀復」這一文句，是說天下萬物一併生發興作，日出日落，花開花謝，無不回到本初的原始點，我由此觀察它們返本復始的歸宿。

本句「復坐」意思是：回到原來的坐席。此句中插入語，雖然僅有「復坐」兩個字，看似無意，實則不可或缺。因為透過這平淡無常的話語，可感受到為師者貼心的溫度。

2、「吾語汝」句釋讀

「吾」為第一人稱「我」，本句為孔子自稱；「語」為動詞，音讀去聲「玉」；而「汝」為第二人稱單數「你」，其語辭色彩則具有尊對卑、上對下的關係。此句是說：我來告訴你。

（三）「身體髮膚，受之父母，不敢毀傷，孝之始也」句訓解

此句屬判斷句，主語為先分後總解說式複句，句末以「也」表示判斷。從句義來看，這是曾子重新坐下來後，孔子所闡述的一句世人耳熟能詳的名言。然而，此名言幾千年來的解讀，皆有悖孔子原意。

1、「身體髮膚，受之父母，不敢毀傷」句訓釋

此主語為先分述後總說關係複句，即先陳述「身體髮膚，受之父母」的事實，然後歸納出「不敢毀傷」這一要求。

（1）「身體髮膚，受之父母」句索解

61

此句為簡單的主謂結構，主語為名詞並列結構，謂語為動補結構。「身體髮膚」四字，分屬人的四個不同部位。可此四者具體是哪個部位？這看似很簡單的問題，細究起來則不乏趣味。

先看「身」與「體」二字。人們形容對他人仰慕達到極至，往往聲稱佩服得五體投地。不難想見，一些篤信佛教的僧人或居士，尤其是藏傳佛教徒，他們在朝聖的路上，一路雙手合十，然後低頭彎腰，最後將兩肘兩膝以及額頭俯伏於大地，這就是成語「五體投地」的緣起。由此可知，雙臂、雙腿此四肢，以及頭部，統稱「五體」，簡稱為「體」。而「身」則是除卻這四肢和頭部此「五體」的軀幹部位，亦稱為「身軀」。因此，身是身，體是體，不可混為一談。

再看「髮」和「膚」二字。「髮」字，大陸簡體「发」。它的上偏旁「髟」（音「彪」）為形符，但凡與頭髮、鬍鬚等相關的文字，都以此表這一類別；下偏旁為聲符「犮」（音「拔」）。較之楷文，「髮」字甲骨文形體為 ，字形呈一人頭披長髮之形。其字義一目了然，固然表「頭髮」，經引申而表「鬚髮」。至於「膚」字，原本表肉體表面的皮膚，後由其借代義而表身體。

由上可知，文中所言「身體髮膚」，本指身軀、肢體與頭、鬚髮、皮膚，後泛指人的身體所有部位。

另看「受之父母」，一般都將它解釋成「父母給的」，或「來自父母」，實際並未理解「受」的深刻寓意。「受」字甲骨文寫作 ，像一手推舟而另一手收受之形。這一形

態，可意會為「收受」的行為。那麼，父母對於兒女而言，決非簡單的生育和撫養。因為「身體髮膚」是從父母身體收受而來，是氏族血脈的延續，是部族生命的傳承，是家族榮耀的寄託，是光前裕後的接力。

其中「之」，是一個特殊的兼詞：它既用在動詞「受」之後，作為其賓語，還可以用作介詞「來自」，成為補語的標誌。換言之，這一結構形式，實則此「之」一方面以代詞詞性，用作動詞「受」的賓語，另一方面還以其動詞詞性，與其後所省略的介詞「於」，即由動詞「之」與介詞「於」所構成的「之於」，相當於「來自」，亦即表示「從……來」。

所以，此「受之父母」句，可理解為「受之於父母」，其確切釋義當譯作：身體髮膚，是從父母那是收受而來。

(2)「不敢毀傷」句考釋

基於前分句陳述的「身體髮膚，受之父母」這一事實的認知，此後分句才以「不敢毀傷」為必要條件，而歸納出「孝之始也」這一結論。

對於「不敢毀傷」，歷來存在著認知的盲區，此即將「毀傷」解讀為自我的「毀壞」或「殘傷」。

且看《論語・泰伯》載：「曾子有疾，召門弟子曰：『啟予足！啟予手！……而今而後，吾知免夫！小子！』」此段文句前部分是說，曾子生病，把他的弟子召集過來，說道：揭開衾被，看看我的腳！看看我的手！然對於後半部分，大多皆解讀為：從今以後，我知

63

道我的身體是不再會受到損傷了，弟子們啊！這種譯解，可見是將「吾知免夫」的「夫」這一代詞，誤解為「損傷」。

再看《禮記‧祭義》引徵樂正子春轉由曾子所述孔子的觀點：「父母全而生之，子全而歸之，可謂孝矣；不虧其體，不辱其身，可謂全矣。」此段前句是說，父母完好地把自己生下來，做兒子的也要把身體完好地歸還給父母，可稱作孝了。但對於後句，有些學者則解讀成，「不使身體受到損傷，不使名聲受到污辱，這才叫完整」。

近年來，無論對於曾子的「啟予足，啟予手」，還是樂正子春轉由曾子所述孔子的「不虧其體，不辱其身」，諸家往往解讀成：此乃讓門人弟子視其身體髮膚之完好，而戒慎終生可以保全身體矣。於是乎，此《孝經》「不敢毀傷」句，遂被進一步發揮道：凡是一個人的身體，哪怕一根髮絲，一點皮膚，都是父母賜予我們的。既然身體髮膚都承受於父母，就應當體念父母對兒女的一片愛心，保全自己的身體，不敢稍有毀傷，這是遵從孝道的開始。

縱觀以上這類偏離了經典原義而洋洋灑灑的即興發揮，儘管非常容易被世俗所接受，但大多經典精髓便如此被盡興「揮發」了。如果將曾子「啟予足，啟予手」的啟示，或者將此章孔子「不敢毀傷」的教誨，僅僅理解為只要身體髮膚完好，即可稱之為孝，那麼官場歷來不乏「飽食終日，無所用心」的庸官，向來不缺「群居終日，言不及義」的昏官，畢其一生，「庸庸碌碌守攤子，平平安安佔位子，渾渾噩噩混日子，逍逍遙遙數票子」。他們無不身體髮膚完好無損，又該當何論？再看普天之下販夫走卒、引車賣漿者流，身體無不強健而完

好，又豈可以此而與孝行相等同？反觀浴血疆場而九死一生的將士，身殘肢缺而體無完膚，抑或朝堂之上的忠臣義士，以犯顏直諫而身首異處，又豈可以此「毀傷」而否定其大孝之行乎？

對於經典文義的確切解讀，最好顧及全篇上下文，因為只有這樣，前後文句才能相互關聯，上下句義才能融匯貫通。否則，割斷前後與上下文的聯繫，就不免憑主觀臆斷，導致偏離原文所表達的思想本義。

如若索解「不敢毀傷」的本義，只要聯繫本書《紀孝行章第十》「為下不亂，……為下而亂則刑」，以及《五刑章第十一》，孔子所言「五刑之屬三千，而罪莫大於不孝」，一切問題即可迎刃而解。申言之，孔子所表述的這兩段話，是說五刑所屬犯罪條例有三千之多，其中沒有比不孝的罪過更大的了。可這大不孝的罪過，莫過於「為下而亂則刑」。為什麼？因為犯上作亂要遭受五刑，大則毀滅身家性命，小則損傷身軀、四肢、鬚髮和皮膚。

反觀「不敢毀傷」，並非不能遭受任何損毀和傷殘，倘若身處暴君以專制強權禍國殃民的亂世，那麼，「湯武革命，順乎天而應乎人」，豈因禍福避趨之？人們需要明確的是，身體髮膚的毀傷之所以「不敢」，則在於身處明君以仁政造福於民的治世，膽敢犯上作亂而致使生靈塗炭，則不僅難逃身首異處而身敗名裂的下場，而且勢必株連家族而滿門抄斬。所以，只有這樣疏正「不敢毀傷」的確切語義，才能確解此「孝之始也」的涵義。

（3）「毀傷」考釋

前文我們曾提出一個問題：為什麼「不敢毀傷」的是「身體髮膚」，而不止是人的生命？這個疑難問題，以上雖然已迎刃而解，但人們還不免要問：古代的五刑，究竟是哪五種刑罰？又是如何「毀傷」人的「身體髮膚」呢？

上古的五刑，最早見於「五經」之一的《尚書·呂刑》，分別為墨、劓（音「刈」）、剕（音「廢」）、宮，大辟（音「避」）這五種刑罰。

一曰墨刑，就是在受刑者額頭刺字，並塗上墨。如果一個人犯了盜竊之罪，又不至於殺頭，那怎麼懲治？這很簡單，在盜竊者額頭上用針刺字。這一刑罰實施時，是用針在罪犯的額頭刺寫一個「竊」或「盜」。刺上「竊」者，為入室偷竊；刺上「盜」者，為強行佔有。

至於施刑刺字後，何以採用墨炭塗成黑色？主要為防範刺字後結成疤模糊不清。如此這般，受刑者所遭的這份羞辱性懲罰，從此便如影隨形相伴終生了。

二曰劓刑。「劓」字甲骨文寫作 ，其左從 為「自」，即「鼻」本字；其右從 為「刀」，像刑刀之形。此乃會意字，顯然是用刑刀割掉鼻子。這一酷刑明顯重於墨刑，況且這一損傷，成為受刑者畢生恥辱的標誌。

三曰剕刑，又稱刖（音「月」）刑。這種刑罰歷來存在諸多說法，一種是說削去受刑者膝蓋（臏骨），也有一種是說把人的膝蓋砸碎或者鋸掉的說法，還有一種是砍去受刑者左腳、右腳或雙腿。

「剕」字甲骨文寫作 （合15334），舊所誤識「刖」。其左從

，像人失去左腿之形；其右從，像右手持齒狀刀鋸之狀。二者合而為一，是指用刀鋸鋸掉受刑者左腿，使之不能站立而殘廢。這一刑罰，除了堯舜時稱「剕」之外，夏朝稱「臏」，秦朝稱「斬趾」，周朝稱「刖」。顯然，殷商對此刑罰稱謂不得而知，但決非周朝所稱「刖」，而應為由其契文稱作「剕」。

四曰宮刑，又稱腐刑、陰刑和椓（音「斫」）刑。漢代司馬遷曾受過這種刑罰。這種刑罰，就是割除男性生殖器的刑罰。

古代這種宮刑，作個形象的比喻，就跟劁豬一樣。什麼是「劁豬」？就是切割公豬生殖器官的手術。劁豬這一行當，最早見於東漢，可說是一種古傳妙法，被列入七十二行營生。劁豬匠拿著一把劁豬刀子，挑著一副擔，走遍鄉野，吃萬家飯，雲遊四方。對於雄性生殖器施行這種手術，總稱為「去勢」。除了豬的去勢稱作「劁」之外，牛為「宦」，馬為「騸」；雞為「鐵」（音「現」）。人的去勢，則稱作「閹」。

古代宮廷中的近侍小臣，多以閹人充任，專供天子及其後宮役使，後世稱作太監，他們的生殖器經過閹割只有喪失性能力，才可成為內侍。因此，這些內侍又稱為「閹人」；一旦擁有權力成為官員後，便被尊稱「宦人」，後由此尊稱進一步稱之為「宦官」。時至東漢，宦官以其專權使「宦人」之「宦」成為蔑稱，遂成為公牛去勢的用語。

五曰大辟，就是處死。對於「大辟」的解釋，大多釋作「斬首」，則不免有失偏頗。因為「斬首」只是大辟刑罰中方式之一，而

並非唯一。

周代「大辟」，據《刑書・釋名》分為七等：一者採用斧鉞砍下受刑者的頭，稱為「斬」；二是採用大刀在鬧市將受刑者當眾砍死，稱為「殺」；三是剝去受刑者的衣服，用刀割裂其肢體的磔（音「折」）殺，稱為「搏」；四是採用烈火將受刑者活活燒死，稱作「焚」；五是焚燒致死後車裂受刑者的屍體，稱作「辜磔」；六是採用惡犬將受刑者撲倒活活咬死，稱作「踣」（音「伯」）；七是採用弓弦將受刑者絞死在隱蔽的地方，稱作「罄」。

秦代「大辟」可謂集大成：斬、梟首、車裂、棄市、腰斬、體解、磔、蒺藜等。最後獨創的「蒺藜」刑名，頗為令人費解。其實，不過是採用鐵蒺藜釘進受刑者脊背一種酷烈的死刑。

綜觀古代此五刑，除了後者暴虐致死的大辟之刑屬於毀滅生命之外，其他部位的傷殘性質劃分，閹割性器的宮刑，當屬「身」之器官的損害；割去鼻子的劓刑、鋸掉左腿的刖刑，應屬「體」之部位的殘損；至於額頭刺字的墨刑，則屬「膚」之部位的損傷。但是，「身體髮膚」四者，何以缺失了人首鬚髮之「髮」？

其實不然，所謂「髮」者，當為剃去獲罪者的頭髮，這種刑罰稱為「髡」。這種刑罰見諸商代甲骨文，始於女性為「坤」的諧音而用於貴婦人的刑罰。周代髡刑，已改易為王族中大夫以上官員被處以宮刑者。為維護貴族的形象與尊嚴，罪犯以割斷長髮為短髮，來替代閹割生殖器官的宮刑，此即「以髡代宮」的由來。此外，還有較之「髡刑」輕一級的刑罰，這就是剃去罪人面頰鬍鬚與鬢毛的「耏（耐）

68

刑」。

反觀這剃光鬢髮的「髡刑」和「耐刑」，雖說犯罪的卿大夫免除了殘害下體的凌辱，但受刑人由於頭部和面部特徵明顯的示眾性，不僅損害了他們的外在形象，而且嚴重損傷了他們的內在尊嚴，尤其是心靈蒙受著身敗名裂的難捨心痛。

「刑不上大夫」，此見諸《禮記·曲禮》的名言，後世多曲解為士大夫犯罪可免於刑罰。豈不知此句下文是「刑人不在君側」。其意是說，凡在天子身邊的上大夫，並不會因其罪行可逃避刑法的制裁，而是定罪後，輕則罷官貶黜，削去爵位，重則賜死，以至夷族，只不過不對他們施以殘害肢體的重刑而已。對於罪大惡極者，首先選擇勸其自裁，以礪臣節；其次才「戮於朝」，也就是殺死在朝廷。「刑人」之所以「不在君側」，關鍵在於以此維護天子的顏面，維繫大臣的體統，維持朝廷的尊嚴。

2. 「孝之始也」句釋解

此句為謂語，當屬對主語進行判斷的句子，關聯詞即句尾的「也」。

首先，對於「受之父母」的「身體髮膚」，一方面只有「不敢毀傷」，才能「勤以修身，儉以養德」，不忤逆父母意志；另一方面只有心存敬畏，才能不犯上作亂，不辱沒門楣。概言之，這才是為人子者盡其孝行所擔責任的開始。

綜上所述，此段經典釋義，大致是說：人的身軀、肢體、鬢髮、肌膚，無不承受於父母，不敢因犯上作亂受到刑罰，致使性命的毀滅、身

體的殘損和髮膚的損傷，這才是為人子盡其孝行所擔責任的開始。

（四）「立身行道，揚名於後世，以顯父母，孝之終也」句訓解

此句仍以「也」為關聯詞的判斷句，與上句「身體髮膚，受之父母，不敢毀傷，孝之始也」相對舉。兩相比較，上句孔子闡釋了怎樣做，方為「孝之始」；此句則進一步闡明如何做，才會達到「孝之終」。

1、「立身行道，揚名於後世，以顯父母」句解讀

句法上，此句作為判斷句主語，是用關聯詞「以」構成的表目的關係的偏正複句。

（1）「立身行道」句索解

提及「立身」，人們不由聯想到孔子自述的「三十而立」，二者存在著相互轉注的關聯性。那麼，「立身行道」之「立」與「三十而立」之「立」，究竟如何確解呢？長期以來，人們對於孔子「三十而立」的解讀，存在著諸多誤區。概括起來，有以下三種觀點：

一是曲解成「三十歲娶妻生子，成家立業」。豈不知孔子十九歲成家，娶了宋人亓官氏之女為妻，二十歲生子；隨之在季孫氏封邑做過「委吏」、「乘田」兩任家胥。由此可見，成家立業說，不過信口一說而已。

二是誤解為「三十歲言行得當，符合禮儀」。細究此觀點，即「孔子從30歲時開始，一言一行都符合禮儀」，來自人教出版社出版的初高中語文書所作的權威性定論。

關於這一點，人們可從孔子童年的「俎豆禮容」，到青年所任

70

「委吏」、「乘田」，即可推斷：孔子一向謹言慎行，無處不講求禮節，無時不注重言論，何以非要等到「三十而立」不可？

三是盲解出「思想獨立，有自己的見解」。僅從夫子自述「吾十有五而志於學」來看，十五歲即已立志學研周公之禮，十九歲便以「克己復禮」為己任，可知孔子早在青少年即已走過「視離經辨志」的臺階，步入「知類通達，強立而不返」的境地。那麼，以此「思想獨立，有自己的見解」之說，來論說「三十而立」，似無從談起。

顯然，以上說法皆距孔子「立身行道」的思想，相去甚遠。孔子「三十而立」的人生經歷，其實是立足社會，以恢復周禮為己任，授徒講學，推行其政治主張。這一點，足以與本章孔子所論「立身行道」觀點相印證。所以，此句「立身」，是指立足於社會；而所謂「行道」，即踐行先王以民為本的要道。

總之，只有破解孔子「三十而立」的確切含義，並以此為參照，才能撥亂反正，真正詮釋孔子「立身行道」的思想內涵，才能揭示其孝治家國天下的情懷。

(2)　「揚名於後世」句解讀

「立身行道」這一大孝之行的價值與意義，體現在此句「揚名於後世」。《三字經》結尾稱：「揚名聲，顯父母；光於前，裕於後。」如此凝煉而雋永的語句，即出自本章此經典文句。

如何理解「揚名於後世」？中華文化上下五千多年，凡是為家國、為民族、為社會做出貢獻者，或者說凡為生民謀福祉者，用老子《道德經》的話來講，就是「死而不亡者壽」。什麼是「死而不

71

亡」？也就是說，人死了，精神不滅，這才是「壽」。換個角度來說，所謂「死而不亡者壽」，是指那些「揚名於後世」的人。

詩人臧克家有一名句：「有的人活著，他已經死了；有的人死了，他還活著。」為什麼說「有的人死了，他還活著」？凡是為生民謀福祉之人，即使死了，但死去的是生命，不死的是精神，依然活在民眾心中。因此，當黎民百姓為之設酒置肉而焚香禱祝時，即由感恩志士仁人生前「立身行道」之神明，至感念「死而不亡者壽」那光照千秋之神靈。

為什麼說「有的人活著，他已經死了」？對於那些禍國殃民的暴君，即使他長命百歲，也不能稱之為「壽」。譬如，那「視民如草芥」的夏桀，儘管自比為太陽，但百姓決不買他的賬：「時日曷喪，予及汝皆亡。」此話是說，現時你這「太陽」何時淪喪，我恨不能跟你一起滅亡。幾千年來，諸如夏桀、商紂、秦始皇等暴君，他們活著被民眾所不齒，死後永遠被釘在歷史的恥辱柱上。儘管他們也「揚名於後世」，但他們所揚之名，遠不止千古罵名和惡名，還有遺臭萬年的臭名，而且臭名昭著。

顯而易見，只有基於「立身行道」，才能「揚名於後世」，才能贏得天下民眾口碑所傳揚的美名，尚且不是一時一世，而是千秋萬代。因為歷經歷史長河的大浪淘沙，才能「死而不亡者壽」，才能「揚名於後世」。

(3)「以顯父母」句解讀

此句「以顯父母」，其介詞「以」後面省略了代詞「之」，也就

是「以此」的意思；而「顯」為動詞「彰顯」。那麼，承接前兩句句意，「以顯父母」是說，依據「立身行道」而「揚名於後世」，以此彰顯父母養育之恩德，彰顯嚴父教子有方的成就。

2、「孝之終也」句解釋

作為判斷句之謂語，此句以關聯詞「也」收尾，對主語「立身行道，揚名於後世，以顯父母」進行性質判斷。語法上，前後兩句為連動句式。邏輯上，從「立身」到「行道」，再到「揚名」，存在著先「立身」後「行道」終「揚名」的次序關係，尚且「立身」的目的，旨在「行道」；而「行道」的效果，體現為「揚名」，此即「孝之終也」這一結果。

物有本末，事有終始。從上句「孝之始」，說明為人子以修身免遭刑戮，作為孝行的開始；至本句「孝之終」，表明為人者以立身社會來踐行先王至德要道，作為孝道的終結。但透過其表象之「孝」，可索隱其潛在之「義」：前者從「犯上作亂」的角度來看，犯上作亂為不義，不犯上作亂為正義；後者從「立身行道」的角度來講，弘揚先王至德要道為道義。所以說，夫孝，始於正義之秉持，終於道義之踐行。只有這樣，才能光前裕後，而這才是孝道的終結。

總之，這句話的釋義大致是說：立身於社會，踐行先王的至德要道，美名傳揚於後世，以此彰顯父母教子有方的恩德，此乃孝行所盡義務的終結。

（五）「夫孝，始於事親，中於事君，終於立身」句訓解

此句亦為判斷句，圍繞主語「夫孝」，謂語從「事親」、「事

君」至「立身」，闡述了人生孝道三部曲。文辭簡潔精練，語句概括精闢，可說既是孝行的延展，更是孝道的昇華。

然需要提示的一點是，「事親」以孝，「事君」以忠，此毋庸置疑，但最後「立身」以什麼，不免為後人留下了一個懸念。那麼，這一懸念如何解碼呢？

1、「始於事親」詮釋

「為人子，止於孝。」孝行，要以「事親」作為人生感恩的起點。

何謂「事親」？「事親」的「事」，不是名詞，而是動詞。「事」字甲骨文作𤔲，像手持帶有鈴舌的木鐸之形。夏商時代，帝王在每年孟春時節派出使臣巡行天下，他們手執木鐸，除了頒佈政令，還訪察民情。因此，「事」字本義，是指「從事」，隱含著「鄭重」和「恭敬」之意，表示心存恭敬去承擔責任，鄭重其事地履行使命。因此，「事親」的「事」，當指「事奉」，有別於以僕人的身份而心存謙卑地服侍他人的「侍奉」。那麼，「始於事親」是指，以事奉父母雙親為初始。

關於如何「事親」，後文「紀孝行章」提出孝子事親的「五致」標準和「三不」要求。具體來說，所謂「五致」，即「居則致其敬，養則致其樂，病則致其憂，喪則致其哀，祭則致其嚴」；而「三不」，則為「居上不驕，為下不亂，在丑不爭」。

然而，前「五致」性質為孝，後「三不」性質，實則為義。如果說，「五致」為孝養父母其身，那「三不」則為義養父母其心。

74

2、「中於事君」訓釋

「為人臣，止於敬。」孝行還要「敬事而信」，並以「事君」作為人生知恩的節點。

何謂「事君」？當然，這「事君」的「事」，即由「從事」表示「事奉」。因此，「事君」，當為事奉君上。進一步來講，是指以效忠來事奉家君、國君、乃至天子。

對於如何「事君」，後文「卿大夫章」亦提出事君的「三非」標準：非先王之法服不敢服，非先王之法言不敢道，非先王之德行不敢行。作為人臣的卿大夫，擔負著輔弼天子或輔佐諸侯的重任。事君執政，只有勤政敬業，方不負守土治民之責。所以，不符合先王禮法的服飾，不敢服之於身；不符合先王禮法的言論，不敢道之於口；不符合先王道德的行為，不敢行之於民。因此，為人臣者，一言一行都要合乎禮法。

3、「終於立身」考釋

為人者，止於義。孝行重在「立身行道」，並以此道義的擔當作為人生最終的亮點。

至於如何「立身」，古人講求「立德、立功、立言」這「三立」。確切地講，從政者「立德」，從軍者「立功」，從文者「立言」。本文基於孝行這一角度，「立身」無疑是後者「立言」的前提。換言之，這就是前文所說的「立身行道」，也就是立足社會，踐行先王聖明的至德要道。只有這樣，方為大孝之行。

換個角度來看，儒家的孝道，可分為三大層次：

首先，小孝「事親」。為人子者，以「不敢毀傷」受之於父母的「身體髮膚」，而不違父母之意願；或以居致敬、養致樂、病致憂、喪致哀、祭致嚴這侍奉父母行為，而盡其孝。

其次，中孝「事君」。為人臣者，以「上致君，下澤民」這不違君王之意願，而盡其忠。

最後，大孝「立身」。為士人者，以立言行道，「文以載道」，不違生民之心願，而盡其義。概言之，即由為尊親盡孝，引發出為君勤政以盡忠，達到為民代言以盡義，就是立身行道者最大的擔當。

鑒於上述，此句「夫孝，始於事親，中於事君，終於立身」，其釋義當為：此孝行，以事奉尊親為初始，以事奉君主為中途，以立身行道為終結。

（六）梁山「忠義堂」的再認知

提及由盡孝引發出盡忠與盡義，這就不免與《水滸傳》中核心人物宋江的生平對號入座。況且，角度一經調整，定然刷新原有的認識。

且看梁山泊英雄排座次之後，宋江之所以將原來的「聚義廳」改成「忠義堂」，就在於其中貫穿著一條看不見的主線，此即「始於事親，中於事君，終於立身」這一儒家孝道觀。

從「智取生辰綱」來看，朝政腐敗，官場黑暗，官逼民反，民不得不反。晁蓋等人劫取生辰綱這不義之財，可說是社會道義的伸張。事發之後，宋江從為晁蓋通風報信，到怒殺閻婆惜，完全出於江湖義氣；再從刺配江州，到潯陽樓題反詩，直至被逼上梁山，其痛苦在於「自幼曾

攻經史」，自此斷絕了為國盡忠之路；其屈辱在於「不幸刺文雙頰」，自此失去了為父盡孝之機。忠孝兩失，這是何等的遺憾與煩惱？

前文我們講到上古五刑之一的黥刑，但在宋朝施行的黥刑，已經由額頭轉向臉頰，因為額頭刺的字容易被頭髮遮住。像行者武松，他就用所戴頭箍扮成頭陀，從而用長髮遮住了刺在臉頰上的金印。及時雨宋江「不幸刺文雙頰」，亦被刺面頰，並且以塗金取代了塗墨。直到梁山的神醫安道全為諸位好漢進行了微創整容術，才將臉頰上的金印處理掉，但並未從心底抹去這恥辱的印跡。這一作法，為日後接受朝廷招安埋下伏筆。

宋江等梁山好漢接受招安後，他們征戰沙場，浴血奮戰，征遼國，滅田虎，剿王慶，除方臘，出生入死，甚至於馬革裹屍。當斯時也，受之於父母的身體髮膚，不是「不敢毀傷」，而是不畏毀傷。因為這為君盡忠、為國盡義的毀傷，與犯上作亂而被「刺配」的毀傷，二者具有本質的不同。從孝道來講，宋江由「賊配軍」到「賊寇」，再到「忠義之師」，可說完成了他人生歷史的華麗轉身。

梁山好漢最後的結局，最終不是喜劇，而是以悲劇收場。為什麼？透過《水滸傳》忠君愛國的表象，可見整個作品所貫穿的忠義主線具有其二重性。

一者，無論是「賊配軍」，還是「賊寇」，都是勇於反抗朝政腐敗的英雄好漢，都是「官逼民反」的豪俠義士。那麼，這些犯上作亂的「賊寇」，不止是為民除害的伸張正義，而且還是高揚著「替天行道」大旗的行俠仗義。

二者，面對腐敗的朝政，他們所效忠的並非勤政惠民的明君；置身黑暗的社會，他們所獻身的並非政治清明的國度。那麼，他們所忠之君、所愛之國不免大打折扣。

三者，由「賊寇」轉換為被招安的「忠義」之師，對於所要征討的「賊寇」，決不僅僅是情何以堪，心何以堪，而是義何以堪？

社會存在決定人們的思想意識。宋江等逼上梁山的好漢，從劫富濟貧，替天行道，到接受招安，征討方臘等「賊寇」，以至最後被奸臣迫害致死，它實際上折射出以忠事君、以義立身的孝道理想，與朝政黑暗而多行不義這一社會現實，二者交織著矛盾與衝突。最終這「呼保義」宋江，以生命演繹了呼喚保全忠義而忠義難以保全的歷史悲劇。

六、結尾引文解讀

《大雅》云：「無念爾祖，聿修厥德。」

（一）詩題解讀

在先秦儒家典籍中，但凡結尾，往往引用經典中的文句，尤其是引用《詩經》或《書經》中的句子，來進一步闡發自己的思想觀點，遂形成一種文體風格。

本章結尾所謂「《大雅》云」，即引用《詩經》中《大雅·文王》篇中的詩句，來闡明夫子宣導的孝道之說。這篇詩作，據載屬於西周初年周公為歌頌其父王姬昌所作。那麼，何為「大雅」？

1、《詩經》簡介

人們知道，《詩經》，又稱「詩三百」，它是中國第一部詩歌總集，收集了自西周初年至春秋中葉五百多年的詩歌305篇。先秦稱為《詩》，或取其整數稱《詩三百》、《三百篇》。漢代被尊奉為儒家經典，才稱《詩經》，並沿用至今。

總體來看，它以「風、雅、頌」三種詩歌形式，與「賦、比、興」三種表現手法，統稱為《詩經》「六義」。

2、「風、雅、頌」考釋

詩題標為「大雅」，涉及《詩經》「六義」中的「風、雅、頌」這三種詩歌形式。

（1）「風」，並非西周十五國的民歌

「風」是什麼？按傳統解釋，《詩經》中的「風」，是西周十五封國的民歌。然而，這種見解其誤有二：

一者，「風」的出處並非「十五國風」，而是十三國風。因為其中的「周南」、「召南」為周公、召公分陝而治京畿之南的地域，所以此二者不屬於封國的詩歌。如《詩經‧周南‧關雎》「關關雎鳩，在河之洲」，人們對開篇這一愛情詩句，可說耳熟能詳。其出處「周南」，實則位於成周以南，係周公旦在王都的采邑。確切的說，《詩經》中的「風」應為，西周風行於兩大封邑、十三封國的樂詩。

二者，「風」的屬性並非「民歌」。因為就其寓意而言，既指流行於封邑、封國的「風行於世」，又指所達到的「政教的風化」，以及所反映的「鄉黨風俗」。

幾年前，由弟子陪同前往河南安陽小屯村，考察殷墟甲骨文遺址

後，又到鶴壁、湯陰等地，追尋牧野古戰場之所在，探尋羑里城遺跡……在翠竹青青的河畔，意外發現了「衛風」所在的淇水。淇水湯湯，滿目蒼翠，微風習來，不由得吟誦起《淇奧》诗章。

從衛國這首風行於世的詩歌中，除了感受「君子」如綠竹臨風的氣節之外，驀然參悟到這國風之「風」，應由士大夫及庶人有感而發創作的詩章。由於內在那貼近國人思想情感的理念，以及外在這富有地方特色而清新明快的語言，從而風行於世。鑒於此，「風」者，意即「風行」。切勿冠以「民歌」之名強加於民。

(2)「雅」，為宮廷配樂吟誦的高雅詩章

什麼是「雅」？古代宮廷音樂演奏，稱作「雅樂」；帝王祭祀或貴族外交場合，要講「雅言」。如《論語‧述而》載：「子所雅言，《詩》、《書》。執禮，皆雅言也。」由此可見，夫子無論是講解《詩》、《書》，還是在宗廟執掌祭禮，講的並非山東話，而是古代上流社會貴族所通行的高雅語言。

反觀《詩經》表現形式之一的「雅」，實際是指在朝廷配樂吟誦的詩，重在讚美其王政何以由衰而興的豐功偉業。再者，按照帝王祭祀或宴飲的場面規模，又分為「大雅」和「小雅」。具體來說，「大雅」是帝王祭祀上天或祖先的大型場合，進行的配樂詩歌吟誦。本章徵引的詩句，即來自《大雅‧文王》篇，追述文王非凡的人格和睿智，以及他為周王朝奠定基業的不世功德。而「小雅」則是帝王宴飲時，在小型場合所進行的配樂詩朗誦。如《小雅‧鹿鳴》「呦呦鹿鳴，食野之苹」，即周王宴會群臣賓客時所作的一首詩歌。

基於上述，「雅」具有「官方的」、「正宗的」、「正統的」這一本義，後引申為「權威的」、「標準的」、「規範的」之意。所以，「雅樂」，是指在宮廷演奏的正宗而典雅的音樂；「雅言」，是指貴族之間所通用的高雅而規範的語言；「雅正」本指敬請鴻儒名家予以教正，後成為文化界的謙辭或敬辭。

（3）「頌」，屬宗廟祭祀先祖所吟頌的讚美詩

什麼是「頌」？它是《詩經》的一種表現形式，是在宗廟祭祀時為頌揚先祖的盛德所吟頌的配樂詩歌。

世人有知不知，歌頌是有條件的：一者，活著的人不能被歌頌。為誰唱頌歌，即表明斯人已逝。二者，只有在宗廟悼念並唱誦故人的豐功偉績，並將成功告於神明，這樣的配樂朗誦稱之為「頌歌」。如《商頌・玄鳥》篇，即宋國人君祭祀其先祖殷高宗武丁的頌歌。曾幾何時，國人出於對傳統文化的冷漠與疏遠，多以「頌歌」獻給活人。孰知此作法，頗含諷刺或詛咒意味，令人啼笑皆非。

（二）詩句訓解

對於「無念爾祖，聿修厥德」這句詩，實質是向成王和王族提出的敬天法祖要求。就其釋義而言，人們往往解讀為：感念你祖先的意旨，修養自身的德行。顯然，這既無視「無念」的「無」，又將「聿」誤認為發語詞，遠不止曲解了詩句的原義。尤其偏離了孔子引用此詩句的主旨。

1、「無念爾祖」校正

「無念爾祖」的「無」，為否定副詞。它除了表性質否定「不」之外，豈不知還表範圍否定「不止」。本句「無念」，是指「不限於追念」這一範疇。

深究諸家之所以避其「無念」的「無」，恰恰忽略了後者表範圍否定這一點，而這正是將「無念」譯為「感念」的癥結之所在。其後動詞「念」，是指「追念」或「念念不忘」。其中「爾」字，現代漢語只作人稱代詞第二人稱單數「你」，但在古漢語中尚可用作物主代詞。因此，本句「爾」即第二人稱物主代詞「你的」。最後賓語「祖」，是指「先祖」。

那麼，此前單句「無念爾祖」，意思是：不止追念你的先祖。

2、「聿修厥德」考正

句首的「聿」，歷來被視為「句首發語助詞」，況且定性為「沒有實際意義，僅起到引起下文的作用」。

其實不然。正如本人在前面講「夫」時所強調的，古漢語從不存在「沒有實際意義」的所謂「句首發語詞」。那麼，此「聿」字義，究竟是什麼呢？

此「聿」，音讀為「玉」。其甲骨文中寫作 ，像右手執筆之形。由此可見，中國的毛筆，至晚在殷商就已產生，並且與三千三百年後如今執筆方式別無二致。

對於此「聿」字義，《說文》釋其「所以書也」。其意是說，用來書寫的工具。此外，許慎還提出，古時楚人將毛筆稱叫「聿」，吳人稱為「律」，燕人稱作「弗」。

細究許氏對此「聿」字音、字義的認知，存在兩大誤區：一者，此「聿」字古音，即讀作「筆」。只是楚人音讀訛變，方將其讀作「聿」。因此，「筆」屬「聿」的後起字。二者，此「聿」詞性，由其執筆動作，而表動詞執筆之「執」，況且引申為「執著」。至於「聿」表示書寫工具的原義，則轉由後起字「筆」擔當。鑒於上述，此詩句首之「聿」，即表不及物動詞「執著」。

「聿」字，與其後「修厥德」，當為動補結構。換言之，「修厥德」在其後補充說明動詞「執著」的目的。動賓結構「修厥德」，動詞「修」，是指「修養」或「修行」；其中「厥」字為反身物主代詞「自己的」；句末「德」字，為名詞「德行」。基於此，「聿修厥德」的意思是：執著於修養自己的仁德。

總之，以上「無念爾祖，聿修厥德」這一詩句，其意是說：不止追念你的先祖，執著於修行自己的仁德。

天子章第二：

「受命於天」的為政論義

一、章題詞義釋解

天子，是古代對於帝王的尊稱。至於何謂「天子」，人們會不假思索地回答：上天的兒子。其實並非如此。

(1) 「天子」之訓解

「天子」這一稱謂，可由殷墟甲骨文，說明此語詞始於商朝。

究此語詞出處，可見諸《禮記·曲禮下》所載：「君天下曰天子。」其中「君天下」之「君」為動詞，即「主宰」或「統治」；而詞尾之「子」並非詞綴，而作為詞的構成部分，表示「賢明的」，或「聖明的」。二者合而為一，此語詞意即：主宰天下的賢明君王，稱作「天子」。經過此番鉤沉，「天子」一詞本義，終於得以考正。

然令人不無遺憾的是，大多權威性辭書對於「天子」一詞的釋義，似乎遺存著原有激憤性思想印記：歷代帝王一直鼓吹「君權神授」，故稱帝王為天子。

(2) 「天子」之誤解

考究「天子」何以被曲解成「上天之子」，世人多將其歸於孔子在《禮記·表記》所言「唯天子受命於天」。按夫子此言，當出自《詩·周頌·昊天有成命》：「昊天有成命，二后受之。」其意是說，昊天上帝伏羲賦予既有的天命，文王姬昌與武王姬發二后，承受

為天下蒼生謀福祉的歷史使命。

當今社會，大多學者據此將「受命於天」解讀為「君權神授」。不管是國家權威性辭書，還是初高中，乃至高校的教材，無一例外地注解道：此即「封建君主專制制度的一種政治理論」，「古代統治階級為鞏固統治地位，宣揚『君權神受』論，說他們作帝王是順從天意，接受天命」。

(3)「受命於天」之成因

抛開這些由來已久的慣性思維觀點，對於孔子所言「唯天子受命於天」之「天」，可從後文《聖治章第九》「昔者周公郊祀后稷以配天，宗祀文王於明堂，以配上帝」，至《易·鼎卦·象傳》「聖人亨（烹）以享上帝」，以上二經典文句中的「上帝」，其實無非是華夏民族從遠古走來一直信奉的「昊天上帝」。倘若揭開這位統治諸天界的最高主宰神的神秘面紗，「昊天上帝」實則乃華夏人文始祖伏羲。他以「一畫開天」，肇啟遠古海晏河清朗朗乾坤之昊天，從而由借代而被敬稱為「太昊」。

對於孔子思想予以詮釋者，當屬《莊子·內篇·德充符》：「受命於天，唯堯、舜獨也正，在萬物之首。」此說頗有見地。承受上天的使命，唯獨堯舜宗奉正統，並以天下為公的禪讓制，位居天下而成為百官之元首。

凡事都要問一個為什麼。對於這個往往嗤之以鼻的「君權神授」，人們不禁要問：帝堯、帝舜的「君權」，又是如何經過「神授」呢？

且看《史記·五帝本紀》所載:「於是帝堯老，命舜攝行天子之政，以觀天命。」顯而易見，舜的「君權」是由「帝堯」所「授」，況且是以禪讓形式授予他的。那麼，誠如前文所言，上古先人所祀的天帝，皆為造福於民的古聖先賢。那麼，帝堯就是以「法施於民」的「禪讓制」而成為後世所祀之天帝。

(4)「受命於天」之確解

時至春秋時期，管仲對於「受命於天」之「天」另有一說。管仲作為春秋時期的思想家，當齊桓公提出「君王以什麼為尊貴」的問題時，直接回答為「貴天」二字。而當桓公仰頭觀天之時，管仲糾正道:人們所說的「天」，並非蒼蒼莽莽的上天。他隨之明確提出「君人者，以百姓為天」。管仲這一觀點極為難得，他闡明了「天子」為「天下百姓之子」。不過需要指出的是，管仲所說的「百姓」，是指有姓有氏的貴族之「人」。因為先秦商鞅變法之前，只有作為貴族的「人」，不僅有姓有氏，而且有名有字，而平民僅有其名，無姓無氏又無字。

相對於管仲「以百姓為天」，楚漢之爭時,謀士酈食其勸諫劉邦時提出:「王者以民人為天，而民人以食為天。」酈食其這一「以民人為天」觀點，主張先民而後人，較之管仲顯然前進了一大步。頗為有趣的是，唐代司馬貞作《史記索隱》時，進一步提出「王者以民為天，民以食為天」。儘管他以「索隱」名義注明此言出自管子，顯然「借他人之杯酒，澆胸中之塊壘」。

(5)「天子」之正解

本章章題「天子」，通過上述鉤沉索隱，由「主宰天下的傑出君王」，到「承受昊天上帝使命的君主」，再到「以百姓為天」，以及「以民人為天」，實則無不凸顯出聖明人君的「立身行道」，無不彰顯出先王的「至德要道」。

「天下非一人之天下，乃天下人之天下也。」此名言出自戰國時期呂不韋《呂氏春秋·貴公》。其意是說，天下不是某一個人的天下，而是天下所有人的天下。如此深邃的思想，實則緣起姜尚《六韜·武韜·順啟第十六》。

文王曾向太公詢問：為政者如何平定天下？太公遂從正反兩方面，陳明為政興衰成敗的要道：「故利天下者，天下啟之；害天下者，天下閉之。生天下者，天下德之；殺天下者，天下賊之。徹天下者，天下通之；窮天下者，天下仇之。安天下者，天下恃之；危天下者，天下災之。天下者非一人之天下，惟有道者處之。」太公此番話是說：所以，凡利益天下黎民蒼生的天子，天下黎民蒼生就向他開啟門戶；凡禍害天下黎民蒼生的天子，天下黎民蒼生就將其拒之門外。凡生養天下黎民蒼生的天子，天下黎民蒼生就對他感恩戴德；凡殺戮天下黎民蒼生的天子，天下黎民蒼生就將其視為盜賊；凡通徹天下黎民蒼生的天子，天下黎民蒼生就對他感通歸順；凡窮乏天下黎民蒼生的天子，天下黎民蒼生就將其視為仇敵。凡使天下黎民蒼生安居樂業的天子，天下黎民蒼生就將其視為怙恃；凡危難天下黎民蒼生的天子，天下黎民蒼生就讓其遭受滅頂之災。天下並非某一個人的天下，惟有秉承天道的天子，才能君臨天下。

追根溯源，反觀「天子」一詞，無論「父天母地」，還是「敬天法地」，無非敬奉上天古聖先賢為父，尊奉天下黎民蒼生為母。如此既受命於古聖先賢之天，又受命於黎民蒼生之地，何罪之有？基於此，「天子」的確解，當為天下黎民蒼生之子。

二、經典文句解讀

子曰：愛親者，不敢惡於人；敬親者，不敢慢於人。愛敬盡於事親，而德教加於百姓，刑於四海，蓋天子之孝也。

（一）「子曰：愛親者，不敢惡於人；敬親者，不敢慢於人」句解讀

開篇夫子所說這兩句話，結構相同，字數相等，句式工整。但這種修辭格，不可簡單地等同於「對偶」或「對仗」，而應歸於「對舉」。

1、「對舉」修辭格解析

在古漢語修辭學中，「對偶」較為常見，是以字數相等、結構相同、詞義對稱的一對短語或句子進行表達的修辭方式。它在楹聯中俗稱「對子」，在詩詞曲賦等韻文中稱為「對仗」，用以增強語言的表達效果。譬如，杜甫《絕句》中的「兩個黃鸝鳴翠柳，一行白鷺上青天」，不僅兩兩相對，字數相等，而且句法相似，詞性相同，尤其平仄相對，意義相關。

然而，「對舉」則不然。它不僅平仄不相對，關鍵在同一位置

的字詞重複，如本章孔子所說的這兩句話，每句八字便出現了「親者」、「不敢」、「於人」這三處共六字的重合。從其功能來講，這種「對舉」作為修辭格，是兩個文句組成的相互襯托、對照、並舉，在結構上平行和依存，且字數相等，在語義表達上相反、相似或相稱的句式。

2、「親」字訓解

此對舉句中，前後出現了「愛親者」和「敬親者」兩個「親」。那麼，「親」字究竟作何講？而這個「親」具體又是指誰？

「親」字，古文為「親」，从亲从見。李斯刻石义作「親」，左偏旁省略了一畫。豈不知其初文結體原本為「亲」，其金文見諸西周中期「中伯壺」所作之亲，从辛从木，屬會意字。

此「親」同源字為「新」。從「新」甲骨文所作釈來看，从斤从亲，亲亦聲，乃形聲兼會意字。其左从亲，為上辛与下木共生之「亲」；其右从之丨為「斤」，為長柄開山砍柴刀。二者合而為一，可會意親手以砍柴刀之「斤」辛勤地砍斫樹木枝杈為薪柴。

古時樵夫以「斤」砍斫薪柴，有別於以斧砍伐樹木。因為伐木工以斧伐木為群體眾力所為，而樵夫以「斤」砍斫薪柴則為個體隻身行為。況且，樵夫以砍柴為職業，終年獨自一人往來於深山老林，隨時有狼蟲虎豹出沒，但為家人生計所迫，必須冒著生命危險，因而不止有勞作之辛苦，亦有生活之艱辛。所以，「親」字本義，由其個人直

接從事的勞作，當概括為：親力親為。

基於此，父母之所以稱作「雙親」，當出自為人父母對子女的撫養無不親力親為，而子女贍養父母雙親亦須親力親為。從「愛親」角度來看，天子對於父母雙親「生事愛敬，死事哀慼」的孝行，務必體現在對雙親的事必躬親。因為對父母生前的孝行，重在事奉雙親時那親愛敬順的真摯；而父母死後的孝行，則貴在送終時那哀痛悲戚的真誠。否則，父母生前由他人代為事奉，父母死後由他人代為哭喪，又怎樣體現其骨肉親情須親力親為之「親」此文字初創時的深刻寓意呢？

3、「愛親者，不敢惡於人」解讀

此句「愛親者，不敢惡於人」，是以否定副詞「不」構成的否定判斷句。

主語為「愛親者」，是指親愛父母至親的人君；謂語為「不敢惡於人」，意即不敢見惡於天下之人。

此句關鍵詞「惡」，音讀「務」，字義即表示反感的「厭惡」。

「惡」字，大陸簡體寫作「恶」。在睡虎地秦簡文中，此「惡」寫作亞，從亞從心，乃會意字。其上所從之「亞」，有個字謎，謎面是「四面不透風，『十』字在正中。要當『田』字猜，是個糊塗蟲」。但此「亞」加個「心」為什麼是厭惡的「惡」？

什麼是「亞」呢？這就涉及到了「帝王」墓葬規格：天子亡故稱作「崩」，諸侯亡故稱作「薨」，其陵墓規格多採

90

用「亞」字型陵墓。世人之常情，無不愛其生而惡其死。即使身為帝王，面對如此「亞」形之陵墓，反感亦不免由「心」而生。二者合而為一，表示由心而生的厭惡之感。

作為天子，如果像夏桀和商紂那樣，荒淫無道，專橫跋扈，對內苛刑厚斂，對外窮兵黷武，尤其拒諫飾非，終致眾叛親離，而見惡於人。鑒於此，再看句末「惡於人」，實則是指：被天下人所厭惡。

愛人者，人恒愛之。此句「愛親者，不敢惡於人」，釋義當為：熱愛父母至親的天子，不致敢於薄仁寡義，而被天下之人所厭惡。

3、「敬親者，不敢慢於人」解讀

此後分句「敬親者，不敢慢於人」，亦以否定副詞「不」構成的否定判斷句。

(1)「敬親者」句詳析

主語為「敬親者」。如果說，前句「愛親者」，所愛之「親」，是指「父母雙親」，那麼此句「敬親者」之「親」，則是指「諸父昆弟」之「宗親」。

試看《禮記・中庸》第二十章所載：「仁者，人也，親親為大。」其中「親親」，前面「親」字為動詞，表「親敬」之意；後面「親」字為名詞「宗親」。此文句是說，擁有仁愛之心的人，才能成為人君，而親敬宗親尤為重大。

對於後面「親」字何以斷定為「宗親」，而並非「親戚」，關鍵在於「親戚」一詞在古代社會分屬「親」與「戚」兩個概念。前者「親」，是指由父親的血統結成具有血緣關係的世系；而後者

「戚」，則是指由母親的旁系結成無有血緣關係的世系。

至於「敬親者」所敬宗親究竟為何人，夫子不止將「親親」視作「凡為天下國家有九經」之一，隨之還釋解道：「親親，則諸父昆弟無怨。」所謂「諸父」，意即父輩的伯父和叔父；而「昆弟」，則指自家兄弟與堂兄弟。

鑒於上述，此句「敬親者」是指，敬重宗親的諸父昆弟。

（2）「不敢慢於人」句解析

此句為否定判斷句謂語部分。「敢」為能願動詞，表示意願；謂語「慢於人」，其形容詞「慢」為使動用法，表示「使之怠慢」、「使之輕慢」、「使之侮慢」，意即不敢使自己的所作所為怠慢或侮慢天下諸侯。因為侮慢他人者，必將被他人所侮慢。如《孟子·離婁下》載：「孟子告齊宣王曰：『君之視臣如手足，則臣視君如腹心；君之視臣如犬馬，則臣視君如國人；君之視臣如土芥，則臣視君如寇讎。」這一點，誠如老子《道德經》第十七章所言「其次侮之」。

天子作為天下人之共主，倘若像厲王那樣貪婪而暴虐，封山鎖林，壟斷物產，致使民不聊生，哀聲載道，天怒人怨，終不免被國人所推翻而流放彘地這一下場。或者像幽王那樣荒淫而昏庸，為政腐敗，窮奢極欲，侮慢天下諸侯，況且置國民遭受天災於不顧，重用奸佞，橫徵暴斂，生靈塗炭，最終導致國破人亡的命運。以上這兩位暴君的所作所為，當然為天下人所欺侮輕慢，可說為「慢於人」作了最好的注腳。

敬人者，人恒敬之。此句「敬親者，不敢慢於人」，釋義當為：

敬愛宗親諸父昆弟的天子，不致敢於傲慢無禮，而被天下之人所侮慢。

4、本段經典評析

本章提及「愛親」與「敬親」，是指所愛所敬之「親」，前者指至愛的父母雙親，後者則指由父族以血統結成的世系宗親。二者無論所愛之雙親，還是所敬之宗親，皆稱之為「親人」。

從「愛親」到「敬親」，二者由「愛」而「敬」，當知前者所愛為至親，稱作「親愛」；後者所敬為宗親，而稱作「敬愛」。不過，無論上句「愛親者」，還是下句「敬親者，」其中「者」字，一般皆譯作「⋯⋯的人」，本句當指「天子」。

（二）"愛敬盡於事親，而德教加於百姓，刑於四海，蓋天子之孝也"句解析

此句是以「蓋⋯⋯也」為關聯詞的判斷句。本句主語申明孝行的先後次序：始於「愛敬盡於事親」，中於「德教加於百姓」，終於「刑於四海」。此三者依次遞進，循序漸進。最後，謂語由揣測性判斷動詞「蓋」作出性質判斷。

1、「愛敬盡於事親，而德教加於百姓，刑於四海」句釋解

主語列舉孝行的遞進層次，即始於事親，中於德施予人，終於垂範天下。

（1）「愛敬盡於事親」句解析

句首「愛敬」為主語，為「仁愛」、「恭敬」縮寫形式，屬於動詞並列複合詞，表示天子之孝行；其後「盡於事親」為動補短語用作

93

謂語，謂語動詞「盡」，表示「竭盡」、「盡力」；謂語中心詞後的「於事親」，則為介賓短語作補語。

《孟子·離婁章句上》明確指出：「事，孰為大？事親為大。」世間悠悠萬事，事奉父母是人生首要大事。但身為天子，雖然日理萬機，遠不止竭盡仁愛之心，以事奉父母雙親，還要竭盡禮敬之心，以敬奉宗親中的諸父昆弟。

只有以仁愛恭敬之心事親，才有可能以仁愛恭敬之心事人。《孟子·離婁章句下》認為：「君子以仁存心，以禮存心。仁者愛人，有禮者敬人。」鑒於此，「愛敬盡於事親」句是說，以仁愛、恭敬的心態，盡力事奉父母至親，以及諸父昆弟宗親。

（2）「德教加於百姓」句辨析

作為天子，其孝行不止於「愛敬盡於事親」，重要的是以「德教加於百姓」，並且「刑於四海」。

先就「德教加於百姓」句而言，此句主語「德教」，當承接上句「事親」的仁愛，並在其基礎上進行的仁德教化；而「加於百姓」為動補短語謂語句，其謂語動詞「加」，是指「施加」；至於「於百姓」則屬於介賓結構用作補語。特別需要指出的是，「百姓」在古漢語中，是擁有姓氏的百官，即貴族的統稱，而並非後世相對於官員的平民。

孔子在季康子問政時，就以仁德進行社會教化為議題，提出自己的主張：「君子之德風，小人之德草，草上之風必偃。」夫子以生動形象的比喻，深入淺出地闡明了德教的主體作用。「君子之德」猶如

「風」，「小人之德」宛如「草」，如此生動形象的比喻，闡發出仁德教化的抽象理念。顯然，孔子這番話中的「君子」，是指傑出的國君；而「小人」並非長期以來曲解的「勞動人民」，而是相對國君的人臣、相對於家君的家臣等臣屬而已。尤其是以「草上之風必偃」，說明仁德教化的對象，是人臣、家臣等「小人」，而風行天下的關鍵，在於最高統治者的以身作則，率先垂範。

所以，此句「德教加於百姓」，釋義是說，德育教化施加給百官。

(3)「刑於四海」句剖析

此句「刑於四海」，關鍵在於對「刑」字的理解。此「刑」為「型」初文，是指上古用土為鑄造銅器或青銅器物而製作的模具。據《禮記·王制》載：「木曰模，竹曰範，土曰型。」其意是說，用木製作的模式稱為「模」，用竹製作的範式稱為「範」，用泥製作的刑式稱為「型」。此土製刑式之「刑」，與木製模式之「模」，構成並列複合詞「模型」。

尤為需要明示的是，此表模型之「刑」，經引申既表「典範」，如《詩·大雅·蕩》：「雖無老成人，尚有典刑。」尚且亦表「常法」，此即兼表處罰罪犯的「刑罰」之「刑」。如《論語·為政》：「子曰：『道之以政，齊之以刑，民免而無恥。』」

古文字存在著一字多義現象，其兼義所表述的概念往往隨著社會的發展而逐漸細化，由此派生出後起字。此「刑」兼表處罰罪犯的「刑罰」之「刑」，秦代小篆始改寫為𠛬，即派生出後起字「荆」；後

至漢代，進一步簡化為「荆」。如《說文》僅收錄後起字「荆」，尚且析其字形「从井从刀」，並未收錄「刑」字。除此之外，此「刑」表「典範」引申義，時至漢初派生出後起字「型」。孰料此「刑」兼表「刑罰」之「刑」，以其社會應用廣泛且深入人心，致使其兼義興而固定；其表示以土製作銅器或青銅器物「刑式」之本義，以及兼表「典範」之引申義，反而被其後起字「型」所取代。顯然，此「刑於四海」之「刑」，非彼「齊之以刑」之「刑」。

關於「四海」，源於古人認為中國四境有海環繞的觀念，並按其方位分別稱作「東海」、「南海」、「西海」和「北海」，於是成為「天下」的代稱。

反觀此「刑於四海」句式，為動補結構。謂語「刑」為名詞用作動詞，即使動用法「使……刑」，或者說使其介賓詞組「於四海」，成為它所指稱的事物。那麼，此句「刑於四海」，其意無非是說：使天下以之作為效法的典型。

2.「蓋天子之孝也」句訓解

此句作為謂語，基於以上三點，以「蓋」為聯結詞作出性質判斷。然句首「蓋」字，即此句關鍵字。

細察此「蓋」，古文獻中多稱「句首發語詞」，或稱「發端詞」。況且，此「蓋」向來與其它用於句首的「夫」、「維」、「且」、「載」等字，被視作「用於提引下文」而「無實際意義的虛詞性助詞」。此觀點，未見先秦兩漢魏晉南北朝文獻典籍。究其首倡者，為唐代著名學者李善。其說見其引《文選·江賦》「惟岷山之導

96

江」所注:「惟,發語之辭也。」不料李氏此說, 後世竟由此成為定論。

其實遠非如此。本人在前言即已指出, 古文言文之所以言簡意賅, 在於它無論是刻劃在彩陶上的陶文, 還是鍥刻在龜甲獸骨上的甲骨文, 抑或青銅器上鍥刻的金文, 每一筆畫無不費時費力, 其難度之大不言而喻, 怎麼可能存在這「沒有實際意義」的所謂「發語詞」呢? 基於此, 本人再次重申, 凡是古文言文中用於句首的字, 無不具有實際意義。前文已將句首「夫」字破解為指示代詞「彼」或「此」, 可為其明證。本句句首此「蓋」字, 亦可鈎沉出它所遺存著的實際意義。

「蓋」字, 異體作「葢」。《說文》遂釋之為:「葢, 苫也。從艸, 盍(同「盇」)聲。」另據《左傳・襄公十四年》「乃祖吾離被苫蓋」句下, 晉代杜預注曰:「白茅, 苫也, 今江東呼為蓋。」由此以白茅苫蓋茅屋, 當知「蓋」字本義, 即表動詞「苫蓋」。

「蓋」字金文見諸春秋中期秦公簋, 是個會意字。其上從艸從二八, 像以茅草苫蓋茅屋之形; 其下從U從皿, 像以上頂蓋向下扣蓋器皿之形。二者合而為一, 由茅屋的苫蓋與器皿的扣蓋, 「蓋」字本義表示「遮蓋」。後世不知「蓋」字形體流變的原委, 遂誤解為單一的「苫蓋」。不過, 「蓋」字詞性, 除了以動詞詞性表「遮蓋」, 亦以人們不知內在遮蓋著什麼的揣測性, 而以其諧音表揣測性副詞「大概」。然而, 當此「蓋」用於判斷句謂語之首, 則成為揣測性判斷動詞, 表示「大概是」。

反觀此句「蓋天子之孝也」, 句首「蓋」字決非所謂「無實際意

義的發語詞」，而是用作揣測性判斷動詞，對主語「愛敬盡於事親」的孝行，「德教加於百姓」的孝治，以及「刑於四海」的孝道，總體進行屬性判斷。概言之，以此揣測性判斷動詞「蓋」，判定天子孝行的不確定屬性，語氣委婉而不乏禮敬，語言簡約而不失含蓄，天子孝行似遠不止如此。夫子此「春秋筆法」，言有盡而意無窮，令人掩卷遐想，不禁思緒萬千，足見其「微言大義」。

本諸上述，此句首之「蓋」，顯然並非「無實際意義的發語詞」，而是不可或缺，恰如其份。那麼，這末句的釋義，無非是說：大概是天子的孝行吧。

3. 本段經典譯釋

此「愛敬盡於事親，而德教加於百姓，刑於四海，蓋天子之孝也」句，語言簡潔明快，論證依次遞進，最後屬性判斷令人深深信服。此經句釋義，其意是說：以仁愛、恭敬的心態，盡力事奉父母至親，以及諸父昆弟宗親；以德育教化施加給王公貴族，並使之成為天下人效法的楷模，這大概是天子的孝行吧。

三、結尾引文解讀

《甫刑》云：一人有慶，兆民賴之。

1、篇名簡介

本章結尾所引用的這一名句，來自《尚書》中的《甫刑》篇。需要說明的是，此篇《甫刑》又稱作《呂刑》。何以至此？因為周穆王

時，有關刑罰的文告，皆由呂侯請命之後頒佈，後因呂侯後代改封「甫侯」，所以《呂刑》又稱為《甫刑》。

2. 徵引文句訓讀

(1)「一人有慶」句釋解

句首「一人」，當為天子。究其所以然，誠如邢昺引《孝經緯》為之疏道：「舊說：天子自稱則言『予一人』。予，我也。言我雖身處上位，猶是人中之一也，與人不異，是謙也。若臣人言之，則惟言『一人』，言四海之內惟一人，乃為尊敬也。」這一觀點，無論是「天子自稱」，還是「臣人言之」，兩種視角新穎而別致，從而成為說明「一人」即為天子的明證。

對於句末「慶」字，鄭玄釋其為「善」。自此以後，歷代注家皆沿襲鄭說。迄今常見文本，亦僅釋作「善行」而已，皆不知其所以然。

「慶」字，從廌（音「志」）省，從心，從夊（音「雖」）。其甲骨文作，從廌，從反向之心。二者皆為會意字。按說，其「廌」為古代傳說中的神獸，亦稱「獬豸」（音「謝志」）。傳說帝堯的刑官皋陶（音「遙」）治獄，曾以獬豸助其折獄致刑。每當見到有人爭鬥，它就用其頭角觸倒說謊之人；每當聽到有人爭辯，它會用嘴去咬挑撥是非的一方，甚至將罪有應得之人用角牴死，從而令犯法者不寒而慄。如此一來，獬豸自然成為公正執法的化身。鑒於此，古代法官所戴頭冠，即稱「獬豸冠」。然而，令人費解的是，「慶」字甲骨文結體構成，何以用「廌」反

向之心，來會意其無心於折獄致刑之意？尤其是字義由此表示「吉慶」，其造字理據究竟出於何故？

按此「廌」與「法」結有不解之緣。從「法」字古體「灋」，即可窺其端倪。此「灋」構形，从水，从廌去。因為世間之「灋」，只有此「廌」遠離而去，方體現執法如水公平的常態。然而，其省體「法」，令人大惑不解：不是「去廌」存水，而是去「廌」存「去」。那麼，如此「去」「水」之「法」，顯然法律遠離了象徵公平之水，世間豈有公平可言？

就「慶」字甲骨文𢘑而言，由其从反向之♠（心）而象徵「無心」，而且意会此廌無心於辨識善惡，而这与「法」初文之「灋」表示去除明辨是非曲直之廌相契合，皆體現了上古「以德去刑」而「無訟」的禮法文化理念。

從儒家典籍來看，堯舜之世，便是一個無訟的社會，而舜本人就是一個息訟止爭的表率。而西周開創的盛世「成康之治」，史載「天下安寧，刑措四十餘年不用。」鑒於此，以「祖述堯舜，憲章文武」為己任的孔子，歷來主張「克己復禮，協和萬邦，構建「無爭無訟」的和諧社會。如《論語‧顏淵》記載：「子曰：『聽訟，吾猶人也。必也，使無訟乎？』」孔老夫子說，聽取訴訟，我象其他人一樣。倘若勢必有所不同，就是讓天下永無訴訟。」又如《易‧旅卦‧象傳》載：「君子以明慎用刑，而不留獄。」其意是說，賢明的國君以明德為已任，慎重動用刑罰，進而不再保留牢獄。

儒家除了宣揚「無訟」的美好社會願景，還一再強調訴訟是社會

道德敗壞的產物，尚且提出以訟為害的思想觀點。如《易·訟卦·象傳》曰:「以訟受服，亦不足敬也。」其意是說，通過爭訟承受賜朝服鞶帶的殊榮，亦不足以讓世人尊敬。又如《禮記·曲禮》:「分爭辯訟，非禮不決。」因而，儒家極力崇尚的無訟理念，是傳統禮法倫理的基本取向和價值追求，旨在實現「大道之行，天下為公」那無訟而和諧的大同社會理想。

此「慶」經此番鉤沉，字義是指明君以仁德之心，消除世間紛爭鬥亂，並以清明治世，讓獬豸無所用心而遠去。這對天下生民來說，無疑是吉祥喜慶之事。那麼，此句「一人有慶」實則指，天子以擁有「息訟止爭」之聖明而可資吉慶。

(2)「兆民賴之」句考釋

此句關鍵字為「兆民」。此語詞由「兆」與「民」二語素連綴而成，構成偏正式複合詞「兆民」。對於「兆民」一詞釋義，歷來釋作「古稱天子之民」。至於天子之民何以稱為「兆民」，歷來語焉不詳。

此「兆」字，本為卜兆的兆象。它本指占卜吉凶時燒灼龜甲所顯現的裂紋，經引申表示事物發生前的徵候或跡象，其語詞為「先兆」、「徵兆」或「預兆」。由此可見，「兆民」一詞，本指為先民預見將要出現或發生的徵候和跡象，進而表示以此深得民心的氏族部落首領，乃至後世之天子。如《左傳·閔西元年》「天子曰兆民，諸侯曰萬民。」

得民心者得天下。《孟子·離婁上》謂:「得天下有道，得其

101

民，斯得天下矣。得其民有道，得其心，斯得民矣。得其心有道，所欲與之聚之，所惡勿施爾也。」於是，「兆民」之「兆」遂由名詞衍變為數詞而表「眾多」，而「兆民」亦由此轉義而表名詞「民眾」。如《禮記・月令》：「（孟春之月）命相布德和令，行慶施惠，下及兆民。」

反觀此句「兆民賴之」，主語「兆民」，即億兆民眾。其後謂語動詞「賴」，表示「仰賴」、「信賴」、「依賴」。而句末「賴之」的「之」為代詞「他」，代指天子。那麼，此句釋義當為：天下億兆民眾對他充滿信賴。

本章結尾徵引《尚書・甫刑》「一人有慶，兆民賴之」這兩句，意蘊含蓄，意味雋永。究其潛在用意，顯然是針對本章天子「德教加於百姓，刑於四海」這孝行職責，委婉地進行補充。況且，原文下面還有一句「其寧惟永」，實則為本章的潛臺詞。

基於上述，本章徵引《尚書》「《甫刑》云：『一人有慶，兆民賴之』」，此文句當譯作：《尚書⊠甫刑》稱：天子以擁有「息訟止爭」之聖明而可資吉慶，天下億兆民眾對他充滿信賴。尚且，江山的安寧，惟有這樣才會永久。

諸侯章第三：

「和其民人」的執政至義

一、章題詞義訓解

(一) 「諸侯」語詞解讀

「諸侯」之「諸」，在現代漢語語法學中，其詞性多以表「眾多」訓為形容詞。其實，此「諸」既可由「諸多」修飾形容詞「多」，亦可由「諸位」而限定量詞「位」。與此類同者，諸如「全」、「各」等，雖然屬總括式範圍副詞，但尚可既限定量詞又修飾名詞，顯然有悖副詞不可修飾名詞的規則。因此，此類語詞擬定為泛指不定量數詞。

鑒於「諸侯」的「諸」為泛指不定量數詞，似可讀解為「諸多」，但其確切字義當解讀為「諸位」；而中心詞「侯」，是指「侯王」。二者合而為一，「諸侯」一詞意即：諸位侯王。

(二) 「諸侯」一詞溯源

追溯「諸侯」一詞的歷史淵源，它是上古天子所分封的列國國君統稱。如《易·比卦·象傳》：「先王以建萬國，親諸侯。」就社會形態而言，它是分封制度的產物。

就分封制而言，是王室把疆域土地劃分為諸侯的社會制度。而「封建制」，是指封建制度的創建，亦即「封國土、建諸侯」。如《左传·僖公二十四年》：「昔周公吊二叔之不咸，故封建親戚，以

蕃屏周。」顯然，諸侯是封建制社會的產物。

天子分封諸侯，古時稱作「封邦建國」。所謂「邦國」者，大者為邦，小者為國。分封的對象，是將土地封給王族、功臣、姻親，以及先代貴族。當然，分封的主體是同姓親族。分封的方式，就是古時所說的「分茅裂土」。換言之，天子分封諸侯，要舉行授予「茅土」的儀式，將一束白茅草裹著一抔泥土，授予被封的公侯，以此象徵土地和權力。收受了「茅土」，就意味獲得了天子的委任，然後舉家遷往封國。

西周封建制社會，天下土地不完全歸屬周王室所有，而是分別由獲得封地的諸侯所有。諸侯國擁有分封土地的所有資源和收益，只需向周王室繳納一定的貢品以盡其義務。如果說，分封制是封建制的主體，那麼分權制就是分封制的核心。而諸侯作為分封制的產物，通過封國進行分權治理，從而構成防控專制集權的有效機制。可以說，諸侯及其分封制，無疑體現出上古的政治文明，開人類社會聯邦制之先河。

探源文化，梳理脈絡，再次回到《孝經·諸侯章》，即能產生一種觀念上的漸進，似乎能在繁如星海的先秦經典文獻中扣響歷史的門扉。

二、開篇引文解讀

在上不驕，高而不危；制節謹度，滿而不溢。高而不危，所以長守貴也；滿而不溢，所以長守富也。

以上這四句話，句式整齊，音韻和諧，兩兩對舉，古稱「駢偶句」。

（一）「在上不驕，高而不危」辨析

此句是不用關聯詞語的推論因果複句。偏句「在上不驕」，提出一種避免發生的狀況，正句推斷出「高而不危」這理應不該產生的結果。

1、「在上不驕」句索解

此前分句中的「上」怎樣解？其實，作為方位名詞的「上」，在此句則是借代身處社會階級的上層。

本章除了以「在上不驕」申明「在上」之外，後文「紀孝行章」亦以「居上不驕」重申「居上」。然「在上」，是指「高高在上」的「侯王」；而「居上」，則指「身居上位」的天子。二者雖一字之差，但不可混同。所以，此「在上」非彼「居上」也。

春秋時期「禮崩樂壞」，天子身居上位而岌岌可危，諸侯處在上位而覬覦僭禮。當「禮樂征伐自天子出」，改成「禮樂征伐自諸侯出」，整個社會動盪的決定性因素，不再取決於天子，而取決於諸侯。

詳察此「上」字，此方位名詞在先秦經典文獻中，多借代「身居上位的侯王」。如老子《道德經·第六十六章》「是以聖人欲上民，必以言下之：欲先民，必以身後之。是以聖人處上而民不重，處前而民不害。」其意是說，因此聖明的人君想要位居民眾之上，必須以言語表示卑下；想要前導民眾之先必須以禮儀體現居後。因此聖明的人

君位處民眾之上，卻從不增其重負：身處民眾之前，決不使其感受危害。

至於「不驕」，先者以否定副詞「不」表告誡，意即「不可」；後者形容詞「驕」，則表示「驕橫」、「驕奢」和「驕縱」。自古迄今，凡是以否定副詞所告誡的，往往是社會普遍存在而無法否定的現象。概言之，「不驕」的背後，是諸侯作為執政者的驕橫跋扈和驕奢淫逸。

諸侯處在上位，不可忘乎所以，目空一切。否則，勢必橫挑強梁，引發征戰攻伐。且看「春秋無義戰」，有些侯王以其驕橫而窮兵黷武，往往自取滅亡。譬如，作為「春秋五霸」之一的吳王闔閭，曾以窮兵興國，後以黷武亡身：在「檇（音「最」）李之戰」，被越大夫靈姑浮揮戈斬落腳趾，重傷而死。又如，晉靈公作為「春秋五霸」之一晉文公之孫，初始以荒淫無道、苛刑重稅而臭名昭著，最終以迫害正卿趙盾未果，反遭殺身之禍而遺臭萬年。

2. 「高而不危」句釋解

句首之「高」，自然是指地位之高。老子《道德經・第三十九章》針對侯王告誡道：「貴以賤為本，高以下為基。」其釋義是：身份尊貴者，應以低賤的貧民為根本；地位崇高者，當以卑下的庶民為基石。所以，《易・謙卦・象傳》主張：「謙謙君子，卑以自牧也。」釋義當為：謙虛而謙遜的賢明國君，以謙卑言行來自行約束。

對於「不危」，則緣於前句「不驕」。二者皆以「不」構成否定結構，但「不驕」為先決條件，而「不危」為必然結果。從大禹「民

惟邦本，本固邦寧」的遺訓，到成湯「邦畿千里，維民所止」的信念，乃至文王「夙夜勿忘，若民之向引」的教誨……無不堅守「王者以民為天」這一民本主義理念，方贏得江山穩固，四海昇平。

孔子在《易・乾卦・文言》釋解上九爻辭「亢龍有悔」時，明確指出：「貴而無位，高而無民，賢人在下位而無輔，是以動而有悔也。」這段話是說：身份顯貴而沒有品位，地位崇高而無視民眾，賢能之人地位低下，卻無法得到他們的輔助，因此輕舉妄動必招禍殃，從而悔之晚矣。

3、文句延展讀解

郭店楚簡《君子》有言：「故君子不貴庶物，而貴與民有同也。」這句話是講：所以賢明的人君，不以眾多賢能人物為尊貴，而以與民眾同樂為珍貴。此觀點不乏灼見，遠不止給予世人以啟示，更為「在上不驕，高而不危」句的讀解，作了頗為深刻的註腳。

總之，此「在上不驕，高而不危」句，釋義是說：身處上位從不驕橫，地位再高也不存在危險。

（二）「制節謹度，滿而不溢」句解析

此句仍為無關聯詞語的推論因果複句。偏句「制節謹度」，提出一種已經發生的狀況，正句推斷出「滿而不溢」這不會發生的結果。

1、「制節謹度」句釋解

此「制節謹度」，是由「制節」「謹度」並列動賓結構所構成的主語。

（1）何為「制節」？

對於「制節」，鄭玄注解為：「費用約儉，謂之『制節』。」其實不止於此。確切地說，「制節」是指：制約欲望而不失節度。

「節」字，其金文見諸戰國中期鄂君啟車節之簽，從竹從即，為會意字。就其結體理據而言，其上從竹為「竹」，其下從𝌆為「即」，像人躬身折節𝌆面向食簋𝌆即將就餐之形，二者可會意身為貴族就餐時像竹之有節一樣，舉杯動箸皆須講求禮儀，不可因貪杯、貪食而有失禮節。所以，此「節」字義，當表示由外在的禮儀、禮節與內在禮法一分不二之節度。

細究此語詞「制節」，其中當然不乏「費用約儉」，但這僅僅是節制的內容之一，而並非唯一。所以，切不可將其子概念的「費用約儉」，等同其母概念對諸侯的諸多節制。

(2) 何為「謹度」？

對此「謹度」，當為：謹慎奉行先王的法度。心繫天下黎民蒼生，使民以時，而不與民爭利。

孔子在《論語‧學而》中，曾明確闡述其理政觀點：「道千乘之國，敬事而信，節用而愛人，使民以時。」這治國理政三原則，可簡要概括為：敬祖守信，厚愛人臣，不誤民眾農時。尤其是後者「使民以時」，按孟子所言「不誤農時」，這是前兩者「敬事而信」和「節用而愛人」的落腳點。《晏子春秋‧內篇問下》：「意莫高於愛民，行莫厚於樂民。」此話是說，最崇高的意願，莫過於關愛民生；再篤定的善行，莫過於讓生民安樂。

「王者以民為天，而民以食為天；能知天之天者，斯可矣。」所

謂「知天之天者」，實則就是知曉生民的意志、願望與需求。且看天下生民一年四季，面朝黃土背朝天，春耕、夏耘、秋收、冬藏，終年勞累，不辭勞苦，只求上繳租稅之後，能夠食可果腹、衣可蔽體而已。如果侯王不能體恤天下生民的勞作之苦，或貿然發動戰爭而東征西討，或動用大批勞力去修造陵墓宮苑，就會民不聊生，田園荒蕪，甚至生靈塗炭，餓殍遍野。諸侯王如果沒有「恤民」之心，就沒有「安民」之舉，更不會有「貴民」之行。

2.「滿而不溢」句讀解

句首「滿」字，是指「滿足」。老子《道德經》第四十六章載：「禍莫大於不知足，咎莫大於欲得。知足之足，常足矣。」此句針對天下侯王的言論，其意是說，禍患沒有比不知滿足更為巨大，咎罪沒有比貪得無厭更為重大。知足之後的滿足，才是恒常的富足。而「不溢」的「溢」，本字即「益」。其甲骨文作 ，呈器皿水滿而漫出之狀。所謂「滿而不溢」，原本是指器皿中的水可滿盈，而不可漫溢。象徵江河滿盈之水，切勿向外漫溢；一旦向外漫溢，難免成為決堤的海。

對此「溢」字，鄭玄之注謂：「奢泰為溢。」何謂「奢泰」？就統治者而言，從殷紂王「酒池肉林」的荒淫嬉樂，到周幽王「烽火戲諸侯」的荒誕不經，乃至秦始皇以阿房宮、驪山墓大興土木……無不驕奢泰侈，揮金如土。對於「奢泰」，老子在《道德經》第五十三章為侯王勾勒出一幅活畫像：「朝甚除，田甚蕪，倉甚虛；服文采，帶利劍，厭飲食，財貨有餘，是為盜誇。」當朝政完全廢除之日，田野全部荒蕪之

時，倉廩徹底空虛之際；而侯王卻身著帶有文采的袞服，佩帶鋒利的寶劍，飫甘而饜肥，錢財珍寶享用不盡，此乃強盜的奢泰。

究其「滿而不溢」，無疑是指：滿足而不漫溢。反之，正如《禮記‧大學》指斥的那樣：「貨悖而入者，亦悖而出。」此言是說，財貨以有悖道義的方法獲得，亦會被人以有悖道義的方式奪走。至於如何「不溢」，那就是對內避免「田宅亡限，與民爭利」，對外不再「爭地以戰，殺人盈野：爭城以戰，殺人盈城」。

「滿招損，謙受益」，這句名言出自《尚書‧大禹謨》。由此當知，自滿將會招致損毀，謙遜終會深受其益。作為諸侯之孝治觀，重在「制節謹度」，因為這直接關係到國計民生。具體來說，就是富有資財而不奢靡揮霍無度，擁有威權而不僭越犯上作亂，握有雄兵而不恃強侵奪弱小。

(三)「高而不危，所以長守貴也」剖析

此句是以關聯詞「所以」構成的說明因果複句。前分句以「高而不危」這一情況為依據，後分句「所以長守貴也」，推斷如此處世將導致的結果。

顯而易見，前分句中「高而不危」，省略了「在上不驕」這規避危機的前提。因此，後分句「所以長守貴也」，說明依據前者由「不驕」而「不危」，是長久堅守其顯貴地位的關鍵所在。需要指出的是，「高貴」一詞，當由此而來。

(四)「滿而不溢，所以長守富也」評析

較之上句「高而不危，所以長守貴也」，此句「滿而不溢，所以

長守富也」，仍以關聯詞「所以」構成說明因果複句。二者句式相同，形成對舉。

前分句「滿而不溢」，源於「制節謹度」這自我約束的前提。後分句「所以長守貴也」，說明依據前者「制節謹度」，可規避「奢泰」而「不溢」，自然是長遠保守其財富之所在。

以上前後兩對舉句合二而一，釋義是說：身處高位而不存在危機，這是長久堅守尊貴的所在；金玉滿堂卻不奢靡揮霍，這是長遠保守財富的所在。

三、經典文句釋義

富貴不離其身，然後能保其社稷，而和其民人，蓋諸侯之孝也。

此句是以「蓋⋯⋯也」為關聯詞的判斷句。本句主語是個說明因果關係複句，而謂語是以「蓋」作為揣測性判斷動詞，對於主語進行類屬性質判斷。

（一）「富貴不離其身，然後能保其社稷，而和其民人」句釋讀

作為本句主語部分，雖然出現「然後」這一關聯詞，但不可就此看作承接關係的複句，而應由「然後」之後能願動詞「能」，當表示必要條件關係的因果複句。

概言之，前分句「富貴不離其身」，以提出這一事實情況為依據，後分句「然後能保其社稷，而和其民人」，則表示這種行為必然導致的結果。

1、「富貴不離其身」句解釋

此前分句承接上文，首先概述為「富貴不離其身」。那麼，什麼是「富貴」？

誠如上文所述，從「高而不危」到「滿而不溢」，前者「長守貴也」，後者「長守富也」，二者統而言之，是先「貴」而後「富」；合成並列式複合詞，即「富貴」。

句中「不離其身」的「其」，在文言文既作物主代詞，表示「他的」；還可作反身物主代詞，表示「本人的」、「自己的」，表示事物屬於行為主體。這與現代漢語不同，現代漢語不存在「物主代詞」。如「他的」，是由第三人稱代詞「他」與助詞「的」兩個詞構成；而「自己的」，則是由反身代詞「自己」與助詞「的」兩個詞構成。本句「不離其身」中的「其」，顯然是反身物主代詞「自己的」；而句尾中心詞「身」，則指自身。

2、「然後能保其社稷，而和其民人」訓釋

此後分句既以關聯詞「然後」承接前分句，又以關聯詞「而」構成並列動賓結構謂語。

（1）「然後能保其社稷」句詮解

先就句首「然後」而言，作為承接連詞，表示前句所述事情「這樣之後」。具體來說，「然」作為代詞，表示「這樣」、「如此」，代指前句所述事情；用在方位名詞「後」之前，此「然後」即表示「這樣之後」。迄今，「然後」作為承接連詞，依然在現代漢語中頻繁使用，具有承接前文提起下文的作用。雖然不需逐字直譯，但應如

112

此意會其由來。

　　再就「能保其社稷」的「保」而論，由「然後」提起下文，是一「能」為能願動詞，亦稱「助動詞」，意即「能夠」；用在動賓詞組「保其社稷」前面，表示客觀可能性或必要性。其後動詞「保」字本義，確切地說，當為「保護」。其甲骨文寫作 ，從人子，屬會意字。其字形像一側身之人用手保護著所背負的孩子之形，頗有「如保赤子」之意。所以，此「保」由其所關涉賓語「社稷」，當譯為「確保」。值此，這「社稷」一詞，又該如何進一步解讀呢？

　　另就「社稷」而講，提及這一語詞，人們往往將它與「江山」相提並論。豈不知「江山社稷」並非成語，不過是個由來已久的慣用語而已。近年來，作為網絡詞條，僅見諸「360百科」和「百度」，但釋義含混不清，前面釋作「君王統治萬里河山」，而結尾又解作「國家民生」。甚至還有人將「江山社稷」視作「國家的代稱」。如此解讀，不免有失嚴謹。

　　按說「江山」、「社稷」，是分屬天子和諸侯分別祭祀的兩類對象。天子祭山川，祭祀的是司掌五嶽四瀆的天神；諸侯祭社稷，則是司掌土地和穀物的兩大地祇（音「齊」）。簡言之，天子祭天神，諸侯祭地祇，卿大夫祭人鬼。由此可見，「江山」作為天子的祭祀對象，代指「天下」，而「社稷」作為諸侯的祭祀對象，代指「邦國」。從修辭學角度來看，「江山」、「社稷」二者皆以「借代」方式，代指天子和諸侯分別執掌的勢力範圍。

至於何以將「江山」、「社稷」代指天子和諸侯分別統治的勢力範圍，在於儒家富有超越歷史局限性的創見。任何朝代僅能代表所統治的某個有限歷史時期，任何「邦國」只能代表所轄治某個有限階段，而無法代表無限而恒久的江山和社稷。因此，以具象的「江山」代指「上下無常」的「天下」，以永存的「社稷」代指更迭的「邦國」。

深究諸侯王為什麼要「保其社稷」，關鍵在於土地和農作物是國民賴以生存的根本。作為諸侯王，以民為天，將感恩后土和后稷的社祭視為頭等大事，並且付諸以民為本的舉措，就會體恤民眾的疾苦，使民以時，不誤農時，既不會橫徵暴斂，無休止地役使民眾大修宮苑陵墓，更不會窮兵黷武，攻城掠地，視生民如草芥，驅使百姓無休止地連年征戰廝殺。只有這樣節制貪欲，慎守法度，就會「敬事而信，節用而愛人」。如果是這樣，金玉滿堂，財富豐裕，自然「滿而不溢」。也只有這樣，才會「富貴不離其身」，確保財富的恒久持有。那麼，天下太平，國泰民安，又何愁社稷不保？

僅就「社稷」而言，社為土神，稷為穀神。具體來說，「社」指土地神后土，「稷」指穀神后稷。其中「后土」與「后稷」之「后」，最初是上古堯舜時代對功高德劭的權卿之尊稱，後來成為夏代君主的稱謂，如「后啟」、「后羿」等。那麼，這一「后」字由權卿而君主，再到神祇的流變，可從一個側面反映出以農興家國天下這社會經濟形態的嬗變。

改革開放以來，當代中國由於西方文化影響，過「洋節」成為時髦。除了「聖誕節」大行其道之外，發源於美國新移民對原住民的

「感恩節」便是其中之一。基於此，當代國人大發感慨：中國為什麼沒有感恩節？不時耳聞諸如此類遺憾性慨歎，不禁為世人無視中華傳統感恩文化的無知而遺憾，尤其為上個世紀歷次反傳統文化運動所造成的這種文化虛無觀而悲哀。

中華作為具有五千多年的禮儀之邦，不僅從不缺乏感恩的民族節日，而且從形式到內容，乃至數量，都是世界上任何一個民族無法比擬的。這就是以孝道為核心，以官方和民間兩種形式，以感恩穀神和土神為內容，以春、夏、秋、冬四季為時令，所舉辦的社祭。上個世紀中葉以後，當代國人只有通過魯迅散文《社戲》，從中尋覓幾千多年來社祭那傷逝的些許記憶。

「君以民為天，民以食為天。」土地生長萬物，耕作生產食物，食物生養人類。農作物分稻、黍、稷、麥、菽這五穀。其中的「稷」，即稷穀的簡稱，實則就是不黏的穀子。如《本草綱目》載：「黏者為黍，不黏者為稷。」由於周人先祖姬棄以發明種植稷穀之功德，被封為掌管農業的后稷之職。周人一方面以「稷」代稱五穀，將后稷尊奉為穀神，另一方面則出於「為尊者諱、為賢者諱、為親者諱」，除粘者仍稱「黍」之外，亦將不粘者改稱作「粟」。

追溯穀神「后稷」的傳奇人生，可從上古「姜嫄踐履」的傳說得知。姜嫄何許人也？她是五帝之一帝嚳的正妃。據說她尚未出嫁之時，一次在野外遊玩，腳踩巨人腳印而身懷六甲。十月懷胎，一朝分娩。面對呱呱墜地的嬰兒，姜嫄因其來路不明而感到不祥，於是便將此親生嬰兒捨棄：先將其丟棄到狹窄的街巷裏，可牛、馬居然躲開

走，不去踐踏他；隨之拋棄到荒山叢林中，不料被伐木人發現而得救；最後遺棄到溝渠的冰面上，誰知大群飛鳥竟然張開翅膀，覆蓋在棄嬰身上。面對如此神異的棄嬰，姜嫄不得已而接受，並根據棄嬰的遭遇，稱之為「棄」。

棄長大後，發現山谷生長的一種野生植物的種籽可食用，逐漸摸索著通過耕種而收穫。至於其名稱，則將心中長年累月對此野生植物的默記之「記」諧音，稱其為「稷」；同時以其生於山谷而並稱其「稷穀」。爾後，他又以致力於「教民稼穡，樹藝五穀」，而被帝堯任命為「農師」，並封之以周氏。帝舜時，則被授予「后稷」這權卿一職，並封之以「邰」地。從《山海經・海內經》「后稷是播百穀。稷之孫曰叔均，始作（牛）耕」，至《史記・周本紀》「后稷之興，在陶唐、虞、夏之際」，可知在堯舜時代，后稷率先引領先民步入農耕文明。

《詩・周頌・思文》云：「思文后稷,克配彼天。」詩意是說：追思先祖后稷的功德，能夠配享那昊天上帝。基於此，後人遂將其尊奉為穀神。對於后稷的不世之功，「孝治章第九」中還有論及的經典文句。因此，《孝經》這部儒家經典的傳述，具有不可或缺的史料價值。

（2）「而和其民人」句釋解

先就句中「和」字而言，其意既非「和諧」，亦非「和睦」，而是「協和」。有若在《論語》中主張：「禮之用，和為貴。」作為孔子的弟子，他所闡發的這一先王之道，是指禮法的應用，協和最為可

貴。對於諸侯而言，這協和的「和」，既不是無原則的一團和氣，也不是毫無主見的隨聲附和，更不是專制強權下鉗制輿論的依據和藉口，而是孔子在《論語·子路》所說的「君子和而不同」。夫子此言所針對的對象，乃其國民與國人。其確切含義，無非是說：賢明的國君要善於協和與國民國人的關係，允許他們持有不同的政見。

再就句末「民人」而論，本句侯王所要協和的，何以為「民人」，而非「人民」呢？這是本人一再申明的重點。

先秦文化典籍中，「人」代表貴族，「民」代表國民。因此，此「民」先而「人」後的次序，無疑體現出「民貴君輕」的儒家民本思想。相反，「人」先而「民」後的順序，則凸顯出「君貴民輕」的法家君本理念。

基於上述，此句「和其民人」是說，在以民為本的基礎上，使自己與封國中的國民國人相協和。

3. 「蓋諸侯之孝也」句訓讀

此句謂語為「蓋……也」句式，其「蓋」作為揣測性判斷動詞，表示「大概是」、「或許是」，旨在對於主語進行類屬性質判斷。那麼，這句話大意是：大概是諸侯的孝行吧。

（二）本段經典評述

反觀孔子和曾參這段經典對話，可謂是為諸侯王量身定制的約法。開篇「在上不驕，高而不危；制節謹度，滿而不溢」，與正文「能保其社稷，而和其民人」，皆作為檢驗諸侯踐行孝道的標準。

表面看來，儒家在為侯王「富貴不離其身」開了這一處方，或者

說是誘餌，實質卻是儒家為統治者量身定制了一個籠子，以限制他們的權利。只有明白這一點，才能真正理解孔子在周遊列國四處碰壁之後，晚年之所以宣導孝治文化，無非以曲線弘道的方式，來實現其「克己復禮」的政治理想。僅此而言，可謂煞費苦心，用心良苦。

　　總而言之，以上「富貴不離其身，然後能保其社稷，而和其民人，蓋諸侯之孝也」句，其釋義可譯為：富貴從不遠離自身，然後才能確保自己的社稷祭祀，而且使自己與封國的國民國人相協和，大概是諸侯的孝行吧。

三、結尾詩文詮釋

《詩》云：戰戰兢兢，如臨深淵，如履薄冰。

（一）詩文標題詮釋

　　此詩句，來自《詩・小雅・旻天》。其詩題「旻天」，特指秋天，又泛指天。

　　詩中主要描寫了春秋時期從周厲王到周幽王的種種暴政。其中周厲王姬胡是中國第一個壟斷天下資源的國王。他任用榮夷公實行「專利」，掌控了山林川澤等一切國家資源，違背了周人共同享有山林川澤以利民生的典章制度，因此，以國有的名義，化作以周厲王為首的王公利益共同體所共有。這一利益共同體，由於不准國人依山澤而謀生，任意搜刮民財，不顧百姓的死活，必然導致社會矛盾激化。為了壓制並打擊反抗者，周厲王實行高壓政策，並從衛國請來巫師，監

控並限制百姓的言論。凡經他們指認為反動或誹謗的人，馬上下獄處決。一時間，舉國之下，人人自危。即使在路上相遇也不敢交談，只能以目示意，而這就形成「道路以目」這一成語。

西方有句諺語：上帝想讓誰滅亡，就先讓他瘋狂。西元前841年，終於爆發了王公貴族領導的「國人暴動」。鎬京中的「國人」集結起來，手持棍棒，圍攻王宮，周厲王被迫逃到一個野豬出沒的地方——彘。這個地方，也就是現今山西省臨汾市霍州市。

對於「國人暴動」的性質，現當代史學家或定性「平民起義」，或宣稱「工商業者起義」，或聲稱「國都內六鄉之民起義」。其實並非如此。所謂「國人」，實際上是國都中的士庶人，而並非廣大的庶民。確切地說，其性質是一場由國都中貴族所領導的士庶人反抗暴政的舉動。

（二）詩句涵義的解讀

1、「戰戰兢兢」句釋解

首句「戰戰」與「兢兢」，二者皆為形容詞疊用，前者形容由於極度恐懼而瑟瑟戰慄之狀態；後者形容小心謹慎而兢兢業業的格外勤勉之形態。

此詩句刻畫生動，寓意鮮明，原本形容執政者以其敬畏而敬業，後世多用以表示戒懼謹慎而誠惶誠恐的心態。尚且，由於廣為世人所引用，從而成為世人耳熟能詳的成語。

2、「如臨深淵，如履薄冰」句索解

後面此二比喻句，前句「如臨深淵」，其意是說如同身臨深淵的

邊緣；後句「如履薄冰」，其意是講：猶如行走在淺薄的冰面之上。如此形象生動的告誡，發人深省。諸侯只有秉持恭敬謹慎的態度，才能擁有富貴，才能確保社稷，才能盡其孝道。否則，將會象孔子所指出那樣，「居上而驕則亡，為下而亂則刑，在丑而爭則兵」，難免被釘在歷史的恥辱柱上。

世事無獨有偶。老子作為道家鼻祖，在其《道德經》第十五章亦作過類似的警示：「豫兮，若冬涉川；猶兮，若畏四鄰。」這與「如臨深淵，如履薄冰」相比較，具有異曲同工之妙。

先看「豫兮，若冬涉川」，「豫」是大象，領頭的大象；「若冬涉川」，猶若初冬時節經過冰川。由於大象體重非常之大，所以每前進一步，都處在時刻冰塌而亡的險境。再看「猶兮，若畏四鄰」，「猶」是猴子，猴子在樹林上東張西望，隨時防備著前後左右外來的侵擾。

諸侯作為執政者，如果能像大象經過冰川一樣，時刻提高警惕之心；如果能像東張西望猴子一樣，時刻轉動防範之眼；還會存在危機感嗎？大象和猴子尚且如此小心謹慎，又何況諸侯王乎？因此，諸侯王理應「戰戰兢兢，如臨深淵，如履薄冰」。

鑒於此，儒家以「德之本也，教之所由生也」立論，為統治者量身制訂了一整套恪守孝道的崗位責任制：勸誡天子以「德教加於百姓」符合孝治，告誡諸侯以「和其民人」切合孝行，警誡卿大夫和士庶人，具體怎麼做才符合孝道。於是，統治者的權力就這樣自上而下關進由宗法和禮法交織的溫情脉脉的籠子裏。有違此規定者，大不孝也！

卿大夫章第四：

「謹言慎行」的輔政要義

一、章題詞義釋解

所謂「卿大夫」，是指西周封建制社會國王與諸侯的臣屬合稱。「卿」者，「公卿」的簡稱，是指輔弼天子的上大夫；而「大夫」則是指輔佐侯王的大夫。但在諸侯的邦國裏，輔助國君的「大夫」按爵位的高低，亦分作「上大夫」與「下大夫」。如《論語‧鄉黨》：「朝，與下大夫言，侃侃如也；與上大夫言，誾誾如也。」此句釋義是說，孔子在魯國朝堂之上，與下大夫交流時，侃侃而談，顯得親和愉悅；而與上大夫交談時，則彬彬有禮，不失溫文爾雅。

(一)「卿」字考釋

「卿」字，其甲骨文寫作 ，从卯从簋，是一會意字。其字形，像二人相對盛得冒尖米飯的食簋而坐之形。中間那上盛食物而下帶基座的 𣫼，即古代貴族的食器「簋」。八年前，在西安電子科大終南文化書院講學期間，曾專程去陝西寶雞參觀考察中國最大的殷商青銅器博物館，當然也堪稱世界之最。其中改寫周代確切歷史時間的利簋，其器身即下連著高高的方形基座。

上古盛裝米飯的食器，圓形稱「簋」，方形稱「簠」。古代表食器的文字多為「竹字頭」，除此「簋」、「簠」以外，再如「籩」、

「箄」等。究其所以然，當源於上古洪災氾濫導致的大遷徙。民以食為天，竹具以輕巧便捷而利於盛裝食物，而為逃難先民看重而攜帶。後來伴隨洪水得以治理而定居，貴族所用食器的材質遂由竹器改為青銅器，如「簋」和「簠」，但文字依然以「竹字頭」為形符，遺存下這抹不掉的社會群體記憶。

「簋」作為食器，用以盛放煮熟的飯食。然古代能食用白米飯的，自然是王公貴族。「白」字甲骨文寫作 ，這以白色的碗盛滿冒尖的白米飯，為向死者供獻的祭品。老人去世，在靈前點上一盞長明燈的同時，還要放上一碗白米飯。由此「白」字形，可見此食簋 中所盛放的食物，無疑為王公貴族食用的白米飯。反觀「卿」字甲骨文，由其中盛得冒尖米飯的食簋，當知兩側相對跪坐著之人，即身為上大夫的公卿。

古代有一成語「鐘鳴鼎食」。東漢張衡《西京賦》稱：「擊鐘鼎食，連騎相過。」由此可見，古代王公貴族用餐時以奏樂擊鐘和列鼎而食，來彰顯其尊貴與榮耀。曾記否，《水滸傳》中的梁山好漢，在英雄排座次之後，歷經磨難接受朝廷招安時，插入一詩句「鐘鳴鼎食以封侯，男兒生平志已酬」，以此揭示接受招安的社會意義和個人的生命價值。一個人一生中的風光榮耀，莫過於敲鐘奏樂，列鼎而食，雄心壯志已酬。夫復何求哉！

考究上述「鐘鳴鼎食」與「列鼎而食」，豈不知二者之「鼎」，逐漸為「簋」、「簠」所取代。基於此，回顧「卿」字甲骨文之，其字義不難意會，即享有鼎食生活的貴族。

(二) 「大夫」考釋

「大夫」作為輔佐侯王的重臣，緣何以形容詞「大」和名詞「夫」構成偏正式複合詞，並以此作為官爵的稱謂呢？

對於「夫」字，前「天子章」已從其甲骨文所作之 夫，揭示那正面人形的「大」字頭上所加那一橫畫，不止是所插簪子的象形，尚且作為指事符，指明簪子插入之處。因此，「夫」字兼作代詞，既表示遠指之「彼」，亦表示近指之「此」。申言之，古時貴族男子年滿二十歲舉行成人冠禮前，將束起的頭髮插入此簪之時，標誌著此男子從「此」成為身高八尺的「丈夫」。因為「周制以八寸為尺，十尺為丈。人長八尺，故曰丈夫。」

從音訓角度來看，「丈夫」之「丈」，除表示「丈量」之外，古義兼表手杖之「杖」，由此則表「倚仗」。成年貴族男子的三次加冠禮，可「倚仗」者有三：一者，自戴上緇布冠之日，意味從此成為家族事務可倚仗的錚錚匹夫；二者，自戴上皮弁冠之時，表示自此可以張弓揮戈馳騁疆場，成為保家衛國可倚仗的赳赳武夫；三者，自戴上爵弁冠之際，象徵他從此躋身士爵，有資格成為卿大夫家臣中的耿耿士夫。尤為耐人尋味的是，此「丈夫」即使成家，作為妻子之配偶，此稱謂依然隱含著成為一家「倚仗」之主的意蘊。

鑒於上述，作為輔弼天子的上大夫，與輔佐侯王的下大夫，以其治國平天下的大擔當，較之以士的爵位躋身卿大夫家臣行列的「丈夫」，則以責任擔當之重大與使命傳承之偉大，因而稱之為「大夫」。

123

二、開篇經句釋義

非先王之法服不敢服，非先王之法言不敢道，非先王之德行不敢行。

本章開篇三大排比句，基本句式是以「非……不……」构成的双重否定句。

（一）經典背景釋讀

本章開篇以三個遞進式排比句，闡發卿大夫以「法先王」為孝道的三原則。顯然，核心在於如何「法先王」。然而，半個世紀前，中國大陸曾圍繞「法先王」還是「法後王」的問題，掀起否定傳統文化的驚濤駭浪。那麼，下面就此相關疑難問題，逐一進行探究。

1、何為「法先王」？

「法先王」之「法」，是指動詞「效法」。對於賓語「先王」，前面講授「開宗明義章第一」時，就「先王有至德要道」這一文句，明確指出孔子歷來主張效法的「先王」，即上古禹、湯、文、武、成王、周公這六位聖明的君王。

深究儒家提出的「法先王」思想，實則是以上古聖明君王的道德標準和禮儀制度為規範的政治觀。孔子從「祖述堯舜，憲章文武」，到「非禮勿視，非禮勿聽，非禮勿言，非禮勿動」，乃至本章「非先王之法服不敢服，非先王之法言不敢道，非先王之德性不敢行」，顯然是以古聖先賢的民本思想為摹本，以規範和制約現世乃至後世君王言行為宗旨的政治文明建構。

孟子作為「亞聖」，繼承、捍衛和發展了以孔子為代表的儒家思想，極力主張為政必須「遵先王之法」，否則即為離經叛道，人神共誅之。《孟子‧離婁章句上》指出：「規矩，方員之至也；聖人，人倫之至也。欲為君，盡君道；欲為臣，盡臣道。二者皆法堯舜而已矣。不以舜之所以事堯事君，不敬其君者也;不以堯之所以治民，賊其民者也。」其意是說，圓規和曲尺，是方和圓的極至標準；聖明的人君，是為人倫理道德的極至標準。想要成為人君，就要盡其人君的道義；想要成為人臣，就要盡其人臣的道義。此二者無非效法堯和舜而已。不像舜事奉帝堯那樣事奉人君，便是不敬他的人君之佞臣；不像帝堯順治百姓那樣統治民眾，便成為他的民眾之公賊。由此看來，孟子宣導的「仁政」與「王道」，實際就是效法先王「以不忍人之心，行不忍人之政」。

那麼，針對儒家「法先王」思想，公然持否定態度的人，又是誰呢？

2. 古代否定「法先王」的風源

學人皆知，最早對儒家「法先王」說三道四的人，是春秋末年曾任鄭國大夫的鄧析。這位名家先驅人物，他率先打出「不法先王，不是禮義」這一旗號而欺世盜名。他的這一觀點，不僅反對將先王作為效法的典範，而且還否定以禮法道義治國的理念，鼓吹以後世君王的作法為規範，實則旨在削弱儒家以「法先王」制約專制強權的鬥爭鋒芒。後來，他在鄭國聚眾講學，通過向國人普法來承攬訴訟，並且以收取衣物作為訴訟代理費。

據《呂氏春秋‧市應覽‧離謂》介紹，鄧析「與民之有訟者約，大獄一衣，小獄襦（音「儒」）褲。民之獻衣而學訟者不可勝數」。由此可見，他打官司收費並不低：大案收取成衣一套，小案只收上衣或者褲子一件。此外，他還一向以擅長詭辯著稱，常常「操兩可之說，設無窮之辭」，並且「以非為是，以是為非，是非無度」。這也就是說，鄧析慣於顛倒是非，混淆視聽，擅長翻手為雲，覆手為雨，從而形成他既無原則又無道義的「兩可說」。

《呂氏春秋》中這篇文章，還記載了一個有關鄧析「贖屍詭論」的故事：洧（音「偉」）河發大水，鄭國有一個富翁被大水沖走淹死了，有人打撈起他的屍體。富翁的家人得知後，就去贖買屍體，但對方要價很高。於是，富翁家人就來找鄧析。鄧析對富翁家人說：「放心，那人只能將屍體賣給你，別人是不會買的。」於是，富翁家人就不再找打撈屍體的人，去贖買屍體了。打撈屍體的人著急了，也來請鄧析出主意。鄧析又對他說：「放心，富翁家人除了向你買，再無別處可以買回屍體了。」顯然，鄧析是中國歷史上第一個吃「喫完原告喫被告」的大律師。

通過這個故事，可見鄧析根本沒有職業操守。所以，他的「兩可說」，無非以模棱兩可的語言，操控原告和被告。反觀鄧析其人，他除了以「不法先王，不是禮義」混淆視聽、蠱惑人心之外，還處心積慮地挑戰執政者子產，干擾破壞他所進行的政治改革。這麼一位「造反派」，或者可稱為歷史上最早的「憤青」式人物，結果被子產殺了，落得個陳屍示眾的可悲下場。

3、古代宣稱「法後王」的誤區

相對儒家的「法先王」思想，司馬遷將荀子的歷史思想概括為「法後王」，以此與孟子的「法先王」相對立。

後世學界不乏苟同者，即使唐代楊倞為《荀子》作注仍然秉持這一說法。其實不然，荀子非但未有主張「法後王」，反而在他的《非十二子》一文中，就曾針對名家鄧析「不法先王，不是禮義」的錯誤觀點，進行了無情揭露，並直指要害：「好治怪說，玩綺辭。甚察而不惠，辯而無用，多事而寡功，不可以為治綱紀。然而其持之有故，其言之成理，足以欺惑愚眾。」荀子遠不止如此，他還極力主張「上則法舜、禹之制，下則法仲尼、子弓之義」。因此，他不僅倡言「法後王」，而且也主張「法先王」，是先王、後王一併效法。

4、現代否定「法先王」的風潮

誰曾料想，鄧析這麼一個遺臭萬年的跳樑小丑，多年來竟然被炒作成「中國最早的民主鬥士」。對於他處處干擾破壞子產的政治改革，也被粉飾成「引導老百姓參政議政」；就連他的死因，也被肆意篡改成「觸犯了統治階級的利益而被殺」。如此這般，足見鄧析的陰魂從未消散，其「以非為是，以是為非，是非無度」的「兩可說」，一向不乏後繼者。可以說，其陰魂可含笑九泉，因為詭辯自有後來人。

（二）經典文句解讀

1、「非先王之法服不敢服」句讀解

沒有規矩不成方圓。上古社會統治階級，按貴族爵位的差別等

級，分為不同的階層，頭上戴何類冠冕，身上著何樣服飾，都有明確而嚴格的禮法規定。值此，人們不禁要問：為什麼除非先王禮法規定的「冠冕」、「章服」，而不敢服用？

(1)「法服」蘊涵的文化

所謂「法服」，是指按先王禮法所穿戴的冕服。而「冕服」，是「冠冕」或「衣冕」，以及「服章」的合稱，無不具有其豐富的思想文化內涵。

古代貴族男子二十歲為成年，在為他們舉行加冠儀式前，每位成年男子腰部要繫紮上絲織大帶，稱為「束帶」；隨之用髮笄綰住髮髻，稱為「束髮」；繼而將綰住髮髻的髮笄與頭冠固定在一起，並稱為「束冠」；然後，舉行隆重的加冠儀式，稱為「束冠之禮」。《論語》中，孔子所言「束帶立於朝」，顯然是以「束帶」代指仕宦的士大夫。

反觀貴族的服裝與服飾，從「束帶」到「束髮」，乃至「束冠」，無一不是對貴族從頭至身的「約束」。這意味他們的一舉一動，皆要中規中矩，不可恣意妄為。所以，這由「冠冕」至「服章」的約束，才是「法服」所隱含「符合先王之法而穿戴的冕服」的深刻寓意。

現當代社會，人們對於貴族階級遵照禮法所著冕服，僅僅看到象徵著尊貴與榮耀的等級差別，而對儒家橫加指責。豈不知貴族所穿戴的冕服，除了尊貴與榮耀之外，還將自身形象置於社會眾目睽睽之下，時時處處自行約束，並接受公眾的監督。

(2)「冠冕」的讀解

縱觀夏、商、周三代，天子、諸侯、卿大夫皆戴有冠冕。作為法服，相傳冕制始於黃帝，成於堯舜，興於夏商，盛於周代，尚且日益健全而逐漸完備。

華夏禮冠中最為尊貴的是冕旒，它主要用於帝王、諸侯、卿大夫參加盛大祭祀所戴。《荀子·大略》載:「天子山冕，諸侯玄冠，大夫裨冕，士韋弁，禮也。」

時至秦朝，秦始皇為凸現其專制與強權，冕旒遂被皇權所壟斷。人們在影視劇中，常見皇帝頭戴著的王冠，就是那種前後下垂著像門簾似的冕旒。至於兩漢之後的諸侯王，即使參加盛大祭祀，也有冕而無旒。

(3)「衣冕」的釋解

作為「法服」，亦稱「衣冕」。較之「冠冕」，主要側重於禮服，尤其是以色彩與具有象徵義的紋飾來區分等級。按《荀子·富國》載，「天子袾裷衣冕，諸侯玄裷衣冕，大夫裨冕，士皮弁服」，可見具有嚴格的等級，以標明身份的高下。

具體來看，「天子袾裷衣冕」，其中「袾裷」，音讀為「朱淵」。其「袾」，指朱紅色，上為「天火」，象徵天上之紅日；而「裷」，本指覆蓋東西的巾帕，此處寓意覆蓋天下。其後「衣冕」，則表示袞衣和冠冕。二者合而為一，「袾裷」則作為形容詞修飾中心詞「衣冕」，作為古代帝王禮服和禮冠，內含有君臨天下之意蘊。

相對而言，「諸侯玄裷衣冕」，其「玄裷」之「玄」，為黑色，

下為地水，象徵地下之玄水；而「裷」，本指包容東西的巾帕，此處寓意承載萬物。對於「大夫裨冕」，其中「裨」字，以其「畢」之諧音寓意「輔弼」。至於「士皮弁服」，其中「弁」字音讀「辨」，是指武士頭戴的以鹿皮製作頭冠，表示「護衛」之意。

(4)「服章」的訓解

再就「服章」而論，黃帝「垂衣裳而天下治」，以衣在上象徵天，以裳在下象徵地。中華之所以古稱「華夏」，唐代孔穎達《春秋左傳正義》謂：「中國有禮儀之大，故稱夏；有服章之美，謂之華。華夏禮儀之邦。」因此，所謂服章，是以官品採用不同紋飾的官服。其中「章」字，是指按爵位存在著等級差別的章采。簡言之，從天子、諸侯到卿大夫的服章，也就是服裝上以花紋和色彩構成的紋飾。

古代帝王及上公所著是袞服，是在祭天地、宗廟等重大慶典活動時穿用的禮服。中國傳統的袞衣主體分上衣與下裳兩部分，上衣彩繪上日、月、星辰及山、龍、華蟲六種圖案紋飾，而下裳則錦繡上宗彝、藻、火、粉米、：黼（音「斧」）、黻（音「福」）六種圖案紋飾。

具體來說，上衣的章紋取象蒼天：以「日」、「月」、「星辰」之三光，象徵普照天下之慈愛；以「山」的巍峨，象徵權高位重之莊重；以「龍」的神威，象徵騰雲致雨之恩澤；以「華蟲」那赤雉的豔麗，象徵雲蒸霞蔚之華采。下裳的章紋取象大地：以「宗彝」那虎的勇猛和蜼（音「畏」，一種長尾猴）的靈動，象徵神武綏亂之忠勇；以「藻」那水藻的輕柔，象徵河清海晏之安寧；以「火」的輝煌，象

徵薪火相傳之偉業；以「粉米」那白米的聖潔，象徵給養生民之天職；以「黼」那黑白利斧的果敢，象徵斬斷邪惡之正義；以「黻」那正反兩「弓」的分辨，象徵背惡向善之明智。

三公、諸侯採用「山」以下九章紋，卿、大夫採用「華蟲」以下七章紋。周朝將「日」、「月」、「星辰」三章紋繪畫在旗幟上，用於祭祀的禮服，天子採用九章，侯王採用八章，公卿七章、大夫五章。

(5) 章紋成因的鉤沉

上古這十二服章，可說始於黃帝，興於舜帝，成於周公，盛於兩漢以降。但就其章紋寓意而言，幾千多年來一直望圖生義，付諸闕如。

若從文化人類學的角度來看，無論是上衣所繪取象蒼天的章紋，還是下裳所繡取象大地的章紋，這些象徵天清地明的紋飾，實則反映了遠古「天地玄黃，宇宙洪荒」那場大洪水過後，人類遺存的社會群體記憶。當斯時也，天地由混沌而清明，橫無際涯的洪水逐漸消退。華夏氏族僥倖生存下來的人文始祖伏羲，「仰則觀象於天」，日月東升西落，夜空繁星點點，裸露的山峰高聳長天，飛龍與祥雲齊飛，雉鳥同彩霞一色……此番景象，不由人不聯想到伏羲「一畫開天」所揭示那水天一線的景色，不由人不感悟到老子所感言的「天得一以清」；「俯則觀法於地」，猛虎嘯傲山嶽，長尾猿蜼（音「畏」）啼叫叢林，祭天降神的禮器「宗彝」，盛滿了用黑黍和郁金草釀製的鬯酒；水藻隨潺湲的流水而招搖，火焰伴粉米的熟香而熱烈，揮動開山

131

的巨斧，張開宛如滿月的雕弓……此番景象，不由人不聯想到伏羲「結繩而為網罟」所開創的漁獵文化，不由人不參悟到老子所感言的「地得一以寧」。那麼，所謂十二章紋，無一不彰明伏羲「以佃以漁」的恩德，無一不彰顯昊天上帝「肇啟文明」的不世功德。

根據以上的鉤沉索隱，我們一方面從「束帶」到「束髮」，乃至「束冠」，說明對於貴族從頭至身的「約束」，意味著責任與擔當；另一方面還從「冠冕」到「章服」，闡發上古冕服這十二章紋，寄寓著感恩文化的彰明；再一方面按冕服制度，明確了卿、大夫上朝或祭祀時應為「褘冕」。也就是身著褘衣，頭上戴冕，不能越禮犯分。「越禮」，古代又稱作「僭越」。這一點，猶如當下踢足球的「越位」。只有這樣，才能進一步理解「非先王之法服不敢服」這一原則的深刻寓意：若非先王禮法規定的冕服不敢服用。

2. 「非先王之法言不敢道」句釋解

此句「法言」，是指禮法之言；而句末「道」字，當指「稱道」，亦即「發表言論」。身為貴族的卿大夫階層，首要的一點，「非禮勿言」，意即出口發表的言論，必須符合先王的禮法。

總之，此句釋義是說：若非先王禮法規定的言論不敢發表。

（1）從「三緘其口」看「慎言」

傳統經典文化中，有諸多告誡為人謹言的警世格言。例如成語「三緘其口」是說，孔子在參觀周王祭先祖的太廟時，看到臺階右側立著一個銅鑄之人，但嘴上卻貼了三道封條。孔子繞著銅人一看，發現後背刻著「古之慎言人也」六字。可是，什麼是「慎言人」呢？其

實，此銅人、此箴言大有背景，原本是周公讓長子伯禽代其去魯國赴任國君時，親筆在金人背上銘刻的文字。這表明，周公以此訓誡將為魯國初始君的兒子。而此「慎言」之人，即將為人君之伯禽。孔子面對此金人的「三緘其口」，內心深受震撼和啟發。所以，他一再強調「君子訥於言而敏於行」。

然需要向世人指出的是，孔子所見金人的「三緘其口」，與他所主張的君子「訥於言」，以及他所要求的「非禮勿言」，無不針對諸侯而言。因為孔子處於春秋時代，「君子」仍不乏「賢明的國君」的寓意。而這一思想觀點，與老子針對侯王提出的「行不言之教」，以及「知者不言，言者不知」，可說是英雄所見略同。

究其所以然，關鍵在於執政者「一言僨事，一人定國」。凡出口的言論，皆為重大決策，諸侯王不可不謹言。基於此，「非先王之法言不敢道」，是身為輔弼君王的公卿與輔佐侯王的大夫。他們作為治國理政的人臣，秉公執法之時不可能「三緘其口」，發號施令也不可能「訥於言」，而是遵循古聖先王禮法以言論作出決斷。如果說，對於諸侯王的告誡，是不可不謹言，那麼對卿大夫的警示，則是不可不慎言。

儒家告誡謹言的成語，遠不止「三緘其口」，還有「巧言令色」。後者「巧言令色」，出自《論語・學而》：「子曰：『巧言，令色，鮮矣仁。』」孔子這句話，大多學者將「巧言」譯成「花言巧語」，將「令色」譯為「討好的表情」。於是，社會通行文本大多將孔子這段話釋作：言辭說得很巧妙動聽，臉色裝得很和善可親，也就

是一味地去取悅別人，這樣的人很少有仁德之心。此譯釋之誤，在於忽略了「令」原本表示動詞「命令」，後來由命令下達時所持態度，引申為形容詞「嚴厲」，而並非當今曲解的「美好」。

其實，「令色」的本義，應該理解為：下令時氣指頤使的那種冷冰冰的面色。所以，孔子這句「巧言，令色，鮮矣仁」，大意是說：以討巧的語言，向身居上位的天子獻媚；以頤指氣使的神態，驅使身居下位的人臣，這樣的人君少有仁德之心。由此可見，此言亦針對諸侯而言。

（2）從「禍從口出」看「慎言」

不曾料想，後世或許出於天下無道或道路以目的緣故，逐漸將原本告誡諸侯王謹言的「三緘其口」本義，以及訓斥諸侯的「巧言令色」原義，皆被理解為明哲保身的箴言。於是乎，晉朝傅玄所作《口銘》中，遂蛻變成對於士人的勸誡：「病從口入，患自口出。」既然無法改變君王，只有改變平民百姓。最終流落民間，變奏為「禍從口出」這社會流行語。

中華幾千年的文明史，不乏因一句話而招來殺身之禍的仁人志士。從夏末賢良關龍逄（音「龐」），由於敢於勸諫縱欲享樂且荒淫無度的暴君夏桀而慘遭殺戮，到商末忠臣比干，因為直言商紂的昏庸暴虐與驕奢淫逸而被剖心致死。他們死得其所，死而無憾，從無「禍從口出」的些許遺憾。

特別需要明辨的是，「三緘其口」在那血雨腥風的強權專制時代，不免演變成「不關己事不開口，一問搖頭三不知」的處世格言。

豈不知這是一把雙刃劍，對於飽經世事滄桑的人，它既蘊含著志士仁人暫時規避政治風險所採取的策略，同時也淪落成小市民逃避社會責任與道義的藉口和遁詞。

本章之所以重申這一問題，旨在告誡人們明辨是非，撥亂反正，切不可將儒家針對諸侯王提出的「三緘其口」和「非禮勿言」，與針對卿大夫指出的「非先王之法言不敢道」混為一談，或者說是明察君王的「謹言」與卿大夫的「慎言」此二者的微妙差別，還原儒家經典的歷史真相。

3、「非先王之德行不敢行」句疏解

此句「德行」,是指道德的踐行。因此，此句的意思是：若非先王禮法規定的道德行為不敢踐行。

作為卿大夫，言論不能僭越禮法，行為更不能犯份悖義。古人將超越禮法，稱作「僭越」，也就是指冒用在其上位的名義或器物，或者動用所屬階層所不應享用的禮儀等。這種奸佞之臣的犯份悖義，實質是通向犯上作亂的橋樑。誠如孔子所說的「陪臣執國命」，這些亂臣賊子一旦踏上篡權亂國的跳板，不免拉開了篡位弒君的歷史帷幕，勢必禍國殃民，造成社會的大動亂。

孔子所處的春秋末期，正是「禮崩樂壞」的動亂時代。所謂「禮崩」，是指禮法的崩潰；而所謂「樂壞」，是指以「樂」所象徵的文化教育的敗壞。例如，魯國公卿季孫氏掌控了朝政，他不僅不把國君放在眼裏，甚至擅用天子規格的八佾（音「億」）樂舞，公然在他的家廟庭堂表演。對於這種僭越周禮的犯份悖義行為，孔子怒不可遏，

發出「是可忍，孰為可忍」的嚴正呼聲。道理很簡單：連這種悖禮犯份的事都能容忍，那還有什麼不能容忍的！值此，人們不禁要問：什麼是「八佾」呢？

先就其「佾」來看，其字義表示樂舞八人為一佾的隊列。而所謂「八佾」，即八八六十四人隊列的儀規。古代祭祀時的樂舞，天子八佾，諸侯六佾，卿大夫四佾，士二佾。那麼，季孫氏作為魯國上卿，按先王禮法，應採用四佾三十二人的樂舞。可季孫氏何以在家廟祭祀竟然僭越兩個等級，直接採用八佾樂舞呢？

學人周知，魯國是周天子分給周公的封國。武王死後，周公在京都為輔佐成王處理政事，遂派長子伯禽代為魯君。周成王為感念周公的功德，在周公逝世後賜以重祭，並且命魯公世世以天子之禮樂祭祀周公。從此，魯君祭宗廟享有八佾樂舞的恩典。但天子的禮樂，只能在文王、周公廟用之，如果用在其他宗廟，便是僭禮。季孫氏係魯桓公的後裔，作為魯國上大夫，將宗廟中只有祭祀周公才用的天子規格的禮樂，竟膽敢在其家廟採用八佾樂舞，實在是大逆不道的僭禮行為。

季孫氏這種凌駕公室之上僭越行為，開日後擅權亂政之先河,乃至達到趕走魯君，攝行君位的地步。但是，世事無常，季孫氏「八佾舞於庭」的僭越行為影響深遠，篡權亂政自有後來人。其後，家臣陽虎跟隨他的腳步，以其僭越篡位之道，還其大權旁落之身。反觀孔子忍無可忍的發聲，以及歷史見證的魯國日益衰微，足見「非先王之德行不敢行」，是檢驗卿大夫孝行不可或缺的重要準則。

（三）經典文句評述

考究「非先王之法言不敢道，非先王之德行不敢行」二句，前句針對言論，後句針對行為，二者要求卿大夫：慎言慎行。

這種以「法先王」為主旨而提出的三個「不敢」，不由人想到《論語》孔子回答顏回問禮時與此類似的句式：「非禮勿視，非禮勿聽，非禮勿言，非禮勿動。」二者相比較，此章夫子對曾參所讲「非……不……」句式，与往昔与顏回所講「非……勿……」句式，何其相似乃爾！

二者除句式相同之外，人物主體皆為孔子，客體皆為弟子，只是弟子有所不同，話題不盡相同。一者，孔子回答顏回問禮，不符合禮法的不看、不聽、不說、不動。二者，孔子回答曾參問孝，涉及到「卿大夫」的孝行，一服飾，二言論，三德行。這三者，可說是為卿大夫們量身定制的準則。

在《論語》中，孔子一方面提示「君子欲訥於言而敏於行」，即要求侯王作為賢明的國君，須「訥言」和「敏行」；另一方面呼籲君子「敏於事而慎於言」，則要求卿大夫作為賢明的家君，須「慎言」和「敏事」；再一方面告誡從政者「聽其言而觀其行」，要求士人「少言」而「多行」。以上三者儘管存在微妙差別，但主旨卻是共同的：統治者要言而有信，言行一致，少說多做。

除上述之外，《易·家人卦·象辭》則倡言：「君子以言有物而行有恆。」其釋義是指：作為賢明家君的卿大夫，發表言論要有實際內容，政令頒行應有恆久不變的機制。相對於儒家的「謹言慎行」觀

點，墨家針對士大夫提出了「慎言知行」觀念。《墨子‧非命中》指出：「初之列士桀大夫，慎言知行。此上有以規諫其君長，下有以教順其百姓。」本句主要是講，古時天子的元士和傑出的大夫，慎重發表言論，明知踐行至道，這樣對上有助於以此規勸進諫他們的國君，對下有益於以此教化馴順他們的百官。

三、經典文句續解

是故非法不言，非道不行。口無擇言，身無擇行；言滿天下無口過行滿天下無怨惡。

本段上述三句話，兩兩對舉。句首「是故」既表示對前面語句的承接，亦為對前者否定句式，先以「非……不……」予以小結，然後正面深入闡釋。

1、「是故非法不言，非道不行」句釋解

句首「是故」一詞，按現代漢語語序，當為「故是」的顛倒。「故」表原因的「緣故」之意；「是」表指示代詞「此」。二者合而為一，可譯成「因此」。

其後兩句「非法不言，非道不行」，是以「非……不……」否定句式，對本章開篇「非先王之法服不敢服，非先王之法言不敢道，非先王之德行不敢行」這三句否定式排比句的小結。其釋義是說，因此，除非先王禮法規定的言論，不敢稱道；除非先王率先垂範的的德行，不予施行。

毋庸置疑，前者「非法不言」，是承前「非先王之法言不敢道」句的簡化；而後者「非道不行」，則是治國理政對道義的自覺擔當。換言之，「非道不行」中的「道」和「行」，當為踐行儒家宣導的「天下為公」這一「大道之行」，亦即先王的至德要道。

換個角度來講，此「非道不行」的「道」，應為老子所闡明的「天之道」；而「非道不行」之「行」，當為踐行老子所申明的「損有餘而補不足」的天道。

2. 「口無擇言，身無擇行」句訓解

此「口無擇言，身無擇行」兩句，是在承接前兩句語義前提下的延展。從訓詁角度講，但凡直接說出口的話，稱作「言」；而出口經過深思熟慮的話，叫做「語」；只有經過思索所形成的系統觀點，並加以闡述的話，方稱作「論」。

當下，大多學者一方面將「口無擇言」理解為「口不擇言」，從而曲解成「說出口的話不用選擇」；另一方面將「身無擇行」解讀為「身不擇行」，因而誤解成「做出的事無需選擇」。

其實，孔子針對卿大夫所說「口無擇言」，是指但凡出口發表的言論，無須選擇華美的言辭。這與《道德經》第八十一章針對侯王所講「信言不美，美言不信」有所不同。因為人臣對上，講求如何盡其「忠」；君王對下，講究如何誠其「信」。那麼，老子此言是說，講求信義的言論不必華美，華美的言論不講信義。

與「口無擇言」相對舉的「身無擇行」，是指但凡自身作出利民的舉措，無須抉擇踐行的利弊。清代林則徐被遣戍新疆伊犁與家人告

139

別時，作了題為《赴戍登程口占示家人》一詩，其中「苟利國家生死以，豈因禍福避趨之」，表明自身心跡：如果對國家有利，早將生死置之度外；豈可因為事關個人的禍福，而逃避災禍，追逐榮福。林氏此名詩，可說為「身無擇行」作了最好的注腳。

3.「言滿天下無口過，行滿天下無怨惡」句詮解

此句承接前兩句，既是對卿大夫言行的深層次約束，亦是對他們提出的進一步告誡。

(1)「言滿天下無口過」句解讀

此句「言滿天下無口過」，句首之「言」，指「言論」；其後「滿」，指「傳遍」。關鍵詞是句尾「口過」。

關於「言滿天下無口過」，人們或許懷有疑問：卿大夫作為輔政者，他們在修行孝心、踐行孝道的過程中，既然已經達到「口無擇言」境地，還有必要強調「無口過」嗎？實際上，這個疑問不難得到解答。因為從「口無擇言」，到「言滿天下無口過」，此二者是基於前因而遞進，直至產生的必然後果。然而，問題的關鍵是：如何理解句中這「口過」一詞？

此語詞「口過」，是個多義詞，其主要義項有二：一曰「過失」，是指出口的言談因無心而出現的失誤；二曰「過錯」，則指發表的言論因無信而出現的失言。因此，本句「言滿天下無口過」的「口過」，顯然是指後者，即「人而無信」這種失言的過錯。那麼，從「無有作好，遵王之道」來看，此「言滿天下無口過」句恰好說明，言論即使傳遍天下，從無徇私枉法而懷有一己之偏好，始終遵循

先王之道，當然沒有任何過錯。

總之，此「言滿天下無口過」句，其釋義當為：出口傳遍天下的言論，無有失信於民而產生過錯。

(2)「行滿天下無怨惡」句解讀

此句「行滿天下無怨惡」，句首「行」指「行跡」，其後「滿」指「遍佈」。關鍵詞是句尾「怨惡」。

從「無有作惡，遵王之路」來看，此「行滿天下無怨惡」句正好表明，行跡即使遍佈天下，從無犯上作亂而懷有一己之憎惡，一直遵循先王之道，自然沒有民眾的怨聲載道。所以，此句「行滿天下無怨惡」，應確解為：足跡遍佈天下的巡視，無有殃及民眾而引起怨恨和厭惡。

(3) 此句經典評述

上述二句經典出處，可見諸《書·洪範》：「無有作好，遵王之道；無有作惡，遵王之路。」孔傳釋之曰：「言無有亂為私好惡，動必循先王之道路。」鑒於此，箕子所說的這段話，大意是說：凡出口的言論，從無懷有私情而偏好，而應遵循先王指引的正道；凡推出的舉措，從無懷有私怨而作惡，而應遵從先王指導的正路。

卿大夫能否做到言滿天下無口過，行滿天下無怨惡，一是取決於為政者的立腳點，到底是以民人為天，還是以人民為天？二是取決於執政者所推行的大政方針，究竟是利國惠民，還是禍國殃民？三是取決於輔政者的言行，是失信於民，還是取信於民？

從某種意義上講，「非法不言，非道不行」，是孝道撒播下的種

子;「口無擇言，身無擇行」，是孝行綻放的花朵；而「言滿天下無口過，行滿天下無怨惡」，應該說是孝治結出的碩果。

四、經典結句總解

三者備矣，然後能守其宗廟，蓋卿大夫之孝也。

此句是以「蓋……也」為關聯詞構成的判斷句。本句主語申明孝行的先後次序，而謂語由揣測性判斷動詞「蓋」作出性質判斷。

（一）「三者備矣」句解析

句首「三者備矣」，是指哪「三者」呢？這當然是指前面所論述的那三方面：一者，「非法不言，非道不行」；二者，「口無擇言，身無擇行」；三者，「言滿天下無口過，行滿天下無怨惡」。其後「備矣」的「備」，是「具備」、「完備」的意思。而後面的「矣」，是語助詞「了」，表示前者動詞的完成時態。那麼，所謂「三者備矣」，是指：前面三方面孝行已然齊備。

（二）「然後能守其宗廟」句分析

句首「然後」的「然」表示「這樣」，而「然後」雖然可理解為「這樣之後」。但現代漢語對於上文的承接，可以不譯。前文已釋解，此不贅述。後面「能守其宗廟」如何解讀，關鍵在於「宗廟」一詞的詳盡考釋。

深究「宗廟」一詞的確切詞義，先要區分「國」與「家」，這是很重要的一環。西周時期，卿大夫的領地為「采邑」，亦稱「家

邑」，簡稱「家」。儒家所宣導的「齊家」，是指從政的士人，要「齊」卿大夫封邑之「家」，必須先擔任其「家臣」。況且，只有將卿大夫封邑之「家」管理得齊整如一，才能有資格、有資歷、有機會晉升為「大夫」，尚且有可能輔佐諸侯治理其封國之「國」；只有晉升為上大夫之公卿，才有可能輔弼天子平定天下。當斯時也，卿大夫才以其資質，從天子或侯王手中分封到土地，而稱為「封土」。況且，卿大夫在其「封土」中，為感念先祖而為之另立宗廟，簡稱為「立宗」。

對於並列性複合名詞「祖宗」，是指祖有創業之功而宗有守業之德。每位最先受封的創業者死後後世子孫便將其奉為始祖；而世襲其爵位的嫡長子，為繼承他們封地須建廟祭祀而立宗，所以稱之為「宗子」。那麼，作為世襲的卿大夫，能否將其采邑之「家業」世代相傳，取決於是否以其仁德「上致君，下澤民」。因為只有這樣，才能確保宗廟祭祀的香火永續。

上古的宗廟祭祀，有著嚴格的等級次序。按《禮記·王制》規定：「大夫三廟：一昭，一穆，與太祖之廟而三。」這是周時廟制，周人奉后稷為始祖，首先將始祖廟建在中間；從始祖廟向前，按左昭右穆排輩份。文王姬昌奠定周朝基業，遂在左邊建造供奉他的昭祧（音「挑」）廟，一世、三世、五世居左為昭；武王姬發伐商有功，右邊建造供奉他的穆祧廟，二世、四世、六世居右為穆。

守其宗廟，實屬不易。西元前1046年，武王伐紂，推翻商紂王的殘暴統治。武王建立西周後，非但沒有鎮反，反而將紂王的兒子武庚

祿父封為殷侯，封地在殷地而稱邶國，從而使商族宗廟祭祀的香火得以延續。

孰料想，武王四年後去世，作為「三監」的管叔、蔡叔、霍叔起兵叛亂，武庚趁機起兵反叛，一時天下大亂。經過三年的征討，周公平定叛亂，處死武庚。為保留殷商的宗廟，西元前1114年，成王又將商朝舊都商丘封給商紂王的兄長微子啟，建立宋國，尚且特准其用天子禮樂奉商朝宗祀。直至戰國末期，宋國發生內亂，齊國聯合楚國、魏國攻佔都城商丘。至此，商族得以延續900多年的世族宗廟，不免毀於兵燹。但需要指出的是，如果沒有周王朝「興滅繼絕」的仁政，恐怕早已「荒塚一堆草沒了」。

(三)「蓋卿大夫之孝也」句

此句作為謂語，依然以「蓋……也」句式，對「能守其宗廟」作出揣測性判斷。其釋義是說：大概是卿大夫的孝道吧。這一結尾，將能夠守護宗廟，作為衡量卿大夫盡其孝道的唯一標準。

(四) 本句經典評述

本諸上述，卿大夫能否守護住家族所立的宗廟，確保祭祀先祖的香火不斷，完全取決於「非先王之法服不敢服，非先王之法言不敢道，非先王之德行不敢行」。反之，連標誌「立宗」的家廟都不保，即斷了香火，孝行勢必無從談起。明白了這一點，才能真正理解何以將「能守其宗廟」作為「卿大夫章」的核心問題，才能真正解開何以將此事作為檢驗卿大夫孝行重要依據這一謎題。

五、結尾詩文詮釋

詩云：*夙夜匪解，以事一人。*

（一）詩句出處

此詩出自《詩·大雅·烝民》，是《詩·大雅·蕩之什》中的一篇。就此篇詩作而言，古時多根據《毛詩序》，認為此詩是周宣王重臣尹吉甫的作品。從詩中內容來看，讚頌的對象為仲山甫。

本詩標題為「烝民」，其中「烝」字，音讀為「蒸」；其詞性為形容詞，字義表示「眾多」。因此，「烝民」一詞，意思是「庶民」。

（二）詩句解讀

1、「夙夜匪解」句訓解

詩句「夙夜匪解」，為漢語成語。究其出處，即出自此《詩·大雅·烝民》。

句首語詞「夙夜」，為名詞性並列複合詞。其「夙夜」之「夙」，音讀「速」，字義向來解讀為「早晨」。《說文》釋「夙」為「早敬也」。其甲骨文作 𠃜，從月從丮（音「幾」），乃會意字。其字形即月下一人行跪拜之禮，字義由「晨起恭敬地跪拜」，引申為「早起勞作」。而「夜」，則表示「夜晚」。二者合而為一，表示「起早貪晚地勞作」。

細究「夙夜」一詞，實則即成語「夙興夜寐」縮寫。「夙夜」用作狀語，表示「從早到晚勤謹地勞作」。句中之「匪」，假借為

「非」，表否定副詞「不」；後者「解」字，通「懈」，表動詞「懈怠」。「匪解」一詞，表「從不懈怠」。鑒於上述，此句「夙夜匪解」，意即：起早貪晚恭敬地勤於政事，從不懈怠。

2.「以事一人」釋解

後句「以事一人」，前「以」字為介詞，其後省略代詞「之」，即表前句「夙夜匪解」。在實際翻譯中，既可譯成「以此」，亦可承前省略，用連詞「來」同後面「事」相承接。其後動詞「事」，意即「事奉」；其賓語「一人」，本指周天子。那麼，後句「以事一人」，其意是說：以此事奉周天子一人。

本章徵引此詩，基於主語「卿大夫」承前省略，那麼「以事一人」，既可由「卿」意會所輔弼「一人」為天子，亦可由「大夫」意會所輔佐「一人」為侯王。

詳察《詩·大雅·烝民》這一詩句，是從「烝民」角度，讚美仲山甫遵從古訓而勤政於周天子的功績，並以其作為卿大夫效法先賢踐行孝治的樣板。因為勤勉地輔弼天子或輔佐侯王，除了攸關「烝民」的安危之外，對上攸關江山社稷的興衰，對下攸關宗廟祭祀的存亡，此乃為家國天下之大孝。

總之，此詩句讀解為：從早到晚恭敬地勤於政事，從不懈怠，以此輔弼天子或輔佐侯王一人。

士章第五：

「忠順事上」的佐政理義

一、章題字義釋解

（一）「士」之字義溯源

本章題之「士」，是上古封建制社會貴族階層中，低於大夫的基層。

就「士」字而言，在西周晚期克鎛（音「博」）中，其金文作 ⼠，其甲骨文形體迄今未見。對於「士」的字義，孔子詮釋為：「推十合一為士。」夫子所言

「推十合一」，一方面闡明「士」的字形，是由「十」和「一」構成；另一方面闡釋「士」的字義，能夠推知數字「十」契合於數字「一」的人，方可成為上古「士」這一主管刑獄的官職。

依據孔子這一灼見，許慎在其《說文解字》進一步釋解道：「士：事也。數始於一，終於十。從一從十。」許氏經由「士」字的聲訓，求索出「任事」的字義，此即「任之以大事」。此外，尚且通過「士」字，意會其形體構成的字義：一切數目都是從「一」開始，至「十」終結。

深究「推十合一」，不止表明遠古先民由雙手共十指而採用十進位計數，而且重在說明從伏羲「一畫開天」那水天一線的橫畫「一」，到河圖洛書那位居中宮表示交午之「十」，遺存著華夏文明

發源於水文化的意蘊。所以，能夠明察天地成因，能夠洞察事物始末，自然能明斷天下繁複冗雜之事務，足以擔當起齊家、治國、平天下這一重任。

(二)「士」之屬性流變

中國歷史上第一位稱作「士」者，為帝堯時代被舜任命掌管刑獄之官的皋陶。後至夏朝，「士」的職權升格為主管軍政兼管獄訟，而後它原本執掌刑獄的職能則被「理」官所取代。再至殷商、西周、春秋時期，「士」逐漸演變成貴族階級的基層。他們的出身，一是大夫之家，除了嫡長子繼承父位仍任大夫之外，其他諸弟自然成為士；二是破落的大夫，降而為士；三是庶民階層遴選出來的精英，躋身於士林。但不管「士」出身如何，除有一部分成為天子的元士和諸侯的國士，大多則為大夫的家士。前者元士、國士封有食邑，後者家士擁有食田。

時至春秋中後期，「士」階層由於「禮崩樂壞」而分化：一部分仍擁有俸祿或食田，繼續依附卿大夫稱為「家士」；但大部分因動亂成為失去爵位之「士」，以及從庶人、庶民中湧現出一批賢能之「士」，逐漸形成社會上的「士人」階層。當然，也有相當一部分破落之士，降而為庶人。

從某種意義上說，這「士」由士階層流變為「士人」階層，實質已轉變為「庶人」。從春秋「管夷吾舉於士」，到戰國士、農、工、商「四民」之說，表明貴族士階層已淪為社會上具有賢能和才識的士人一族。進入戰國的「士」，既有著書立說的「學士」，如孟子、荀

子、莊子等；亦有勇為知己者死的「俠士」，如專諸、聶政、荊軻等；還有精於陰陽曆算的「方士」，如萇弘、鄒衍、徐市等；再有為人出謀劃策的「策士」，如唐雎、蘇秦、張儀等；另有寄食公子王孫門下的「遊士」，如毛遂、馮諼、侯嬴等。這些士人在波譎雲詭的戰國時代，或叱吒風雲，或慷慨悲歌，或激揚文字，或縱橫捭闔，或指點江山，或力挽狂瀾，扭轉乾坤……無一不在他們所處時代的廣闊舞臺上，演出一幕幕威武雄壯的歷史活劇。

(三)「士」字文義孑遺

漢語有一成語「有識之士」，是指具有遠見卓識的人。在現當代社會，人們對於社會上層有一定社會地位或有名望的人，以及在某方面具有代表性的人物，往往以「人士」相尊稱。尤其在社交場合，對於白領階層成年男性，往往敬稱為「男士」，而對成年女性，則敬稱為「女士」。那麼，透過這些尊稱與敬稱，可見這「士」字仍遺存著有才能、有見識這本初的含義。

二、正文經句解讀

資於事父以事母，而愛同；資於事父以事君，而敬同。故母取其愛，而君取其敬，兼之者父也。故以孝事君則忠，以敬事長則順。

本句以二「故」為關聯詞，構成說明因果句。其偏句「資於事父以事母，而愛同；資於事父以事君，而敬同」，提出兩種事實情況作為依據，而正句「故母取其愛，而君取其敬，兼之者父也」，則說明

以上兩種情況所必然導致的結果。

（一）「資於事父以事母，而愛同；資於事父以事君，而敬同」句釋解

本章開篇此前分句是個對舉句，構成先後兩個說明因果句的偏句。僅從「資於事父……以事……，而……同」的句式來看，二者結構皆為比較句。前者由比較主客體「事父」、比較次客體「事母」或「事君」，以及比較詞「以」構成比較項；後者以連詞「而」構成結論項。

1、「資」字考釋

句首「資」字，為本句關鍵字。此「資」字有個字謎，北宋宰相王安石過六十大壽時，家裏作了兩個燈籠掛在庭前。第一個燈籠上的謎面是：「目字加兩點，不當貝字猜」；第二個燈籠上的謎面是：「貝字欠兩點，不當目字猜」。

先看前者「目字加兩點」，實際是「目」字上面有一「加」，下面有兩點「八」，謎底自然是「賀」字。再看後者「貝字欠兩點」，實則是「貝」字上面，由「欠」和兩點水「冫」（音「冰」）構成一「次」字，其謎底無非是「資」字。顯然，無論是「賀」，還是「資」，其下皆有一「貝」字。

就「貝」字而言，其甲骨文寫作 ，可見是上古最早的貨幣「海貝」。因此，以「貝」為部首的漢字，如賺錢的「賺」、賠錢的「賠」、寶貝的「寶」、貸款的「貸」、賒帳的「賒」、賬目的「賬」，等等，皆與貨幣有關。

150

從字義方面看，次貝成「資」，化貝為「貨」，二者皆為會意字。老子《道德經》第三章提出「不貴難得之貨，使民不為盜」，而《道德經》第九章指出「金玉滿堂，莫之能守」。其古文字「貨」，是指黃金和玉石，意即化用錢貝之貨物。對於「貨」字的解讀，可由其從化從貝的結體構成，視作由金和玉作為可與錢幣化用之「貨」，與「海貝」這種固定充當與商品交換的一般等價物之「幣」，二者合而為一，即構成複合名詞「貨幣」。

總之，「貨」與「資」，二者為近義字，皆屬於財富。段玉裁在《說文解字注》指出：「貨者，化也。資者，積也。」基於段氏這灼見，「貨」的字義，指能夠化作錢幣用來交易；而「資」，則意味著資財的居積。所以，本章句首此「資」字，可由名詞「資財」，用作動詞表示「蓄積」。

2. 「資於事父以事母，而愛同」句之訓釋

若論「資於事父」的句式結構，顯然係動補結構，是比較的先決條件。句首「資」為動詞，表情感的蓄積；而「於事父」為介賓詞組作補語。其中「於」作為介詞表示「對於」，而其賓語「事父」，亦為動賓詞組，作為介詞「於」的賓語。其後「以事母」，並非介賓詞組，而是偏正詞組。其「以」為介詞，與其後省略代詞「之」所代指前者「資於事父」，用作修飾其後動賓詞組「事母」的狀語。簡言之，「以事母」之「以」，可由其「以之」譯作「用來」，而「事父」、「事母」的「事」，是指「奉事」。

本諸上述，此比較句前後連貫在一起，其意是說：用奉事父親所

151

積蓄的那份深切情感，用來事奉母親，而親愛之心是相同的。如此釋解，現代人似乎很難理解：難道對於父親的情感，會大於對於母親的情感嗎？答案是肯定的。

在古代宗法觀念中，首先出於父子以血緣關係聯結的骨肉親情，其次出於「士之子恒為士」，此即士階層由於世襲父親的職位，對其父充滿深厚的感恩之情。另就幾千年來「嚴父慈母」這社會觀念而言，父親對於兒子的培養，因嚴加管教而以嚴厲知名，母親則以關愛有加而以慈愛知名。嚴父的著眼點是子承父業，致使愛之深而責之切。而慈母則著意於日常生活的飲食起居的悉心照料，往往愛之深而寵之切。

在某種意義上說，兒子與慈母的情感交流，表達直接而無所顧忌；而與嚴父的情感溝通，往往「口未開而囁嚅」，表達間接而有所敬畏。所以，父愛較之母愛，情感顯得含蓄而深沉。為人子者，隨著年齡的增長，對於父親這份深沉之愛，逐漸從不理解到理解，逐漸蓄積成深厚而無言的情義，日後遂化作「揚名聲，顯父母」這「光前裕後」的孝行。

3. 「資於事父以事君，而敬同」句解釋

基於關鍵字「資」的破解，以及首句語意的詮釋，那麼此後句「資於事父以事君，而敬同」，可說其義自見：用事奉父親所蓄積的那份敬重，用來事奉君長，而敬重之情是共同的。

可令人不無遺憾的是，迄今解讀《孝經》此章者，大多無視句首這一「資」字。於是跟著感覺走，開篇這兩句便翻譯成：用奉事父親

的心情去奉事母親，愛心是相同的；用奉事父親的心情去奉事國君，崇敬之心也是相同的。如此譯解，不僅曲解了孔子對於為士者行孝所闡述的主旨，亦不符合由父子關係延伸至家士對家君、國士對國君、元士對天子此三者關係的心理規則。

換個視角來看，透過開篇這前後兩句話的表象，尚可鉤沉其潛在的意蘊：父愛的深沉，大於母愛的深切；對父的尊敬，大於對家君、國君，乃至天子的禮敬。所以，本句自然而然地引導出下文。

（二）「故母取其愛，而君取其敬，兼之者父也。故以孝事君則忠，以敬事長則順」句疏解

此後分句依據上文，以二「故」為關聯詞，說明後者出現的情況。作為說明因果句的謂語，是由兩個並列正句構成。二者語義，當為遞進式結構。

1、「故母取其愛，而君取其敬，兼之者父也」句訓解

在古代社會中，士人對於其母雖愛而親之，但較之其父則欠缺些許禮敬；而對其君雖敬而禮之，然較之其父則缺乏幾多親情。只有對父親的孝行，才親而愛之，敬而禮之，二者兼而有之。

基於上述，此句「故母取其愛，而君取其敬，兼之者父也」，大意是說：所以，擇取對於母親那份親愛之心，而且擇取對於國君那份禮敬之情，二者兼而有之的是父親。值此，人們不禁要問：父親何以兼有親愛與敬愛？二者兼而有之，又意味著什麼呢？

倘若解答這個問題，尚須通過「父」字考釋，即從其字形、字音、字義來解索。「父」字甲骨文寫作ㄅ，从又，从

斧，斧亦聲。從其字形來看，像以右手彐持石斧丿之形；從其字音來講，所持之「斧」不止表示形符，尚且作聲符，音讀上聲fǔ；就其字義而論，原本是對有責任、有擔當男子的尊稱。後經引申，稱有子女的男性為「父」，其音讀改去聲而音讀fù。

史前人類遺址的發掘，發現了眾多從舊石器到新石器時期的石斧。遙想遠古氏族部落中的先民，為了建造宮室，乃至木車、木船，手握著這頗為鋒利的石斧，不斷地揮動著手臂，直至將那粗大的樹木砍斷，要付出幾多艱辛？要付出何等的毅力？鑒於「父」字那手持石斧的形態，基於「坎坎伐檀兮」的艱辛，後世遂將不畏勞苦而勇於擔當者，尊稱為「父」（音「甫」）。如《詩・大雅・大明》：「維師尚父，時維鷹揚。」古漢語中，不僅將打漁的漁民稱作「漁父」，還將種田的農民稱作「田父」，其「父」字依然遺存著從狩獵文明至農耕文明時先民對勞作者所寄寓的那份尊重。

幾千年來，人們一直因襲《說文》釋「父」為「舉杖」之說。即使「父」字甲骨文面世百廿餘年來，仍不乏學者釋其「右手持棒之形」說，甚至有學者附會「手裏舉著棍棒教子女守規矩的人」。

豈不知「父」之音讀，歷經了由本初上聲之fǔ至後起去聲之fù這一流變過程，由此鉤沉出「父」字音讀雖有所流變，但內存不畏勞苦而勇於擔當的道義始終未變。那麼，只有索隱「父」字遺存的遠古資訊，才能破解為人父者之所以兼有可親愛與可敬愛的二重涵義。也只有這樣，才能真正解讀「兼之者父也」的深刻意蘊。

2.「故以孝事君則忠，以敬事長則順」句釋解

此前後二句中，「以」為介詞，相當於「依照」或「像……那樣」，表示遵循某種標準行事。因此，前句「以孝事君」是說，像孝敬父親那樣事奉家君。後句「以敬事長」是謂，像敬重父親那樣事奉長上。

需要說明的是，除了介詞「以」表示「像……一樣」之外，其「以孝」和「以敬」的對象，皆承接前文而指稱「父親」，而並非「父母」，尤其是後句「事長」的「長」，當為大夫之「長上」。此句文義，誠如《大戴禮記‧曾子大孝》中論及五不孝時所說：「事君不忠，非孝也；蒞官不敬，非孝也。」此言是說，事奉君主不盡其忠誠，並非孝道；官長蒞臨不盡其敬順，亦非孝行。

此句前後貫穿在一起，則可以譯成：所以像孝敬父親那樣事奉家君，就會忠誠；像敬重父親那樣事奉大夫，就會敬順。

三、經典結論解讀

忠順不失，以事其上，然後能保其祿位，而守其祭祀，蓋士之孝也。

本句仍以「蓋……也」為關聯詞，構成此判斷句。主語申明孝行的先後次序，謂語由揣測性判斷動詞「蓋」進行性質判斷。

1、「忠順不失，以事其上，然後能保其祿位，而守其祭祀」句釋解

本句作為主語，闡明為士者盡其孝行的先後次序：始於「忠順不

失，以事其上」，中於「保其祿位」，終於「守其祭祀」。此三者依次遞進，循序漸進。

(1)「忠順不失，以事其上」句詮釋

此句重點是句末「其上」。「其」字，為反身物主代詞，即現代漢語「自身的」；而「上」表示「長上」。其本義顯然是指「自身的長上」。

從本章主人公「士」來講，身處貴族階層的基層，屬於依附大夫的家士，所謂「其上」，當然是指作為家君的大夫。所以，「以事其上」實際是說：以此事奉位居自身之上的家君。總而言之，這兩句的意思是：忠誠和敬順從不喪失，以此事奉位居自身以上的家君。

細究「忠順不失」，既非無原則地盲目盡忠，亦非無條件地一味順從，而是要分清對象。僅從孔子的命運交響曲來看，他的父親叔梁紇原本為士階層的武士，因戰功顯赫擢升為大夫，並將陬（音「鄒」）地封為他的食邑。叔梁紇出任陬邑邑宰，從而被稱為「陬人紇」。然孔子幼年喪父，失去了承襲其父叔梁紇食邑的機會。他十七歲時，曾去參加魯國權臣季孫氏舉辦的一個宴會。不料這次社交活動，被其家臣陽虎拒之門外而遭到羞辱。

孔子大約二十歲時就業，做過管理倉庫的「委吏」和管理牛羊的「乘田」。工作兢兢業業，盡職盡責，遂以「忠順不失」贏得其「長上」季孫氏的信任，這為他日後步入魯國政壇，奠定了堅實的基礎。後來，陽虎執掌魯國之政後，曾一度想要籠絡孔子。可孔子非但不予理睬，反而對這位擅權的亂臣賊子深惡痛絕，指斥陽虎「陪臣執國

命」。

所謂「陪臣執國命」，是指家臣不止篡奪其長上季孫氏身為大夫的權力，並且執掌其長上季孫氏之長上魯國國君的權力。當斯時也，孔子對於陽虎，莫說對他這位「陪臣」的篡政盡忠，更談不上對他這位權臣的亂政順從，而是橫眉冷對，威武不能屈。那麼，孔子對於季孫氏擅用八佾樂舞尚且無法容忍，乃至怒不可遏，更何況對陽虎這種大逆不道的篡政行為呢？所以，孔子的「忠順不失」，是具有原則性的，此即為士者的凜然正氣。

② 「然後能保其祿位，而守其祭祀」句闡釋

如果說前兩句「忠順不失，以事其上」，闡述的是為士者的孝行，那麼後兩句「能保其祿位，而守其祭祀」，分明是為士者所要秉持的孝道。然而，鏈接二者的聯結詞「然後」，意思是「這樣之後」。這說明了什麼？說明前者是先決條件，後者是必然結果。概言之，只有「忠順不失，以事其上」，才能「保其祿位」和「守其祭祀」。

所謂「祿位」，是指為官的俸祿和爵位。前者俸祿的「祿」，就是朝廷發給官吏的薪餉。春秋戰國時代，實行穀祿制，就是按官職地位授予其相應數量穀物作為俸祿。如孔子在魯國任司寇時，有「奉(俸)粟六萬」。很明顯，孔子的年薪為小米六萬小斗，相當於漢代的二千石，這在東周屬於大國上卿的薪酬標準。

無論是大夫的家士，還是諸侯的國士，抑或天子的元士，如果不以忠誠和敬順事奉自己的長上，而是陽奉陰違，欺上瞞下，乃至「家

157

臣陪國命」而犯上作亂，其結果不僅難以保全自己的祿位，況且「為下而亂則刑」，當然無法「守其祭祀」。

從「祭祀」來看，作為華夏禮典列於首位的吉禮，是儒家禮儀文化中的重要組成部分。從語義學角度來看，鉤沉出「祭」、「祀」二字造字理據，才能真正理解二者的本義及其關係。

先看「祭」字，其甲骨文寫作，字形從又從肉，屬會意字。其左從為「又」，像左手之形；其右從為「肉」，像新宰殺的肉鮮血淋漓之狀。二者合而為一，其字義可意會「祭神」以祈福。

至於所祭何方神聖，若從「地祇稱祭」來論，可知周人所祭「地祇」，無非是穀神后稷与土神后土。

再看「祀」字，其甲骨文寫作，從示從巳，巳亦聲，屬左右結構的形聲兼會意字。其左從為「示」，音讀「齊」，作為形符，即祭壇之象形；其右從為「巳」，像「巳蛇」之「蛇」的形狀。

從地支對應月份來看，建巳之月為夏曆四月。當斯時也，「天子祭天地，諸侯祭其域內名山大川」。那麼，所祭山川的神靈，無非此巳月之蛇。至於所祀何方神聖，若從「天神稱祀」來論，所祀「天神」，無疑是華夏先民所尊奉的昊天上帝──人首蛇身之伏羲。

上古「祭」、「祀」二字本義，通過此番鉤沉索隱，考辨出遠古先民祭祀祖先神這一感恩文化之遺存。因此，人們不僅可深層瞭解到華夏民族自古傳承的「敬天法祖」這一信仰，同時還通過祭祀天神、

地祇和祭拜先祖，來滿足社會群體祈福納祥這一共同心理需求。

基於上述，尚可進一步由「士祭其先」，揭開本章何以將「守其祭祀」作為家士盡其孝道必要條件的謎底。所以，此後兩句的意思是：然後才能保全自己的俸祿和爵位，進而守護對於神先神的祭祀。

2. 「蓋士之孝也」句讀解

此句是以「蓋……也」為關聯詞，所構成判斷句的謂語部分。其作用旨在對前面主語所申明家士的孝行先後次序，最後以揣測性判斷動詞「蓋」作出性質判斷。總之，此判斷句的謂語部分，其意是說，大概是家士應盡的孝道吧。

3. 本段經典譯釋

為「士」者，如果自身祿位不能保全，祖先祭祀不能守護，孝道就無從談起。所以，此句「忠順不失，以事其上，然後能保其祿位，而守其祭祀，蓋士之孝也」，其意是說：忠誠和敬順從不喪失，以此事奉位居自身以上的家君，然後才能保全自己的俸祿和爵位，守護對神先神的祭祀，大概是家士應盡的孝道吧。

三、結尾詩文詮釋

《詩》云：「夙興夜寐，毋忝爾所生。」

本章徵引的此詩句，來自《詩‧小雅‧小宛》。況且，前句「夙興夜寐」，後成為漢語辭彙中的成語。

（一）「夙興夜寐」句訓解

此詩句中「夙」和「夜」，二者皆表較為模糊的時間概念。「夙興」，表示早起。其「夙」指天色將亮而未亮的時光，而「興」則指起床。相對而言，「夜寐」，意為晚睡。其「夜」指天色昏昧或月光皎潔的夜晚。因此，「夙興夜寐」即表示早起晚睡。

(二)「毋忝爾所生」句索解

句首「毋」係否定副詞，同「勿」，表示「不要」；其後「忝」為動詞，表示「辱沒」；其中「爾」為第二人稱單數「你」；句末「所生」，指生身父母。總之，此詩句是說，勿要辱沒生養你的父母。

孟子曾指出:「人有恆言,皆曰:『天下國家。』天下之本在國，國之本在家，家之本在身。」深究此句結尾所言之「身」，顯然為自身，因為只有經過自身的修養，才能始於士階層之躋身，中於家臣通過齊家來安身，終於卿大夫通過治國、平天下來立身。因此，晚睡早起，兢兢業業，恪盡職守，不負尊親，這才是真正的孝行，也是此「士章」之主旨。

鑒於上述，此詩意思是: 凌晨起床深夜睡覺,勿要辱沒生養你的父母。

反思《孝經》所論孝治文化，這部經典實質凸現出儒家積極干預社會的另一面，此即儒家思想，並非「依附統治者」，而是依據家國同構血亲倫理宗法情懷，約束和限制統治者的權力，并將其請進孝道這溫情的籠子裏。否則，即為大不孝。

庶人章第六:

「謹身節用」的孝親旨義

一、章題詞義釋解

　　中國古代社會，自從廿一世紀一十年代歷史教科書刪除了奴隸制社會這一形態，遠不止改寫了夏朝和商朝屬於「王政時代」的歷史，同時也還原了封建制社會的歷史本真：它始於西元前1046年西周分封制度的創建，終於1912年2月12日滿清末代皇帝愛新覺羅・溥儀下詔退位。於是乎，中國封建王朝長達2958年的歷史，至此落下了帷幕。

　　在這漫長的歷史進程中，滄海桑田，王朝更迭，「城頭變幻大王旗」。當鏡頭從遠拉近，可見從天子到侯王，從卿大夫到士，乃至庶人，世事跌宕，宦海沉浮，無一不在這歷史舞臺上，「亂哄哄你方唱罷我登場」。孰料在這波詭雲譎的權力爭鬥中，時時刀光劍影，處處血雨腥風。曾經的帝王公卿大夫，一朝從權力的寶座上跌落，當即貶為庶人。又有誰知在那天清地明的太平盛世，除了士的嫡長子仍為士，而其餘諸子成為庶人之外，還有身為庶民中的佼佼者把握住契機而平步青雲，一朝封侯拜將，叱吒風雲。「舜發於畎畝之中，傳說舉於版築之間，膠鬲舉於魚鹽之中」，這些仁人志士都曾在中華大地上演過一幕幕威武雄壯的歷史活劇。值此，人們不禁要問：庶人是何許人也？它是否與庶民相等同？

　　（一）「庶」之字義考釋

161

倘若考究「庶人」的身份，尚待從訓詁學角度對「庶人」的「庶」，作一番深入的探求。

「庶」字，異體「庶」。《說文》囿於小篆所作之庶，將其構形析作从广从芡。依據許說，歷來將其上偏旁「广」（音「演」），釋作依山崖所建造的房屋；並訓其下偏旁「芡」為「光」字異體，從而將其視作形聲字。但是，要確解一個字，尚須追溯其甲骨文字體。

「庶」字甲骨文寫作 ，上部首 為「石」，像山石之形；下偏旁 為「火」，像飛濺火星的「火」之狀。顯然，這是「點石擊火」的會意字，也就是用燧石擊打取火。這種取火方式，傳說來自遠古的燧人氏，他發明了用打磨的燧石反覆摩擦後，用力向下猛擊產生火花，點燃墊在下面的艾絨。從此，華夏先民掌握了用火與取火的科學方法。所以，燧石作為取火工具，也叫作「火石」。這種取火方法簡便易行，很快得到普及，人人都可以採用燧石擊打取火。因此，「庶」字本義，當為表「眾多」的意思。

遠古的「點石擊火」，後至上古逐漸為「以鐮取火」所取代。究其所以然，關鍵在於商代鐵刃銅鉞的發現，表明金屬鐵早在西元前1300年，就已經被中國人發現並得以應用。殷商先民大概認識到燧石和鐵器擊打會產生火花，他們把鐵金屬打造成彎如鐮刀的形狀，用來擊打燧石取火。於是，這種取火器物稱作「火鐮」。這一飛躍性科技進步，由於更加簡便實用，從而得到進一步廣泛使用。甚至於二十世紀八十年代改革初期，邊遠的山區農鄉，仍舊可以見到「以鐮取火」所點燃那原始的火紅記憶。

對於「庶」字的釋義，目前學界皆以于省吾先生《釋「庶」》之說為定論。他認為「庶」為「煮」本字。尚且，他還主張「庶」來自原始生活中，先民把獵獲的動物截斷頭尾和四肢，有時也剝切為塊，以烙烤於燃石之上或投燃石於盛水之器以煮之，是熟食的一種作法。這一說法似乎有一定道理，但問題的關鍵是，此「庶」甲骨文形體根本就不存在「烙烤於燃石之上」表肉類或食物的構件，因而不免流於臆斷。那麼，較之燧人氏「點石擊火」而表「眾多」，相信世人自有明斷。

（二）「庶人」一詞考正

探究「庶人」的社會身份和地位，先決條件是需要重申前面講過「人」和「民」此二概念的區分。上古夏、商、周三代，凡擁有公、侯、伯、子、男五個爵位的貴族，稱作「人」。而從未擁有官爵的非貴族群體，統稱為「庶民」，簡稱為「民」。如春秋時期，夏、商兩朝原王公貴族的後裔，大多相繼失去官爵而淪落為社會的基層。相對處於社會底層從未有官爵的「庶民」而言，他們這一社會群體稱作「庶人」。

庶人大多成為官府的差役，并居住在國中(城內)，遂稱作「國人」。不過，還有一部分居於城外，並且因耕作在郊野而被稱為「野人」。需要指出的是，庶人還享有貴族給予的政治軍事權，如參加國人大會，參與軍事活動，充當士卒等。僅此而言，庶人所享有這一切，是庶民從來不曾擁有的。所以，庶人不可等同於庶民，二者分別處於兩個不同的階級。

「庶人」一詞本義的解密，既揭示了「庶人」與「庶民」的區別，又修正了以往「泛指平民百姓」的誤解，還破解了「國人」與

「野人」衍變的出處，這就可以還原歷史與經典原義。

一者，西元前841年發生在西周首都鎬京(今陝西西安)的「國人暴動」，實則是貴族領導國人進行的一場維權革命，而並非歷來定性的「以平民為主體的暴動」。

二者，孔子主張的「禮失而求諸野」，以往都將「野」理解成「民間」，其實是指失去官爵而耕作在郊野的「野人」。

三者，孔子所說「先進於禮樂，野人也」，其中的「野人」，既不是什麼「野蠻的人」，也不是所謂「鄉野平民」。這句話的本意是說：率先以禮樂引領社會風尚並與時俱進的，是失去官爵而耕作在郊野的「野人」。

以上對於「野人」的考正，可進一步作為還原「庶人」本義的有力佐證。

從姓氏學角度來論，上古作為貴族的「人」，有姓，有氏，有名，有字；而與之相對的「民」，無姓且無氏，有名而無字。例如，《莊子‧內篇‧養生主》中那位解牛的庖丁：「庖」指廚師，而並非姓氏，而「丁」，是以天干第四位命名，也就是四號廚師。又如，春秋時楚國著名的的演雜戲的優孟，曾以所擅長的滑稽諫止楚莊王以大夫之禮埋葬他所寵愛的寶馬。「優」是指俳優，而並非姓氏，而「孟」，就是排名首位的「老幺」。

另據《左傳‧昭公三十二年》所載，晉國大夫史墨曾提及「三後之姓，於今為庶」。根據這一記載，當知夏、商、周三代帝王的後裔，即使春秋時代淪落為庶人，但原有貴族姓氏依然如故。所以，「百姓」一

詞，是指享有姓氏這一特權的貴族統稱，而決非有名無姓的平民。

春秋末期，儘管「禮崩樂壞」，庶人與庶民依舊涇渭分明。直到戰國，開始由楚國將「百姓」改為平民的通稱。即使貴族基層的修士，亦不免淪落成「四民」士、農、工、商之首，又何況「庶人」乎！於是，「庶人」逐漸混同於「庶民」。但有一點需要提示，後世貴族被罷官削爵而免除死罪者，一律貶為「庶人」。例如，北宋「靖康之難」，徽宗、欽宗二帝被金兵擄掠後，儘管淪為階下囚，但所貶為「庶人」，而非「庶民」。

再看魯迅筆下的阿Q，他經常喊的一句話，就是「祖上先前也闊過」。假設時空穿越至春秋時期，阿Q此話如果當真，他的祖上與公、侯、伯、子、男這些爵位搭邊兒，的確「曾經闊過」，只是他失去繼承祖上官爵的機會，那阿Q就自然淪落成「庶人」。若是阿Q此話為假，祖上從來就跟公、侯、伯、子、男這些爵位不沾邊兒，那他所說「祖上先前闊過」，則純粹是無中生有的吹牛，阿Q無疑屬於「庶民」。

真正「祖上先前也闊過」者，當為「大成至聖先師」孔子。其父叔梁紇為大夫，遠祖微子啟為侯王，先祖為殷商開國君主成湯。但孔子由於幼年喪父，從而與貴族官爵的世襲絕緣。僅此而論，孔子出身當為庶人。少年孔子經過「飯疏食，飲水，曲肱而枕之」的修身，為日後「立身行道」夯實了基礎；青年孔子在季叔氏采邑以任「乘田」、「委吏」二職而立身「齊家」，從此由庶人躋身於士階層；壯年孔子在魯國身為卿大夫，通過「夾谷之盟」、「墮三都」而立德「治國」；晚年孔子作為「集大成者」，通過「刪詩書，定禮樂，贊周易，修春秋」而立業

「平天下」，成為中華萬代師表之聖人。縱觀孔子由庶人至家臣、再由人臣至聖人的不凡身世，可說是考正「庶人」本義的明證。

反觀孔子的人生座標上，縱向以齊家、治國、平天下的生命運行軌跡來立身行道，橫向以修身的命運交響和絃來安身立命。換言之，即始作為庶人，以修身而為士；隨之作為士以賢能而為家臣，得以齊卿大夫之家；繼而作為家臣以賢能而為大夫，得以治諸侯之魯國；雖然未能作為大夫以賢德而為公卿，為天子平天下，最終卻以享有「素王」之名而為萬世開太平。概言之，所謂「自天子以至於庶人，壹是皆以修身為本」，無非修養以民為本的仁德之心。然此仁德之心，正如孟子所言：「天子不仁，不保四海；諸侯不仁，不保社稷；卿大夫不仁，不保宗廟；士庶人不仁，不保四體。」而這正是「自天子以至於庶人」孝行之所在。

總之，本章所論「庶人」，並非是指天下眾人，而是指「祖上曾闊過」而失去官爵的百姓，暨官署中從政的差役。

至於本文之所以僅言「庶人」，而未提「庶民」，誠如前文如論，儒家所宣導的禮法與孝道，旨在約束社會上層之「人」，而並非針對社會底層之「民」。統治者只有以民為本，並率先垂範，以身作則，天下生民才能安居樂業，安享太平。

二、正文經句讀解

因（用）天之道，就（分）地之利，謹身節用，以養父母，此庶人之孝也。

此句是以「也」為結尾的一般判斷句，較之「天子章」、「諸侯章」、「卿大夫章」、「士章」前四章採用揣測性判斷動詞「蓋」，構成「蓋……也」句式有所不同。本章謂語以近指代詞「此」，直接進行類別判斷。

按《古文孝經》，句首有「子曰」二字；句尾另有「曾子曰：『甚哉，孝之大也！』」尚且，此句作為此章經文而單獨成篇。

（一）「因天之道，就地之利，謹身節用，以養父母」句釋解

此句作為判斷句主語，是用「以」為關聯詞而表目的關係的複句。前分句表述盡其孝行的行為，後分句則表示達到孝道的目的。

1、「因天之道，就地之利，謹身節用」句訓釋

此句通行文本皆為「用天之道，分地之利，謹身節用」，今據《古文孝經》改作「因天之道，就地之利，謹身節用」，並逐一加以考釋。

（1）「因天之道」辨析

按《古文孝經》，句首動詞本為「因」字，表「因循」。然大多通行版本訛變為「用」，即「用天之道」。

眾所周知，「因」的本義表「原因」。就「原因」一詞而言，「原」字金文寫作，從厂（音「喊」）從泉。其部首為「厂」，像山崖岩穴之形；其偏旁為「泉」，像山崖間流淌著泉水之狀。二者合而為一，像山泉從崖壁汩汩流出之形，字義表示水之初。而「因」字甲骨文寫作或，從囗（音「圍」）從大。其外部首「囗」，像胞衣之形，中醫稱「紫河車」，西醫稱「胎

167

盤」；其內偏旁「大」表示成人。二者合而為一，其字義表示人之初。不難想見，成人每念及昔日在母體胞衣孕育之時，母親歷盡「懷胎十月，一朝分娩」的艱辛，應當知恩、感恩、報恩。因此，「原因」一詞的本義，表水之發源，人之成因。

鑒於上述，「因天之道」的「因」，名詞表示「成因」；動詞則表示「因循」。顯然，此「因天之道」句，表示因循天之道，而非「用天之道」。因此，所謂「因天之道」，無疑是指：因循自然之道。西方經濟學講「生產力」，是征服自然和改造自然的能力。中華文化講「天人合一」，人類只能順應自然和適應自然。否則，斗膽「與天鬥」，不是「其樂無窮」，而是「其災無窮」。這一點，人類早已領教到沙塵暴的無情肆虐這大自然的現世報應。

西方「十字架文化」，無法解讀東方「太極文化」，自然也就無法理解所謂的「道」。對於「道」所呈現出的「惚兮恍兮」之象，及其「恍兮惚兮」之狀，其實無非由水天相連那道「太一」線所蘊涵的「水」與「氣」。這一點，即使兩漢魏晉隋唐的鴻儒名宿，亦未識該「道」介於具象與抽象的朦朧性。於是，宋明理學僅將自然法則歸之於「道」，把主觀對客觀規律的認知歸之於「理」，而社會法則，最終歸之於「法」。

歸根結底，所謂「因天之道」，是指庶人中耕作於郊野的「野人」，他們因循春生、夏長、秋斂、冬藏的自然法則，致力於春耕、夏耨、秋收、冬藏，勤勉勞作，不誤農時。

(2)「就地之利」解析

按《古文孝經》，句首動詞本為「就」字。然後世通行版木訛變為「分」，即「分地之利」。今本「分地之利」之「分」，是指「分辨」。豈不知「地之利」，是指自然地理的優勢，無須分辨。而作為「分辨」的賓語，理應是山野田地之「優劣」。這一語病，遠不止語法方面的動賓搭配不當，而且邏輯方面亦有悖常理。

　　而「就地之利」的「就」則不然，其籀文作 。許慎在其《說文》據此釋為：「就，就高也。從京從尤。尤，異於凡也。」清人孔廣居為之注解道：「京，高丘也。古時洪水橫流，故高丘之異於凡者，人就之。」由上述可見，許、孔二氏之說自不乏其灼見。但孔氏釋「京」為「高丘」，其字形分析則與其構形完全不符。倘若求其究竟，尚待由其甲骨文結體構成來窺其全豹。

　　「就」字甲骨文寫作 （合3142），從亯（同「享」）從京。其上從 為「亯」，依據「獻於神曰亯」，像祭獻天神、先祖的高大廟宇之形；其下從 為「京」，則像九層之臺的宮殿建築之狀。二者合而為一，即表示依山而建且高低錯落的上廟宇下宮殿。從距今8000年的大地灣史前遺址來看，可由其依山而建的宮殿式基址得以驗證。

　　從「就」字上下建築高高的基址來看，旨在防禦「古時洪水橫流」。所以，當洪水鋪天蓋地席捲而來之時，人們自然就其地勢較高之處構築宗廟，以增大其生命的安全係數。「就」字本義，由此可意會：就高不就低，反映出防患於未然的危機意識。「就」作為行為動

詞，表示利用現有情況及時作出最佳選擇，進而表示把握機遇。尚且經進一步引申，亦表示時間概念的副詞，「立即」、「馬上」。

對於本章而言，所謂「就地之利」，是指就近就便，因地制宜，選擇有利於農作物或經濟作物種植的的山野川澤之地。按三國魏人王肅為《孔子家語》之注，此即依據生態環境中適宜農作物生長的五類地勢地貌：「一曰山林，二曰川澤，三曰丘陵，四曰墳衍，五曰原隰（音「席」）」。那麼，依據這五類地勢地貌，選擇適宜種植的農作物和經濟作物。

否則，盲目「與地鬥」，不是「其樂無窮」，而是「其禍無窮」。這一點，人類早已領教林木的亂砍盜伐，導致水土流失和土地沙漠化的危害，並日益遭受大自然的無情懲罰。

（3）「謹身節用」剖析

此句「謹身節用」作為成語，人人耳熟能詳。然而，當代學人大多都將「謹身」譯成「謹言慎行，便不致蒙受凌辱」；而將「節用」，譯成「節省開支，便能避免饑寒」。這樣的譯釋不免有失嚴謹而曲解原意。因為若以「謹言慎行」來論孝行，則不免與卿大夫的「非法不言，非道不行」相等同，豈非咄咄怪事？

細究庶人的「謹身」，顯然有別於與卿大夫的「謹言」。如果說卿大夫的「謹言」，由於其承上啟下的中層位置，以其貫徹力擔當著上言下達和下言上傳這雙重職責。那麼，作為身處社會基層的庶人，即使身為地方官署中差役，亦無非恭謹地做人，勤謹地做事，並以其執行力擔負著無須動口而只須動手的職責；更何況身居城中作工或經

商的「國人」，以及置身於郊野躬耕隴畝的「野人」，所從事的無不是親力親為的勞作，因而「謹言」一語無從談起。鑒於此，「謹身」之「謹」，應譯作「勤謹」，即勤勉而恭謹地工作和勞作。這樣，才能「因天之道」以順應天時，才能「就地之利」而順遂地利。

至於「謹身」之後的「節用」，又作何解呢？作為庶人，無論是地方官署中的差役，還是城中作工或經商的「國人」，抑或躬耕隴畝的「野人」，皆辛勤工作而收入微薄。居家過日子，既貴在精打細算，細水長流，切不可鋪張浪費，「有米一鍋，有柴一灶火」。概言之，庶人貴在居安思危，豐年要當歉年過，有糧常想無糧時，切不可寅吃卯糧。

本諸上述，此句「謹身節用」，當直譯為：勤謹地躬身勞作，節儉費用。只有這樣，才能還原孔子針對庶人所歸納其孝行的本意。

2. 「以養父母」句考釋

此後分句承接前文，表示達到前分句所作所為的目的。

句首「以」字，兼屬連詞和介詞。先從其表連詞的詞性來看，可譯成「為」或「為了」；再從其表介詞的詞性來講，其後省略了代詞「之」，代指前面「因天之道」、「就地之利」和「謹身節用」。其後「養父母」，是一動賓詞組，其動詞「養」為「奉養」。作為庶人，要「殫其地之出，竭其廬之入」，以此奉養父母。

(二)「此庶人之孝也」句詮解

句末「此庶人之孝也」，作為判斷句謂語，是對前面主語所論述行為進行概括性類別判斷。

句首「此」，乃指示代詞。這與前四章從天子、諸侯到卿大夫、士，句首都以「蓋」進行揣測性判斷，存在明顯差別。因為天子、諸侯、卿大夫、士的孝行外延廣大，只能以「蓋」作揣測性判斷，表示「大概是」、「或許是」。這充分說明，為政者、執政者、輔政者及從政者，他們的孝行遠不止於此。然而，唯獨本章庶人以近指代詞「此」，表明庶人的孝行僅此而已。

總之，「此庶人之孝也」句，其意是說：這是庶人的孝行。

（三）經典文句讀解

對於孝行的類別，曾子就此曾作出較明確的闡述：「孝有三，大孝尊親，其次不辱，其下能養」，同時還指出孝行的三種表現形式，「孝有三：大孝不匱，中孝用勞，小孝用力」。此二者相互補充，可謂相得益彰。

倘若詳加考究，首先當知「大孝尊親」者，明顯是指天子。因為「大孝尊親」，是同「天子章」中「愛敬盡於事親」並行不悖的。至於其「大孝不匱」，是指天子作為天下民人之子，不止盡孝於自己的父母雙親，而是「博施備物」，以使天下黎民蒼生的物質生活不匱乏為標準。

其次，當知「中孝用勞」者，當屬「勞心者治人」的諸侯卿大夫。至於他們的孝行何以「不辱」，實則是指「尊仁安義」，對外不侵略他國，以免受到戰敗的凌辱；對內不盤剝掠奪國民，以免遭到暴亂的侮辱。只有這樣，諸侯才能確保社稷，卿大夫才能守望宗廟，才能不辱沒自己的先祖。

最後，當知「小孝用力」者，當屬「勞力者治於人」的庶人。至於「其下能養」，是指士庶人因循天時，就近選擇山川的地利，以勤謹的勞作和節省不必要的花費，來贍養父母雙親。

綜上所述，本章開篇「因天之道，就地之利，謹身節用，以養父母，此庶人之孝也」，其大意是說：因循自然時令的規律，就近選擇山川的便利，勤謹地躬身耕作，節省費用，以此來奉養父母，這是庶人的孝行。

三、正文經句續解

故自天子以至於庶人，孝有（無）終始，而患不及者，未之有也。

此句除卻句首關聯詞「故」，其後以「……者，……也」句型構成的典型判斷句。其中「者」表停頓，「也」表判斷。

需要指出的是，此段文句在《古文孝經》中，以「孝平章第七」單列，尚且句首有「子曰」二字。

（一）「故自天子以至於庶人，孝有終始」句訓解

此句是以「故」為關聯詞承上啟下。對於前文針對天子、諸侯、卿大夫、士的不同孝行，進行概述性論說。

1、「故自天子以至於庶人」句解析

句首關聯詞「故」，當譯作「所以」。其後「自天子以至於庶人」，作為轉折關係複句的前分句，前面「自⋯以至⋯」，是一種特

殊的介詞結構，並以此作狀語，前置於後句「孝有終始」主謂語結構之前。

2、「孝有終始」句辨析

特別需要強調的是，此句中「孝有終始」。唐宋以來，通行文本即唐玄宗注、宋人邢昺疏的《孝經注疏》，皆為「孝無終始」。

本文之所以變「無」為「有」，首先依據清人嚴可均的觀點作出更改。他認為，《孝經》首章就載有孔子所言「始於事親……終於立身」這一文句，顯然孝行有始有終。除此之外，末篇「喪親章」亦以「生事愛敬，死事哀慼……孝子之事親終矣」作為結句。二者語義契合，前後遙相呼應，可進一步作為「孝有終始」的明證。

從孝治家國天下的踐行來看，始自天子，中於諸侯、卿大夫，終於士庶人，自上而下，上行下效，亦足見其「孝有終始」。社會等級儘管存在高低貴賤的差別，但奉親所行孝道卻不存在著差異。無論是身居高位的天子，還是躬耕田畝的庶人，對父母皆應盡心盡力，盡己所能而為之。只不過天子作為天下人之子，須孝行天下。不過，天子作為天下人之子也好，庶人作為父母之子也罷，都應知恩，感恩，報恩。因此，都要將感恩之心，化作孝道之行。

（二）「而患不及者，未之有也」句釋解

此後分句以「而」為關聯詞，在承接前分句「孝有終始」的基礎上，句式雖然表語義的轉折，但在邏輯上則一脈相承。

1、「而患不及者」讀解

句首「而」為連詞，表示「然而」。動詞「患」，表「憂患」、

「擔心」。其賓語「不及」，確切地講，當為「力所不及」。

本句關鍵字為「及」，《說文》據其小篆形體析其字形「从又从人」，並將其字義釋作「逮也」。然「及」字甲骨文寫作，現當代研契者仍因襲許慎之說，將其字形析作「从人从手」，並釋作「手逮人形」，而字義則訓作「抓住」。然而，這些解讀令人匪夷所思的是，用手逮人並非抓豬逮兔子，何以用手抓人的後腿?

詳查「及」字甲骨文形體，其所从之，當為从「尸」，而非从「人」。因為「人」字甲骨文作，像一側身站立的人躬身施肅拜之禮的形態；而「及」字甲骨文所从之，則像一人側身垂腿而坐之形。按《禮記‧禮器》所載「夏立尸而卒祭，殷坐尸」，此側身垂腿而坐之人，即殷商祭禮「坐尸」之形態。鑒於此，「及」字結體構成應為:从尸从又。

先就「及」字所从之「尸」而言，是指上古祭禮中以生者代死者受祭之人，或者說是亡靈或鬼神藉以附「尸」還魂之體。至於所从表右手之「又」，可由《禮記‧曾子問》見其端倪。其中記載了孔子回答曾子諮詢的一段話：「祭成喪必有尸，尸必以孫，孫幼則使人抱之。」這段話是說，齊備居喪的祭禮，必須有用活人裝扮鬼神的替身之尸，此尸必須以其所祭者的孫子。其孫倘若年幼，就使人抱著。由此可見，上古祭祀時，要讓孫子作為「尸」代其逝世的祖父受祭。

再就「及」字所从之來看，當表示祭禮前將年幼孫子之尸及時抱上祭壇，祭祀後將年幼孫子之尸及時抱下祭壇之手。值此，「及」之字義浮出水面，表示「及時」，或「來得及」。其引申義為「達到」，即

按照預定的時間來做某事既沒有耽誤，又沒有延誤，達到一定的要求。

反觀「患不及者」，至於具體「患」哪方面「不及者」，迄今通行版本有的釋作「擔心做不到終身行孝的人」，令人對其「終身行孝」頗為費解；亦有的譯作「孝道又是人人都做得到的，如果有人擔心做不來，做不到」，則不免給人以似是而非之感。

其實，擔心力所不及的人，無論是身居高位的天子，還是躬耕田畝的庶人，皆應對父母盡心盡力，盡己所能而為之。既不可以致力於家國天下大業為由，擔心時間或精力上不能及時盡其孝行；亦不可以致力田間耕作等事務為由，擔心物力或財力上影響及時盡其孝行。

要而言之，此「患不及者」，實則是指擔心達不到對父母「生事愛敬，死事哀感」這一基本要求。

2. 「未之有也」句析解

按文言文規則，其代詞「之」在否定句作賓語時，須前置到動詞之前。此句「未之有也」，按現代漢語規則，此即「未有之也」。其意是說：從未有過這樣的情況。

對於此句代詞「之」，按說代指對父母「生事愛敬，死事哀感」。至於物質方面的滿足，只是盡己所能而為之。

本諸上述，此句「故自天子以至於庶人，孝有終始，而患不及者，未之有也」作為結尾，其完整的釋義為：所以，從天子以降，諸侯、卿大夫、士，乃至於庶人，孝行有終結與初始，然而擔心自身能力達不到對父母「生事愛敬，死事哀感」的要求，從未有過這樣的情況。

三才章第七：

「天經地義」注疏的悖義

一、章題詞義訓解

何謂「三才」？「三才者，天地人。」提及「三才」，人們首先想到的，恐怕就是《三字經》這句耳孰能詳的名言。然追究「三才」的出處，則出自《易・說卦》：「是以立天之道，曰陰與陽；立地之道，曰柔與剛；立人之道，曰仁與義。兼三才而兩之，故易六畫而成卦。」但人們不禁要問：此「三才」之「才」，到底是什麼意思呢？豈不知這個問題，歷來付諸闕如。

探求「才」字的本義，只有解析其甲骨文結體構成，才能發現它的造字理據。「才」字甲骨文寫作 ￥，從一從屮（音「徹」），屬象形兼會意字。它由表地面的「一」與表草芽的 ￥（屮）構成。由此不難想見，初春的小草正從地下向上萌生，在地面破土而出，才冒出小草的芽尖。因此，其本義為動詞，表進行時態「正在」之「在」。後經引申，既成為時間副詞「才」，又成為名詞「初始」。所以，所謂天、地、人「三才」，實際表示天之初、地之初、人之初。

倘若進一步探究儒家天、地、人這三才之說，實則源於遠古伏羲面對大洪水過後那水天一線，以「一畫開天」肇啟華夏文明一片天。這就是天之際、水之涯水天相連那一橫畫「太一」，與其上那天之際

一橫畫「天一」，以及洪水消退後天地相接那地平線「地一」，三者合稱「三一」。後世為感恩伏羲的不世之功，便將此表天之初、地之初、水之初的「三一」奉為神明。這一點，誠如司馬遷在《史記‧封禪書》所載：「古者天子三年壹用太牢祠神三一：天一、地一、太一。」再到後來，逐漸演變為天皇、地皇、泰皇。尤其是先人出於對伏羲的無比崇拜，遂將其由「泰皇」尊奉為「東皇太一」，乃至「天帝」。值此，三一神中「太一」，由於已奉為「東皇」，便以「人」取代所缺之位，於是天、地、人「三才」應運而生。

本章之所以名為「三才」，緣於曾子在聽到孔子陳說天子、諸侯、卿大夫、士、庶人這五孝之後，不僅為之深深感歎。孔子繼而以天經、地義、人德來進行教化。所以，本「三才章」置之於「五孝」之後。

二、開篇文句解讀

曾子曰：「甚哉，孝之大也！」

本章開篇，曾參這由衷發出的慨歎，是在聽到孔子陳說天子、諸侯、卿大夫、士、庶人這五孝之後，不由自主地有感而發。

首先是「甚哉」，這是個感歎語句。「甚」為程度副詞，相當於「太」；而「哉」為語氣助詞，用在句末表感歎語氣，相當於「啊」。鑒於此，此開篇文句可直譯為——

曾子讚歎道：「太不可思議啊，孝道如此博大！」

三、正文經句剖讀

子曰：「夫孝，天之經也，地之義也，人（民）之行也。」

孔子陳述的此段話，其句式是以「夫⋯，⋯也」為關聯詞構成的無系動詞的判斷句。自唐代以來，後代學者由於將句首「夫」誤認為無實在意義的發語詞，遂將此類句式臆斷為：以「也」為句尾的判斷句。

（一）「夫孝」句分析

此「夫孝」句，為本判斷句主語。此句「夫孝」之「夫」，在承接前文情況下，作為近指代詞「此」，復指其後之「孝」，二者構成同位語。因此，「夫孝」，可直譯成：此孝道。

（二）「天之經也，地之義也，人之行也」句解析

此句，是以「也」為句尾的三大並列式謂語所構成的性質判斷句。

1、「天之經也，地之義也」句考正

本句中「天之經也，地之義也」，即成語「天經地義」的出處。此言自從漢代董仲舒其附會五行之說，後世受其影響而形成定論。引而申之，「天經地義」這一成語，基本釋解為：天地間恒久不變的常道。

倘若深究此「天之經」，天上的日月星辰，怎可有縱向之「經」？至於「地之義」，其「義」何在？

幾千年來，歷代學者對於「天之經也，地之義也」的解釋，大

都憑主觀臆斷而牽強附會。試看對「天之經」的讀解，無論鄭玄所注「春夏秋冬，物有生死，天之經也」，還是唐玄宗御注「天有常明」，抑或邢昺疏解「謂日月星辰照臨天下」，無不背離了母親先天孕育、生育而後天哺育那縱向生命之經的本義。至於「地之義」的理解，諸家無不偏離了父親後天養育、撫育及培育這默然付出猶如大地般利他的比喻義。究其所以然，關鍵在於對「天」字的理解，乖離了它的本義。

(1)「天之經也」句考釋

此句作為「夫孝」的謂語，是以「也」為句尾構成的性質判斷句。然此句的確解，尚待關鍵字「天」與「經」的索解。

首先，追溯「天」字本義，不妨從其甲骨文由「人」而「大」，乃至為「天」的形體演變過程，揭示其相互關聯的深層意蘊。

首先，就「人」字而言，本人在開講《孝經》伊始，首先著重強調，它是擁有公、侯、伯、子、男五大爵位的貴族。其甲骨文寫作𠆤，躬身曲背，前臂下垂，呈恭謹地行肅拜之禮的狀態。而「大」字甲骨文寫作大，由其正面張大四肢之形，意會其「與天地合其德，與日月合其明，與四時合其序，與鬼神合其吉凶」而擔當齊家治國平天下大任的大人。至於「天」字，其甲骨文寫作𠁡，是以正面張大四肢之人那大大的頭部，表示「天」的部位；其甲骨文異體寫作𠀒，表明「天」的確切字義，為人的頭頂部位。

人類與獸類的區別，在於從母體出生時，獸類最先產生的部位，是它突出的鼻子。所以，漢語中以此表示始祖，稱之為「鼻祖」；而

人類最先產生的部位，是新生兒的頭頂。所以，漢語中將人的頭頂骨，稱作「天靈蓋」。

鑒於「天」字揭秘，使「天生」一詞由此得以揭秘：原本是指胎兒的頭頂，即稱為「天靈蓋」的部位從母體初生。後經引申，「天生」亦指人類自母體初生之時，自身無法改變的客觀存在。

具體來說，一個人自母體初生之時，無法改變的事實：一曰性別，到底是男性，還是女性？二曰人種，到底是白種人，還是黃種人，抑或黑種人？三曰民族，到底是漢族人，還是日耳曼人，抑或猶太人？四曰國別，到底是中國人，還是美國人，抑或英國人？五曰智商，到底是聰明，還是呆傻，抑或平庸？六曰身體，到底是健全，還是殘疾？七曰相貌，到底是漂亮，還是醜陋，抑或平庸無奇？八曰家境，到底是富裕，還是貧窮？九曰居所，到底是都市，還是山鄉，抑或是江楓漁火？等等。所有這一切，既可說是「天生的」，亦可稱作「先天的」。

再就「先天」、「後天」二詞而言，人的一生，「三分天註定，七分靠打拼」。然而，此「天註定」的「天」，無非是指「先天」。現代社會有一慣用語「先天不足，後天努力」。其意無非是說，一個人來到世間，先天的不足，要靠自己後天的拼搏去彌補，靠自身後天的努力去改變。

倘若將「先天」、「天生」、「後天」這三者作一比較，「先天」表示胎兒尚未從母體分娩的過去時態，而「天生」是指胎兒從母體剛剛露出頭頂的進行時態，那麼「後天」無疑是表胎兒從母體出生

181

後哺育成長的將來時態。換個角度來講，以上對「天」所作的考正，可知母親懷胎十月，歷盡孕育胎兒那「先天」的千辛萬苦；「天生」之時，即一朝分娩，又經歷了生死「兩重天」；直至父母含辛茹苦將孩子撫養成人，分明傾注了父母對於子女的全部心血。基於此，對於父母這種先天之生與後天之養的恩德，當為「天恩」的本義。

最後，是關鍵字「經」字之詮釋。「經」字本義，尚待追溯其初文之「巠」，來揭示其結體成因。西周晚期毛公鼎上所見「經」字金文寫作 ，其上形符之 ，表示由織機上端下垂的縱向絲線；其下形符之 ，表示織機上的綜合拉杆。只須用左手拉動這一「工」字形綜合杆，經線就上下提放來接受緯線，蠶絲從而織成布帛。在這紡織的全程中，假若沒有縱向經線，橫向緯線則無從談起，而絲帛就不可能織成。因此，「經」字是指起決定作用的縱向絲線。

本諸上述，人的一生，從未出生的「先天」，到正出生的「天生」，乃至出生後的「後天」，何嘗不是由父母在人生這條縱向生命的經線裏，交織進全部的心血和汗水，從而起到決定性作用呢？作為子女，尤其是從母體出生之時，亦即從母體露頭而稱作「天生」之際，母親是以生命為代價經歷了生死「兩重天」。鑒於此，「天之經」就是以「天生」那生死兩重天為原點，前與胎兒未出生的「先天」相承接，繼而與其出生後的「後天」相連接，從而構成人生最初的一條不可或缺的縱向線段。

總之，此「天之經也」句本義，是指人的生命由「先天」至「天

生」，乃至「後天」這命運的縱向經歷。換言之，是人生由母體先天孕育到後天生育，乃至分娩後的哺育，以及後天成長中的養育和教育而起決定作用的縱向線段。

（2）「地之義也」句訓釋

所謂「地之義」，並非千百年來人們輕率猜解的「地上萬物的自然生長」，因為這種觀點過於牽強，可說跟「地之義」的「義」扯不上半點關係。

先就「地之義」的「地」而言，當新生兒出生後來到人世間，何以用成語「呱呱墜地」來表示？這個問題頗為有趣：凡胎兒在母體中「先天」未出生時，皆呈現頭向下而腳朝上的形態。不過，嬰兒向下的頭一旦出生，其形體遂在呱呱啼哭之中，完成了接生時頭朝上而腳向下「墜地」的反轉。不言而喻，「呱呱墜地」作為成語，顯然不是新生兒頭朝下墜落到地面上的呱呱啼哭，而是呱呱啼哭中小腳丫反轉後向下「接地氣」的形態。

再就「地之義」的「義」而論，從嬰兒兩個小腳丫在父親攙扶下著地的人生基點，到孩兒牽著父親的手蹣跚學步的生存起點，再從少兒束髮走進學堂的生長原點，直到男兒束冠立足天地之間撐起家國一片天的生活支點，爰至立身行道而厚德載物的生命亮點……這無數的成長之點連接成一條線，無日無夜，無不滲透著嚴父細心的養育與精心的培育；無時無處，無不傾注了父親滿腔熱血與一往深情。而為人子從呱呱墜地伊始，或者說從蹣跚學步光著的兩只小腳丫，到立身行道那匆匆而執著前行的步履，無不在父愛的大地上留下腳印一串串。

且看為人父對於兒子的付出，象大地一樣播種下「生而不有」那默默奉獻的情愫，象水流一樣流淌著「為而不恃」那潤物無聲的關愛，象廣袤的田地茁壯著那「長而不宰」的無言擔當。為了生命的延續，為人父所擔負那沉重而無形的十字架，亦即無量的社會道義。父愛如大地，這份責任擔當與使命擔負，無疑為「地之義」作了最好的詮釋。

(3) 本句經義之評述

如果說，「天之經」貫穿著慈母生育時生死兩重天之經歷，亦即新生兒由此「天生」之經過，尚且由胎兒出生前後的「先天」和「後天」，構成一條人生成長的縱向經線，那麼「地之義」則交織著嚴父自嬰兒呱呱墜地後所傾注大地一樣默默奉獻的橫向道義，乃至在父愛的大地上踐行「至德要道」的前行足跡。所以，孔子以「天經地義」的本義，不僅闡明慈母「天之經」的孕育、生育、哺育之恩，以及嚴父「地之義」的養育、教育、培育之德，而且進一步闡發了孝道文化的成因與緣起。

誰曾料想，孔子此句「天之經也，地之義也」以其語言的精萃與意蘊的深邃而流傳後世，並且以「天經地義」這一成語豐富了漢語言文化寶庫。孰料，後世竟然其衍義存而本義亡。

2. 「人之行也」句修正

此句是以「也」為句尾，構成的性質判斷句。通行版皆為「民之行也」，現校勘為「人之行也」，旨在將訛變之「民」更正為「人」。

(1) 「民之行也」訛誤之原委

此末句「人之行也」，由《孝經》通行版本「民之行也」所更正的根據是什麼呢？道理很簡單，本文章題為「三才」，而這「三才」分明是天、地、人，而決非天、地、民。

深究由「人」訛變「民」之原委，理應出自商鞅變法和秦皇的焚書。一者，商鞅所變之法，混淆了「民」與「人」的基本概念；二者，秦皇所焚之書，焚毀了《孝經》原本。即使西漢初年，無論是漢景帝時河間人顏氏父子獻出的今文《孝經》，還是漢武帝時孔壁搜出的古文《孝經》，抑或漢昭帝時魯國三老所獻《孝經》，無不經劉向「典校經籍，以顏本比古本，除其繁惑」。那麼，其文句中的「人」與「民」，難免按其個人的理解予以更易。後世注家林立，歧見紛呈，正如唐玄宗所慨歎的那樣，「《孝經》舊注，踳（同「舛」）駁尤甚」。

後世學者未識此誤，迄今仍然訛以傳訛。基於此，孔子原本所陳「三才之道」的「天之經也，地之義也，人之行也」，末句「人之行也」遂誤作「民之行也」。

（2）「人之行也」句之索解

所謂「人之行也」，其實是指「自天子以至於庶人」的孝行。無論天子、諸侯、卿大夫，還是士、庶人，無一不是父母所生所養，無一不經歷過由未出生的「先天」到剛出生的「天生」，以及已出生的「後天」這條決定胎兒「生死兩重天」的縱向線段，此即「天之經也」；無一未經歷由呱呱墜地到蹣跚學步，乃至立身行道的成長，並承受了父母那大地般博大胸懷與默默奉獻所擔當的道義，此即「地之

185

義也」。基於此，為人子者，不僅要對父母常懷知恩之情、感恩之心，更要化作報恩之行。但是，從冬溫夏清到晨省昏定的孝親，以至「立身行道」而光前裕後的孝行，其實只不過是回報父母大地一般深厚恩德於萬一。

從上述「自天子以至於庶人」的孝行來看，除了庶人中「先進於禮樂」的有識者，亦即上古喪失貴族爵位而躬耕郊野之「野人」，以「謹身節用」來孝養父母，當屬「始於事親」的小孝。其他無論是為政的天子，亦無論執政的諸侯，還是輔政的卿大夫，抑或佐政的士，都應該以「終於立身」來踐行應盡的大孝。

試看「自天子以至於庶人」的大孝之行：先看為天下人之子的天子，其大孝之行遠不止「愛敬盡於事親」，而是「德教加於百姓，形於四海」；再看為人君的諸侯，其大孝之行重在以輕徭薄賦來「和其民人」；另看為人臣的卿大夫，其大孝之行貴在以「夙夜匪懈」來勤於王政；至於為家臣的士，其大孝之行則體現在「忠順不失，以事其上」。因此，只有這樣的大孝之行，在人生這條縱向線段起點上，才無愧母親從「先天」孕育，到那生死兩重天的生育，乃至「後天」的哺育之情，更無愧父親從嬰兒呱呱墜地的撫育，到少兒「博習親師」的教育，以至男兒「知類通達」的培育之恩，尤其無愧母愛如天、父愛如地的養育之義。

總之，所謂「人之行也」，實則就是這些權高位重之人，不止報答母愛如天、父愛如地的小孝之行，貴在報效家國天下的大孝之行。

四、經典文句續解

天地之經，而人（民）是則之。則天之明，因地之利，以順天下。是以其教不肅而成，其政不嚴而治。

（一）「天地之經，而人是則之」句解析

此句是以「而」為關聯詞構成的順承關係複句。後分句「人」，通行版本皆作「民」。然顧及上下文，目的是「以順天下」，顯然非「民」之作為，因而更正為「人」。

1、「天地之經」句疏正

此句「天地之經」，係偏正結構作主語。其中心詞「經」，是指生於天地間之人，其生命縱向運行的經歷；而修飾語「天地」，無非以象徵義表示人的成長，無不生存在母愛如天、父愛如地的時空之中而已。

每個人的生命行程，無疑是一條縱向的經線。從胎兒孕育期的「先天」，到生育時的「天生」，再到哺乳期的「後天」，這一時段在生命這條縱向經線上，雖然相對短暫，卻是人生的重要開端。而從呱呱墜地的嬰兒到蹣跚學步的孩兒，以至立身行道的男兒，可說構成了人生這條縱向經線不可或缺的後續線段。如果說，母親從「先天」十月懷胎的孕育，到經歷生死兩重天的生育，乃至一朝分娩的「後天」的哺育，那麼這從孕育、生育到哺育的恩德，構成了母愛如朗朗昊天一樣的浩蕩「天恩」；那麼，父親則以呱呱墜地時的撫養，到束髮就學的的培養，直至男兒血氣方剛的教養，體現出父愛猶如博厚大

187

地一樣無私奉獻的「地義」。

鑒於上述，人從出生之「天」至立足之「地」這人生縱向經歷，是每人從生長至成長不可或缺的縱向經線，因而成為每一生命彌足珍貴的「天地之經」。

對於「天地之經」，鄭玄之注由於既以「春夏秋冬，物有死生」為「天之經」，又以「山川高下，水泉流通」為「地之義」，此句於是被訓解為「天有四時，地有高下。」顯然，「天地」原有的那種生動鮮活的象徵義，就這樣被曲解為自然界了無生氣的天時和地利。後世無論唐玄宗，還是邢昺，無不沿襲鄭說而敷衍之。

即使時至今日，大多通行文本釋此「天地之經」，仍將「天地」理解成「自然界或社會」。於是，諸學者跟著感覺走，此句遂意譯成「正確而不可改變的道理」，或臆斷為「孝道是人的一切品行中最根本的品行」。如此這般，自不免偏離了此句「天地之經」的本義，甚至與之背道而馳。

總之，母親從先天對胎兒的孕育，到生死兩重天的生育，再到後天對嬰兒的哺育，而父親從孩兒呱呱墜地的撫養，至束髮就學的培養，直至對男兒血氣方剛的教養，父母的養育在為人子的人生縱向經歷中，即「天地之經」。況且，每個人既是父母生命的延續，更是母愛之天與父愛之地這「天地之經」的不變經義。

2. 「而人是則之」句考正

此後分句是以「而」表相承關係，即連接事理上前後相因的成分。

188

此句受事主體，是指能感受父母由生而養那天恩地義恩德的為人子之「人」，而並非與之相對之「民」。其後「是則之」，屬於雙賓語結構：動詞「則」，表示「效法」；其前代詞「是」，乃賓語前置，為其間接承受事物，代指「天地之經」；其後句末代詞「之」，則為其直接承受者，即代指「父母」。

至於前置賓語之「是」，所代指的前分句「天地之經」，是說人從出生之「天」至立足之「地」的人生縱向經歷，蘊涵著象徵母愛天空般廣闊，寄寓著父愛猶如大地般博厚，所以成為「人是則之」的對象。

3. 文句考評

此句「天地之經，而人是則之」，如果設問，謂語動詞「則」的施事主體是誰，到底是「民」還是「人」，至此可說一目了然。

問題很簡單，誠如開篇章題詞義所訓解的那樣，本「三才章」的章題，即可斷定其施事者，乃天、地、人三才之「人」。否則，倘若仍以「民是則之」為準，那就不止有違本章的天地人三才，而是無法與下文「則天之明，因地之利，以順天下」句義相承接。

(二)「則天之明，因地之利，以順天下」句辨析

此句是用「以」為關聯詞的目的複句，前分句「則天之明，因地之利」，屬並列式動賓結構，表明實現大孝之行的先決條件，後分句則表示實現「以順天下」大孝之治的最終目的。

1、「則天之明，因地之利」句訓解

此句作為目的複句前分句，是以此並列式動賓結構，表明實現大孝之行而應秉承父母的行為。

對於「天」和「地」的象徵義，前面文句已全面訓解。所謂「天」，是指母親先天孕育及後天哺育的生育親情，此即「天之恩」；而「地」是指父親後天撫養及教養的生養恩德，此即「地之義」。

(1)「則天之明」句考釋

詳察前句「則天之明」之「則」，即行為動詞「效法」；而「天之明」，是指母親先天孕育與後天哺育那慈愛天性的彰明。因此，此「則天之明」，與「明明德」二者之「明」相同，無非都是彰明這天性的仁慈，並昭明百姓，協和萬邦。

(2)「因地之利」句訓釋

再看後句「因地之利」之「因」，亦為行為動詞「因循」；而「地之利」，較之《易‧乾卦‧文言》所載「利者，義之和也……利物足以和義」，足以說明父親的默然奉獻，猶如利益萬物的大地，足以成為協和萬邦之道義。

僅就「利物足以和義」來看，句首「利」字，即「有利於」；而「物」則指天下百官之人物；其中「和」為協和，句末之「義」，則指利他之道義。唐代孔穎達指出：「利物足以和義者，言君子利益萬物，使物各得其宜，足以和合於義，法天之利也。」顯然，孔氏對於「利物足以和義」之詮釋，為「因地之利」作了最好的說明。

(3) 文句訓釋之誤解

時至今日，大多學者仍然將「天之明」，看作天空中有運行規律的日月星辰；而將「地之利」，看作大地孳生萬物所供給的豐饒物

產，並且以此作為「民是則之」的理論依據。然需要指出的是，這種觀點雖過於輕率和武斷，但由來已久，尚且強行與「庶人章」中「因天之道，分地之利」相類比，豈不知此二者因終極目標的不同，決定了主體的不同。

「庶人章」的主體自不待言，「因天之道，分地之利」，目的是「以養父母」；而本「三才章」的主體不言而喻，依據「則天之明，因地之利」旨在「以順天下」，顯然指天子所為。因此，二者切不可相提並論，混為一談。

2、「以順天下」句析解

此後分句「以」為關聯詞，表示實現孝行的最終目的。「以」為介詞，其後省略代詞「之」，代指「則天之明，因地之利」。而「順天下」為動賓詞組，其動詞「順」為使動詞，意即「使……順服」。

就本句「以順天下」而言，介詞「以」意即「秉承」：其後省略代詞「之」，既指效法母愛如天那仁德之昭明，明己、明人、明蒼生；亦表因襲父愛如地那道義之利他，利家、利國、利天下。以小孝之行達到大孝之治，使天下恭順而悅服。

元代董鼎在其《孝經大義》提出：「人生天地之間，稟天地之性，如子之肖象父母也，得天之性而為慈愛，得地之性而為恭順。慈愛恭順，即所以為孝。」對於其中「稟天地之性，如子之肖象父母也」，若能將「如」改為「乃」，似乎表述更為貼切，邏輯更加周延。但不管怎樣，都從一個側面為詮釋「則天之明，因地之利」提供了令人信服的佐證。

（三）「是以其教不肅而成，其政不嚴而治」句釋解

末句以「是以」為關聯句，從教化與施政兩方面，闡釋所達到的「不肅而成」、「不嚴而治」的理想社會效果。此句直譯過來，釋義即：因此以仁德教化，不須整肅就會化成天下；以道義施政不須嚴苛，就能平治四海。

探究此概括性小結，揭開了到底是「民是則之」還是「人是則之」這塵封已久的謎底：不管是「則天之明，因地之利，以順天下」，還是「其教不肅而成，其政不嚴而治」，只能是「人是則之」。那麼，此「人」定然是天子，因為諸侯、卿大夫、士庶人豈能「以順天下」，更遑論「庶民」乎？所以，「民是則之」說，可以休矣！

五、正文經典申解

先王見教之可以化民也，是故先之以博愛，而民莫遺其親；陳之於德義，而民興行。

此句是以「是故」為關聯詞的因果複句。其結構為偏句在前、正句在後的偏正句，前分句闡明以孝教化民眾的意願，後分句則進一步闡述化民成俗的方式方法及社會收效。

1. 「先王見教之可以化民也」句解析

此前分句為主謂句，句首「先王」為主語。這一語詞，曾見諸開篇「開宗明義章」，開篇即提及「先王有聖德要道」。

所謂「先王」，前文已訓釋，是指先於孔子之前夏商周三代的禹、湯、文、武、成王、周公那些聖明的君王。其謂語「見教之可以化民也」，其中「教之」的「教」，表動詞「教導」，也就是教而導之；賓語「之」作為代詞，指代「孝道」。其後「可」為能願動詞，表「能夠」；而介賓短語「以化民」作為「可」的補語，用來補充說明以此達到的目的。至於「化民」一詞，則出自《禮記·學記》中「化民成俗」句。

就「化」字而言，其甲骨文寫作 𠤎，从人从匕，匕亦聲，屬形聲兼會意字。其左部首 亻 由側身之人昂首站立之形，表活著之生；其右偏旁 𠤎 由側身之人頭朝下之狀，表入土之死。二者合而為一，可意會人由生而死的根本性變化。引而申之，「化民成俗」這一成語，其釋義是說，教化民眾，可從根本上移風易俗，從而化成天下。

概言之，此「先王見教之可以化民也」句，其釋義是，上古聖明的君王見到以孝施教可以化育生民。

2「是故先之以博愛，而民莫遺其親；陳之以德義，而民興行」句辨析

此後分句以連詞「是故」承上啟下，其後「先之以博愛，而民莫遺其親；陳之以德義，而民興行」，這一對舉句是以「而」為連接詞構成的並列式因果關係複句。

（1）「是故先之以博愛，而民莫遺其親」句讀解

此句是以「而」為連接詞，構成的因果關係複句。前分句「先之

193

以博愛」說明條件，後分句「而民莫遺其親」表示在此條件下產生的結果。

首先，從前分句「先之以博愛」來看，句首「先」字，並非指「首先」，而是指「率先」，或解讀為「先行一步」，因為身教大於言教。此誠如孔子在《大戴禮記・子張問入官》所講：「君子欲政之速行也者，莫若以身先之也。」此話是說，賢明的人君想要政令的快速施行，莫如從自身做起而先行一步。

其實，每個統治者或領導者，須知「上行下效」這個道理，因為一個具體行動，勝過一打宣言。換言之，先王以孝化育生民而先行一步，就是以「始於孝親」這一己之「愛」，化作以「德教加於百姓」而造福天下之「博愛」。

就「愛」字而言，其甲骨文寫作 （合0627），舊所未識。其構形從心從卩（音「節」），屬會意字。按甲骨文上下結構結體上為前、下為後的構成規律，其字形象一跪坐之人將愛心由衷向前奉獻出來之形。其字義為：奉獻愛心。鑒於此，「博愛」這一語詞，又如何理解呢？

「博愛」一詞，即出自此《孝經・三才章》。按說，「博愛」這一概念未見儒家其他經典，《論語》僅有「泛愛」一詞。二者相比較，「泛愛」是指似水之仁愛，水波浩淼，廣遠泛流，橫無際涯；而「博愛」則指如地之仁愛，廣博深厚，遼遠開闊，周袤無垠。

對於「博愛」，孫中山先生曾大力宣導，他在《軍人精神教育》訓導：「博愛云者，為公愛而非私愛，即如『天下有饑者，由己

194

饑之；天下有溺者，由己溺之』之意。」除此之外，墨家講求「兼愛」，主張愛無差別等級，不分厚薄親疏。但是，不管是孔子主張的「泛愛」，還是「博愛」，抑或墨子宣導的「兼愛」，皆體現出先行者為匡扶時世奉獻其大愛之心。概言之，此「是故先之以博愛」句確切釋義是謂：因此以「博愛」率先垂範。

最後，從後分句「而民莫遺其親」來講，「而」為連接詞，表示先後二者的因果關係。句中之「民」，當譯為「生民」、「庶民」或「民眾」。其後「莫遺其親」，是指沒有誰能遺棄父母雙親。

對於句中之「民」，大多學者往往籠統地譯成「人民」，或者輕率地譯成「百姓」。然需要指出的是，前者所譯「人民」是一偏義複詞，在特定語境中，實際只表示統治階級之「人」，其後「民」並不具有實在意義，只不過起陪襯作用而已。至於後者所譯「百姓」，古代是指具有姓氏的貴族或百官，而非無有姓氏的庶民。從二者弊端來看，前者譯成「人民」，極易模糊階級的屬性；後者譯成「百姓」，容易混淆古今語詞的差別。

上述解讀，是從「是故」講起，連同其後「先之以博愛，而民莫遺其親」構成前一分句，釋義是說：因此，以「博愛」率先垂範，民眾沒有誰能遺棄自己的父母雙親。

(2)「陳之以德義，而民興行」句釋解

此句與前句對舉，依然以「而」為連接詞構成因果關係複句。前分句「陳之以德義」說明條件，後分句「而民興行」表示在此條件下產生的結果。

先解析此前分句「陳之以德義」，句首「陳」為動詞，可譯為「陳明」，意即陳述申明。而「德義」，無疑是母親生育的恩德和父親教養的情義。至於「而民興行」，其中「興」是指「興發」、「提升」；而「行」，音讀去聲xíng，是指「德行」、「品行」。

「興」字甲骨文寫作𦥔，从𠬞（音yǐ）从同，為會意字。從其結體構成來看，兩側从𠬞為「𦥑」，上从𦥑為「臼」（掬，音jū），下从𠬞為「廾」（収，音gǒng），即由上下四只手構成；其中从同為「同」，上从𦥑為「𥎆」（音wò），像打夯的器具石𥎆之形；下从口為「口」，表示打夯時呼喊號子之口；上下二者會意共同舉起石𥎆與呼喊號子相協同。鑒於此，左中右三者合而為一，此「興」表示一邊共同呼喊著打夯號子，一邊以上下四只手將石𥎆高高舉起的行為動作。

古代建築為土木工程，下面以土夯築地基與層臺，上面以木構架房屋。「九層之臺，起於壘土」，而這「壘土」即用石𥎆進行夯實。這種勞作，一般由兩個人或者四個人完成，他們一邊喊著號子，一邊將粗繩拴著的沉重石𥎆高高舉起，然後再用力將高高舉起的石𥎆重重地砸下，這個過程稱作「打夯」。

在文言文中，「興」字以打夯這種勞作，構成動詞「興起」；而打夯這種勞作稱為「興作」。再者，打夯時伴隨石𥎆高高興起，人們的情緒不禁為之昂揚，遂構成形容詞「高興」；至於奮力高舉時那情緒的激奮，又構成形容詞「興奮」。

以上通過「興」字本義的鉤沉，以及索隱出的一系列語詞，都將

有助於本章「興行」一詞的深層理解。

　　總之，此前分句釋義是說：陳明母親先天生育之恩德，以及父親後天教養之情義，而民眾就會興發博愛的品行。

六、正文結句釋解

　　先之以敬讓，而民不爭；導之以禮樂，而民和睦；示之以好惡，而民知禁。

　　作為正文的經典文句，以三個排比句作結。從文句表達的文義來看，這些排比句皆以「而」為關聯詞，構成各自表因果關係的複句。從句義來看，此句承續前文，仍舊以先王為楷模，感召統治者以身作則，有助於興發化民成俗的社會顯著成效。

　　（一）「先之以敬讓，而民不爭」句訓解

　　此句以「而」為關聯詞，構成表因果關係的複句。

　　1、「先之以敬讓」句解析

　　此句關鍵字為「敬讓」，一般多譯成「恭敬謙讓」。其實，將「敬」譯成「恭敬」尚可，但將「讓」譯成「謙讓」則不盡然。

　　從前文「天子章」來看，前者之「敬」，主要強調天子作為天下人之子，「愛敬盡於事親，而德教加於百姓，刑於四海」。顯然，這一「敬」字首先出自「事親」之心，亦即由愛而敬的心態，但這種尊敬的心態化作恭敬的形態，便稱為「孝敬」；後者之「讓」，本義是指與人無爭的「忍讓」或「退讓」，可對於「事親」，卻是不忤逆父

母意願的「孝順」之行。那麼，對於天下黎民蒼生，只能是政令方面的「退讓」，此即不與民爭而讓利於天下。

2、「而民不爭」」句辨析

此句「而民不爭」，是指生民若能得到統治者應有敬重的讓利，減輕繁苛的賦稅，減少頻仍的戰爭，民眾定然不會犯上作亂，與之進行殊死的抗爭。

據《左傳·昭公二十年》所載晏子之主張：「是以政平而不干，民無爭心。」其意是說，因此政令公平而不干預農作，民眾就無從產生抗爭的心理。換言之，老子《道德經》第三章宣稱：「不尚賢，使民不爭。」其釋義是說：不崇尚以暴力征服天下的所謂賢能之士，就使民眾不再躋身攻城掠地的爭戰。老子告誡執政者侯王的此句箴言，可為釋解本句「而民不爭」提供反向的參證。

本諸上述，此句「先之以敬讓，而民不爭」，其釋義是指：先行以恭敬之心讓利天下，民眾定然不再抗爭。

(二) 「導之以禮樂，而民和睦」句疏解

1、「導之以禮樂」句解析

從此句語法結構來看，「導之」為動賓結構，其後「以禮樂」是以介賓短語，作為「導之」的補語。

句中關鍵字首先是「導」，其金文作，從行，從首，從又，為會意字。其字形可意會以右手為彳亍在十字街口的人指明方向。其字義為「指導」。此外，其動詞詞義，尚可表示「引導」；而名詞則表示「嚮導」。

本諸上述考釋，「導之」釋義當為引導社會風氣。那麼，用什麼來引導呢？答案很簡單，「以禮樂」。按照現代漢語表述方式，將作為補語的「以禮樂」用作狀語，此即：以禮樂引導社會風氣。

禮樂文化，是華夏文明的重要組成部分。近現代大多學者對於「禮樂」，一方面將「禮」理解成「禮節規範」，另一方面將「樂」認作「音樂和舞蹈」，這就不免流於表象而失於膚淺。從「禮」來講，其外在方式為禮儀，而內在實則為禮法，屬於政治意識形態；從「樂」來論，其外在形式為「音樂和舞蹈」，而內在實質為文化教育，屬於社會意識形態。這一點，可從春秋時期的「禮崩樂壞」得以驗證。所謂「禮崩」，不是「禮節規範」崩潰，而是禮法的崩潰；而「樂壞」，亦非樂舞的敗壞，而是以「雅樂」所象徵的正統文化教育的敗壞。

中國古代的「雅樂」，是一種源於宮廷而高雅純正的音樂。而「雅樂」的教學過程，不僅貫穿著禮儀的培育，而且還滲透著禮法的教育，尤其是融入道德修養的化育。在孔子推崇的六藝「禮、樂、射、御、書、數」中，其中「樂」是不可或缺的重要環節。

孔子說：「興於詩，立於禮，成於樂。」在上古樂教文化中，是以高雅的古琴為表徵。其音量較小而音色明淨，音區低沉而風格古樸。曼妙的琴聲使人心地平和，彈奏時須沉靜內斂，不事張揚，指尖才會源源不斷迸發出高山流水的韻律。不難想見，清風朗月，琴音曠遠，一人彈奏，二三知音，琴樂的絜淨精微，樂教的廣博易樂，使人心性虛空澄明，學養溫柔敦厚，這是古代樂教所追求寧靜致遠的極致境界。

以上通過探究關鍵字「導」的字義，以及「禮樂」的詞義，進一

步感悟到先王以禮法和雅樂來引導民眾風習的深層寓意。要而言之，東方音樂此情感內斂含蓄的特色，是與西方音樂彼情感張揚宣洩的本質區別。

2、「而民和睦」句辨析

此「而民和睦」句中「和睦」一詞，出自《禮記‧禮運篇》「以睦兄弟，以和夫婦」。

在人類社會中，家庭是社會的細胞。生活之中，只有兄弟友睦，夫婦諧和，才能構成家庭的和睦；每一個家庭的和睦，才能構成社會的和諧；只有社會的和諧，才能構成禮樂教化的和美；而禮樂教化的和美，才能實現天下的和平。換言之，社會和諧的根本，來自家庭的和睦；家庭和睦的根源，來自禮樂教化的和美；禮樂教化的和美之根據，來自政教的和合。

綜上所述，此句「導之以禮樂，而民和睦」，其釋義是：以禮法雅樂導引社會風氣，那民眾就會諧和友睦。

(三)「示之以好惡，而民知禁」句讀解

1、「示之以好惡」句解析

句首「示之」為動賓結構，其後「以好惡」為介賓詞組作補語。按現代漢語語法規則，可前置改作狀語。那麼，其句式當為：以好惡示之於世。

此句關鍵字為「示」，究其釋義，無非是把有形的物什示之於人，或者以無形的思想觀念示之於世。句中「示之」之「示」，其字義當為後者。

除此「示」字之外，本句關鍵詞為「好惡」。就其釋義而言，無非是「喜好」與「厭惡」。然特別需要指明的是，「好惡」一詞的音讀，按動詞詞性讀作hàowù。對於本句「示之以好惡」，唐玄宗就此注解為：「示好以引之，示惡以止之。」這一注解釋義言簡意賅，有助於對原文加深理解，頗為難得。

但有的版本依據玄宗此注，截取文句中「示好」、「示惡」二詞，按現代漢語形容詞來理解，於是將「好惡」的音讀，標作hǎo è。那麼，句中「好惡」一詞音讀，到底讀作hàowù，還是讀作hǎo è呢？

深究句中「好惡」音讀之歧義，焦點在於是否顧及全篇上下文的內在關聯。首先要明確的一點，是此句「示之以好惡」的施動者為「先王」。其次，先王示之於世人的喜好與厭惡，定然以民為本，代表著公平和正義。進一步來說，先王立場堅定，愛憎分明，示之於民的喜好，自然是對真、善、美的謳歌與讚美；而示之於世的厭惡，必然是對假、惡、醜的鞭撻與抨擊。

鑒於上述，先王所表示的「好惡」，即其行為動詞，表示其喜好與厭惡，而決非形容詞所表善意或惡意。

2、「而民知禁」句推析

「而民知禁」之果，來自「示之以好惡」之因。孔子在《論語‧為政篇》曾指出：「道之以德齊之以禮,有恥且格。」其意是：用道德引導民眾，用禮法規範民眾，國民具有羞恥之心，尚且明辨是非。又如《道德經》第二章所言：「天下皆知美之為美，斯惡已；皆知善之為善，斯不善已。」老子此言是說，天下人都知曉美德之所以稱為

美，那醜惡隨之終止；都知曉善行之所以稱為善，那偽善定然終結。

民眾因不知禁令而觸犯禁令，乃至犯上作亂，根本原因在於統治者的為所欲為，恣意妄為，乃至胡作非為，以致混淆了善惡美醜。如《道德經》第七十五章披露的那樣：「民之難治，以其上之有為，是以難治。」老子這句至理名言，揭示了問題實質：國民之所以難於統治，關鍵由於高高在上的統治者政令繁苛的恣意妄為，所以難於統治。

總之，此「示之以好惡，而民知禁」句，其釋義為：將所喜好的善行和所厭惡的醜行明示於世間，民眾就能知曉不該觸犯禁令。

七、結尾詩文詮釋

詩云：赫赫師尹，民具爾瞻。

（一）詩句出處

此詩句，來自《詩經‧小雅‧節南山之什》。這是一首周幽王大夫斥責執政者師尹的詩，揭露了權臣的跋扈和暴虐無道，並指斥上天不公，讓奸佞之臣為害庶民，最終寄希望周王追究師尹的罪惡，任用賢人，使萬邦安居樂業。

這首詩名為《節南山》，簡稱《節》，實則乃本詩句首「節彼南山」的縮略形式。細究「節南山」含義，「節」的字義，實際與形容山勢的巀(音「節」)嶭(音「聶」)的「巀」通假；而「南山」，屬於秦嶺山脈的終南山。因此，「節南山」的釋義是：巀嶭的終南山。

（二）詩句含義解讀

詩句「赫赫師尹」，其「赫赫」為形容詞，歷來釋作「顯著盛大的樣子」。其實不然，「赫赫」原本形容火焰熾烈的狀態。如《漢書‧敘傳下》所載：「赫赫炎炎，遂焚咸陽」。後來經由「火焰熾烈」進一步引申，才表示權勢或名聲的顯赫。所以，此詩句「赫赫師尹」，無疑是以「赫赫」比喻師尹權勢之大，氣焰之盛，可謂炙手可熱。

對於「師尹」其人，據毛亨為《詩經》所作傳注，皆釋解為「大師尹氏」。後來王國維先生經過辨析，認定「師尹」為太師和史尹二人。這一說法，目前在學界基本成為定論。

其實不然，只須通覽這一詩作，就能從「尹氏大師」斷定所確指的人物，僅為單一的太師尹氏。因為全詩根本未見「史尹」這一字眼。再者，從「民具爾瞻」的「爾」來看，這一人稱代詞僅表第二人稱單數「你」，從未見到此「爾」在古漢語中表第二人稱複數「你們」的先例。尚且，詩中「師尹」若為太師和史尹二人，則當以「爾等」、「爾曹」表之。

最後，「民具爾瞻」這一詩句，是個賓語前置的倒裝句。在古漢語中，為了強調賓語「爾」，往往將其置於動詞「瞻」的前面。從字詞的訓解來看，其中「具」字，與「俱」通用，作為範圍副詞表「全」、「都」、「總」等。謂語動詞「瞻」，無非是「遠望」的意思。

概而釋之，本「三才章」結尾大意是說，《詩經》講，權勢顯赫的太師尹氏，民眾都在觀望著你的所作所為。其中寓意不言自明，民眾的眼睛是雪亮的。高高在上的統治者只有以孝親之心化作親民之行，這才符合天經地義的「人之行」。

「孝治天下」的明王喻義

一、章題字義釋解

何為「孝治」？孔子提出這一文化理念，融冶政治與倫理於一爐。如此建構，用意何在？它又具有哪些社會歷史意義呢？

（一）「孝治」理念產生的社會歷史背景

眾所周知，孔子生在「禮崩樂壞」的春秋時期。這段時期，從魯隱公元年（西元前722年）到魯哀公十四年（西元前481年），周王朝由盛轉衰，導致王室衰微，大權旁落。諸侯國之間相互殺伐，戰爭頻仍。

據史書記載，春秋歷時二百四十二年間，前後有三十六名君主被臣下或敵國斬殺，五十二個諸侯國被滅。大小戰事發生四百八十多次，諸侯的朝聘和盟會達四百五十餘次。天下大亂，生靈塗炭，何以至此？

眾所周知，時勢造英雄，但春秋時代則造就出卓然於世的「孝治」理念。

（二）由「禮治」到「孝治」的華麗轉身

處於「禮崩樂壞」的春秋時期，孔子憂心如焚，他既為黎民蒼生而憂，又為家國天下而慮。重整河山，唯有周禮。於是，孔子率領弟子周遊列國，推行其以周禮匡扶亂世的政治理想。然而，這種仁政思

想對於爭王稱霸的諸侯而言，無異於與虎謀皮。

面對四處碰壁這一殘酷的社會現實，晚年回歸魯國的孔老夫子，通過冷靜地理性思索，驀然參悟到權宜變通之法：鑒於封建制社會家國同構的政治體制，凡「臣弒其君，子弒其父」者，一旦篡位奪權，弒其君者亟待眾臣對其盡忠，無不防範重臣僭越擅權；弒其父者亟待諸子對其盡孝，無不防止其臣子犯上作亂。那麼，既然德治、禮治行不通，何妨改弦更張行孝治；既然仁義、禮義講不通，何妨改弦易轍講忠義。

當斯時也，孔子以孝治天下為主旋律，以人生「始於事親，中於事君，終於立身」的命運三部曲，交響其事親以孝、事君以忠、立身以義這政治倫理的生命樂章。值此，孔子完成了儒家思想由德治天下、禮治天下到孝治天下的華麗轉身。

二、 開篇經句解讀

子曰：昔者明王之以孝治天下也，不敢遺小國之臣，而況於公、侯、伯、子、男乎？故得萬國之歡心，以事其先王。

孔子此番話，是以「故」為關聯詞構成的因果關係複句。前分句闡發了「孝治天下」的前因，後分句闡明「孝行天下」的後果。

（一）「昔者明王之以孝治天下也，不敢遺小國之臣，而況於公、侯、伯、子、男乎？」句索解

此句是以「而」為關聯詞構成的轉折關係複句。前分句以否定形

式論述其觀點，而後分句以「況」構成反問語氣，進一步補充說明其理由。

1、「昔者明王之以孝治天下也，不敢遺小國之臣」句解析

此句是個陳述句，「昔者」係時間狀語前置；前者以主謂詞組「明王之以孝治天下也」為主語，陳明事實；後者由否定副詞「不」與「敢遺小國之臣」，構成否定性動賓詞組，亦即對主語加以陳述的謂語。

(1) 關鍵字「昔」之訓釋

此句「昔者」，是指「往昔」，表過去完成時態。「昔」字甲骨文寫作，从水从日，屬象形兼會意字。其上从，像洶湧的波濤之形：其下从，像落日之狀。可以想見：海天遼闊，日暮黃昏，一輪紅日從水面慢慢沉沒水中……此情此景，頗有白居易「一道殘陽鋪水中，半江瑟瑟半江紅」的詩意，由此可意會韶華流逝的時光。

為突出時間概念，句首「昔者」作為時間狀語，被置於主語之前。此句關鍵字「昔」，通過上述訓釋，索解出「昔者」別有寓意，此即內在遺存著「曾經擁有一段美好而難忘的輝煌時光」之意蘊。

(2) 關鍵詞「明王」之詮釋

歷代學者對於此句主語「明王」，從西漢孔安國到東漢鄭玄，直至初唐孔穎達，向來語焉不詳，付諸闕如。時至盛唐，玄宗在其御注《孝經正義》中，率先揭示「明王」為「言先代聖明之王以至德要道化人」，自不乏其灼見。但玄宗除此說之外，亦宣稱「經言『明

王』，還指首章之『先王』也。以代言之，謂之先王；以聖明言之，則為明王」，竟然將「明王」與「先王」混為一談，未能揭示「明王」具體確指何人，從而與破解這一謎題漸行漸遠。

孰料宋代邢昺在其《孝經注疏》中論及「明王」時，既主張「『明王』則聖王之稱也」，又倡言「泛指前代聖王之有德者」，尚且還認為「以聖明言之則為『明王』」。邢氏此觀點，顯然因襲唐玄宗之說，將「明王」與「聖王」相提並論，從而找不到走出迷宮的路徑。

深究此「明王」之「明」，可由《易·大畜卦·象傳》所言「輝光日新其德」得知，它既是傳承父兄文治武功的賢明，又是以孝明明德於天下的聖明，尤其意味著所開創的不世功德，如日月經天，光照天下。至於「明王」之「王」，若據唐玄宗所言「代聖明之王以至德要道化人」，當為據有王者之位而創帝者之業的執政者。這相對於先帝的賢明之王，如奉事帝堯之舜王。

鑒於上述，千古真正配稱「明王」者，惟有享有「元聖」之譽的周公一人。一者，他既以「明堂」祭祀文王，又以文王配享上帝，彰明為人子之「孝」；二者，還以輔弼武王二次征伐無道商紂，顯明為人弟之「悌」；三者，尤其作為攝政王，以輔佐成王開創「成康之治」基業，昌明為人臣之「忠」；四者，特別以其「制禮作樂」而「樂以致和」那崇德之英明，光大堯、舜、禹、湯、文、武歷代先王「盛德大業」之聖明，肇始中國封建制社會政治之文明。概而言之，所謂「明王」者，無非傳承文王以文治安邦之昭明，秉承武王以武功

定國之峻明，肇啟華夏「以孝治天下」歷史文化的不世功德之光明。

（3）「昔者明王之以孝治天下也」句解析

詳察「明王」的作為，即「以孝治天下」。對於周公，孔子在《禮記・中庸》中稱他「其達孝矣乎」，並概括其孝行為「善繼人之志，善述人之事」。其意是說，周公大概是真正通達孝道的人吧！他善於繼承其父文王的遺志，善於傳承其兄武王未竟的事業。對於周公的繼志述事，孔子將其概括為：「踐其位，行其禮，奏其樂，敬其所尊，愛其所親，事死如事生，事亡如事存，孝之至也。」

反觀周公「以孝治天下」，畢生踐行了「始於事親，中於事君，終於立身」此大孝之行。在這些不世之功中，影響極為深遠的是以「制禮作樂」昭明天下，首開中華禮治文明之先河。

三千多年來，周公作為儒學的先驅，而被尊奉為「元聖」。孔子對周公，畢生頂禮膜拜，夢寐以求。他不止以「夢周公」表達內心的仰慕，尚且以「克己復禮」為已任，致力於弘揚光大其「孝治天下」的思想，並建立健全起一整套系統的儒家理論體系。

（4）「不敢遺小國之臣」句辨析

此句關鍵字，為動詞「遺」。其金文見諸西周早期
旂鼎作𣲪，從臼（音jū）、針，從小，從辵，乃會意
字。其上從𦥑為「臼」、「針」，像雙手將所掬之針脫
落之形；其中從𡭔為「小」，其下從辵為「辵」，像走走停停之狀。
三者合而為一，表示走走停停尋覓從雙手向下脫落而遺失的小針。所以，此「遺」字本義表示「遺失」。經引申，亦表示「遺漏」或「遺

208

忘」等。

反觀句中之「遺」，是指違失禮儀的「遺禮」。而賓語「小國之臣」，意思是指小國的使臣。然而，此「小國之臣」中定語「小國」，難道是指諸侯中疆域較小的封國嗎？

西周初年，武王曾按官爵將土地分賜給諸侯。最初諸侯封地很小，公爵、侯爵百里，伯爵七十里，子爵、男爵僅有五十里。而封土不足五十里者，為諸侯附庸小國。周武王去世後，周公攝政，輔佐年幼的成王。後來管叔、蔡叔、霍叔，夥同商紂王的兒子武庚，以及東夷諸國發動了「三監之亂」。這場叛亂平定後，周公進一步擴大諸侯國的封地。諸公封地方圓五百里，諸侯封地方圓四百里，諸伯封地方圓三百里；諸子封地方圓二百里，諸男封地方圓百里。而那些封土方圓不足百里者，便成為周王室的附庸國。例如，周孝王因非子善於養馬，便將秦地（今甘肅天水一帶）封賞給他。秦非子這位始封君，因其封地秦國不超過五十里，無疑成為周王室的附庸國。

本諸上述，句中「小國之臣」的「小國」，決非諸侯中疆域較小的封國，而是附庸周王室的小國。值此，此「小國之臣」的釋義，可確指為：附屬周王室的小國使臣。

從此句「不敢遺小國之臣」，可見「明王」敬業之恭謹：連附屬周王室的小小附庸國使臣來朝見，都從不敢有一點怠慢而有違禮儀。如此心態，當然非周公莫屬。史稱，周公自言：「一沐三握髮，一飯三吐哺，猶恐失天下之士。」意思是說，周公洗一次頭，不止多次用手挽著頭髮前往迎客；用一次餐，不禁多次吐出口中飯食而忙於待

客，猶自唯恐失禮於天下賢能之士。這種以吐握之勞來禮賢下士的恭謹態度，自然體現出「敬親者，不敢慢於人」的執政素養。

2.「而況於公、侯、伯、子、男乎」句辨析

此句「而況」並非一個詞，而是兩個並列連詞。不過，前「而」字表示與前分句承接關係，而後「況」字相當於「何況」，以反問語氣表示遞進關係，旨在進層補充所說明的理由。其後「於」字，為介詞「對於」，表示前面動詞「棄」所涉及的對象，此即賓語「公、侯、伯、子、男」。顯然，此乃貴族五等爵位的簡稱。

（二）「故得萬國之歡心，以事其先王」句釋解

此句是以「故」為連詞，構成因果關係複句的後分句。在前分句闡明以孝禮敬天下的前因下，此後分句進一步闡述以孝平治天下的後果。

（1）「故得萬國之歡心」句校釋

句首「故」為連詞，意即「所以」。謂語「得」為動詞，表示「獲得」、「得到」；其後「萬國之歡心」，為偏正詞組作賓語。

對於賓語修飾語「萬國」的解讀，現當代學者皆以「萬邦」或「諸侯」釋之。於是，此「故得萬國之歡心」句遂釋作，所以得到各國諸侯的愛戴和擁護。豈不知「萬國」為借代格，除代指各諸侯國國君之外，還代指附庸周王朝諸多小國之國君。而這一點，正好與前面所論述的「小國之臣」之「小國」，得到進一步的印證。

孟子曾講過一至理名言：「愛人者，人恒愛之；敬人者，人恒敬之。」反觀「得萬國之歡心」這一回饋效應，也就是得到天下諸侯國

及其周王朝附庸國諸國君心悅誠服的擁護和愛戴，顯然緣於明王禮敬天下之人這一孝治的回報。但是，這僅僅是「以孝治天下」的孝行而已，而並非「明王」追求的「以事先王」這一孝道。那麼，這「以事先王」究竟是指什麼呢？

（2）「以事其先王」句剖釋

此句「以事先王」，「以」為介詞，表示「用」、「把」、「憑」等，後面省略了代詞「之」，即代指前句「得萬國之歡心」。在全句中，「以之」這一介賓結構，可譯作「以此」；並作為狀語，用以修飾其後動賓詞組「事其先王」。

尤為需要指明的是，此「事其先王」之「事」，表示動詞「勤事」。所謂「勤事」，是指盡心盡力於職事。如《國語·魯語上》：「夫聖王之制祀也法施於民則祀之,以死勤事則祀之。」再就「先王」一詞而言，因其為奉事的受動客體，而施動主體「明王」為周公，顯然是指已故的西伯侯文王。

這一方面，決非前文以孔子為施動主體，所論述的「禹、湯、文、武、成王、周公」那些先於他的聖明君王。基於此，本句「以事先王」的「事」，針對其施動主體為諸侯國與附庸周王朝的小國國君，而受施客體為已故先王，那麼，其具體從事的事務，並非僅指助祭，而是勤於政事，勤於王事。然唐玄宗所作御注，由於不明「明王」其身份到底為何人，以致將「先王」，輕率地譯成概念模糊的「已去世的父祖」。

毋庸置疑，「明王」正是依據「得萬國之歡心」的孝行，從而成

211

為以孝治天下的「聖德要道」。試看周公一方面創制郊外祭天的祭禮，以其始祖后稷配享；另一方面制定宗廟，祭祀上帝於明堂，亦以其父文王配享。周公作為「代聖明之王以至德要道化人」的一代「明王」，如此尊奉其先祖與先父，自然得到諸侯王心悅誠服的擁護和愛戴，於是各以其所帶貢品來助祭。另按《易‧比卦‧象辭》載：「先王以建萬國，親諸侯。」那麼，諸侯王與周王室附庸國等國君所奉事的「先王」，自然是指文王姬昌。

（三）開篇文句譯解

開篇這段文句，其釋義是說：往昔，明王周公以孝道平治天下，連附屬周王室的小國使臣都不敢絲毫怠慢而有失禮節，尚且何況對待那些具有公、侯、伯、子、男這些擁有五等爵位的諸侯王呢？所以獲得天下諸侯的擁護和愛戴，皆以其勤於政事、勤於王事來事奉他們的先王。

三、中篇經句解讀

治國者，不敢侮於鰥寡，而況於士民乎？故得百姓之歡心，以事其先君。

此句句式結構如上，亦以「故」為關聯詞構成因果關係複句。前分句表述前因，後分句表明由此產生的效果。

（一）「治國者，不敢侮於鰥寡，而況於士民乎」句解析

此前分句，以「而」為關聯詞構成轉折關係複句。尤其是前分句

以否定形式論述其觀點，而後分句以「況」構成反問語氣，進一步補充說明其理由。

1、「治國者，不敢侮於鰥寡」句訓解

此前分句，是以否定副詞「不」構成的否定句。

（1）「治國者」句分析

先看主語「治國者」，自從漢代鄭玄斷定為「諸侯也」，再至唐玄宗依據鄭說而形成定論，以致後世學者均將「治國者」等同於「諸侯王」。

其實不然。此「治國者」，當為輔佐侯王治理其封國的大夫。因為邦國的受封者雖然為侯王，但作為封國的領主，只能是執政者，因為直接安邦定國的是大夫。所以，大夫是以輔政者的身份，成為真正的「治國者」。

另從句中主體的社會地位來看，若按業已形成的定論，「治國者」為「諸侯」，那麼諸侯王所面對低於他的社會階層，定然是大夫。如果是這樣，這以反問語氣補充說明理由的「何況」對象，何以為「士民」，而不是「卿大夫」？相反，此「治國者」只有確定為大夫，所面對低於他的社會階層，才能與「士民」相符。所以，只有這樣，上下文才順理成章。

（2）「不敢侮於鰥寡」句解析

再看謂語「不敢侮於鰥寡」，這是以否定副詞「不」構成的否定句。此「不」與動詞「敢」構成偏正式否定結構「不敢」。其確切意思是，從不敢於做有違良知的事。其後「侮於鰥寡」，意即對於年老

213

無妻的鰥夫與年老無夫的寡婦欺侮。這是一動補結構，作句中謂語動詞「敢」的賓語。所以，此否定句釋義是說，從不敢於欺侮那些鰥夫和寡婦。

古今凡力圖否定的事情，往往是社會普遍存在，而且正在氾濫著的現象。殷商末期，紂王不止以嗜殺殘暴地濫施酷刑，尚且以貪婪瘋狂地開疆拓土，於是曠日持久地發動了征伐東夷的戰爭。戰爭的殘酷和持久，人口勢必大量減員，這是導致「鰥寡孤獨廢疾者」急遽遞增的特定社會背景。除此之外，商紂的橫徵暴斂，「暴殄天物，害虐烝民」，自然以強徵捐稅而殃及鰥夫寡婦。這類敲骨吸髓式搜刮，剝奪了他們聊以為生的資產，致使這些煢煢孑立而風燭殘年的鰥寡老人，進一步雪上加霜。那麼，此句「不敢侮於鰥寡」的背後，則是商王朝無不侮於鰥寡這一暴虐無道的社會現實。

當斯時也，身為卿大夫的周公，曾兩次輔佐武王發兵伐紂。首次「八百諸侯會孟津」，當千舟競發之際，發現商軍早已森嚴壁壘，自感滅商時機未到，遂引兵西還，不戰而退。兩年後，孟津再次會師，武王率盟軍經過決定性的牧野之戰，只用一天就佔領了朝歌，敲響了商紂的喪鐘。反觀前者不敢貿然發動進攻，以及後者一戰即勝，不僅避免無數士兵不必要的傷亡，同時也從根本上避免更多不幸的「鰥寡孤獨廢疾者」產生。這一悲天憫人的情懷，可說為此句「不敢侮於鰥寡」作了最好的注腳。

作為輔佐諸侯王的「治國者」，卿大夫所關注的應是這些無依無靠的鰥寡老人。此句「不敢侮於鰥寡」，以「不敢」表示「從不敢

於」。這不僅深層反映了主張仁政、宣導和平的反戰思想，同時還體現出關注社會弱勢群體、反對橫徵暴斂這以民為本的輔政理念。

2、「而況於士民乎」句釋解

此句是以「而」作為連詞而表語氣轉折的疑問句。其後「況」，表反問語義「何況」。最後「於士民」為介賓短語，是指：對於士人與庶民。其實，這士人與庶民，誠如上面所論，其中理應包括庶人，即相對於卿大夫以下的社會「士人」基層至「庶民」底層。

(二)「故得百姓之歡心，以事其先君」句剖析

1、「故得百姓之歡心」句分解

此句關鍵詞，首先是「百姓」。究其出處，則見諸《尚書·堯典》中「平章百姓，百姓昭明」。此語是說，公平彰顯百官，百官的正義就會象透過雲層的陽光，放射其光明。對此，孔傳為之注解道：「百姓百官。」而清代孫星衍《尚書今古文注疏》徵引「周語富辰曰：「百姓兆民」時疏正為：「百姓百官也；官有世功，受氏姓也」。顯然，「百姓」是先秦諸多貴族之「姓」的統稱,秦漢以後才逐漸演化為社會中的平民。現今有的學者未諳「百姓」一詞古今詞義的衍變，仍將其直譯，則不免錯譯一詞，謬之千里。

此句關鍵詞，其次是「歡心」。究其詞意，是指欣喜歡樂。如《禮記·曲禮上》：「君子不盡人之歡，不竭人之忠，以全交也。」其意是說，賢明的人君，從不迫使人臣強顏裝歡，從不強求人臣竭誠效忠，以此保全君臣之交。

2、「以事其先君」句析解

215

句首「以」為介詞，表示「用」；後面省略了代詞「之」，即代指前句「得百姓之歡心」。在全句中，「以之」這一介賓結構，可譯作「以此」；並作為狀語，用以修飾其後動賓詞組「事先君」。

對於「事先王」之「事」，是指動詞「勤事」，表盡心竭力於王政。句中「先君」，歷來語焉不詳，當今有學者解讀為「諸侯已故的父祖」。其實不然，周公作為「代聖明之王以至德要道化人」的「明王」，兩次輔佐其兄姬發東伐紂王。而姬發在未取得天下之前，仍為繼任西伯而為國君。當斯時也，相對於周公而言，其兄姬發即此句的「先君」。因此，「先君」確切的說，因其為奉事的受動客體，而施動主體「明王」為周公，顯然是指其已故的王兄武王姬發。

（三）本段經典譯解

本段文句，其釋義是說：以孝治國的明王，從不敢於以強徵捐稅來欺侮鰥夫寡婦，更何況對於士人與庶民呢？所以，得到百官心悅誠服的擁戴和支持，各以其勤政王業的行動來奉事先君姬發。

四、中篇經文續解

治家者，不敢失於臣妾，而況於妻子乎？故得人之歡心，以事其親。

此句句式結構如上，亦以「故」為關聯詞構成因果關係複句。

（一）「治家者，不敢失於臣妾，而況於妻子乎」句讀解

此轉折關係複句，以「況」構成反問句式，來表達肯定的觀點。

1、「治家者」句分析

此句「治家者」，是指輔助卿大夫受封采邑之「家」的人。確切的說，是身為家士而治家理政的家宰。

學人周知，卿大夫作為采邑的受封者，僅僅是封邑的家主。他們要全身心輔弼天子平治天下，或輔佐諸侯安邦治國。所以，相對自家封邑而言，只是為政者，而非執政者。例如，武王把周王朝的龍興之地周原（陝西歧山）封給姬旦做采邑，並且以其公爵，而世稱周公。但周公身在鎬京（西安市長安區）無論周初輔弼武王，還是爾後輔佐成王，其采邑「周南」只能交由家宰打理。但令人不無遺憾的是，自從漢代鄭玄將「治家者」臆斷為「卿大夫」，後世即使唐玄宗亦不免因襲其說。那麼，鄭說遂被奉為金科玉律，致使迄今作為定論而無人置疑。

其實不然。封建制社會，為政者作為封地的領主，並不親自執政，而轉由臣子進行管理。而執政者作為臣屬，其社會身份歷來隨著所治理封地的不同，而擁有不同的社會地位，以及具有不同的稱謂。概括起來，身處宮廷之中，輔弼天子平治天下的執政者，即身為元士的「大臣」；身處諸侯之封國，輔佐侯王治國的執政者，即身為國士的「人臣」；身處卿大夫之家邑，輔助卿大夫治家的執政者，即身為家士的「家臣」。

先看所謂「家臣」，當為卿大夫臣屬的總稱。具體來說，卿大夫作為所封家邑的領主，稱為「家長」、「家主」，如魯國正卿季平子在其分封的平邑，即為家主。對於總管卿大夫家政事務的管家，稱作

217

「家宰」。如孔子的弟子子路、仲弓，就曾任魯國正卿季氏的家宰。家邑下屬若干附邑，對於這些分管附邑政務的官長，稱為「家人」。如孔子的父親叔梁紇曾任鄹（音「鄒」）邑之長，因而稱作「鄹人紇」。而孔子因此被稱為「鄹人之子」。至於隸屬於家臣的小吏，當稱為「家庸」。如孔子年輕時曾從事畜牧的「乘田」與倉庫的「委吏」。

概而言之，本句主語「治家者」，當為輔助卿大夫治理其家邑的「家宰」。

2. 「不敢失於臣妾」句解析

此句作為謂語，是以否定副詞「不」構成的否定句。

(1) 關鍵字「臣」析解

基於主語「治家者」經上述考釋，已明確其爵位為家士，其官職係輔助卿大夫治其家邑的家臣。那麼，此「治家者」所敬重的底線「臣妾」，具體確指何許人呢？

詳察句中「臣妾」，前者之「臣」，決非輔助卿大夫治其家邑的家臣，或者說身為「治家者」主體的自身，而理應是協助「家臣」打理家政事務的「家庸」。

(2) 關鍵字「妾」索解

後者之「妾」，歷來被看作中國男權社會一妻多妾制的產物，或者說低於正妻的女性配偶。其實並非如此，此字造字理據尚待深入考究。

對於「妾」字，《說文》釋其曰：「有辠（「罪」本字）女子，

218

給事之得接於君者。从辛（歷來音讀qiān，誤釋「愆」，實則「言」省文），从女。許慎據「妾」小篆膚訓解，將其上所从之「辛」，同「罪」本字「辠」下部所从之「辛」相混同。於是，「妾」被曲解為「有辠女子」。然令人不解的是，此「妾」既然「有罪」，豈可以貴族未嫁女兒所稱「女子」而稱之？又豈能形成奉事君王的「女奴」命運共同體，更何況皆能「接於君」呢？

殷墟甲骨文儘管面世已達百廿年之多，大多研契學者因襲許氏「有罪」說而盡情揮發。其中頗具代表性的，當屬郭沫若鑒於許說之見解。他將「辛」臆斷為以木匠雕琢工具「剞劂」（音「機厥|」），豈不知「剞」為半圓式刻刀，「劂」為半圓式木鑿。其他研契學者秉持郭說，進而斷言「辛」為斷頭梟首的「刑刀」。於是，此「妾」不僅曲解為採用「剞劂」或「刑刀」在額頭上施以黥刑，而且還被附會成所謂「奴隸制社會」殘殺女奴的罪證。

孰料時至西元1976年，河南安陽小屯村西北發掘出土的婦好墓，為揭開此「妾」結體構成之謎帶來契機。其墓主人「婦好」，就是三千多年前商王武丁的王后。殷墟甲骨文中，記載了這位能征善戰的女英雄，攻克了周邊諸多方國，可稱作史載最早的女政治家和軍事家。然彌足珍貴的是，婦好雖貴為堂堂王后，但不止商王稱她為妾，她亦自稱為妾。況且，甲骨文「妾」與「妻」同義，皆為殷商王后。那麼，婦好還原了「妾」身為王后的本義，這從根本上顛覆了幾千年來的舊有定論。

「妾」字甲骨文作 ，从女，从言省，屬會意字。其上所从之

∇，此形符舊所未識。其實，此形符即「言」（或「音」）字甲骨文去「口」之省體，並形成固定表語言或音聲的構件。甲骨文中，以此構件形成表發言或發音的文字有兩類：一是人物，表示由人發出的語言，如（講）、（喊）、（妾）、（童）、（商）、（僕）、（師）等；二是動物，表示由鳥獸發出的音聲，如（龍）、（鸞）、（鳳）等。概而言之，此表音聲構件之∇，其楷文為「辛」，但其字音誤讀「愆」，實則當更正為「言」或「音」。

反觀「妾」字甲骨文，其上从▼為「言」省文，像發號施令之形；其下从為「女」，表跪坐的貴族女性。二者合而為一，即身為王后之「妾」，正輕啟朱唇，發號施令，展示出一派威儀天下的尊貴形象；其字義即發號施令的王后。

妾作為殷商王后,其身份至西周開始降尊紆貴，尚且屈居王后以下宮妃之行列。且看《禮記・曲禮下》記述：「天子有后，有夫人，有世婦，有嬪，有妻，有妾。」顯然，妾的名份，至此已屈居於妻之後。隨之而來的是，「妾」不知何故，竟然淡出了天子與侯王的視野，僅僅駐足於大夫與士這一階層：天子一后、三夫人、九嬪、二十七世婦、八十一御妻，諸侯一夫人、二世婦、六妻，大夫一妻二妾，士一妻一妾，庶人一妻。

不料春秋時代「禮崩樂壞」，貴族基層的士大夫掀去了貴族原有那溫文爾雅的面紗，不再按規矩出牌。《禮記・內則》所載「聘則為妻，奔則為妾」，是指依禮聘娶的為妻，非禮私奔的為妾。然所謂

「非禮私奔」是說，士大夫階層除了依禮聘娶妻子之外，尚可進一步開放搞活。久而久之，整個社會逐漸形成以妻為正室、以妾為側室的狀況，最後形成一妻多妾制。

自西漢以降，歷代學者對於「妻妾」的認識，往往因襲西漢戴聖《禮記・內則》「聘則為妻，奔則為妾」之說，而將「妻妾」理解為：依禮聘娶的為妻，非禮私奔的為妾。豈不知這一觀點，反映的僅僅是春秋戰國時代的社會現象。因此，這既與殷商契文「妾妻」相悖，亦與《周禮》「妻妾」不符，更與後世「正妻侍妾」的理解大相徑庭。

孰料現當代大多學者一方面受戴氏「奔則為妾」說影響，而將「妾」字甲骨文从女、从言省之，附會許氏「有罪」說，因而背離了殷商王朝妾為王后的社會歷史現象；另一方面受西方文化的影響，迄今仍沉陷在一夫多妻制的泥淖而尚未自拔，進而偏離了兩漢以降中國社會一妻多妾制的歷史現實。

另就中國古代社會的妻妾制而言，雖說古代史不存在所謂一夫多妻制，孰料近代史上的天平天國，「天王」洪秀全即破此天荒。據沈懋良《江南春夢庵隨筆》記載，「天王」的後宮佳麗多達一千一百六十九人，況且正式編號八十八人統稱為妻，並按數字編號予以侍寢。這不僅填補了中國一夫多妻制的空白，而且還以數位化管理創世界之最。

3. 「而況於妻子乎」句分析

後分句「而況於妻子乎」，是一疑問句。除句首「而」為連詞之外，其後「況於」，表示「何況對於」。

此句關鍵字為「妻子」，它並非現代漢語所指作為丈夫配偶的「妻子」，而是從治家理政的家宰來看，家君之妻，與家君之子。因為治理大夫家邑的家宰，面對家君「一妻二妾」的法定編制，自然知道如何正確對待二者關係。詳述之，從大夫的角度來看，對於私奔的「二妾」儘管寵愛，但耳鬢廝磨日久，不免喜新而厭舊，進而失寵淪為侍妾。因為相對於正室之「妻」，畢竟為側室。比較二者敬重度，定然妻前而妾後。但從家宰角度來講，比較家臣與侍妾二者的重視度，顯然臣前而妾後。

就家宰的齊家理政而言，鑒於家邑遠近親疏的關係，其「不敢失於臣妾」中的「失」，值得認真推敲一下。如果說，前者「治天下者」，其後「不敢遺小國之臣」，其動詞「遺」為有違禮儀的「失禮」；其後「治國者」，其後「不敢侮於鰥寡」，其動詞「侮」為有違禮敬的「失敬」；那麼，此句「治家者」，其後「不敢失」之「失」，無非指有失公正的「失義」。至於介賓結構「於臣妾」，其介詞「於」，表示凸顯關係的「連」，或表「甚而至於」；而賓語「臣妾」，無非是「家臣」和「侍妾」而已。

細察「不敢失於臣妾，而況於妻子乎」這一複句，其意是說，就連對家臣和侍妾失義都不敢，更何況對於元妻和兒子呢？這種逆向表達方式，是個常見的反逼性遞進句，其特點是「以疏證親」，「以遠證近」。前分句用對待「家君」關係較疏遠的臣屬和侍妾都不有失道義，反證後分句與其關係最親近的元妻和兒子更不可能有失道義。

2「故得人之歡心，以事其親」句釋解

222

此後分句是以「故」為關聯詞，承接前分句所論述的情況，進一步闡明所應取得的成效。

(1)「故得人之歡心」句解析

此句關鍵字為「人」。那麼，此「人」究竟何許人也？

前句主語「治家者」經過深層索隱，已知所治之「家」，乃大夫之家邑。但家邑的治家理政，並非由身為家君的大夫親力親為，而是交由主管家政的佐政者「家宰」。那麼，這位家宰由於「忠順不失」，連家臣、侍妾尚且從不敢有失正義，更何況對他的元妻和兒子，所以才贏得「家君」的歡悅舒心。顯然，此「人」無非家邑主人，即身為大夫的家君而已。

(2)「以事其親」句辨析

作為「治家者」的家宰，只有以「齊治均平」的賢能，贏得家君的歡悅舒心，才能「保其祿位」，從而盡到事奉父母的孝心。那麼，此句意即：以此事奉自己的父母雙親。

3. 本段文句譯解

縱觀此段經典文句，其釋義是說：治理大夫家邑的家宰，連家臣、侍妾從不敢於有失道義，更何況對其家君的元妻和兒子呢？所以贏得主人的歡悅舒心，以此事奉自己的父母雙親。

五、經典文句終解

夫然，故生則親安之，祭則鬼享之。是以天下和平，災害不生，禍亂不作，故明王之以孝治天下也如此。

此兩段話句式，是用「是以」為關聯詞，構成並列的遞進式因果關係複句。

（一）「夫然，故生則親安之，祭則鬼享之」句解析

此句是以「故」為關聯詞構成的因果關係複句。

1、「夫然」句釋解

句首「夫然」的「夫」，為近指代詞「這」；其後助詞「然」，表示狀態，意為「……的樣子」。因此，此「夫然」承接上文，是指「這樣」，或「那麼」。

2、「故生則親安之，祭則鬼享之」句辨解

此後分句以「故」為關聯詞承上啟下，其上承接「夫然」，表示此前明王「以孝治天下」，以及「治國」、「治家」的孝行，達到其下對先王至親盡其孝道的結果。其後「生則親安之，祭則鬼享之」，是一對舉句，簡單扼要地闡明對於尊親生前死後所應盡的孝行。

（1）「故生則親安之」句考析

先從「生則親安之」來看，當下有學者釋解為：尊親在世的時候，就能讓雙親過著安寧的生活。可問題是，如何讓尊親的心靈為之安寧？

句首「生」字，是指尊親「生前」。那麼，如何解讀這個「生」字呢？因為對尊親生前之「生」的解讀，既指尊親年富力強而身體硬朗之日，亦指尊親遲暮而身體孱弱之時，以及病臥床榻而氣息奄奄之際。但問題是，尊親無論健在，還是臨終，為人子者，如何使其「親安之」？這是有待深入探討的問題。

《大戴禮記·曾子大孝》謂：「養可能也，敬為難；敬可能也，安為難；安可能也,久為難；久可能也，卒為難。」曾子論孝，在秉承了孔子的孝道觀時，發展為「養、敬、安、久、卒」此五大孝行，要求做到：養而能敬，敬而能安，安而能久，久而能卒。由此不難發現，此「安」之前的「養」和「敬」，即尊親健在之時，以物質的贍養與精神的愛敬這兩方面使之安心；之後的「久」和「卒」，則是尊親久病床榻時日的不失愛敬，尤其病危彌留之際的臨終關懷，給予至親那心靈的慰藉與安寧。

活著，是一個永恆且沉重的話題。家家有老人，人人都會老。當黃昏轉瞬即逝，黑夜從天而降，生命跳躍著微弱的火苗，燃燒著夕陽中默默的禱告。但，是否每位兒女的心靈，敲打著深度的叩問：如何給親人臨終的關懷？如何給予最後唯一能給予的安寧溫馨，作別人生終結的一刻？

佛祖釋迦牟尼明察了人世的生老病死之苦，才產生以徹悟解脫眾生苦諦之發心。而孔子洞察了人間的生老病死之苦，才萌發以孝道釋解人世苦難之初心。二位先哲異曲而同工，但佛祖是以宗教儀軌，通過內心反省而力求「放得下」，來解脫自身的生死煩惱；而夫子是以孝道說教，經過捫心自省而力爭「拿得起」，並以「仰不愧於天，俯不怍於人」這問心無愧的道德完滿，來了卻尊親的生死煩惱。

倘若深層探討如何「親安之」，只需回顧一下《孝經》首篇「開宗明義章」,即可發現從「身體髮膚，不敢毀傷」，到「立身行道，揚名於後世」，夫子早已指明為人子以小孝做人，以大孝處世，這真正

使「親安之」的內在涵義。

(2)「祭則鬼享之」句解析

再從「祭則鬼享之」來講，句首「祭」字，是指為尊親「死後」舉行的祭祀。

首先，就此「祭」字而言，前文從其甲骨文所作之𥫱，已考釋其字形像手持剛宰殺而滴著血的牲肉之形，大有原始先民撕裂牲體那「捭（音「瓣」）豚」的意味。後至夏商兩代供「鬼享之」所敬獻的祭牲，改換為牛或牛犢。概言之，此即古文言文所稱毛色純正為「犧」、牲體完備為「牲」的「犧牲」。再至周代祭典用牲，誠如《國語·楚語上》所載：「祭典有之曰：國君有牛享，大夫有羊饋，士有豚犬之奠，庶人有魚炙之薦。」

其次，句中「鬼」字，為此句關鍵字。只有厘清什麼是「鬼」，才能解讀如何「鬼享之」。

上古先民觀念的「鬼」，是指回歸天地自然之人。《禮記·祭義》認為：「眾生必死，死必歸土，此謂之鬼。」此句釋解，可謂言簡意賅：天下芸芸眾生，必有一死，死後必然回歸土地，由此稱之為「鬼」。

《說文》釋曰：「鬼，人所歸為鬼。從人，象鬼頭。鬼陰氣賊害，從厶。」許慎釋其字義「人所歸為鬼」，自不乏其灼見；但囿於小篆解析字形，不免存在其局限性而有失確切。

「鬼」字甲骨文寫作𤳞，其上從田為「魌」，像先民跳儺時頭上所戴面具之「魌」；其下從𠂣為儿，即側身之人。二者合而為一，表示遠古先民戴著魌頭，以跳

226

跟而舞與回歸自然的親人辭別。

再就「鬼」字楷文而言，其上所從之「甶」（音「符」），顯然由甲骨文其上所從 ⊕ 訛變而來，徐中舒先生稱之為「巨首之異物」。對於此似「田」而非「甶」的構件之 ⊕，歷來語焉不詳。其實，它既非許慎所言之「鬼頭」，亦非有些人認為的「可怕的腦袋」，以及徐氏所謂「巨首之異物」，實則為儺面具之「魁」。

基於「鬼」之甲骨文 ，不難想見：遠古先民戴著魁頭，為回歸自然的已故親人，圍著篝火跳跟而舞，一邊擊打著手掌，一邊呼喊著「邪乎」，以此為死者驅逐周邊的厲鬼。

孰料世事無常，上古原本表親人死後回歸自然，而為之跳跟而舞之「鬼」。後至兩漢隨著佛教文化的傳入，遂產生天堂和地獄概念。尤其是源於婆羅門教的「六道輪迴」中的地獄道和餓鬼道，不僅以其陰森恐怖氛圍帶來心靈的震撼，尚且以其猙獰面目造成強烈的視覺衝擊。在此社會背景下，中華傳統文化中的「人鬼」，不得已完成了向惡鬼的猙獰轉身。

最後，鑒於「鬼」字釋義析形已昭然，那麼，祭祀又如何使人鬼「享之」呢？此問題的解答，尚須鉤沉「鬼享之」之「享」甲骨文結體構成那久已湮滅的成因。

「享」字，古字寫作「亯」，其甲骨文寫作 或 ，像下有石礎的神主之形，表示用祭物進獻給人鬼的神位，以使祖先歆享。如《尚書‧盤庚上》：「茲予大享於先王。」其意是說，現在我舉行盛大的祭禮，讓先王享受祭品之歆香。

227

反觀「祭則鬼享之」，就敬獻的祭品而言，雖說是牛、羊、豬、犬、魚這五牲，但供「鬼享之」所敬獻的最高規格祭品，無疑是五牲之首的「牛」，此即所謂「牛享」。鑒於此，「享」之本初字義，當為天子、侯王祭天、祭地、祭祖時，以牛或牛犢作為敬獻給鬼神而享用的祭品。換言之，「鬼享之」不是食用牲體之肉，而是「享用」祭品向上發散的歆香。當然，除了享用牛、羊、豕的肉香，還要享用鬱鬯（音「暢」）酒的酒香。什麼是鬱鬯酒？這是以一種稱作「秬」（音「巨」）的黑黍為原料，和另一種叫作「鬯」的郁金草釀製而成的佳釀。再者，亦指享用以艾蒿、澤蘭、蕙草製作的焚香。

古人認為，家祭時敬獻的那些祭牲，祈福時牲體的歆香可直通祖先的神靈。待到祖先享用過祭肉的歆香之後，便稱為「胙肉」。但這些胙肉因寄寓了祖先的福祐，從而又稱作「福肉」。祭祀完畢，這些胙肉遂由主祭的人分給人臣或家臣，被理解為祖先對子孫的賜福和庇祐。這種胙肉的分取，簡稱為「分胙」。而分得祖先已享用的胙肉，遂承受到所賜的福氣。通過此番索隱，可鉤沉出「享用」、「享受」、「分享」這些同源詞的出處。

以上通過對「祭則鬼享之」的深入探討，可見家宰這位「治家者」不僅憑著對於家邑任何人不失信義的口碑，贏得其家主的「歡心」，而且以此「忠順不失，以事其上」的孝道，達到「守其祭祀」這一為士者既定的孝行目標。僅此而言，將本章「治家者」的身份認定為爵位為士的「家宰」，無疑是正確的，因為這位「治家者」的孝行，可與前文「士孝章」所言士之孝道相互印證。值此，唐玄宗所斷

言的「治家，謂卿大夫」，可以休矣！

總之，此「夫然，故生則親安之，祭則鬼享之」句，其釋義是說：那樣，所以生前健在時，要使尊親生活得安寧；死後祭祀時，就要讓歸去的人鬼享受歆香。

（二）「是以天下和平，災害不生，禍亂不作，故明王之以孝治天下也如此」句辨析

此句以「故」為關聯詞，構成因果關係複句；而句首「是以」則表明以此句與前複句，一併構成遞進因果關係複句

1、「是以天下和平，災害不生，禍亂不作」句解析

縱觀前文，明王以孝輔弼天子治天下，上行而下效，從卿大夫以孝輔佐諸侯治國，到家士以孝輔助卿大夫治家，各得其所，成效卓著。其總體收效，即此句以關聯詞「是以」概括的三大成效：「天下和平，災害不生，禍亂不作」。那麼，這三大成效如何理解呢？

值此需要提出的是，前面所論述的「治天下者」為明王，「治國者」為卿大夫，而「治家者」為家士，無一不是執政身份輔佐家國天下的為政者之所為。但「天下和平，災害不生，禍亂不作」，則進一步表明：明王以孝明明德於天下所彰明的成效。

（1）「天下和平」句讀解

從「天下和平」來看，當為天子的孝行。這既意味著普天之下，萬邦協和，四海升平，又意味著消弭了戰爭的殺戮，告別了征戰的血腥，還意味著「偃武修文，歸馬於華山之陽，放牛於桃林之野」。

漢字的「和」，初文為「龢」。對於此「龢」，《說文》釋曰：

229

「調也。从龠，禾聲。讀與和同。」由此可見，許慎囿於小篆訓解其為「从龠，禾聲」，後世學者無不因襲許說，將左邊形旁之「龠」解讀成「像一排竹管合拼而成的樂器，是笙和簫之類的吹奏樂器」；對於右邊之「禾」，皆斷言「表示讀音」。於是，想見「樂器一齊吹奏，聲音悅耳動聽，顯得很調和、和諧」。於是，「龢」字本義遂釋為「是指樂聲調和、和諧」。

其實並非如此。從「龢」字甲骨文來看，其結體構成為龠，从Ａ、冊，从禾，禾亦聲，屬形聲兼會意字。其左形旁為龠，其上之「Ａ」為「廬」，像廬舍之形；其下之冊為「冊」，像以竹片編連簡冊之狀，而決非所謂「排簫」。其右偏旁為禾，其根部那自左上向右下那一畫，表示禾粟已然收割。顯然，此表已收割之禾，較之「禾」字甲骨文未收割之禾不同。那麼，此「龢」字甲骨文右偏旁之「禾」，遠不止為聲旁，尚且兼形旁。

通過以上索隱，「龢」之甲骨文龠，其結體可會意先民收割完禾粟，先賢在廬舍中以簡冊制定禮法，即含有「倉廩實而知禮節」之意蘊。後至金文演變為龢，無非在廬舍之下、簡冊之上增添了二口之「吅」（音「宣」）；而小篆進一步演變為龢，只不過在金文增添二口之「吅」基礎上再加一「口」，以表示眾口議政之和諧。至於後起字「和」，可見諸戰國古鉥（同「璽」）之和。

反觀「龢」、「和」二字，雖然結體有所差別，但構造理據頗有異曲同工之妙。前者「龢」字甲骨文之龠，表明天下萬邦的協和，在於既要以禾粟象徵物質文明的需用，亦要以簡冊代指精神文明的需

230

求；其後金文之🔲與小篆之🔲，更以眾口會意政治文明的需要。而後者「和」字戰國古文之🔲，則進一步表明社會的和諧，既要滿足口中食糧這物質文明的急需，又要保障暢所欲言那政治文明的必需。後世學者未解「龢」字形體流變之玄機，反而由金文和小篆所添加之眾「口」，將簡冊之「冊」誤解成「像一排竹管合拼而成的樂器，是笙和簫之類的吹奏樂器」。

對於「和」字，有子在《論語・學而》中闡釋道：「禮之用，和為貴。先王之道，斯為美，小大由之。有所不行，知和而和，不以禮節之，亦不可行也。」此段話釋義是說，禮法的應用，貴在協和。上古先王平治天下的至德要道，以此協和為和美。家事、國事、天下事，事無小大，一切皆以協和為美：家庭為之和睦，社會為之和諧，天下為之和平。不過，亦有不以和善行事之時，此即明知協和的原則，卻為一己之利而附和他人，或者為迎合權貴利益而搞無原則的一團和氣，而不採用禮法節制，亦不可如此運行。

(2)　「災害不生」句索解

此「災害不生」，當為諸侯的孝行。至於什麼是「災害」？實際就是天災人禍帶給黎民百姓經濟上的損害和精神上的傷害。

先看此「災」，大陸簡體為「灾」。「災」字其上從「巛」為「川」初文，表川流不息之「水」；其下為「火」，二者表水火無情之天災。換言之，「災」字初文「巛」，是在表河川之「巛」中間加一橫畫為「巛」，象河川之水交匯氾濫而成「災」。從文化人類學角度來看，可由此「巛」發現遠古大洪水所遺存的印跡。

231

再看此「害」，上從「宀」，中從𡴀（音「介」），下從「口」。值此，特別強調一點，此乃「害」字楷文，其中所從之「𡴀」，原本表「野草」，如今訛變為「丰」。值此，人們不禁要問：家中因何以野草之「丰」為「口」中所食。從訓詁學角度索解，無穀曰「飢」，無菜曰「饉」。家中既無禾穀亦無菜蔬而斷炊，家人不得已才以野草為食。所以，此「害」字義可意會為：旱澇的天災，戰亂的人禍，害得黎民百姓家中斷炊，無奈而以野草之「丰」為「口」中之所食。

「害」字金文寫作，即支撐茅舍的頂樑柱行將折斷之象，頗似「忽喇喇似大廈將傾」之狀。究其原委，遠不止蝗蟲對農作物造成的蟲害，古代黃淮地區因乾旱少雨曾造成蝗蟲的肆虐，甚至於導致莊稼顆粒無收；更嚴重的是連年戰亂導致田野荒蕪，從而呈現出「師之所處，荊棘生焉」的慘象。若按「男人無妻家無主,女人無夫家無梁」這一古語,攻城掠地的血腥戰爭殺戮了無數男丁，而這恰恰折射出「家無梁」的成因。那麼，「害」字金文那岌岌可危之狀，無疑隱含著統治者窮兵黷武為害天下的深刻寓意。

古人基於「天人合一」的理念，認為人與自然是統一的整體，強調天道與人道的契合。因此，帝王的興亡，王朝的盛衰，江山的沉浮，無不應驗於天地變化的異象。倘若君王有道，天降祥瑞；倘若君王失道，天降災異，非止一端。由此可知，先王祭天神，祭地祇，祭人鬼，重在禳災祈福。如《左傳・成公十六年》所載：「是以神降之

福，時無災害。」

反觀此句「災害不生」，明顯是指以孝治理邦國之至德，德行廣大，感天動地，因而得到社稷神明的庇祐和祖先神靈的賜福，從而風調雨順，五穀豐登，六畜興旺，進而民眾安居樂業，社會安定祥和。

(3)「禍亂不作」句訓解

從「禍亂不作」來論，當為卿大夫的孝行。或許有人要問：此「禍亂不作」，何以斷定為卿大夫之所為？

解答這一疑問，先要校正一下「禍亂不作」中「作」的音讀。其讀音相當於成語「自作自受」之「作」，意思是故意破壞或搗亂。至於這「作」何時讀作去聲「勞作」的「作」，何時讀作平聲「作人」的「作」，取決它是善意行為，還是惡意行為。概而言之，「作」的音讀，正能量為去聲ʐuò，負能量為平聲ʐuō。

下面，我們來解析「禍亂不作」，何以斷定為卿大夫之所為這個問題。前面「卿大夫章」指出，卿大夫身處朝堂之上，作為人臣，謹言慎行，「非法不言，非道不行」，其賢德體現為「言滿天下無口過，行滿天下無怨惡」，定然既不會有驕恣擅權的禍患，也不可能有蓄謀反叛之暴亂。這一方面，誠如有子所言，「不好犯上而好作亂者，未之有也」。卿大夫作為封邑之家君，自然「能守其宗廟」。「君子務本，本立而道生」，擅權犯上引發的禍國殃民的邦國動亂，就不會興作。

2.「故明王之以孝治天下也如此」句辨析

此句以「故」為關聯詞，承接以上「天下和平，災害不生，禍亂

不作」三點孝治之成效，連接此句歸功「孝治天下」之成因。

深究此句的句末代詞「如此」，如此天清地明之時政，如此河清海晏之時勢，如此萬民樂業之時世，方為中華歷史上「成康之治」這一太平盛世夯築了堅實的基石，而這當然非周公莫屬。史家稱「成康之際，天下安寧，刑錯四十餘年不用」，況且國力強盛，天下統一，經濟繁榮，文化昌盛，社會安定，萬民和樂，從而以歷史最早、歷時最久，成為中華盛世之最。而這一切，無疑是以孝治家國天下，崇尚禮樂教化，實施惠民仁政，尤其是踐行「先王至德要道」的結果。

3 經典文句釋義

此段經典文句經上述辨析，其釋義是說：這樣，所以生前健在時，就讓尊親生活得安寧；死後祭祀時，就讓歸去的魂靈享受歆香。因此，普天之下祥和太平，危害生民的洪澇、乾旱等天災不再發生，謀反叛亂的人禍不再興作，所以，賢明的周公作為攝政王，以孝道平治天下就如同這樣。

六、 結尾詩文詮釋

詩云：有覺德行，四國順之。

(1) 詩題訓解

本章徵引此詩句，出自《詩經・大雅・蕩之什》中《抑》篇。詩題此「抑」作為動詞，釋義為「遏抑」、或「抑制」。然本詩之「抑」，由其引申義而表遏抑自我情志。如此這般，頗有林則徐以

「制怒」為座右銘警誡自己之旨趣。

據《毛詩序》評析：「《抑》，衛武公刺厲王，亦以自警也。」對於是否「刺厲王」，古人多有爭議。但可以肯定的是，人們公認這是衛武公自警自戒的詩作。

（2）詩句析解

上句「有覺德行」，其中「覺」字，唐玄宗依據鄭玄之注而誤以為「大」，而今大多學者因襲此說而譯為「偉大」；亦有人將「覺」臆斷為「譲」（音「黨」）而譯作「正直」。實際上，此「覺」詞性從未用作形容詞。然此句作為動詞，無非「覺察」或「發覺」而已。孔子認為「君子之德風」，「其身正，不令而行」；老子主張「聖人行不言之教」。基於二家之說，此「有覺德行」，應為：人君德行自有天下人覺察。

下句「四國順之」，句首「四國」為主語，代指四方諸侯及附庸國的國君；而「順之」為動賓結構，其謂語動詞「順」使動用法，指「使……歸順」；而賓語代詞「之」，代指前者具有賢德的人君。

本章結尾徵引此詩，旨在闡發明王以大孝之德行率先垂範，並風行天下。四方諸侯國及附庸國的國君不經意發覺後，猶如草上之風而順服。所以，本章結尾詩文，應譯為：人君德行自有天下人覺察，遂使四方諸侯及附庸國國君為之順服。

聖治章第九：

「不嚴而治」的德教禮義

一、章題字義釋解

何為「聖治」？按說，即聖明天子以孝平治天下的「德教」。

（1）「聖」字索解

對於「聖治」之「聖」，大陸簡體為「圣」。誰知此「圣」向來音讀「窟」，詞性為動詞，字義即挖掘之「掘」。《說文》釋之為：「圣，汝潁之間謂致力於地曰圣。從土從又，讀若兔窟。」其意是說，圣，是汝水與潁水之間對於掘地這種勞作的稱謂。按其所說，此音讀「窟」之「圣」，從其釋作「致力於地」之「掘」的字義來說，僅僅是洛陽一帶的方言而已。究其構形表意的古義，則付諸闕如。

對於「圣」字，其甲骨文為（圖），從土，從廾（収，同「拱」），屬象形兼會意字。其結體構成，像以雙手捧著一抔土之形。從上古封建制社會來看，頗似分封的諸侯以雙手捧著天子授予的以茅草包裹的五色土。由此可知，封侯建國時那「裂土分茅」之神聖。時至小篆之（圖），竟訛變為「從土，從又」。也就是說，至小篆其下始由雙手之「廾」，訛變成其上表示右手之「又」。後至大陸漢字簡化時，此形容事務之「圣」遂吞併了原形容人物之「聖」。

再就「聖」字而言，初文為「耵」。其甲骨文作（圖）（或（圖）），從

236

耳從口（或叩，音「宣」），字形像側耳傾聽他人（或不同人）言論之形。申言之，聖明人君不止善於接受正面的言論，而且還肯於聽取不同聲音，即以「兼聽則明」參悟其聖聰之意蘊。這一點，恰如《管子·君臣上》所言：「夫民別而聽之則愚，合而聽之則聖。」然此「耴」作為「聖」字初文，可見諸《馬王堆漢墓帛書·老子乙本釋文》所載：「是以耴（聖）人被褐而裹（懷）玉。」

此「耴」同源字，為「聽」字甲骨文，從耴從人。此字形，象一側身行走之人聽到背後的呼喚而回身之形。然而，此表示人的聖明之「耴」，至西周晚期大克鼎金文作，它與「聽」字甲骨文唯一不同，即行進之「人」已停下腳步，並站立在以橫畫「一」所表地面之上，由此意會聽取他人意見之聖聰。再至春秋時期曾伯簠則作，從耴從壬（音「挺」）。較之前者大克鼎金文之，可見在其所從「人」的膝部添加一橫畫，構成表遷徙之（千），況且此「千」之下加橫畫「一」，構成表示停下腳步之「壬」字。於是，此以大遷徙中停下腳步來聽取他人觀點之狀態，可進一步意會遠古先聖以虛心納諫而廣開言路的聖明，從而成為引領先民趨吉避凶而走向未來的哲聖。

東漢應劭在其《風俗通》釋之為：「聖者，聲也。聞聲知情，故曰聖也。」應氏此說，從聲訓角度析其字形，為揭示此「聖」結體構成提供了有力的理據。

據此不難發現，此「聖」與「圣」形容事務的「神聖」不同之

處，重在形容人物，此即「聖人」的「聖聰」、「聖明」及「哲聖」，並由此形成名詞「先聖」。從其甲骨文「从耳从口」之「耴」，至春秋時期金文「从耴从王」之「聖」，其結體自此形成而得以固定，後來歷經小篆、隸書、楷文而傳世。

需要指明的是，許慎由於不識此「聖」之所以「从耴从王」的造字理據，遂將其字形誤析作「从耳，呈聲」。後世書家由此不得其解，以致將其下所表停步之「王」，難免誤作天干之「壬」，或誤作君王之「王」。不曾料想，上個世紀五十年代大陸漢字簡化時，此「聖」不僅被表示神聖之「聖」所取代，尚且宋體中的「聖」和「呈」，竟然以訛變之「王」作為標準字而通用之。豈不知「聖」字此一畫之差，謬之千里，因為這無形泯滅了「聖」字所遺存的上古政治文明那原有之輝光。

(2)「聖治」字義讀解

本「聖治章」之「聖」，通過以上深層索隱，已知經漢字簡化，此表事務之神聖的「圣」，與表人物聖明之「聖」合而為一。尚且，由「聖」與「圣」形體的流變及訛變，以及從側耳傾聽他人或不同人言論之「耴」，至停下大遷徙的腳步來聽取他人觀點之「聖」，揭示出遠古先聖以其虛心納諫且廣開言路而聖明。

所謂「聖治」，實則即闡發先聖平治天下的聖明之德。從夏、商、周三代聖明人君平治天下來看，他們為進一步聽取百姓的呼聲，規定每年正月，也就是初春草木生發的時節，特派一批史官深入民間，以訪求民情。如此帶著耳朵聽取黎民百姓訴求的訪求，遂稱作

238

「遒（音「求」）人」。此稱作「遒人」的史官，乘著車子，手持木鐸，遍訪山鄉村鎮。如《書·胤征》載：「每歲孟春，遒人以木鐸徇於路。」他們每到之處，就敲響手中的木鐸召集民眾，一方面傳達政令，另一方面瞭解民生疾苦，兼具上令下達和下情上達兩大職能。而這些「遒人」，即宮廷特派徵求民眾意見的巡視史官。

這種深入到民間的巡訪，貴在聽言納諫。這以聖德治世而德化黎民蒼生的形式，准許民眾宣洩不滿，提出各自的要求，況且暢所欲言而不受責難。當斯時也，這些「遒人」認真聽取黎民蒼生的不同呼聲，甚至通過採集諸邦國民間風行的詩歌這間接的途徑，委婉地傾聽「野人」的心聲。如此這般，遂形成了「國風」這樣一種風格，並被收編進《詩經》之中。譬如，世人所熟知的《國風·魏風》中《伐檀》、《碩鼠》二詩，前者表達出勞動者對統治者不勞而獲的不滿和怨恨，後者則表現出對統治者貪得無厭的反感和憎惡。

上古聖明的人君，除了通過委派「遒人」的史官從民間採風的方式，間接地求取民間疾苦之聲外，還通過在橋頭樹立「表木」，鼓勵民眾上訪，讓黎民百姓直接地表達對於時政的不滿，乃至發表誹謗性言論。對於上古這種開明的民主政治，不僅見諸文獻史料中「堯立誹謗之木」的典故，尚可從殷墟出土的甲骨文字，如 ￼（戌）、￼（成）、￼（咸）等同源字得以佐證。

中華民族五千多年的文明歷史，之所以歷經滄桑而曆久彌新,飽受磨難而薪盡火傳，就在於泱泱華夏的歷史天空，閃爍著無數古聖先賢

構建政治文明的智慧。他們胸懷博大而充滿自信，既從諫如流，又廣開言路。然而，當世風日下，人心不古之時，禮崩樂壞，諸侯爭霸之際，孔子念念不忘「克己復禮」，寄希望於以政治倫理的孝道，化作明明德於天下的要道。而這一點，即此「聖治章」所要講授的以孝平治天下的核心思想。

二、開篇文句解讀

曾子曰：敢問聖人之德，無以加於孝乎？

此句係曾子向夫子提出的問題。句尾以語氣詞「乎」，構成疑問句。

（一）「敢問聖人之德」句解析

曾參提出的「敢問」，是弟子向先生提問時，出於禮貌而採用的謙辭。其中「敢」字，意即「膽敢」，或「斗膽」，多表示「冒昧」。其後「聖人之德」為偏正詞組作謂語。而「聖人之德」，是指聖明人君的德行。

（二）「無以加於孝乎」句辨析

後句「無以加」，是表示無以復加。其後「於孝」屬介賓結構作補語，「於」為介詞，相當於「比」；「孝」為賓語。因此，「於孝」的意思是「比孝道」。

此開篇文句，其釋義為：曾子說：「斗膽問一句，聖明人君的德行，沒有比孝道無以復加的嗎？」

三、經典文句釋解

子曰：天地之性，人為貴。人之行，莫大於孝，孝莫大於嚴父，嚴父莫大於配天，則周公其人也。

（一）「子曰：天地之性，人為貴」句分解

1、「天地之性」句釋讀

此句屬偏正詞組，由修飾語「天地」和中心語「性」組成。如何理解「天地之性」，重在關鍵字「性」的考釋。

「性」字，異體作「恎」。其甲骨文寫作 （合11393），從屮從生，屬會意字，舊所未識。申言之，其上從 ψ 為「屮」，像艸木萌生的嫩芽之形；其下從 ♥ 為「心」，像人的心臟之狀。較之「生」字甲骨文之 ψ，表示其上艸木萌芽 ψ 生於其下之地一，此「性」字甲骨文之 ♥，則表示其上艸木萌芽 ψ 生於其下之內心 ♥。由此可知，此「性」字本義，是指由心自內萌生的天性。

《禮記‧中庸》謂：「天命之謂性。」就其「天命」而言，既指天地萬物生成的自然本性，亦指人性稟承的天性。然句中此「性」，當指天地生成的本原。《易‧繫辭傳》指出：「天地氤氳，萬物化醇。」儒家的觀點認為，天地的生成，是由彌漫之氣，化育了原始淳樸的自然萬物。道家的觀點則不然，郭店楚簡中的先秦佚籍《太一生水》即載：「太一生水。水反輔太一，是以成天；天反輔太一，是以成地。」道家對於天地的生成，主張源於天之際、水之涯那水天一

線。此水天一線，以其至遠而稱「太一」，簡稱「一」，如老子《道德經》所闡發的「道生一」。概言之，儒家秉持「氣之說」，如張載「太虛即氣」說，與道家倡言的「水之說」，二者一陰一陽，相輔相成，構成了中國古代宇宙生成論兩大哲學思想理論體系。

　　從文化人類學角度來看，遠古第四紀冰河時代末期，冰川融化引起的大洪水給人類帶來滅頂之災。從《聖經》中那倖免大洪水劫難的「諾亞方舟」之描述，到古代亞述首都尼尼微泥版文書有關於「洪水氾濫」之記載；從古希臘哲學家柏拉圖《對話錄》有關「亞特蘭蒂斯的沉沒」之傳說，到《列子・湯問》中提及的「女媧補天」之神話……遠古民族大多留下那難以忘懷的社會群體記憶。

　　當斯之時，黃河支流北洛河右岸華水河畔，佇立著華夏族一位僥倖生還的先哲伏羲，面對天上的雨不再下，地上的水不再漲，隨之在混沌中驀然發現了熹微一抹光亮，繼而發覺天之際、水之涯水天相連那一橫畫線，遂在仰觀俯察的瞬間，伸出右手食指從左向右輕輕一劃，此即「一畫開天，肇啟文明」的歷史性一畫。

　　反觀這一橫畫，它既在數字中表示首位之「一」，又在文字中表示開端之「一」，還在哲學中代指「天地間的一切，天地間一切之一」的辯證法。若以訓詁學考釋，此表水天一線的物象「一」，既以其至遠而遙不可及，稱作「太一」；又以其遙不可及的邊際極限，稱作「太極」。不過，若以天為主體，天之際與水之涯相接那一邊際線，即稱作「天一」。如隋人蕭吉《五行大義・卷二・論相生》所言：「天始生一者，因一而生天，非天生一也。」若以水為主體，水之涯

與天相連那一水平線，即稱作「太一」。當洪水消退後裸露出大地，天地交接的那一地平線，則稱作「地一」。所以，此即「地生二者，亦因二而生地」，是指大地生於天與水此二者，亦因此二者而產生大地。

總而言之，遠離洪荒浩劫的華夏先民，當河清海晏之日，天清地明之時，出於對「天一」、「地一」、「太一」這天地的本初屬性之敬畏，遂將此三者集於一體，並以「三一神」頂禮膜拜。那麼，先民對於蒼天大地的這種禮敬，則為此句「天地之性」作了確切的詮釋。

2、「人為貴」句解讀

人生於天地之間，秉承陰陽化育之本性，自然與天地融合為一體。從前文「三才章」來看，天、地、人三才，無一不本源於天之際、水之涯那水天相連集具體與抽象於一體的「太一」。其具象為水為氣，其抽象為陰為陽。陽氣上升而生成天之氣，陰氣下降而形成地之氣，天地氤氳而化生萬物。然而，這化育生成的生物物種，既有動物，也有植物，還有尤為重要的人物。可以說，天之道在於「始萬物」，地之道在於「生萬物」，而人之道就在於「成萬物」。

3、此段文句評述

孔子此句「天地之性，人為貴」，前者「天地之性」，是指天地初始化生萬物的自然本性；後者「人為貴」，則表示居於天地之間的「人」，以化育蒼生的人物最為尊貴。從伏羲「一畫開天」來看，表示萬物初始的天一、地一、太一這「三一」中，因「太一」被後世代指伏羲而尊奉「東皇太一」之神而缺位，遂以「人」補位，從而形成

243

由此派生的天、地、人「三才」。

尤為需要明辨的是，此句「人為貴」中的「人」，是指自然界相對其他物種的人類，這與下句「人之行」所表社會中相對於「民」的「人」，二者存在著明顯的概念差異。因此，要求人以孝行來德配天道，自然不屬於社會底層的「庶民」，而是指為政者「人主」、執政者「人君」、輔政者「人臣」，以及從政者「家臣」等上層社會的貴族階級，即告誡他們德配其位，為天下民眾做出表率。

總之，孔子所說此句「天地之性，人為貴」，其釋義是說：天地具有化生萬物的本性，而人以化育蒼生而最為尊貴。

（二）「人之行莫大於孝，孝莫大於嚴父，嚴父莫大於配天」句辨解

此句句式，是以三個否定性不定代詞「莫」為關聯詞構成並列式判斷句。況且，此三判斷句皆採用「頂針」修辭手法。此修辭格，是用前一句結尾的語詞，來做後一句的開頭，並使之首尾相連，前後承接，從而產生上遞下接而層層遞進的效果。

1、「人之行，莫大於孝」句解析

首句主語「人之行」，是一偏正詞組；謂語以否定性不定代詞「莫」為關聯詞，構成此判斷句。

句首之「人」，不可泛泛理解為常人，而是指點江山之人。至於中心詞「行」，亦不可輕率地解讀為各種品行，而是作為後者孝行先決條件的善行。可以說，此經典名句，即名言「百善孝為先」的出處。

244

後句「莫大於孝」，「莫」作為否定性不定代詞，表示「沒有誰」，或「沒有什麼」；其後「大於孝」為述補結構。介詞「於」，可譯作「比」。所以，此句「莫大於孝」，意即沒有什麼比孝行更重大。

反觀此「人之行，莫大於孝」句，其意是說，為人君的善行，沒有什麼比孝行更為重大。

2.「孝莫大於嚴父」句詳析

此句「孝莫大於嚴父」，關鍵字為「嚴」。如何確解這個「嚴」，主要取決於形義的索隱，並且有賴於詞性的解析，探究其形容詞用作動詞的理據何在。

(1) 關鍵字「嚴」索解

「嚴」字，大陸簡體「严」。其甲骨文寫作 （合13727），舊所不識。其構形从厂从𡕥，屬會意字。其左上从為「厂」，像山崖突出的巖穴之形；其右下从 為「𡕥」，像右手 持苕帚 之狀。二者合而為一，表示山崖突出的巖穴中，右手向上揮動著一把散落花絮的苕帚。至於此「嚴」字義與其構形的內在關聯，尚須由遠古先民驅除邪祟的巫儺文化，以及「嚴」字金文的結體，揭示個中奧秘。

按華夏古巫儺文化，先民將葦花稱作「苕」，並採用葦花的花穗紮製成苕帚。不過，此以葦花之「苕」紮製的苕帚，不止用於掃除垃圾，尚且具有辟邪的功能。據《山海經》載：東海度朔山，有冥神神荼、鬱壘，用蘆葦扭結的繩索將作祟的惡鬼捆縛起來，然後餵食老虎。

再就「嚴」字金文來看，西周晚期虢叔旅鐘寫作🈶。詳查此字構形，一者主體从宀為「广」，作為聲符除音讀「衍」之外，還以其字義同「嚴」，表示依山崖而建造嚴穴之形。二者其內从彐為「茗」，像葦花之形；其下从ψ為「ナ」，像左手之狀。上彐下ψ二形符合而為一，像左手持茗茢上舉之形。上古以葦驅邪除祟稱「茢」，此彐表示左手持茗茢向前擊打邪祟。三者其下左从〓為「舌」，其由「口」而出向右上折線之分叉，以取象蟒蛇舌尖分叉舌信為構件，表示人發語之舌，由此會意巫祝口中發出聲音。四者其上从吅為「吅」，音讀「喧」，其字義按《說文》而表「驚呼」。依據古文字結體上前下後的規則，此「吅」表示此「驚呼」之聲，由其山崖嚴穴中「驚呼」之「舌」，自內向外所傳出。本諸上述，此「嚴」金文之🈶，其字形當為：从吅从舌，从左手持茗茢，从「广」，「广」亦聲。由其字形可會意為：山崖嚴穴之內，巫祝左手持驅邪除祟之「茢」，口中之「舌」，由嚴穴之內發出驚呼「邪乎」之聲，傳揚到嚴穴之外。

細究「嚴」之甲骨文🈶與金文🈶的造字理據，可據《禮記‧檀弓下》所載「君臨臣喪，以巫祝桃茢執戈，惡之也」訓之。此段文句是說，國君蒞臨臣屬的喪事，讓占卜祭祀的巫祝以桃木、茗茢為手執之戈，以驅除那些令人厭惡的妖魅邪祟。尤其是「嚴」字金文🈶，遺存著遠古巫祝儺祭時驅邪禳災的資訊：他們手持向上葦茗之茢，一邊口中厲聲呼喊著「邪乎」，一邊由身邊諸多侲僮拍打著手掌，以此驅除邪祟。如此場景，再現了場面之「莊嚴」、氣氛之「嚴肅」，表現著

性質之「嚴重」，顯現著驚呼之「嚴厲」，體現出要求之「嚴格」、次序之「嚴謹」，等等。

總而言之，「嚴」字作為形容詞，在描述場面、描繪氛圍、描畫情態、描寫次序之時，還可進一步引申為名詞，表示人的「尊嚴」、「威嚴」與「莊嚴」。但是，此句「嚴父」之「嚴」在句中頗為特殊，屬於形容詞用作動詞的使動用法。

(2) 關鍵字「嚴父」讀解

次句「孝莫大於嚴父」，此「嚴父」之「嚴」，非彼成語「嚴父慈母」中「嚴父」之「嚴」。

一般情況下，「嚴父」往往與「慈母」對舉，二者皆為子女對父母的敬稱。然此句中「嚴」字，並非作為形容詞「嚴厲」修飾中心詞「父」，而是形容詞用作使動詞，表示「使之獲得威嚴」。鑒於此，句中「嚴父」，實際是指「使父親獲得尊嚴」。

至於介賓結構「於嚴父」，為謂語「大」的補語。那麼，本句釋義是說，大凡孝行，沒有什麼比使父親獲得威嚴更為盛大。

3. 「嚴父莫大於配天」句分析

此末句句首以「嚴父」為主語承接上句，是指使父親得以莊嚴，即端莊而有威嚴。如《朱子語類》卷八七：「人不可以不莊嚴，所謂君子莊敬日強，安肆日偷。」句末「大於配天」，為述補結構。然所謂「配天」，則是指配享天帝，實則即昊天上帝——伏羲。

綜上所述，此句釋義是謂：使父親得以莊嚴，沒有什麼比配祭天帝更偉大。

（三）「則周公其人也」句辨析

本句是以副詞「則」為係詞，與句尾語氣詞「也」構成判斷句謂語。

上古帝王祭天，以先父配享，當始於周公的大孝之行。邢昺徵引鄭玄之注闡釋道：「《禮記》有虞氏尚德，不郊其祖；夏殷始尊祖於郊，無父配天之禮也；周公大聖而首行之。」此注是說，《禮記‧祭法》中記載，有虞氏帝舜崇尚賢德之帝堯，郊祀將其配享天帝伏羲，但從不郊祀其祖先；夏代、殷代的郊祀，開始尊奉其先祖，卻從無以先父配享天帝的禮儀。周公這位偉大的先聖，不僅「郊祀后稷以配天」，而且首先實行以其「宗祀文王於明堂，以配上帝」。

周公尊父為天的孝行，完全符合中華傳統文化「天人合一」的基本理念。萬物初始稟受太一那乾元之氣，而生命初始稟受父親的先天精氣，所以成就其敬天法祖的不世功德。況且，先父文王以其仁德，奠定了周人滅商建國的鴻基偉業，功昭日月，足以配享昊天上帝。

（四）本段經典釋義

此句文句，其釋義是謂：為人的一切善行，沒有什麼比孝行更為重大；任何孝行，沒有什麼比使父親得以莊嚴更為盛大；若使父親得以莊嚴，沒有什麼比配祭昊天上帝更為偉大；實則即周公這個人。

四. 經典文句分解

昔者，周公郊祀后稷以配天，宗祀文王於明堂以配上帝。是以四海之內，各以其職來祭。夫聖人之德，又何以加於孝乎？

248

此段經典前兩句，採用「以」為關聯詞，構成並列式目的關係複句；其後採用「是以」為關聯詞，構成因果複句；結尾以疑問詞「乎」，構成反問句。

（一）「昔者周公郊祀后稷以配天，宗祀文王於明堂以配上帝」句解析

此句採用「以」為關聯詞，構成並列式目的關係複句。

1、「昔者周公郊祀后稷以配天」句厘析

此句是用「以」為關聯詞構成的目的複句。前者「昔者周公郊祀后稷」表示行為，後者「以配天」表示達到的結果。

（1）「昔者」釋解

句首「昔者」，為時間狀語前置，表示過去時態的「往昔」，實則是指「久逝的美好時光」。

此句時間狀語前置，與「孝治章」開篇「昔者明王之以孝治天下也」相契合。其彌足珍貴之處，遠不止突出主語行為的時態，尚且成為考釋「明王」即指「周公」其人的佐證。若從「春秋筆法」來看，夫子遙想周公往昔制禮作樂而德治天下的荣耀如日中天，而今不啻夕陽西下，但不乏「輝光日新其德」之憧憬。

（2）「周公」其人讀解

提及周公，前文已論及，他是中國最傑出的思想家、政治家、軍事家、教育家。他對中華歷史文化所做的貢獻，不止是以孝道平治天下，開創了一個太平盛世，成為繼文王、武王之後又一中流砥柱。況且，他還制定了完備的禮樂制度，使周王朝享國長達八百年之久，成

為中國歷史上統治時間最長的王朝，尤其是創建了中國歷史上第一個封建制國家。

眾所周知，自周朝到唐朝初期，除秦朝之外，其他歷朝皆尊奉周公為「文聖」。直至西元626年6月4日「玄武門之變」，秦王李世民因弒兄殺弟，況且逼迫父皇退位的品行，較之周公輔弼其父文王、輔佐其兄武王、輔助其侄成王，以及宗祀文王以配上帝的德行，二者如此大相徑庭，情何以堪？於是乎，李世民當他登上龍庭而改元「貞觀」之時，周公這位尊為「元聖」的儒學先驅，遂以單獨主祀「元聖廟」的名義從文廟中遷出，逐漸淡化出世人的視野。從此，「文聖」這頂桂冠歷史性地落到孔子頭上，遂完成了由文廟配祀「先師」到主祀「先聖」這一歷史的轉身。

孔子三十而立，立身行道，畢生所追求的「克己復禮」，無非是克制約束自己，而以光復周公制定的《周禮》為己任，實現其平治天下的夢想。縱觀孔子的思想，雖說「祖述堯舜，憲章文武」，但他之所以「集大成」而「金聲玉振」，誠如孔子自言「吾從周」，關鍵在於他全面地繼承、捍衛和發展了周公的思想理念。孔子晚年曾感歎「吾不復夢見周公」，自感來日無多，無力回天，為難以恢復周禮而傷悲。不過，讓孔子聊以自慰的是，周公孝治天下的聖德要道，經其殫精竭慮的述作，並由其弟子曾參及門人編纂成書，而得以傳世。

(3)「后稷」其人訓解

后稷其人，姬姓，名棄，堯舜時期任掌管農業之官，周人之始祖，後世尊其為穀神。傳說，其母即五帝之一帝嚳的妃子姜嫄，在郊

外踩著一個巨大的腳印而孕。不曾料想，此嬰兒出生時竟然是個肉蛋，於是被拋入山林。但令人奇怪的是，山裏虎豹不傷他；接著又被扔到大街上，可車馬也不傷他；繼而還將其丟到冰上，但百鳥皆用羽翼為其遮寒。後來，姜嫄打開肉蛋一看，竟然是個孩子，遂以「棄」稱之。

大難不死，必有後福。棄自幼愛好花卉樹木。長大成人後，他在山谷發現一種植物的種籽能食用。經過多年栽培，他將這種銘記在心的農作物稱作「稷」，並教民眾耕種與稼穡的方法。基於此，他被帝堯推舉為農師，擔任主管農業的「稷正」一職。帝舜時，他被封到邰地，以其開發農業生產的特殊稟賦，以及造福黎民百姓的卓越貢獻，進而被帝舜封為「后稷」。後來，周人尊奉「后稷」為始祖，尚且敬奉其為穀神。此穀神之「稷」，與彼土神之「社」，二者並稱「社稷」。基於「王者以民為天，而民以食為天」，後世以「社稷」代指諸侯的邦國。然而，從訓詁學角度來看，又如何解讀「后稷」之「后」字呢？

(4) 「后」字匡正

甲骨文中，「后」字寫成 (拾14・17)。對於甲骨文「后」的破解，有待先探究與此「后」具有連帶關係的「司」字。在訓詁學中，凡語義相通而字形相近的漢字，稱作「同源字」。那麼，我們先解析一下「后」的同源字「司」。

「司」字甲骨文寫作，乃會意字。其上從，像右手大拇指與其他四指併攏而叉開之形；其下從，像開口

之狀。二者合而為一，表示以叉開的右手放在口上發號施令。因為古人講話，既沒有傳聲筒，也沒有麥克風。當風很大的情況下，只能把叉開的右手放在口上講話。但這種講話的姿勢不可過久，舉著的右臂時間稍長就不免有些酸脹的感覺。在此前提下，那放在口上叉開的右手，便改換成叉開的左手，仍放在口上繼續發佈命令。

　　豈不知這由右手改換左手的動作，即「后」字甲骨文的結體構成。就其造字理據而言，前者將叉開的右手放在口上，表示發號施令的動詞「司」；而改換成叉開的左手放在口上之「后」，儘管肢體前後動作有所改變，但發佈命令者的官長身份未變。因此，「后」字詞性則為名詞，本義表發號施令的人。不過，其中有一點頗為微妙：此「后」儘管依然表示發佈命令，但講話時肢體動作的改變畢竟有前後順序之分。那麼，此身為「后」的官長，雖然擁有發號施令的權力，並執掌重要權柄，但相對執掌最高權力的為政者，不免要位居其「后」。

　　且看棄這個人，當被帝堯舉為農師之時，遂以其主管以穀為代表的農業而任「稷正」一職。據《尚書‧呂刑》所載，帝堯「乃命三后，恤功於民」。而此「三后」，即后夷、后禹、后稷。由此可見，「后」這一官職，位居「帝」一人之下，眾臣之上，相當於後世「王」的顯要。

　　尤為令人關注的是，夏朝君主在位稱「后」，去世後稱「帝」。究其所以然，當屬大禹憑治水的賢能而被授之以「后」這一官位，其氏族部落遂將原「有夏氏」改為「夏后氏」。夏朝的創建，開闢了中

國歷史第一個王政時代。大禹的兒子啟，為了「無改於父之道」，一方面以其「有夏氏」之「夏」，稱名其王朝；另一方面以其父后禹之「后」，稱名夏朝君主。如禹稱作「后禹」，而啟稱「后啟」、相稱作「后相」。即使東夷有窮氏首領「羿」，亦由此稱作「后羿」。那麼，僅憑夏朝君主尊稱「后」，去世尊稱「帝」這一點，足以彰顯啟對其父禹所盡之孝道。

對於上古君主的稱謂，若按司馬遷《史記》中《五帝本紀》、《夏本紀》、《殷本紀》，從五帝至夏、商二代君主，無不稱作「帝」。按說，五帝時代稱君王為「帝」本無可非議，但對夏商二代則不盡然。

近現代以來，史學界通行的說法即「夏稱后，商稱帝，周稱王」。對於夏代君王生前稱「后」，學界早已認同，但未識其所以然。對於「商稱帝」，據甲骨學界對「帝」的考釋，商代君王尊稱為「王」。即使自武丁始稱「帝丁」，以至紂王其父王稱「帝乙」，無一不是以「帝」尊稱已逝父王，以寄予逝者德配天帝之寓意。但殷商末代君王名辛，後世以其「殺戮無辜，賊仁多累，殘義損善」而追諡其號「紂」。鑑於此，一介獨夫紂王，即使其子武庚亦未敢稱其「帝辛」，然現當代學界以「帝辛」相稱，豈非咄咄怪事？

周代君王的稱謂，歷來以周文王、周武王為據，認為在位稱「王」，崩殂稱「帝」。按說並不盡然，文王姬昌、武王姬發之所以稱之以「王」，关鍵在於尚未滅商，況且鑑於殷制暫且以「王」相稱。但由《詩·周頌·昊天有成命》開篇「昊天有成命，二后受之」

這一詩句，當知其中「二后」為周朝初創去商存夏之緣故，遂鑒於夏朝一度尊稱姬昌、姬發為「后」。俟周王朝一旦鞏固，又恢復原有稱謂，此即尊稱姬昌為文王，尊稱姬發為武王。

(5)「天帝」與「上帝」疏正

此句所配祀的「天」與「上帝」，具體是指哪位天神，可由《詩·周頌》「昊天有成命，二后受之」這一詩句得知，周朝尊奉「昊天上帝」，亦成為後世王朝正統祭祀的最高祖神。但是，此「昊天上帝」究竟是誰，幾千年來一直眾說紛紜，歧說紛呈。

從文化人類學角度來看，依據遠古大洪水與伏羲「一畫開天」的口述史料，以及先秦佚籍《太一生水》的實物史料兼文獻史料，即可發現華夏文明的成因。僅就華夏神文化而言，上古歷代王朝為了有別於前朝，對於所祭祖先神遂產生不同的稱謂：五帝時代祭天一、地一、太一「三一神」，夏朝祭「上帝」，殷商祭「天帝」，周朝祭「昊天上帝」，楚國祭「東皇太一」，秦朝稱「皇天上帝」。但萬變不離其宗，無不追念以「一畫開天，肇啟文明」的太昊伏羲。

(6)「昊天」與「太昊」校正

深究「昊天」或「太昊」，其「昊」字甲骨文作🔆，從日從大，像人追逐冉冉升起的紅日之形。其金文可見諸西周中期史墻盤之🔆，從日從天，像人仰望天上那輪紅日之形。此情此景，此「昊」字義，尚須從伏羲先天八卦之「離」卦象與《易·離卦》卦辭鉤沉其真義。

從伏羲所創八卦之象徵「火」的「離」（☲）卦來看，由其爻

254

位「離中虛」之卦象，可知天地間以「火」為取象的自然物象，莫過於從浩瀚水面升起的那輪紅日。況且，「離」其右所從「隹」為短尾鳥，卦象表三足太陽鳥踆鳥飛離水面。

遠古先民歷經了「天地玄黃，宇宙洪荒」的浩劫，面對紅日從汪洋恣肆的水面慢慢離開而照耀天地的光華，內心不免激動而興奮不已。正如《易‧離卦》初九爻辭所描述的那樣：「履錯然，敬之。无咎。」由此可見，先民興奮地跑出洞穴，連腳上的鞋子左右不分而穿錯，甚至於錯穿著他人的鞋子；面對東方熹微的曙光不禁肅然起敬，終於再無災禍。其六二爻辭進一步描繪道：「黃離，元吉。」不難想見，金黃的旭日從浩瀚水面漸漸離開，上下天光，一碧萬頃。河清海晏之時，晴天麗日之際，自然呈現出元始的吉祥之象。放眼如此廣大無邊的昊空，豈不感念伏羲「一畫開天」的不世之功？於是，伏羲不止被先民尊奉為「太昊」，尚且被後世尊崇為「昊天上帝」。概言之，「太昊」者，一者以時空久遠謂之「太」，一者以遠離洪荒而肇啟文明一片天謂之「昊」。值此，「昊」字本義終於浮出水面，此即光照天下而令先民景仰的紅日。

(7)「周公郊祀后稷以配天」句厘正

拂去遠古塵封已久的蛛網，自然串聯起華夏神文化之中那些散落的社會群體記憶。那麼，周公無論「郊祀后稷以配天」，還是「宗祀文王於明堂，以配上帝」，無非是指其先祖后稷與先父文王的功德，可與諡號「太昊」的伏羲相配享。

對於周公以孝平治天下，其「要道」前文已論及，無須贅述。至

於「至德」，首先即此句「郊祀后稷以配天」。然而，對於何謂「郊祀」，可見諸《禮記・中庸》第十九章之釋解：「郊社之禮，所以事上帝也。」

按「郊社之禮」中的「郊」和「社」，是指天子率三公九卿等諸大臣祭祀天神和地祇的兩種祭禮。郊禮祭天，每年收穫後冬至來臨，天子為感恩上蒼，在京都南郊築成的「圜丘」舉行，並且將獻祭的牲體與玉帛放置燔柴上焚燒，以香氣和煙火上達的「禋祭」來明示其至誠之心；社禮祭地，每年春耕後夏至來臨，天子為感恩大地，在京都北郊築成的「方丘」舉行，並且將獻祭的牲體與玉帛瘞埋地下，以祭品下達的「瘞祭」來致以精誠之意。天子在感恩天地的同時，尚且通過祭祀為天下黎民百姓祈福納祥。

深究周公何以「郊祀后稷以配天」，顯然出自周族人對其始祖后稷的尊崇。縱觀棄的一生，始任唐堯的「農師」，後至虞舜的「農官」，直至被授之以「后」之尊位，足見其以種植稷穀而造福天下生民的不世之功。當夏代君王以「后」自稱之時，周族人仍稱其「后稷」；當殷商君王以「王」自稱之時，周族人遂稱其「稷王」；俟周王朝創建後，才進一步尊稱其「稷神」。所以，自武王崩殂之後，周公在輔佐年幼的成王而攝政，遂在行郊天祭禮時，以始祖后稷配天而祀之。這一順理成章的大孝之舉，誠如《詩・周頌・思文》所云：「思文后稷，克配彼天。」

對於周公以始祖后稷配天而祀之的意義，《春秋公羊傳・宣公三年》闡釋得很詳盡：「郊則曷為必祭稷？王者必以其祖配。王者則曷

為必以其祖配？自內出者無匹不行，自外至者無主不止。」此段話大意是說，郊祀祭天以天神為客，無論自都城內而出，還是自都城外而至，必須以人祖為東道主予以陪同，天神才知其行止。然所謂「天神」，實則即昊天上帝伏羲。所以，尊奉始祖后稷來配享昊天上帝，以享用祭品的歆香。

2、「宗祀文王於明堂，以配上帝」句解析

周公的「至德」，除了「郊祀后稷以配天」，莫過於此句「宗祀文王於明堂，以配上帝」。那麼，何謂「宗祀」？《禮記・中庸》釋解為：「宗廟之禮，所以祀乎其先也。」

（1）「宗廟之禮」考略

所謂「宗廟之禮」，是指帝王在都城內舉行的祭祀祖先的宗教活動。人類從遠古走來，出於對祖先的崇敬和感恩，遂產生祭祖的社會活動。先民不僅確信先祖死後靈魂不滅，而且還堅信通過祭祀其亡靈來祈福納祥，確保其氏族免遭災禍，趨吉避凶。

「宗廟」，作為同一宗族供祀祖先的宮室，可由河南偃師二里頭遺址考古發掘的夏王朝王室的祖廟遺址，發現華夏民族最早祭祖之孑遺。後至殷商王室的祭祖，則呈現出制度化、規範化發展的狀態，不僅出現了祭祀父親的考廟，還出現了祭祀高祖父的顯考廟，以及祭祀始祖的太祖廟。王室祭祀祖先的五廟制已經形成。這是王室祭祖制度化、規範化和王室祖廟建築發展的一個里程碑。那麼，這「宗廟之禮」，又是如何「祀乎其先」的呢？

（2）「祀乎其先」考正

其一，從禮敬來看，大致如《禮記·中庸》第十九章孔子所說的那樣：「修其祖廟，陳其宗器，設其裳衣，薦其時食。」此句不難解讀，修繕祖廟，陳列祭供的禮器，擺設先祖遺存的衣裳，薦獻應時的菜蔬。

其二，從禮儀來講，孔子闡述得很明確，「踐其位，行其禮，奏其樂，敬其所尊，愛其所親」。此話是說，踐臨先祖的神位，奉行祭祀的禮儀演奏讚頌的禮樂，敬祭先王所尊崇的祖先，愛戴先王所親近的賢良。

其三，從禮制來說，孔子闡釋得很詳盡，「宗廟之禮，所以序昭穆也」。何謂「昭穆」？簡單來說，就是宗廟中列祖列宗的神主排列次序。祭祀屬於吉禮，上古講究左尊右卑。始祖的神位在明堂居中位置，其他列祖列宗神位的排列次序，按父為昭、子為穆而分為東西兩列。

具體來說，二世、四世、六世位於始祖的左方，這左列的父輩稱之為「昭」；三世、五世、七世位於始祖的右方，這右列的子輩稱之為「穆」。對於「昭穆」的字義，大多將「昭」釋為南向朝陽而明亮，因而有「明」義；而「穆」為北向背光而冥昧，因而有「冥」義。更有甚者，將「昭穆」僅僅看作「左右的代稱」。這些說法，完全曲解了「昭穆」所隱含的感恩文化。

究其所以然，所謂「父為昭」，無非彰顯父輩功昭日月之偉績；而「子為穆」，則表明後輩出於對先輩的仰慕：不止面露肅穆之情，尚且胸懷靜穆之心，以及感受其化育恩德而穆如清風。

其四，從禮義來論，此「宗廟之禮」之所以「祀乎其先」，實質既以宗廟為道德教育的學校，又以祖先遺存的衣裳為教具，此外還通過禮器的敬重、禮節的鄭重、禮儀的隆重、禮制的莊重，始終貫穿著禮敬先祖這一主題，從而作為化育感恩情懷的必備課程，進而成為宣教華夏孝道文化的人生必修課。

值此，人們或許要問：明明「祀乎其先」的「宗廟之禮」，周公何以「宗祀文王於明堂，以配上帝」呢？

（3）「宗祀文王」考釋

首先，要瞭解一下「宗祀」的對象——文王姬昌。作為周朝的奠基者，他是中國歷史上的一代明君，亦稱西伯昌。在位四十二年後，正式稱王，史稱周文王。《禮記‧大學》稱許文王：「為人君，止於仁；為人臣，止於敬；為人子，止於孝；為人父，止於慈；與國人交，止於信。」對於文王，孔子稱其為「三代之英」。

其次，還要弄清祭祀的場所——明堂。所謂「明堂」，其實原本為古代帝王朝會諸侯、發佈政令的殿堂。待到秋季大享祭天，明堂尚可配祀宗祖。然而，這一祭祀先祖的場所，歷代稱謂不一：黃帝時稱為「明庭」，夏代稱「世室」，殷商稱「重屋」，周人稱「明堂」。據傳，上古明堂位於國都南郊，遠離王城七里，以近為輕慢；南郊去王城五十里，以遠為嚴正。但周代的「明堂」，卻是周公遠離京都鎬京，另在洛邑營建的東都。

如若探究周公祭祀父王的場所，為什麼不在宗廟，而改在「明堂」，可由其平治天下的方略揭示其謎底：一者，周公作為攝政王，

為有別於君王郊祀昊天上帝，而採取在明堂祭祀低於昊天的五方上帝，從而表現出對上不僭越王位之謙卑；二者，周公以文王配享五帝以盡孝道的名義，採用明堂的禮儀接待天下朝見的諸侯，發佈政令，進而顯現出對諸侯不卑不亢之權威。唐代孔穎達徵引《易‧豫卦‧象傳》中「以配祖考」，為之疏正道「配祀明堂，五分之帝，以考文王也」。此番言論，即可印證周公「宗祀文王於明堂，以配上帝」這一舉措。那麼，明堂之「明」，既為彰明自身仁德的「明德」之謂，又為表明前來朝觀諸侯位次排定此「明禮」之謂，尤為顯明周公「善繼人之志，善述人之事」此「達孝」之謂也。

(4)「五方上帝」稽考

考究明堂所祀五方上帝，實則「因於夏禮」。具體來說，夏朝后啟為了有別於黃帝、顓頊、帝嚳、帝堯、帝舜此人世間五帝，而將此五帝與先考禹一併尊奉為上天之帝，簡稱「上帝」。

在華夏上古神文化體系中，天神中主神係昊天上帝，為至高神太一的尊號。周朝祭祀昊天上帝時，還要祭祀其輔佐之神五方上帝，主宰上天東、南、西、北、中五大方位。後至漢朝，漢武帝經薄謬忌建言，恢復了以「泰一神」為最尊貴天神的傳統祭祀，並配以五帝為輔佐神。

對於何以祭五方上帝，《禮記‧大傳》即闡釋道：「禮，不王不禘。王者禘其祖之所自出，以其祖配之。」此言是說，在始祖廟舉行的盛大祭禮，若非帝王便不可參加禘祭。帝王禘祭其始祖之所自天帝而出生，並以其始祖配享。漢代鄭玄就此注解時進一步闡明：「王者

之先祖皆感大微五帝之精以生。蒼則靈威仰，赤則赤熛怒，黃則含樞紐，白則白招拒，黑則汁光紀。」由此可知，上古夏商周三代帝王的先祖，皆由感應太微五帝的精氣而生。然而，就此「感生帝」而論，表面指先祖由五方上帝感生而來，實際隱喻宇宙生命成因緣起「氣本論」之寓意。

從「感生」來看，據上海博物館藏戰國楚竹書《子羔》載，孔子答子羔所問禹、契、稷三王感生之事，一是夏族人始祖大禹，其母修己因吞吃薏苡後懷孕而生；二是商族人始祖契，其母簡狄因吞吃玄鳥之卵後妊娠而生；三是周族人始祖棄，其母姜嫄腳踩巨人足跡後身懷六甲而生。

細察禹、契、稷三王之母由「五方上帝」感生的傳說，自周代以五色配五方，至春秋戰國演變成五方配「五德」：東方木德青帝靈威仰，南方火德赤帝赤熛怒，中央土德黃帝含樞紐，西方金德白帝白招拒，北方水德玄帝汁光紀。顯而易見，此出自戰國時期陰陽家鄒衍「五德終始」說，也就是將土、木、火、金、水此五種性能從始到終、終而復始的循環運動，作為歷史變遷、王朝更替的根據。值此，人們不免有所困惑：這三代禹、契、稷，他們的母親的感生，無論是吞食薏苡，還是吞食玄鳥之卵，抑或是踩巨人足跡，怎麼跟五方上帝扯到一起？又如何由五方上帝來感生？幾千年來未有下文，可說是語焉不詳。

倘若深究這兩者的內在關聯，尚須由五帝名稱一一予以鉤稽。先看東方上帝，何以稱作「靈威仰」？在五行配伍中，東方主春季，由

「蒼」而「青」，應是萬木所萌發的嫩綠春色。天地之氣，春主生發：春陽上升，春色撩人，春心萌動，生靈感應舒布的陽氣，誘發萬物交合而繁殖。因此，所謂「靈威仰」，實則寓意著天地間生靈交感陽春之氣，並由陰陽交合化生萬物所迸發的威力，從而產生的無限敬仰；關於南方上帝所稱「赤熛怒」，無非是指南方赤野千里，炎熾熛怒，意味著上天對人世間暴君的驕橫恣肆的懲罰；對於中央上帝所稱「含樞紐」，無疑是以中央為至尊，隱含著掌管社會歷史變遷的關鍵，以及決定王朝興衰這猶如樞紐般重要節點；至於西方上帝所稱「白招拒」，實際是指遠古大洪水那白浪滔天的劫難，是由人世間昏君的荒淫無道，招致上帝以此對其進行的征討；最後北方上帝所稱「汁光紀」，實質是「歲星紀年法」中以木星在天上位置來表示年度的「汁洽」，或者說表太歲在未的「協洽」。從時令來看，冬主斂藏，水凝為冰雪，霧凇雪柳，泛著晶瑩的銀色之光。古代帝王為禳災祈福，在冬至舉行祭天的「郊祀」之禮，「陳其犧牲，備其鼎俎」，陳列著的祭品，除了汁溢肉香的牲體，還有汁液甘醇的鬱鬯美酒，以及汁液鮮美的蔬果，一切為了上帝和先祖的歆享，從而呈現出人神之間的協和融洽。

反觀五方上帝之名，其實是由夏商周三代對於已故先王稱作「帝」，所以天子在宗廟祭享天神、祖先的大祭，稱為「禘祭」。進一步說，上古天子稱已故先祖為「帝」，確信先王的靈魂不滅而在天上。

上古春夏秋冬的四時祭，是在每季的首月，以剛收成的農作物祭

獻祖先。據董仲舒《春秋繁露》的說法，春祭稱作「祠」，夏祭稱作「礿」(音「越」)，秋祭稱作「嘗」，冬季稱作「烝」(音「蒸」)。申言之，一是春祠之「祠」，古音讀同「食」(音「飼」)，是以食物給予他人食用。因此，其釋義是：孟春正月，向祖先獻祭剛割下的頭茬韭菜；二是夏礿之「礿」，其義同「汋」(音「酌」)，是指汋洗。顯然，夏礿的釋義是：孟夏四月，向祖先獻祭剛收的新麥；三是秋嘗之「嘗」，意即「品嘗」。所以，秋嘗的釋義是：孟秋七月，讓祖先品嘗新收穫黍稷；四是冬烝之「烝」，其義同「登」，又為「進獻」。那麼，冬烝的釋義是：孟冬十月，進獻新稻所蒸米飯給祖先神靈。

鑒於上述，當知五方上帝的雛形，原本出自夏商二代，也就是在春夏秋冬四季祭祀其稱為「帝」的先祖這一感恩文化。

3、本段文句小結

通過以上深入探索，我們在感覺「五方上帝」的名稱有些樸拙的同時，還可發現其中遺存著上古初民神學觀成因的資訊。

一者，透過孔子對於夏商周三代始祖因感應太微五帝精氣而生予以認同這一表象，可深層捕捉到天地生靈源於交感陽春之氣這天人合一的核心理念；

二者，追溯夏商二代將先祖死後尊稱為「帝」而舉行的四時祭祀，實則揭開了上古先民所祭祀的「上帝」、「天帝」與所祭祀的先祖這原本一體不二的奧秘；

三者，通過五方上帝之名的逐一訓解，不僅可厘清上古神學文化體系所構成的根脈，而且重在發現戰國鄒衍「五德終始說」與漢代董

仲舒「天人感應說」二者緣起的根基;

四者，經過「上帝」、「天帝」二語詞如此鉤沉索隱，經過「感生帝」如此考鏡源流，經過五帝名稱如此探微鉤稽，以及四時之祭如此探幽燭隱，足以發現上古「天人合一」的哲學觀，無不隱含著華夏民族精深博厚的孝道文化意蘊。

總之，上述的探究考正，既可以揭開周公何以「郊祀后稷以配天，宗祀文王於明堂，以配上帝」這一謎題，又可以感悟孔子何以例舉周公這一孝行的深刻寓意。

（二）「是以四海之內，各以其職來祭」句辨析

此句以「是以」為關聯詞，既承接前文所述周公的孝行，又連接本句表示收效如何。

1、「是以四海之內」句釋解

句中所謂「四海」，泛指天下各地。如杜牧《阿房宮賦》所云：「六王畢，四海一」。古人認為中國四境有海環繞，各按方位分為「東海」、「南海」、「西海」和「北海」。東海，就是中國黃海以南的東方海域，具體就是渤海、黃海、東海；南海，是指南中國海；北海，漢代蘇武牧羊之地，也就是現在俄羅斯的貝加爾湖；西海具體位置，歷來不詳。王莽篡漢建立新朝，曾將青海湖命名為「西海」。

2、「各以其職來祭」句訓解

周公以德教為天下仿效的樣板，致使「各以其職來祭」。申言之，四海之內的諸侯，各自按其職位貢獻其邦國的特產。若按王畿以外的諸侯邦國分為六服來說，這既有封外侯服「貢祀物」，又有封內

甸服「貢嬪物」，還有男服「貢器物」，采服「貢服物」，以及衛服「貢材物」和要服「貢貨物」，以此來助祭先王。

（三）「夫聖人之德，又何以加於孝乎」句剖析

此反問句，是對前句進行的總體概括。這不僅說明孝治天下是聖明人君德行的極至，而且回應了曾子開篇提出的「敢問聖人之德，無以加於孝乎」這一疑問。

前句「夫聖人之德」，句首「夫」為指示代詞「那」，與其後偏正詞組「聖人之德」構成同位語。概言之，此句是說：那聖明人君的德行。

後句狀語「何以」，表示反問的語氣；疑問代詞「何」，在介詞結構中作為賓語可置於介詞「以」之前，其詞序當為「以何」，意為「憑什麼」，或「豈能」、「怎能」。謂語動詞「加」，是指「增加」或「復加」。此二者合而為一，即「何以加」，其意是指「何以復加」，相當於「無以復加」。

句中補語「於孝」為介詞結構，介詞「於」，表示「比」；而其賓語「孝」，是指「孝行」，即周公以先父文王配享上帝的大孝之行。所以，「加於孝」，意即比以先父配享上帝的孝行有所復加。

（四）本段經典釋義

此段經文，其釋義是說：往昔，周公在城郊祭祀時，以其先祖后稷配享天帝，而在明堂祭祀宗祖時，以先王文王配享上帝。因此，四海之內的諸侯各盡其職來貢獻他們的特產，來襄助祭祀先王。那聖明人君的德行，又豈能比以先王配享上帝的孝行有所復加呢？

五、經典文句續解

故親生之膝下，以養父母日嚴。聖人因嚴以教敬，因親以教愛。聖人之教，不肅而成，其政不嚴而治。其所因者，本也。父子之道，天性也，君臣之義也。父母生之，續莫大焉。君親臨之，厚莫重焉。

百善孝為首。聖明人君的德行，體現為孝治天下是無以復加的。孔子圍繞這個問題深入探究，向曾子闡述其所以然。

（一）「故親生之膝下，以養父母日嚴」句解析

此句以「故」為關聯詞，在承接前文所闡述的事情結果背景下，進一步論述其何以至此的成因。

1、「故親生之膝下」句辨解

此句關鍵字為「親」。唐玄宗注本，釋之為「親猶愛也」。目前大多讀本因循玄宗之說，釋解為「子女對父母的親愛之心」。如此理解，未嘗不可，只是有失確切。

按說，此「親」是指「親情」。從語法結構來說，「親」作為主語，與謂語動詞「生」構成主謂結構的「親生」，意思無非是「親情萌生」。而「膝下」作為補語，不是呱呱墜地的嬰兒，也不是繈褓之中的幼兒，而是牽著父母的手蹣跚學步的孩兒，此即所謂「孩提之童」。

明人項霦在其《孝經述注》指出：「孩提之童，無不知愛其親，自生育膝下，侍奉父母，漸長則嚴敬之心日加。」其實，「孩提之童」當為行走不穩的孩子，不得不由父母提著手蹣跚前行，而頭頂僅

在父母膝蓋之下。當斯時也，子女對於父母陪伴的親情，遂由牽手前行時萌生。

2、「以養父母日嚴」句辨析

句首介詞「以」之後，省略了代詞「之」。而省略的「之」，顯然代指前文「親生之膝下」，即親情由父母牽手行走所萌生。其後動詞「養」，表示「奉養」；與其後「父母」構成動賓詞組。句末「日嚴」，為偏正詞組構成的補語。其修飾語「日」，意為「日益」，表示程度一天比一天加深；而中心詞「嚴」，表示嚴謹敬重之「嚴敬」。

總之，此句釋義為：由此養育親情，奉養父母的情感日益深化而嚴敬。

（二）「聖人因嚴以教敬，因親以教愛」句析解

此句謂語由兩個表因果關係的「因……以……」並列句式構成。這種典型句式，主要解釋前後二者所蘊含的因果關係。

1、「聖人因嚴以教敬」句分析

主語為「聖人」，其中「因嚴」為介賓詞組，介詞「因」表示「因循」或「因襲」；賓語「嚴」，表示「父母的嚴敬」。而連詞「以」用在動詞之前，表示要達到的目的，或者將取得的結果。其後動詞「教敬」，分別表示「教導」和「敬順」。

總之，此文句意即：聖明的人君因循父母的嚴敬，得以教導人臣敬順其君長。

2、「因親以教愛」句解析

此句主語承前省略，句式同上。句首「因親」為動賓詞組，謂語動詞「因」表示「因襲」，賓語「親」，表示「親情」。補語「以教愛」，介詞「以」用在動詞之前表示要達到的目的。其後動詞「教愛」，分別表示「教導」和「關愛」。

所以，此句意即：因襲父母的親情，得以教育人臣關愛其民眾。

（三）「聖人之教，不肅而成；其政不嚴而治。其所因者，本也」句辨解

此段經典句式，前二句是以關聯詞「不……而……」構成表因果關係的並列陳述句；後句以關聯詞「……者，……也」構成的典型判斷句。

1、「聖人之教，不肅而成，其政不嚴而治」句分析

此二句是以關聯詞「不……而……」構成表因果關係的並列陳述句

（1）「聖人之教，不肅而成」句讀解

此句「聖人之教」，為偏正詞組作主語；中心詞「教」，即孝治天下的「德教」。謂語「不肅而成」，其關聯詞語「不……而……」，表示雖不具有某些條件或原因而產生某種結果。其中「肅」字，表示「整肅」；不過，整肅的對象不是民眾，而是百官。其後「成」字，則表示「化成」；其化成對象則為「天下」。如《易‧恒卦‧象傳》：「聖人久於其道，而天下化成。」

詳查此句語義，較之「天子章」所言「而德教加於百姓，刑於四海」句，具有異曲同工之妙。所以，此句釋義是說，聖明人君孝治天

268

下的道德教育，不用整肅百官，就能化成天下。

（2）「其政不嚴而治」句辨析

句首之「其」，為物主代詞，代指「聖人」。此「其」用作定語，修飾中心詞「政」。二者合而為一，「其政」表示「聖明人君的政令」。

謂語「不嚴而治」，仍以關聯詞語「不⋯⋯而⋯⋯」構成。其中「嚴」字，表示「嚴苛」，即嚴刑苛法；但實施的對象不是百官，而是民眾。其後「治」字，表示「疏治」，即疏導治理。

至於此句語義，可由孔子所說「政者，正也。子率以正，孰敢不正」句，作為其注腳。所以，此句大意是說：聖明人君的政令，不需嚴刑苛法，就能疏治天下民眾。

（3）「其所因者，本也」句解析

此句以關聯詞「⋯⋯者，⋯⋯也」構成古文言文中典型的判斷句。

前句「其所因」，其後加上「者」，構成名詞性短語，即「者」字結構。此「者」字結構，不止具有語氣提頓和引出謂語的作用，尚且以「⋯⋯的事情」這一結構，指代所論述的情況。

就主語「其所因」而言，它由代詞「其」與「所因」這「所」字結構組合構成的主謂短語。「其」代指「聖人」；「所因」之「所」，用在謂語動詞「因」之前，用來指代行為動作的對象；而「因」則表示「因襲」、「因循」、「因承」。

後句「本也」，句首「本」字，表示「根本」，旨在對主語所陳

述的情況，判斷其所屬社會性質；句末「也」字，在謂語之後起到加強判斷的語氣作用。

所以，此句釋義為：聖明人君所因承的德教，是孝治天下的根本。

（四）「父子之道，天性也，君臣之義也。父母生之，續莫大焉。君親臨之，厚莫重焉」句訓解

此段經典文句，前句是以「也」字結尾的判斷句，後兩句是以對舉形式構成的陳述句。

1、「父子之道，天性也，君臣之義也」句解析

此句為主語「父子之道」與兩個以「也」字為結尾的謂語，構成的並列判斷句。謂語作性質判斷，旨在表明與主語具有倫理與禮法二重邏輯關係。

（1）「父子之道，天性也」句讀解

先就「父子之道」來看，父與子由血緣生成天然的親情。在生命的延續中，從先天到後天的生養，為人父傾其所有體現的仁愛情懷，而為人子以「立身行道」所盡大孝的道義，即天倫之「道」。

眾所周知，「道」可以分為有形之道和無形之道。有形之道為形而下，是指人行的道路；無形之道為形而上，大致可分為四方面：一曰宇宙本原，二曰自然規則，三曰社會法則，四曰情感理則。隨著社會的分工和語言的細化，「道」的概念多維性逐漸分化。於是，它所表示的社會法則，逐漸被「法」取代；它所表示的自然規則，亦以「理」來替代；而所表示的情感理則，亦以「理」稱之。

再就「天性也」來講，父與子由先天血緣結成的倫理之「理」，後延申至君與臣由宗法構成的禮法之「法」。尤其是家國天下同構的政治體制與社會倫理，形成了封建制與宗法制這「法」、「理」的建構，無一不由「道」而派生，又無一不歸之於「道」。

換言之，從「道」分化派生出來的「理」和「法」之間，尚且存在父子由先天血緣凝結與後天教養連接著的親情之「情」。這種對嚴父親愛的情理，可延伸為對君長敬愛的倫理，繼而延續為對天下蒼生泛愛的事理，乃至延展為對人類博愛的義理。

(2)「君臣之義也」句釋解

從「君臣之義也」來說，除了對氏族、民族和家國天下的利益，以及人身的合法權益予以自覺維護的「道義」之外，當屬其中對於社會倫理責任自覺擔當的「人義」。孔子在《禮記‧禮運》中明確指出：「何謂人義？父慈，子孝，兄良，弟悌，夫義，婦聽，長惠，幼順，君仁，臣忠，十者謂之人義。」由此可知，此「人義」具體可劃分為：情義、恩義、孝義、仁義、禮義、忠義、信義、節義等，不一而足。僅就本句而言，如果說父與子之間那「父慈子孝」為情義，那麼此「君仁臣忠」之義，則為「禮義」。值此，人們不禁要問：何以至此？

縱觀西周的政治建構，作為中國歷史上第一個封建制王朝，天子把王畿以外的大片土地，分封給同姓子弟、功臣和先代後裔，從而形成拱衛王室的諸侯國。諸侯又將自己封國的疆域，分封同姓子弟和功臣的卿大夫，進而形成拱衛王國的諸封邑，也稱作「采邑」或「家

271

邑」；卿大夫再將自己封邑的領地，分賜給同姓子弟和功臣的家士。如此這般，從中央到地方的層層分封，是以具有血緣關係的同姓子弟作為壓倒多數的主體，而異姓功臣佔有較小比例，且大多已相互聯姻。

深層探究這種由血緣關係確立的政治建構，實質是一種「家國同構」的政體格局。具體來說，卿大夫所封家邑之「家」，源於諸侯封國之「國」；而諸侯所封邦國之「國」，緣於天子所擁有之「天下」。簡言之，政治制度層面的分封制，與社會制度層次的宗法制，形成政治與社會一分不二的相容建構。

社會存在，決定人們的社會意識。這種「家國同構」的社會溫床，不僅孕育出儒家以親情為基礎的仁政理念，而且還催生了以禮義為核心的社會倫理。現在，我們在認同「父子之道，天性也」前提下，對於「君臣之義也」，就可以完全理解了。

孟子認為：「親親，仁也；敬長，義也。無他，達之天下也。」此話是說，親敬宗親，是謂「仁」；禮敬君長，是謂「義」。別無其他途徑，只有仁愛與禮義通達天下。基於此，父與子的親情，這由血緣親情所凝結的仁愛，亦可延伸為君與臣所化成的禮義。但有一點需要指出，對於「君臣之義」，如孔子在《論語‧八佾》直接闡釋道：「君使臣以禮，臣事君以忠。」顯然，二者關係是雙向的，君主使令臣子要敬之以禮，臣子奉事君主應盡之以忠，而決非漢唐後儒所曲解的「君父」、「臣子」那般單向之「義」。

學人知道，自秦帝國廢除封建制之後，無論漢魏晉南北朝，還是

272

隋唐五代，以及宋明，歷朝歷代儘管遺存著分封現象，但先秦以「家國天下同構」為標誌的封建制政體已消亡。因此，後儒這類「君臣如父子」附會之說，遠不止背離了儒家傳統的思想文化，而且混淆了先秦封建制社會與兩漢以降分封性社會的本質區別，甚至由此授予反孔鬥士以抹黑傳統文化之口實。

回顧「父子之道，天性也，君臣之義也」句，其釋義是說：父子之間由血緣凝結的親情，既是與生俱來的自然天性，又是君臣之間的道義。

2.「父母生之，續莫大焉；君親臨之，厚莫重焉」句辨析

此句句式，是由兩個表示說明因果關係的複句構成的對舉句。二者承接前文，進一步說明父子與君臣相互存在著連帶和深化的關係。

（1）「父母生之，續莫大焉」句釋解

前句「父母生之」，表明已經發生的狀況。主語為「父母」；謂語「生」，表示「生養」，是指生育和養育；賓語為代詞「之」，代指父母所生養的「兒子」。

後句「續莫大焉」推斷出理應如此的結果。句首「續」為動詞，表示生命的延續和宗族香火的傳續；「莫」作為否定性不定代詞，表示「沒有誰」、「沒有什麼」。句尾「焉」為兼詞，兼有介詞「於」加代詞「之」的語法功能，相當於「於是」、「於此」，意即「比此事」。

概言之，父母生育與教養，既是生命的延續，也是宗族香火的傳續，沒有什麼比這生命的傳續和宗族香火的傳續更為重大。

（2）「君親臨之，厚莫重焉」句索解

前句「君親臨之」，表示已發生的狀況。主語「君親」，是指身為君王的父親，亦可特指君主；謂語為動賓短語「臨之」，與前句「生之」相對舉，是指君王蒞臨視見平民，傾聽他們的呼聲。

此「臨」字，大陸簡體作「临」。其金文寫作 𦥯，右上從 𣂦 為「見」，像一人俯身向下視聽之形；左下從 𠖭 為「𠱠」（音「遝」），即三「言」省文，表示眾多語言議論紛紛之狀。由此俯身視聽來自社會底層民眾呼聲之狀，其字義當為「蒞臨」。

後句「厚莫重焉」，是依據前句「君親臨之」這一狀況，推斷出理應如此的結果。句首「厚」表示「厚生」，屬形容詞使動用法，意即使生民衣食日益豐厚。如《書・大禹謨》載：「正德，利用，厚生，惟和。」對於「厚生」一詞，孔穎達疏正道：「厚生，謂薄徵徭，輕賦稅，不奪農時，令民生計溫厚，衣食豐足，故所以養民也。」其中「莫」字，作為否定性不定代詞，表示「沒有什麼」。句尾「焉」為兼詞，兼有介詞「於」與代詞「之」的雙重語法功能，相當於「於是」、「於此」。

總之，此兩句釋義是說：君王蒞臨視見民眾，傾聽社會底層的呼聲，沒有什麼比使民眾生活日益豐厚更為重要。

六、經典文句終解

故不愛其親而愛他人者，謂之悖德；不敬其親而敬他人者，謂之

悖禮。以順則逆，民無則焉。不在於善，而皆在於凶德，雖得之，君子不貴也。君子則不然，言思可道，行思可樂，德義可尊，作事可法，容止可觀，進退可度，以臨其民。是以其臣（民）畏而愛之，則而象之。故能成其德教，而行其政令。

此段經典文句，從正反兩方面揭示了統治者能否「行其政令」的關鍵，在於是否「成其德教」。

（一）「故不愛其親而愛他人者，謂之悖德；不敬其親而敬他人者，謂之悖禮」句解析

此二句屬對舉句，是以「謂之」對主語所否定的現象，進行屬性推斷的判斷句。

1、「故不愛其親而愛他人者，謂之悖德」句辨解

句首「故」承接前文，表示「所以」。其後「不愛其親而愛他人」加上「者」，構成名詞性短語，即「者」字結構。此「者」字結構，指代所論述的人君；而謂語「謂之悖德」屬於兼語結構，前者「謂之」為動賓關係，「謂」表示「稱謂」，而代詞「之」為兼語，它既充當「謂」的賓語，指代主語所闡述的事情，又兼作其後謂語「悖德」的主語。簡言之，「謂之」表示屬性判斷，一般譯作「稱之為」。

提及「不愛其親而愛他人者」，人們會不由自主想起「易牙烹子」的典故。易牙是春秋時期五霸之首齊桓公的名廚。一次，桓公戲言遍嘗美味，唯獨不知道人肉什麼味道。孰料易牙竟將自己年幼的孩

275

子烹調成美食，送給桓公。齊桓公為此深受感動，從而重用易牙。

後來管仲病重，齊桓公前去探望，在問計國事而提到易牙等人時，管仲予以否定。桓公反問道：「易牙烹其子，以適寡人之口，是愛寡人勝於愛子，尚可懷疑嗎？」管仲說：「人情之深莫過愛子，對自己兒子尚且忍心，怎會有利於君王？」桓公聽從管仲的建議，將易牙等人驅逐。

誰知過了三年，桓公遠離易牙等寵臣後寢食難安，又將他們召回到身邊。僅僅過了一年，桓公病危之際，易牙等堵塞宮門，假傳君命，不許任何人進宮。桓公悔之晚矣，終被餓死。

透過「易牙烹子」此不愛親子而愛桓公的「盡忠」表象，可發現此類人「愛他人」的虛假。因為他們實質所愛的，不過是炙手可熱的權勢。因此，這種有悖人倫道德的反常作法，當然屬於「悖德」。尤為需要指出的是，易牙作為人臣「不愛其親」的劣行，僅僅是弄權亂國；倘若人君如此「悖德」，則勢必禍國殃民。

試看周厲王之行徑，不愛傳其江山的君父，不珍愛同宗芮國君王芮良夫的勸諫，卻任用所寵愛的榮夷公實行「專利」，即以國家名義壟斷山林川澤，不准國人依山澤而謀生，藉以橫徵暴斂，重賦峻刑，違背了周人共同享有山林川澤以利民生的典章制度。此「不愛其親」而愛寵臣的周厲王，招致天怒人怨，引發「國人暴動」，被迫逃到彘地，最終身死異鄉。

2.「不敬其親而敬他人者，謂之悖禮」句釋解

對於「不敬其親而敬他人者」，還要提到齊桓公身邊另一位名叫

開方的近臣，他本是衛國的長公子，因為見齊國強盛，便追隨齊桓公長達十五年，即使父母病故，也竟然不回國奔喪。開方如此作法，顯然被桓公視為忠誠，從而得到倚重。

一代賢相管仲病重，齊桓公前去探望，當問計國事而提到開方時，管仲予以否定。桓公直接提出質疑：「衛公子開方，捨棄其千乘之太子，而臣於寡人，以寡人之愛為幸。父母死不奔喪，是愛寡人勝於父母，不可懷疑。」管仲當即告誡道：「人情最親莫過於父母。對父母尚且冷酷無情，又怎會有利於君王？而且千乘之封，是人之最大欲望。棄千乘而就君，是其所期望的大過於千乘。君必須遠拒之勿近，近必亂國。」齊桓公聽到管仲此番話，遂將開方驅逐了。誰知三年後又把他召回到身邊。當桓公病危之際，開方不僅夥同他人趕走了太子，各自糾合奸黨干政，致使齊國大亂，而且閉塞宮門，就連送飯的人都不讓進去。可歎一代霸主，最終餓死在病榻之上。

揭穿開方對「父母死不奔喪」那表面「忠誠」的假象，可窺見此類「敬他人」的虛偽。因為他們所禮敬的，無非是人君所執掌的生殺予奪權力。那麼，這類別有用心的「敬他人者」，定然屬於「悖禮」。尤為需要指出的是，衛開方作為人臣「不敬其親」的劣行，僅僅是弄權亂國；而人君倘若「愛他人」有悖人的倫理道德，則勢必禍國殃民。

就春秋戰國時期的諸侯而言，他們既不敬忠其君父的天子，又不敬重其他為兄為弟的同胞侯王，惟有禮敬那些宣揚征伐爭霸的說客遊士，如秦孝公敬重的商鞅，崇尚攻城掠地的血腥，將秦國變革為軍

國，將人性變革為狼性，「一人貪戾，一國作亂」，一國強大而萬骨枯。

3. 經典文句概論

父子之間的親情，君臣之間的禮敬，原本由慈孝延伸至敬忠。然而，「春秋無義戰」，源於人君親情與道義的淪喪，從而導致諸侯為爭霸而相互殺伐。所以，透過禮樂遺失的表象，可折射出深層那愛敬的缺失。從「禮樂征伐自天子出」，至「禮樂征伐自諸侯出」，再至「陪臣執國命」，既割裂了父子之間血緣親情的恩義，又斷裂了兄弟之間手足般情義，更決裂了君臣之間相互敬忠的禮義。

穿越三千年風雨滄桑，父子與君臣一體、家國與天下同構的封建制社會，終不免雨打風吹去。但步入二十世紀六十年代中葉，由於史無前例的十年文革浩劫，中華傳統孝文化一度作為封建主義的「舊思想」、「舊文化」而橫遭舉國上下的口誅筆伐，以致國民的心靈被扭曲而變態。

當今社會，衛星上天，道德落地。物質財富的綠洲，掩蓋不了精神文化的沙漠的荒蕪。由於社會道德的缺位，「不愛其親」、「不敬其親」的社會現象，迄今屢見不鮮，司空見慣。父母對於子女的親情，無疑一往情深，可兒子對於父母之愛，有些卻不免打折縮水。親情不如金錢，不愛父母雙親而愛的「他人」，當然是「有奶就是娘」；敬親不如權力，不敬父母雙親而敬的「他人」，定然是「有權就是爹」。

總之，上述經典文句的釋義是謂：所以，不熱愛自己父母尊親的

人君，反而熱愛他人的情況，稱之為有悖道德；不敬重自己兄弟至親的人君，反而敬重他人的狀況，稱之為有悖禮義。

（二）「以順則逆，民無則焉。不在於善，而皆在於凶德。雖得之，君子不貴也」句辨析

1、「以順則逆，民無則焉」句讀解

前句「以順則逆」，乃「以之順民，民則逆」的簡寫。

句首「以」為介詞，後面省略了代詞「之」，即「以之」。此「之」所代指的，即前文所述那「悖德」、「悖禮」的作法。其後「順」字，屬形容詞使動用法，即「使之順服」；其賓語承後省略，即「民無則焉」之「民」。而「則」為副詞，表示「就」；其後「逆」，表示「逆反」。

綜而言之，此句「以順則逆」，大致是說：以此「悖德」、「悖禮」的德行使民眾順服，就會造成逆反。

後句「民無則焉」，其中「則」為動詞，表示「效法」、「仿效」。句尾語氣詞「焉」，對語句起肯定作用，相當於「也」、「矣」。

概而言之，此句釋義為：以悖德悖禮的德行使民眾順服，就會造成逆反，因為民眾無從效仿。

2、「不在於善，而皆在於凶德」句釋解

前句「不在於善」，是一否定句，句中動詞「在」，表示「在意」、「在乎」、「致力」；其後「於善」為介賓短語，賓語「善」，當表示「善行」。

279

此句大意是說，君王不致力於愛民敬人的善行。若按前文來說，即不能「制節謹度」，以輕徭薄賦來「和其民人」，而是以對內橫徵暴斂、對外窮兵黷武來暴虐其民人。

後句「而皆在於凶德」，句首連詞「而」，表示轉折，是指「反而」；其後副詞「皆」，表示「全部」、「無不」；句尾「於凶德」為介賓短語，其賓語「凶德」，其「凶」為形容詞意動用法，表示「以德為凶」。此句是指「悖德」、「悖禮」的惡行，不啻凶殺德義。

總而言之，此句釋義為：不致力於愛民敬人的善行，反而全身心致力於凶殺德義的暴行。

3、「雖得之，君子不貴也」句剖解

此句以連詞「雖」表讓步和轉折關係，但句尾則以語氣詞「也」構成判斷句。

前句「雖得之」，句首「雖」，表示「雖然」、「儘管」；而「得之」，即孔子所說「不以其道得之」這一文句的省略。換言之，不以正義的行為，而以「悖德」、「悖禮」這非正義的暴力奪得天下。

後句「君子不貴也」，其中「貴」，本指貴族應有的尊貴；本句「不貴」的「貴」，其後省略了代詞「之」。而「貴」原為形容詞，此句為意動詞，表示「以之為貴」。因為，「不貴」這一偏正結構，可理解為：不以「悖德」、「悖禮」的行徑奪得天下為尊貴，而且是為之鄙夷而不屑的。

基於上述，此句釋義為：雖然以「悖德」、「悖禮」的行徑奪得天下，也是傑出君主為之鄙夷而不屑的。

（三）「君子則不然，言思可道，行思可樂，德義可尊，作事可法，容止可觀，進退可度，以臨其民。是以其臣畏而愛之，則而象之」句詳析

此句採用「是以」為關聯詞，構成說明因果複句。前分句提出諸多事實情況作為依據，後分句表示這種事實必然導致的結果。

1、「君子則不然」句讀解

此句「君子則不然」，是針對暴君以非正義手段竊取天下的惡劣行徑而言。其中「則」為連詞，表示轉折，相當於「卻」；其後「不然」的「然」，為代詞「這樣」，即代指那些獨夫民賊以「悖德」、「悖禮」的暴力手段取得天下的惡行。

至於聖明君主的言行舉止，非但不以「悖德」、「悖禮」的非正義手段篡位奪權，竊取天下，而是自有其貴族的風範。以下就其言行、作為、容止，逐句展開進行解讀。

2、「言思可道，行思可樂，德義可尊，作事可法，容止可觀，進退可度，以臨其民」句正解

（1）「言思可道，行思可樂」。此前兩句，是談君王的所言所行。

前者「言思可道」，為動補結構。句首「言」為動詞，是指「發表言論」；其後「思可道」為補語，是對「發表言論」的動作行為補充說明。其中「思」為狀語，表示「三思」、「慎思」；句末「道」

281

為動詞，本指為天下所贊許的「稱道」。

行成於思，一切政令，只有立足於為天下生民謀福祉，才會贏得天下的贊許。也只有這樣，政令才可以頒佈，言論才可以發表。那麼，此句釋義為：其言論，經三思而後行，以求取天下黎民百姓所稱道。

後句「行思可樂」，為動補結構。句首「行」為動詞，是指「施行政令」；其後「思可樂」為補語，是對「施行政令」的動作行為，補充說明所發生的效力。句末「樂」，表示與民同樂。

這一點，頗似孟子面見梁惠王所論「獨樂樂，不如眾樂樂」。另外，據《詩・大雅・靈臺》中記述，周文王修建靈臺而觀賞奏樂。孟子就此感慨：「文王以民力為臺為沼，而民歡樂之。」所以，此句釋義為：其政令，須三思而後行，可利益天下生民安居樂业。

（2）「德義可尊，作事可法」。這後兩句，是指君王的所作所為。

前者「德義可尊」，句首「德義」，並非「道德信義」。其「德」是指德政惠施；而「義」則指賞罰得當的法度。如《國語・周語中》所載：「故聖人之施捨也，議之；其喜怒取與也，亦議之。是以不主寬惠，亦不主猛毅，主德義而已。」韋昭為之注解道：「賞得其人，罰當其罪，是為德義。」而句末「尊」字，同「遵」，表示「遵行」、「遵從」。所以，此句釋義為：其德政，以法度正義可惠施於民而遵從。

後者「作事可法」，為動補結構。句首「作」，是指「所作所

282

為」；其後「事可法」為補語，是對前者「作」的行為補充說明。其「事」，是指「行事」，即勤於政事。對於君王的勤政，早朝須聽取國事，不時批閱奏章，頒佈政令；四時須親自郊祀祭天，宗廟祭祖，乃至省察民情，貴在「春省耕而補不足，秋省斂而助不給」。如此勤於政事，自然讓天下為之效法。

其實，此句語序當為「政以事可法而後作」。所以，此句釋義當為：其作為，以事關黎民百姓利益而使人臣可效法。

然需要指出的是，唐玄宗之注，將「作事」理解為一詞，並注解為「製作事業，動得物宜」。這一文句，若按其釋解，即禮樂典章制度，動用符合規則，可讓人效法。對此，宋代邢昺在其《孝經注疏》引「易曰『舉而措之天下之民，謂之事業』」，並釋解道：「言能作眾物之端，為器用之式，造立於己，成式於物，物得其宜，故能使人法象也。」基於邢氏這一誤解，當今有學者索性將「作事」曲解為「從事製作或建造」。

（3）「容止可觀，進退可度」。這末兩句，是講君王的所容所進。

前者「容止可觀」，為動補結構。句首「容」，原為名詞「容貌」，亦指「儀容形象」；其後「止可觀」為補語，是對前者「儀容形象」的行為補充說明。其「止」，是指「達到」；而「可觀」，是指可使人敬仰觀瞻。所以，此句釋義為：其儀容，以達到可使天下人臣敬仰而觀瞻。

此句「容止可觀」，尚可見諸《左傳・襄公三十一年》「周旋可

則，容止可觀」。基於前句「周旋」表示古代行禮時進退揖讓的動作，後世學者，從鄭玄到唐玄宗，乃至邢昺，皆由於不解後句「貌以止可觀而後容」的語序，遂以主謂結構釋解「容止」，從而解讀為儀容和舉止。這種釋解雖無傷文句語義，但有悖於原文孔子的表達的句序。

後者「進退可度」，仍為動補結構。句首「進」，表示「步履行進」；其後「退可度」為補語。就「退」而言，其字義本表「遲緩」，而並非引申義「後退」。至於句末「可度」，與前者「可觀」對舉，其「度」為動詞，表示「忖度」。概言之，廟堂之上，「君子不重則不威」，若有失莊重，就會失去應有的威嚴。所以，此句釋義為：其行進，以求步履從容遲緩可審度時勢。

後世學者不解此句「進以退可度而後行」這一語序，將謂語動詞「進」與補語中心詞「退」相並列，於是臆斷為「禮儀揖讓時前行後退」的動作，而句末「度」的音讀亦誤讀作法度之「度」。況且，此句大多曲解為，當進則進，當退則退，完全符合法度。這種想當然的猜想，終不免流於輕率和膚淺。

末句「以臨其民」，為介賓短語。句首「以」表示實現某種目的；其後省略代詞「之」，指代上述「言思可道，行思可樂，德義可尊，作事可法，容止可觀，進退可度」這六個動補結構句式。至於「臨其民」這一動賓結構，動詞「臨」表示「蒞臨」或「親臨」；而賓語「其民」，則是指他的國民。

總之，此句「以臨其民」，意為：以此垂臨他的國民。這與前文

284

「君親臨之，厚莫重焉」，顯然上下契合，前後呼應。

以上通過逐句解析，方顯出賢明君王親民的風範：其言論，經三思而後行，以求取黎民百姓所稱道；其政令，須三思而後行，可利益生民安居而樂業；其德政，以道義可惠施於民而遵從；其作為，以事關和其民人而使人臣可效法；其儀容，以達到可使人臣敬仰而觀瞻；其行進，以求步履從容遲緩可審度時勢。以此垂臨自己的國民。

3、「是以其臣畏而愛之，則而象之」句辨解

句首「是以」，為表示因果的連詞，用來連接因果複句中的結果分句。就其語序而言，「是以」即「以是」，相當於現代漢語「因此」。此即在承接前文所提出諸多勤政親民情況下，進一步闡明所產生的社會效果。

前句原文為「其民畏而愛之，則而象之」，但由《左傳・襄公三十一年》所載「君有君之威儀，其臣畏而愛之，則而象之，故能有其國家」得知，主語「其民」之「民」，當為「臣」字。

毋庸諱言，君王的威儀與風範，受其影響者主要是卿大夫諸人臣，而決非天下之庶民。對於人臣所產生的成效，具體表現為兩種形態：前者「畏而愛之」，即敬畏而愛戴；而句末代詞「之」，則指代君王的威儀。後者「則而象之」，此「則」為動詞，表示「效仿」；而「象」為動詞，假借為「像」，即「相像」；至於句末代詞「之」，則指代君王的風範。

本諸上述，此句釋義為：因此，他的人臣，對其威儀敬畏而不失愛戴；對其風範，仿效而幾近相像。

285

（四）「故能成其德教，而行其政令」句評析

此句以連詞「故」承上啟下，對前文闡述人臣對於君王形象崇尚的情況，推論這樣應取得的社會成果。

前句「故能成其德教」，其中「能」屬能願動詞，表「能夠」；其後「成」為動詞「成就」，句末「其德教」則屬偏正詞組作賓語。「其」為反身物主代詞「自己的」；中心詞「德教」，表示德政教化。

後句「而行其政令」，句首「而」，表示「進而」；其動詞「行」，表示「風行」；至於句末賓語「政令」，即「行政命令」。

此句前後合而為一，其釋義為：所以能夠成就自己的德政教化，進而風行自己的行政命令。

七　結尾詩文詮釋

詩云：淑人君子，其儀不忒。

（一）詩句主旨求索

此句詩出自《詩經・曹風・鳲鳩》，是一首讚美君子德行的詩作。關於此詩原創主旨，歷來存在兩種截然對立的觀點。《毛詩序》主張：「《鳲鳩》，刺不一也。在位無君子，用心之不一也。」然朱熹《詩集傳》認為：「詩人美君子之用心平均專一。」由此可見，前者「刺不一」，是說諷刺不專一；後者「美君子之用心平均專一」，是指美化君子的用心專一。

縱觀古今關於此詩主旨的爭執，雖然莫衷一是，但無不忽略了其中重要的一環：此即本章孔子徵引此詩句，旨在說明人君孝治天下的德行，其思想傾向不言而喻，可謂無聲勝有聲。

（一）詩題讀解

所謂「鳲鳩」，其實就是布穀鳥。該詩以鳲鳩這種鳥哺育眾多雛鳥的慈愛，歌詠它無有偏私而平均如一。基於此，詩人是以鳲鳩來比興「淑人君子」「其儀一兮」、「其儀不忒」的美德。而這一點，正是本章引用此詩句寓意之所在。

（二）詩句訓解

1、「淑人君子」句解讀

此句「淑人」之「淑」，本來表水的清澈深湛，經引申而表「淑靜」和「嘉淑」。此「淑」作為形容詞，既表女子的淑靜，如「窈窕淑女」；亦表男子和善之嘉淑。如此句「淑人君子」，句首「淑人」，是指具有「上善若水」之嘉淑的人君。至於句末「君子」，則表具有賢明的國君。

2、「其儀不忒」句釋讀

句首「其」，為反身物主代詞，表示「自己的」。其後「儀」字，表「儀表」、「儀容」；相對前句「淑人君子」，釋義當為「威儀」；句末「忒」(音「特」)字，意為「差忒」，也就是「差錯」。

總之，本章所引用的這一詩句，釋義是：嘉淑而賢明的人君，其威儀不失其應有的風範。

紀孝行章第十：

「在丑不爭」孝行的本義

一、章題字義釋解

本章「紀孝行」的「紀」，向來釋作「記錄」。於是乎，「紀孝行」便解讀成「記錄孝子奉行孝道的具體事項與內容」。如此釋解，雖差強人意，但以訓詁方式釋之，則與「紀」字本義相去甚遠。

對於「紀」字，戰國郭店楚簡寫作紀，秦小篆亦作紀，二者構形別無二致。《說文解字》釋曰：「紀，絲別也。从糸，己聲。」顯然，許慎將「紀」右从之「己」視作聲符，從而訓其構形為形聲字。

其實不然。從「紀」字形來看，其左从「糸」，像蠶繭繅絲之形，因為蠶繭繅絲時，要從眾多蠶絲中抽出一根頭緒；其右从「己」，像蟒蛇僵死而蟠曲著的軀體之形。值此，需要指出的是，殷墟甲骨文中，「己」同「巳」。所以，「紀」字右从「己」所表蟒蛇僵死而蟠曲著的軀體之形，可意會「巳然」如此。若按王聖美右文說，即由聲符推求字義，那麼「己」不止作聲符，尚且作意符。鑒於此，「紀」字結體構成當為：从糸，从己，己亦聲，屬形聲兼會意字。其字義原本是謂：巳然由紛亂理出頭緒。

從經典文獻來看，不乏諸家釋「紀」為「緒」之闡述。如《墨子·尚同上》載：「子墨子言曰：『……譬若絲縷之有紀。』」又如

《淮南子‧泰族訓》：「繭之性爲絲然非得工女煮以熱湯而抽其統紀，則不能成絲。」再如揚子《方言》第十：「紀，緒也。」

試看本章對於孝子事親的行為，先將「孝行」概括為五方面：致敬、致樂、致憂、致哀、致嚴；後將忤逆不孝總結為三點：驕、亂、爭。孔子如此歸納的「五當三戒」，猶如從散亂而糾結的蠶絲中已然理出的頭緒。因此，本章「紀孝行」之「紀」，並非誤解的「記錄」，而應訓解為頭緒之「緒」。

本章章題「紀孝行」，「紀」為名詞，用於名詞「孝行」之前，屬名詞用作動詞，即名詞意動用法，可稱作「緒論」。那麼，「紀孝行」的釋義，應修正為「緒論孝行」。

二、正文經句讀解

子曰：孝子之事親也，居則致其敬，養則致其樂，病則致其憂，喪則致其哀，祭則致其嚴。五者備矣，然後能事親。

孔子這段經典論述，是一陳述句。其文句結構，採取了先總後分再總的句式。

（一）「孝子之事親也，居則致其敬，養則致其樂，病則致其憂，喪則致其哀，祭則致其嚴」句解讀

此句是先總後分的陳述句，即先概括說明主要內容然後逐次陳述。

1、「孝子之事親也」句辨析

此句作為先總說部分，概述全句大意,明確提出「孝子如何事親」

這一主題。

此句主語「孝子」，其後助詞「之」，用於主謂結構之間，相當於「對於」；謂語動詞「事」，是指「事奉」，意即「侍奉」；而賓語「親」，指父母雙親。此句釋義是說，孝子對於事奉尊親。

對於如何「事親」，孔子從總體上將孝子的孝行歸納為致敬、致樂、致憂、致哀、致嚴五方面，在以下分說中逐一加以闡釋。

2.「居則致其敬，養則致其樂」句詳析

此二句作為分說部分之一，陳說孝子在父母雙親健在情況下的孝行。尚且，皆以表肯定副詞「則」構成判斷句，相當於「就」。

(1)「居則致其敬」句索解

句首「居」字，是指平常閒居；「致」為「致力」、「盡力」；「其」為人稱代詞「他們」，代指「父母」；而句末的「敬」，顯然是指「敬重」。所以，此句釋義是：閒居家中，就致力使他們感受到應有的敬重。

對於「致其敬」，《論語・為政》中記載了孔子就此話題所作的精闢論述。當子遊請教「什麼是『孝』」時，夫子隨即回答道：「今之孝者，是謂能養。至於犬馬，皆能有養。不敬，何以別乎？」夫子的意思是，當今行孝之人，是指能夠贍養父母。至於所寵愛的良犬名馬，都能夠豢養，如果對父母不心存敬重，那跟豢養良犬名馬又有什麼區別呢？此番話發人深省，對父母與對寵物的區別，根本在於有無敬重之心。

邢昺徵引《禮記・內則》云：「『子事父母，雞初鳴，咸盥漱』。至於父母之所，敬進甘脆而後退。又《祭義》曰『養可能也，敬為

290

難』。皆是盡敬之義也。」這段話的釋義是說，為人子事奉父母，雄雞五更初鳴，洗手漱口全完成，進入父母的居所，敬獻上甘甜鬆脆的佳餚之後告退。又如《禮記‧祭義》所說，贍養父母是可能的,而敬重則是難能的。邢氏此說，是指為人子極盡孝敬的道義。因此，對於父母的贍養，並非僅僅是經濟上的供給和生活上的照料，而是精神層面的這份敬愛。日常衣食起居的關注，噓寒問暖的關心，晨省昏定的關切，冬溫夏清的關愛，無時無處不體現出對於父母那份由衷的敬愛。

（2）「養則致其樂」句釋解

句首「養」，為「奉養」，是指飲食起居對父母的侍奉和贍養；其後「其」為人稱代詞，顯然代指「父母」；至於句末之「樂」，是指使父母滿意而快樂。所以，此句釋義為：侍奉贍養，就致力使父母愉悅快樂。

關於「致其樂」，《論語‧為政篇》還有一章節，記敘了孔子對此問題的看法。夫子就子夏提出「什麼是孝？」這個問題，僅僅回答兩個字「色難」。此「色」字，即指「臉色」。人的臉色，是反映內心好惡的一面鏡子。侍奉贍養，飲食起居，親愛發自內心，敬重體現態度，二者互為表裏。談及「色難」，人們大多認為，和顏悅色最為難得，這種解答無疑是正確的。但從邏輯的周延性來講，「色難」決不止於此。

孝子事親所難之「色」，一方面是指對父母的和顏悅色，而決非正言厲色，更非表情木然的臉色。父母對於子女，實際從未有過分的要求，只是在溫飽前提下，渴求精神方面的慰藉，情感方面的關心。古人講究冬溫夏清，晨省昏定，講求難得為人子的和悅臉色。另一方

面是指此和悅臉色持久性之「難」。因為尊親病臥床榻並非一朝一夕，甚至經年累月。因此，以和悅的臉色面對父母，不是一陣子，而是對父母後半輩子。尤其是在父母有生之年，不管遇到什麼情況都能始終如一，依然不改這種和悅的面色。只有孝子表情的和悅，才能換來父母心情的愉悅。

當代社會的「色難」，是難以見到子女的一面。子女一面尚且難求，又遑論其面之「色」？

3. 「病則致其憂，喪則致其哀」句申析

此二句為分說部分之二。如果說，前文陳述的是孝子所致孝行，處在父母健在的常態之下，那麼此二句則指處於尊親病臥床榻，乃至撒手人寰的非常態之中。

(1) 「病則致其憂」句說解

家家有老人，人人都會老。韶華易逝，人漸衰老，各種疾病不免隨之而來。為人子者，除了悉心照料父母生活上的衣食起居之外，還要時時關注老人的健康狀況。

關於「病則致其憂」，可由《論語‧為政》所載「孟武伯問孝」作為參證。當孟武伯提問「什麼是孝」，孔子隨即指出：「父母唯其疾之憂。」夫子此言是說，為人子的孝行，體現為尊親患病就致力醫治所產生的憂患意識，此即唯有憂慮尊親的病情惡化。

漢代有個「伯俞泣杖」的典故，是說梁人韓伯俞每當有過失，母親都用竹板教訓他。一次母親責打，他卻傷心地哭泣起來。母親覺得奇怪，便追問他，過去打你從不落淚，今天打你為何流淚？他回答

說，以往挨打能覺得痛，如今未感到疼痛，說明母親氣力減弱，為此傷心流淚。細微之處見孝心，這份心繫老母的情懷，悄然撥動人的心弦，讓人不禁為之深受感動。

《弟子規》有言：「親有疾，藥先嘗；晝夜侍，不離床。」其中這「晝夜侍，不離床」，說的就是漢文帝劉恒的典故。母親生病三年，他在身旁悉心侍奉了三年。晚上睡覺，他不僅從不合眼，就連外衣也不脫，因為唯恐母親病情加重因睡倦而耽誤救治。漢文帝這一孝心，感動了天下。漢代以孝治國，是與漢文帝的孝行分不開的。上行下效，天下蔚然成風。

「父母有疾，人子憂心」。倘若父母偶有不適，在噓寒問暖之時，須及時就醫診治。一旦臥病床榻，當有憂患意識。與此同時，孝子須感同身受，憂心著父母的病情，痛苦著父母的病痛。對於瀕死垂危的父母，侍奉他們依然如同健在時一樣，不失愛敬之心。此即在父母彌留之際，孝子要朝夕陪伴，悉心照料，從身心兩方面給予臨終關懷。這既消除或減輕他們的病痛，又給予精神上的安慰和寄託。

鑒於上述，句首「病」字，是指「患病」；而「其」為反身代詞「自己」；至於「憂」，則為動詞「憂心」、「擔憂」，意即對尊親病情的憂慮。所以，此句釋義為：病臥床榻，就致以自己對尊親病情的憂心。

(2)「喪則致其哀」句評解

句首「喪」字，大陸簡體為「丧」。此「喪」音讀多以平聲讀作sāng，從而理解為名詞，意即尊親亡故的「喪事」或「治喪」。其實

應以去聲讀作sàng，即讀解為動詞，意即尊親的「喪亡」。從前後句對舉的角度來看，前句「病則致其憂」，句首「病」為動詞，表示尊親的患病；而此句「喪則致其哀」，句首「喪」亦為動詞，表示尊親的喪亡。另從人之常情來講，為人子當尊親一旦喪亡，即為喪失親人號啕大哭，而決非直到治喪起靈才大放悲聲。其後「致其哀」，是指孝子為喪失父母致以自己的哀慟。

本句關鍵字為「哀」，其金文 見諸西周早期沈子它簋蓋，从衣从口，屬會意字。就其構形來看，衣中之口，似一特寫，即匍匐在地舉首張口大哭時的形象。鑒於此，「哀」的字義本指放聲大哭。

一旦尊親病故，生死離別，內心的痛苦以大放悲聲而宣瀉出來，極盡哀戚之情。誠如孔傳所言：「親既終沒，思慕號啕，斬衰歠粥，卜兆祖葬，所謂致其哀也。」此段話是說，當尊親已然亡故，追思仰慕他們的恩情時，不禁號啕大哭，身穿以生麻布製成的不緝（音「七」）邊喪服，啜食一點米粥，以占卜確定陵墓，然後祭奠送葬，即所謂「致其哀」。

那麼，這句話的釋義是：尊親喪亡，就致以自己的號啕大哭宣洩悲哀。

4、「祭則致其嚴」句破析

此句「祭則致其嚴」，是指祭祀逝世的父母，心懷崇敬仰慕之情，面呈莊嚴肅穆之貌，「事死如事生，事亡如事存」，追念父母教誨，四時不忘祭掃。但問題是，如何「致其嚴」？

關於「嚴」字，前文曾通過其甲骨文與金文形體，鉤沉出所遺存的遠古巫祝儺祭時驅邪禳災的資訊：以右手上舉所持苕苈，口中厲聲呼喊「邪乎」以驅除邪祟，再現場面之「莊嚴」、氣氛之「嚴肅」等。基於此，此句「致其嚴」，具體致以下述方面之「嚴」——

（1）祭前之嚴格。

在祭前禮敬方面，孔子在《禮記・中庸》第十九章指出：「修其祖廟，陳其宗器，設其裳衣，薦其時食。」這段話是說，修繕祭祖的宗廟，陳列祭供的禮器，擺設父考遺存的衣裳，薦獻應時的蔬果食物。

就「薦其時食」之「薦」而言，其意是「薦獻」，不同於「祭獻」。如《公羊傳・桓公八年》載：「無牲而祭曰薦，薦而加牲曰祭。」此話是說，沒有牛羊僅以食物果蔬為供品稱作「薦」，以食物果蔬為薦品加上牛羊等祭品稱作「祭」。

周代的「薦其時食」，是在春夏秋冬四時每季的首月，將剛收成的農作物薦獻給祖先。孟春正月，將剛割下的頭茬韭菜薦獻祖先，稱作「春祠」；孟夏四月，將剛收割的新麥薦獻祖先，稱作「夏礿」；孟秋七月，以新收穫的黍稷讓祖先品嘗，稱作「秋嘗」；孟冬十月，以稻穀蒸制的食物薦獻給祖先，稱作「冬烝」。

時食薦獻的性質，《穀梁傳・成公十七年》闡述得較為透徹：「祭者，薦其時也，薦其敬也，薦其美也，非享味也。」此段話是說，祭祀，薦獻的遠不止四時食物果蔬，實際薦獻的是孝子的虔敬之心，薦獻的是家族的和美之情，並非僅僅歆享薦品的味道。

（2）祭時之嚴謹。

在禮儀方面，孔子闡述得很明確：「踐其位，行其禮，奏其樂，敬其所尊，愛其所親。」夫子此言是說，踐行「左昭右穆」禮制而按次序就位，遵行公侯伯子男的爵位而行肅拜之禮，演奏讚頌先祖豐功偉績的樂章，敬祭先王所尊崇的祖先愛戴先王所親近的賢良。

（3）祭後之嚴慕。

祭祀，既是孝子最為重大的事情，也是家國天下最為重大的事業。

就其社會意義而言，正如《禮記・祭統》所言：「祭者，所以追養繼孝也。」這就揭示出祭祀的宗旨，既重在表達孝子對父母的追念與愛敬之情，又貴在導引子孫對於先祖繼承孝道之志。那麼，在追念父母養育之恩的同時，反思自己是否遵守先輩生前的諄諄教誨，勿忘擔當起「光前裕後」的責任與使命。

（二）「五者備矣，然後能事親」句釋讀

此句作為全句再總說部分，是在先總說後分說基礎上，再行總體概括。然本句是以「然後」為關聯詞，構成的順承複句。

1、「五者備矣」句解析

前句「五者備矣」，句首「五者」，是指以上「居」、「養」、「病」、「喪」、「祭」五個方面；其後「備矣」是說，致敬、致樂、致憂、致哀、致嚴此五方面已然具備。

2、「然後能事親」句分析

後句「然後能事親」，「然後」用於此順承複句句首，表示承接前面孝行。具體來說，作為表示承接關係的連詞「然後」，前者「然」為指示代詞，指代「這樣」、「那樣」、「如此」；詞語「然

後」意思是「這樣之後」，本句是復指「五者備矣」。其後「能事親」則表示，才能盡到事奉尊親的責任。

（三）此段經典譯讀

綜上所述，全句釋義是謂：孝子對於事奉尊親，閒居家中，就致力使父母感受應有的敬重；侍奉瞻養，就致力使父母愉悅快樂；病臥床褥，就對尊親病情致以自己的憂心；尊親喪亡，就致以自己痛失尊親的哀慟；祭祀悼念，就致力薦獻禮儀的周嚴。此五孝行具備了，然後才算盡到事奉尊親的責任。

三、經典文句續解

事親者，居上不驕，為下不亂，在丑（醜）不爭。居上而驕則亡，為下而亂則刑，在丑而爭則兵。三者不除，雖日用三牲之養，猶為不孝也。

此段經典文句，相對上文孝子事親的孝行，前二句針對統治者有悖孝道三大醜行，告誡由此所產生社會惡果，後句以「雖……猶」構成轉折關係複句。

（一）「事親者，居上不驕，為下不亂，在丑不爭」句考釋

此句是以「者」為關聯詞的判斷句，謂語則以否定副詞「不」構成三個並列否定句。

1、「事親者」句釋析

此句作為判斷句主語，助詞「者」附於動賓短語「事親」後用如

代詞，組成「者」字結構，用以指代主語，可譯為「……的人」。此句釋義是指：事奉尊親的人子。

2.「居上不驕，為下不亂，在丑不爭」句條析

此三句作為謂語，是以否定副詞「不」構成的並列否定句，以此對孝子提出三方面告誡。

(1)「居上不驕」疏正

此句「居上不驕」，關鍵要弄清「居上者」的身份。表面看來，對此「居上者」的要求是「不驕」，歷代注疏皆認為與「諸侯章」所言「在上不驕」同義。其實，二者有所區別。所謂「居上」者，是指身居上端，即天子。而「在上」的諸侯，只是身在上位，而身在上位不止一人。所以，「居上」與「在上」雖一字之差，但不可等同。

句尾「驕」字，是指暴君的「驕橫」、「驕奢」、「驕縱」。試看上古暴君，如果說夏桀為「驕奢」，商紂為「驕橫」，周厲、周幽為「驕縱」，那麼秦始皇則為「驕橫」、「驕奢」、「驕縱」三者之集大成。

對於句中的「不驕」，是指不以目中無人的驕橫，視臣民為草芥；不以恣意妄為的驕縱，對國民橫徵暴斂。

本諸上述，此句釋義為：身居上位的天子，不可驕奢淫逸，驕橫放縱。

(2)「為下不亂」厘正

先就「為下」而言，鄭玄注解為「為人臣下，不敢為亂也」。孰料鄭注誤解有二：一是為下而亂者，不止「人臣」，還有「陪臣執國

298

命」的「家臣」。如魯國陽虎之「家臣執國命」是也。二是「不亂」並非「不敢為亂」，因為「不敢」屬自行約束，而不屬告誡，所以應為「不可」。

再就「亂」字來看，大陸簡體為「乱」。其金文寫作 ，屬象形兼會意字；字形像上下兩手在解織機上紛亂打結的絲線。因此，「亂」的字義，形容詞為「紛亂」；而動詞既為「治亂」，如《尚書・泰誓》：「武王曰：『予有亂臣十人。』」；又為「作亂」，如《論語・學而》「不好犯上而好作亂者，未之有也。」因此，「不亂」應為，不犯上作亂。

鑒於上述，此句釋義是：身為下屬的臣子，不可犯上作亂。

（3）「在丑不爭」句考正

此句「在丑不爭」，其中「丑」字為關鍵字。

按鄭玄《孝經注》即為「在醜不爭」，且釋之為：「忿爭為醜。醜，類也。」後世沿襲鄭注，至唐玄宗《孝經正義》，其注釋「醜」為「眾也」。時至今日，諸家皆依據玄宗之說，釋「醜」為「眾」。

其實不然。此句中「丑」字，迄今作為十二地支之一，即「子丑寅卯」之「丑」；在十二生肖中，即「丑牛」之「丑」。尤為需要明示的是，上個世紀五十年代中期，大陸漢字簡化時，此「丑」兼併了原表「醜惡」之「醜」。於是，大陸不乏將「丑」視作「醜」字簡體者。因此各類《孝經》版本歪打正著，皆以簡化字名義採用本字「丑」。

細究「丑」與「醜」二字差別，尚須索解「丑」字甲骨文的結體構成，由此可見二者之本義。

先從「醜」字初文來看，其甲骨文作𩴂，從酉從鬼，是一會意字。其左從𠁃為「酉」，像盛酒的酒罈之狀；其右從𩴂為「鬼」，像跪坐之人頭戴著魌面具之形。二者合而為一，可意會飲酒過量，頗似巫祝戴著「魌頭」的跳儺後的醜態。由此可使人想到《弟子規》中「飲酒醉，最為醜」之句。所以，「醜」字詞性為形容詞，字義即「醉酒的醜態」。

再從「丑」字來講，甲骨文作𠃊。就其字形、字義來說，歷來不得其解。《說文解字》據小篆之𠃊，釋其字形為「用手之形」，釋其字義為「紐」。今人據其甲骨文構形而望文生義，或釋為「爪形」，或釋為「像手甲形」，抑或釋作「像手指鉤曲用力揪東西的形狀」，並且視作「『扭』的本字」。至於字義，則訓作「揪扭」。

細究「丑」字，其甲骨文寫作𠃊，像鷹隼類兇猛飛禽的利爪之形；其字義以此利爪表鷹隼之類屬。至於「爪」字，其甲骨文為𠂸，表鷹隼以爪向下擒捉獵物的形態，即利爪之「爪」。然此鷹爪向上之𠃊所表猛禽類屬之「丑」，經引申兼表「種類」、「物類」、「品類」等抽象概念。不料伴隨上古文言文表述的細化，由「丑」所表「類別」的抽象概念，竟被取象日常生活而表「種類」抽象概念的文字所覆蓋。至於「丑」字本義，所幸尚遺存於「地支」與「生肖」的專有名詞之中。

詳察此表丑類之「丑」字，後世逐漸派生而一分為三：

一者，為表人類之「類」，大陸簡體為「类」，其古字為「頪」。此「頪」金文見諸春秋晚期叔尸鎛之𩔖，構形從米從頁（音

300

「協」），屬會意字。其左從「米」，像去皮的粟穀子實的米粒之形：其右從「頁」，像人從頭至頸兩大部位之狀。二者合而為一，以人類青春期面部與頸部皆長有米粒般大小的疙瘩這一共性，會意人類區別其牠動物的顯著特徵。

二者，為了表蠶絲或麻線上的紇縫，又在此「頪」基礎上，附加上表示由蠶絲抽出頭緒之「糸」（音「密」），構成從糸從頪之「纇」，乃形聲兼會意字。但是，無論由人面部疙瘩而表人類這一類別之「頪」，還是由蠶絲紇縫而表絲麻這一類別之「纇」，皆表示有所瑕疵的「品類」。

三者，為了表無瑕疵的物種，遂在以「頪」為聲符基礎上，進一步附加以「犬」為形符的「類」字，即構成從犬從頪的形聲字，並以此物類與帶瑕疵的人頪之「頪」和品纇之「纇」相區別。孰料後世化繁為簡，此後起字「類」興而初文「頪」亡，況且以此「類」代稱「人類」、「種類」、「物類」及「品類」。

凡事皆有例外，除了「纇」見諸文言文僅表絲線紇縫古稱之外，只有「丑」仍作為十二地支之一，表時令、月令這兩種名類，以及十二生肖之「丑牛」。

從用於曆法而表示干支紀年的「建丑」來看，尚可從中鉤沉出「丑」字所遺存著的本義。西漢司馬遷《史記·卷二十六·曆書第四》載：「夏正以正月，殷正以十二月，周正以十一月。」太史公認為，夏朝將農曆一月視作一年之始，稱「建寅」，即今之「正月」；殷朝將農曆十二月視作一年之始，稱「建丑」，即今之「臘月」；周

朝將農曆十一月視作一年之始，稱「建子」，即今之「冬月」。

按上古干支紀年法，其中干支紀月稱「月建」，即以十二個月之始，稱之為「建」。然「建」字金文蔡侯紐鐘作 𦘒，從聿從廴，其字義本表創建的律法持之可行，後以其衍義表北斗七星斗柄頂端的指向。

僅就「建丑」而論，黃河流域寒冬時節，冰天雪地，草木凋零。當斯之時，狐兔忍不住饑腸轆轆，當它溜出洞穴覓食之日，恰是鷹隼類猛禽以其利爪擒捉飛狐走兔之際。鷹隼利爪之下，終不免「毛血灑平蕪」。所以，由「建丑」所表時令，當知「丑」以向前伸出利爪，代指鷹隼丑類這一抽象概念。

反觀本章「在丑不爭」，便可明辨諸家考釋之正誤。先從鄭玄《孝經注》來看，其注瑕瑜互見：其「在醜不爭」，以形容詞「醜」取代了名詞「丑」，可謂之「瑕」；但其釋「醜」為「類也」，仍不失其灼見，可謂之「瑜」。再從唐玄宗《孝經正義》來講，其注顯然因循鄭注而為「在醜不爭」，並且釋「醜」為「眾也」。玄宗後者注解之紕謬，實則源於《爾雅》所釋「醜，眾也」之誤。

時至西元1956年大陸漢字簡化，此表美醜的「醜」才併入表地支之「丑」。從此，按漢字簡化規定，此「丑」兼表「醜」字原有形容詞詞性，即醜惡之「醜」；由此將「醜」字義視作「丑」的繁體。然而當今大陸出版的諸多《孝經》版本，所載此句「在丑不爭」，儘管表面上還原了「丑」字真體，但完全出於漢字簡化之需要，實屬歪打正著。

究其所以然，關鍵在於有些學者非但沒有從根本上意識到鄭注原

302

有的訛誤，反而被大陸學者視為「醜」字簡體，尚且由玄宗釋「醜」為「眾」，進一步曲解為「卑賤之人」。而臺港出版的《孝經》各種版本，所載此句雖為「在醜不爭」，可臺港學者未知其中「醜」字乃「丑」之訛誤，反而以其真體自居。

前文通過對「丑」字鉤沉索隱，人們可由其甲骨文的結體構成，發現其造字理據以鷹隼的利爪之「丑」，表示猛禽之類屬。因此，「丑」字古義的破解，拂去蒙蔽已久的歷史塵埃，這為還原「在丑不爭」的本義提供了先決條件。

關於本章文句此「丑」階級屬性的認定，尚需從「在丑不爭」這「不爭」的對象做進一步的考證。對於「爭」，鄭玄《孝經注》釋為「忿爭」，玄宗《孝經正義》釋為「競也」，當今諸家多釋為「爭鬥」，乃至「在社會底層就不要爭執」。

深究其誤解之所在，在於第一步以「丑」等同「醜」之後，第二步按《爾雅》釋「醜」為「眾」，第三步便將「眾」臆斷為「民眾」，從而完成這三級跳式推論。豈不知下文「在丑而爭則兵」，即已間接揭示出謎底：能夠兵戎相見者，非諸侯莫屬。

處於「春秋無義戰」這一特定歷史時期，「爭地以戰，殺人盈野；爭城以戰，殺人盈城」。那麼，引發「爭城」、「爭地」的爭端者，無疑為同類的侯王。僅此而言，此句「在丑不爭」，無疑是以「丑」表諸侯丑類的明證。

所以，此句釋義為：身在丑類的諸侯，不可爭城以戰。

（二）「居上而驕則亡，為下而亂則刑，在丑而爭則兵」句訓釋

303

此三並列句，是以連詞「則」為關聯詞構成肯定判斷句。就其句義而言，是對上文「事親者」提出三方面告誡的承接，並進一步闡明所引發的後果。

1、「居上而驕則亡」句申析

所謂「居上而驕則亡」，釋義是說：身居上位的天子驕橫暴戾，就會自取滅亡。

先秦「居上而驕」的典型，莫過於晉靈公。據《左傳・宣公二年》所載，晉靈公一向荒淫無道，恣肆暴戾，其「驕」有三：一是驕奢，用加重賦稅來構築雕飾豪華的宮牆；二是驕誕，從樓臺上用彈弓射過往行人，來觀看他們如何躲避彈丸；三是驕橫，由於庖廚所燉熊掌未燉爛熟，就將其殺害放在筐子裏，指使宮女用車載著經過朝堂；四是驕凶，派人刺殺勸諫他的忠臣。晉靈公如此這般「驕奢」、「驕誕」、「驕橫」、「驕凶」，其下場終不免被臣下所殺。

2、「為下而亂則刑」句辨析

所謂「為下而亂則刑」，釋義是說，身居下位的人臣犯上作亂，就會遭受刑戮。

秦朝宦官趙高這位奸佞之臣，不失為這一方面的典型。趙高原為趙國貴族，倚仗著秦二世胡亥對他的寵信，全面繼承、捍衛和發展了秦始皇的驕橫暴戾。他橫徵暴斂，濫殺無辜，尤其以「稅民深者為明吏」，以「殺人眾者為忠臣」。當始皇出遊途中死於沙丘，他一方面不惜偽造詔書，改立胡亥，另一方面為排斥異己而大開殺戒，相繼謀殺了長子嬴扶蘇、十二公子、十公主，以及大將軍蒙恬、右丞相馮去

疾等人。再者，他又殺死自己的死黨李斯，自任丞相，並軟禁了秦二世胡亥。在危機四起之時，他又殺死胡亥，立嬴子嬰為秦王。如此恣肆暴戾的趙高，不料最後被子嬰派出的義士宦官所砍殺。這直落得身首異處的下場，成為「為下而亂」的明證。

據《論語・泰伯》載，曾參晚年患病臥床不起，召集門下弟子到跟前說「啟予足！啟予手！」其「啟」字義，是指掀開被衾。那麼，此兩句是說：掀開被衾看看我的腳！掀開被衾看看我的手！其意是一生謹言慎行，為下不亂，以致肢體未有毀傷，保全得如此完好無缺。

3、「在丑而爭則兵」句釋析

此句「在丑而爭則兵」，釋義是說，身在丑類的諸侯爭霸稱雄，就會興兵作亂。

上文就「在丑而爭」之「丑」的字形、字義進行了稽考，表明它原本表鷹隼物種的類屬，經引申而表人物的「同類」。然而，除《孝經》本章所見「丑」表人物「同類」之外，尚且見諸《易・離卦》上九爻辭：「王用出征，有嘉折首，獲匪其丑，无咎。」又如《禮記・學記》：「古之學者，比物丑類。」

孰料兩漢以降，歷代諸家由於不解「在丑」究竟為何義，有的學者不僅以形容詞之「醜」訓解此名詞之「丑」，由其表「類屬」的字義訛變為「眾」，尚且無視「在丑」之「在」。於是，對於「在丑而爭則兵」的釋解，就不免進一步悖離了「在丑」的本義，不免淪為望文生義。

其實，「在丑」之「在」，意為「同在」；而表種類及物類的

305

「丑」，與「在」構成偏正式結構語詞，表示政治上官職爵位沒有差異的同類，只不過此「在丑」後世被後起詞「同儕」所取代。換言之，文言文中原本由「丑」的引申義所表人物同類的概念，後世逐漸被專表人物同類的語詞「儕」所代替。

反觀西周的政治建構，實質是按照血緣關係和姻親關係來確定社會等級並通過分封列國諸侯，形成政權和族權合二而一的政體格局。具體來看，周武王成為天下共主之後，便分封姬姓宗室子弟和功臣為列國諸侯。因此，周初所分封的七十一個諸侯國中，僅姬姓諸侯就佔有五十三個封國。

鑒於上述，諸侯王不僅血緣上宗親關係沒有差異而為同類，而且政治上官爵亦沒有差異而為同類。尤其是社會上的貴族，以地位無差異而為同類。然而，春秋戰國時期諸侯為爭霸稱雄所進行的爭戰，恰恰是同血緣的宗親、同官爵的侯王、同階級的貴族這些同類之爭。而這一點，既成為「不愛其親」、「不敬其親」的佐證，亦成為考正「在丑」為「同類」的見證，乃至成為解讀「在丑而爭則兵」句的明證。

(三) 「三者不除，雖日用三牲之養，猶為不孝也」句詮釋

此句是以關聯詞「猶」與句尾語氣詞「也」構成判斷關係複句。

1、「三者不除」句釋析

句首「三者」的「者」為代詞，用在數詞「三」之後，指代上文所告誡的「居上不驕，為下不亂，在丑不爭」三種情況。句末動詞「除」，指「摒除」、「去除」。

2、「雖日用三牲之養，猶為不孝也」句辨析

此後分句，是以連詞「雖」表示假設的讓步，與句尾語氣詞「也」相呼應，構成讓步假設關係複句。

（1）「雖日用三牲之養」解讀

句首「雖」相當於「雖然」、「即使」；表示假設存在「日用三牲之養」這種情況。對於「日用」之「日」，並非名詞，而是副詞「每日」；而「三牲之養」，是指用一牛、一羊、一豕（豬）三種牲畜奉養父母。

唐玄宗《御注孝經》謂：「三牲，太牢也。」邢昺為之疏注曰：「三牲，牛、羊、豕也。」二家注疏，是指上古帝王祭天所用的牛、羊、豕三牲，以其毛色純正而牲體完備稱作「犧牲」，亦因行祭前以其寄養的圈舍較大稱為「太牢」。鑑於此，將奉養尚且健在尊親極而言之「日用三牲」，附會為以牛、羊、豕三牲祭天的「太牢」，顯然有失確切。

反觀此句「雖日用三牲之養」，實則是以天子「牛羊豕三牲俱全」的極致餐飲規格為喻體，表示對父母所盡的孝心，即使像天子那樣每日用一牛、一羊、一豕的餐飲規格來奉養。

（2）「猶為不孝也」釋讀

此句「猶為不孝也」，是在推斷前者「日用三牲之養」的假設前提下，闡明與其不相應的結果。

句首「猶」為副詞，表示「依然」；而動詞「為」，意即「屬於」，表示對前面列舉的「居上而驕，為下而亂，在丑而兵」此「三者不除」情況，以及假設「日用三牲之養」，作出「猶為不孝」這一

307

性質判斷。

對於這段話的理解，不妨回顧一下《孝經》開篇「開宗明義章」中孔子所說的「身體髮膚，受之父母，不敢毀傷，孝之始也」，可知不管是「居上而驕」，還是「為下而亂」，抑或是「在丑而爭」，最後所「毀」者，無非是身首異處那生命的毀滅；而所「傷」者，不過是遭受墨、劓、剕、宮這類刑罰所致的傷殘，以及髡刑所致的損傷。如此這般，必然有辱門楣，有損家族聲望，其性質皆屬於大不孝。

本諸上述，此句經典釋義是說：以上三方面不能摒除，即使像天子那樣每日以食用牛、羊、豬三牲的極致規格來奉養父母，依然屬於忤逆不孝。

(四) 本段經典文句釋義

綜上所述，此段經典經此番深入鉤沉索隱，重在校勘出「在丑不爭」句中此「丑」非彼「醜」也，尤其是澄清了「丑」字歷史本來面目。

要而言之，此段經典釋義是謂：孝子事奉尊親，身居上位的天子，不可驕橫放縱；身為下屬的人臣，不可犯上作亂；身在丑類的諸侯，不可爭霸稱雄。身居上位而過於驕橫，就會自取滅亡；身為下屬而犯上作亂，就會遭受刑戮；身在丑類而爭霸稱雄，就會兵戎相見。這三方面不能摒除，即使象天子那樣每日以食用牛、羊、豬三牲的極致規格來奉養父母，依然屬於忤逆不孝。

五刑章第十一：

「不敢毀傷」的五刑奧義

一、章題字義釋解

何謂「五刑」？五刑為上古對犯罪者所使用的五種刑罰的統稱，最早見於《尚書・呂刑》。具體來說，它分別為墨、劓、剕、宮、大辟五種刑戮。

（一）「五刑」語詞鉤稽

1、墨刑，亦稱黥（音「晴」）刑，是在受刑者額頭刺字，並塗上墨。如西楚名將黥布，原本英氏，因受秦律被黥而稱「黥布」；

2、劓（音「刈」）刑，是用刑刀割掉受刑者的鼻子。如戰國時秦公子虔，作為太子左傅，因太子犯法而被商鞅處以劓刑；

3、剕（音「廢」）刑，是用刀鋸截斷受刑者左腿。這一刑罰，堯舜時期稱「剕」，後世亦稱「臏」、「刖」，以及「斬趾」。如戰國時期軍事家孫臏，因受龐涓迫害而遭受截斷雙腿的臏刑。所以，司馬遷稱「孫子臏腳，《兵法》修列」；

4、宮刑，又稱腐刑、陰刑和椓（音「琢」）刑，即割除男性生殖器官，因此亦稱「去勢」。如漢代司馬遷由於為李陵求情而被處以宮刑；

5、大辟（音「避」），是將犯人處死，又稱作極刑。這種剝奪生命的刑罰，除「斬首」之處，還有「腰斬」、「車裂」、「淩遲」諸

多方式。如戰國末期秦宦官嫪毐（音「烙矮」），因與嬴政母親太后趙姬私通，而被處以車裂這一極刑。又如太平天國覆滅後，天王洪秀全之子洪天貴福，即被處以凌遲極刑，況且被割了1003刀才斃命。

綜觀上古這五刑，除了大辟之刑屬於毀滅生命之外，其他無論是面部割去鼻子的劓刑，還是鋸掉左腿的剕刑，抑或是閹割性器的宮刑，所損毀的無一不是器官或下肢的「身」和「體」。而額頭刺字的墨刑，所損傷的是面部肌膚之「膚」。值此，人們不禁要問：這「受之父母」的「身體髮膚」，經此五刑處罰的「毀傷」，何以不見損失鬚髮的「髡（音「坤」）刑」？

（二）「髡刑」鉤沉

髡刑，即剃去犯罪人頭髮的刑罰。「髡」字甲骨文寫作 ▮（合564），研契學者舊所未識，尚且將其混同於「奚」字行列。

　　　　然「奚」字甲骨文寫作 ▮ 或 ▮，从爪从䰅，屬象形字。其上从 ▮ 為「爪」，像手向下之狀；其上从 ▮ 為「䰅」，象人頭上束有髮髻之形。析其構形，上下二形符，表示用手為大人束髮而綰成髮髻；字義即動詞「束髮」，經引申用作名詞，即以束髮為職業的美髮師。孰料此「奚」字形，許慎《說文解字》釋其同「𧝑」而訓作「大腹也」。後世有學者曲解成「被抓住髮辮」，或釋作「抓住捆綁著繩索的奴隸」；其字義亦由此訓作「罪奴」。

詳察此「髡」，其異體「髠」。《說文》析其字形「从髟（音biāo），兀聲」，將其視作形聲字。其實，此「髡」（或「髠」）字形當訓作：从髟，从兀（或从「元」）。因為其上所从之「髟」，像

310

頭髮下垂之形。若據東漢服虔《通俗文》所言，即「髮垂曰髟」。其下所從之「兀」或「元」，前者「兀」，可意會頭髮已被鬄成光禿，屬完成時態；後者「元」，則指頭髮正被割斷，屬進行時態。

殷墟甲骨文有一字作 （合824），或作 （合564），舊所未識。其字形從髟，從戊（音yuè），為象形兼會意字。其左從 ，上「髟」為斬斷髮髻之形，下「元」表女人已然無髮之頭頂；其右從 ，像宮廷專用刑具戊之形。二者合而為一，此 表以戊斬斷貴婦人頭上髮髻之髡刑。究其音讀，可從「女為坤」角度，鉤沉出「髡」為殷商貴族女性獲罪而處以斬斷髮髻的刑罰，並以「坤」表女性諧音而稱名。

周代髡刑，主要針對王族中大夫以上官長。為維護貴族的尊嚴，對於被處以宮刑的官員，則以割斷綰起長髮的髮髻，替代生殖器官的閹割。而這一點，正是「以髡代宮」的由來。

另據《周禮·秋官·掌戮》載：「髡者使守積。」鄭玄注解道：「髡者，此必王之同族。不宮者，宮之為翦其類，髡之而已。」前者是說，處以髡刑的人，使其看守糧草；而後者指出，此類處以髡刑的，必然屬於王族。至於實施宮刑，無非翦滅其後。而施以髡刑，只是鬄去頭髮而已。此二者說明，西周對於施以髡刑的犯人，還要罰處勞役。

概而言之，本篇「五刑章」主要針對上文「為下而亂則刑」，並圍繞「五刑」有悖孝道的問題進行深層闡發。

二、正文經句解讀

子曰:「五刑之屬三千」,而罪莫大於不孝。要君者無上,非聖人者無法,非孝者無親,此大亂之道也。

(一)「『五刑之屬三千』,而罪莫大於不孝」句解析

此句以「而」為關聯詞,構成轉折關係複句。前分句提出「五刑之屬三千」這一史實,後分句轉而述說與前分句相對的「罪莫大於不孝」,以闡明夫子所要表達的真正意圖。

1、「五刑」之考釋

對於「五刑」,前面「章題字義」已釋解,無須贅述。但從訓詁學角度來看,此五刑何以稱名為「墨」、「劓」、「剕」、「宮」和「大辟」,則不免似是而非。下面,我們將探究每一刑名的出處,逐字加以稽考,以解開人們心中由來已久的謎團。

(1)「墨刑」之義訓

「墨刑」,何以稱名為「墨」?這個問題不難解答,此刑罰先在受刑者額頭刺字,然後在傷口再塗上墨炭,自此留下終身恥辱性標誌。因此,「墨刑」以受此刑罰後塗之以墨而稱名。

孰料此「墨刑」,後至秦代改為附加勞役的「黥刑」。如《史記・秦始皇本紀》載:「令下三十日不燒,黥為城旦。」其意是說,秦朝頒佈的焚書禁令下達三十日之內,對於不燒《詩》、《書》者,在處以墨刑後,並且用鐵圈束頸,判處流放邊關服四年城旦之徒刑。此城旦之刑,即白日服協守城關的勞役,夜裏服修築長城的苦役。顯

312

而易見。此「黥刑」非彼「墨刑」。

至於「黥刑」何以稱「黥」，歷來語焉不詳。從音訓角度來看，此「黥」音讀，來自表示恩賜之「賜」的諧音。因此，「黥刑」之「黥」，可由音讀「賜」發現，其諧音隱含著「承受不殺之恩」的寓意，實則無非愚民的代名詞而已。

(2) 「劓刑」之音訓

「劓刑」之「劓」，何以音讀作「刈」？從「劓」字甲骨文所作 來看，其左從 為「自」，像犬鼻之形；其右從 為「刀」，像刑刀之狀。二者合而為一，會意用刑刀割掉犯罪者鼻子的刑罰。

從音訓角度來看，此「劓」字之所以音讀為「刈」，似源於先民用鐮刀收割莊稼而稱之「刈」。進言之，莊稼收割要用鐮刀貼著根部割除，而鼻子用刑刀割掉亦不能只割鼻尖。如唐代詩人白居易的詩作《觀刈麥》，即對割麥稱「刈麥」。鑒於此，古人遂將割鼻的刑罰寫作「劓」，並音讀為「刈」。

(3) 「剕刑」之聲訓

「剕刑」，何以稱名為「剕」？這個問題的解答，略有難度。因為歷代學者皆將「剕」誤解為「斬削犯人的腳」。

從音訓角度來講，此「剕刑」的「剕」之所以音讀為「廢」，按宋代王聖美「右文說」，形聲字除了以聲符表示字音，尚可因聲求義。

細究此「剕」，其造字理據有二：一則通過同源字「腓」（音

313

「肥」），當知其聲符「非」，表示此酷刑所施部位，即腓骨與腓腸肌的小腿。二則其音讀調值，之所以由陽平「腓」，完成至去聲「剕」的轉身，遺存著以致人殘廢之「廢」為諧音的本初寓意。

對於「剕刑」稱名的流變，歷代學者多認為，夏朝稱「臏」，周朝稱「刖」，秦朝稱「斬趾」。至於「剕」的稱名始於何時，以及殷商所稱之名，皆付諸闕如。

然而，「剕」字甲骨文的結體構成，自然揭開了這些疑問的謎底。

「剕」字甲骨文寫作，左偏旁為，像單足站立之人失去左小腿之形；右偏旁為，像右手持齒狀刀鋸之狀。二者合而為一，再現了受刑者被刀鋸鋸掉左小腿而致殘廢。因此，「剕」字本義，即表「殘廢」。

基於「剕」字音讀，可索解以下四個問題：一者由其致人殘廢，鉤沉出「剕刑」為其初始稱名的由來，並由《書・呂刑》「苗民弗用靈，制以刑」的記載，以及孔傳「三苗之君，習蚩尤之惡不用善化民，而制以重刑」，說明「剕刑」始於蚩尤；二者據其甲骨文字結體構成，索隱出此酷刑為鋸斷腓骨與腓腸肌這小腿部位而稱名的出處；三者由甲骨文所見之，說明殷商依然以「剕」稱名此酷刑；四者由戰國軍事家孫臏「臏腳」為砍斷雙小腿而稱「臏」的史實，進一步表明世傳夏朝稱「臏」、周朝稱「刖」、秦朝稱「斬趾」之說，皆為虛妄不實之詞。

（4）「宮刑」義訓

「宮刑」，何以稱名為「宮」？這個問題，解答頗有難度。因為對於此酷刑，歷來只知割除男性的生殖器官。況且，此刑原本稱「椓刑」。

「椓」字，其甲骨文作，即用刀割除男根之狀。究其音讀，當由「斫」字諧音，表示用砍柴刀砍斫之意。至於何以稱「宮」，則語焉不詳。實際上，從《周禮·秋宮》中所載「宮者使守內」，即可知其出處。因為遭受宮刑之人，須或出沒於帝王妃嬪所生活的後宮，於是以其所在處所代稱「宮」。

(5)「大辟」義訓

「大辟」為何名列五刑，而不以「刑」稱之？這個問題的解答，難度頗大。因為古今諸家對「大辟」的詞義，一向諱莫如深。

從訓詁學來講，「大辟」的「大」，當為程度副詞「極大」或「最大」；而「辟」為「避」初文。那麼，由其音讀即可意會「避諱」的含義。

周代大辟的刑名，據南宋王鍵《刑書釋名》載，分為七等：一曰「斬」，誅之斧鉞；二曰「殺」，以刀刃棄市，即刑於市，與眾共棄之；三曰「搏」，去其衣而磔之；四曰「焚」，以火燒殺之；五曰「辜磔」，指焚裂屍體；六曰「踣」，斃之於市場；七曰「罄」，縊之使斃於隱處。基於此，死刑之所以稱為「大辟」，反映出古人將「死」或「殺」帶有血腥的字詞視為不祥，並表示極度的厭惡。因此，出於避之惟恐不及之意，將此類刑戮稱為「大辟」。概言之，「大辟」的詞義，無非「極大避諱」的縮寫而已。

除此之外，此「大辟」諱稱還兼有潛在的寓意，既蘊涵著對他人生命的尊重，量刑時盡最大限度來規避這種剝奪生命的判罰，亦寄寓著對自身生命的珍重，最大限度規避這種毀滅生命的極刑。

2、「五刑之屬三千」句詳解

此句「五刑之屬三千」，出自《尚書·呂刑》。現當代人學者對此句標點，往往忽略其出處，以致前後未加單引號。為表示引用，本句標點標作：「『五刑之屬三千』，而罪莫大於不孝」。

所謂「五刑之屬三千」，是指墨、劓、剕、宮、大辟五種刑戮所屬的法條共有三千。如《左傳·昭公六年》載：「夏有亂政，而作禹刑。」鄭玄為之注解道：「夏刑大辟二百，臏辟三百，宮辟五百，劓、墨各千。」這也就是說，墨刑法條為一千，劓刑法條為一千，剕刑法條為三百，宮刑的法條為五百，大辟這種極刑的法條為二百，此五刑法條共計三千。

3、「而罪莫大於不孝」句釋解

後分句以連詞「而」表示語義的轉折，即「然而」。這一語義的轉折，是對前分句陳述的「五刑之屬三千」情況並非順接加以闡釋，而是闡明同其相對的不同觀點。

此句賓語「罪」，是指「罪刑」，屬於否定句賓語前置；句式應為：莫大於不孝之罪。其後不定代詞「莫」，代指「沒有什麼」。「於」為動詞，表示比較。那麼，句末「大於不孝」是指，比不孝更大。所以，此句釋義是說：沒有什麼罪刑比忤逆不孝更大。

4、本句經典小結

中國古代社會，自從漢王朝提倡「以孝治天下」，歷代官員的選拔皆把「孝」作為一個基本標準。不孝的行為，不僅不能從政，即便從政亦不免罷官撤職，遭受社會輿論的譴責，更何況還要以忤逆不孝罪處以刑罰。尤其在隋唐律中，不孝被列屬十惡範疇。此後，宋、元、明、清各個朝代都一一沿襲。

本諸上述，此句釋義是謂：墨、劓、剕、宮、大辟此五刑所屬三千法條，而罪刑沒有比忤逆不孝更大。

（二）「要君者無上，非聖人者無法，非孝者無親，此大亂之道也」句辨析

本句承接前文，先以前三個並列關係否定判斷句為主語，與此判斷句代詞「此」構成同位語，並且以句尾語氣詞「也」構成判斷句。

1、「要君者無上，非聖人者無法，非孝者無親」句釋解

此三並列句，皆以主語後用「者」表示提頓，並以「無」構成否定判斷句。

（1）「要君者無上」句考釋

句首「要」字，為本句關鍵字。其詞性為動詞，音讀陰平，意為「要脅」。其籀文寫作𤕨，小篆寫作𤕨。從古文字上下構形上表前、下表後的規則來看，其上從𦥑表示在前，像雙手持腰帶扣束腰之形；其下從𠬞表示在後，像女人之形。二者合而為一，由雙手在女人身前以腰帶扣束腰之姿態，字義表「束縛」。此「要」經引申表「要挾」，即以有所憑恃強迫對方為之屈從。

此句主語「要君者」，是指以武力要挾君王之權臣；句尾「無

317

上」，意即目無君上。基於上述，此「要君者無上」句，其釋義為：要脅君王的權臣目無君上。

春秋時期的魯國，有季孫氏、孟孫氏、叔孫氏三家貴族，因皆為魯桓公的後代而稱作「三桓」。他們擅權橫行，挾制魯昭公，並且三分公室，權力遂被「三桓」掌控。昭公為排除朝廷的挾迫，組織進攻季孫氏失敗，最終被「三桓」驅逐，死在晉國。那麼，魯「三桓」的所作所為，可說為「要君者無上」作了注腳。

②　「非聖人者無法」校釋

此句難點，在於如何解讀主語「非聖人者」，以及如何釋解謂語「無法」。

句首「非」字，詞性為動詞，其釋義有二：一方面表示「違背」、「背離」，其賓語「聖人」，當為禹、湯、文、武、成王、周公這六位聖明人君。基於此，「非聖人者」，可讀解為西周末期厲王、幽王目無周禮而禍國殃民之「無法」；另一方面表示「非毀」；其「非」通「誹」，意即「誹謗」、「詆毀」；其賓語「聖人」，則專指「上古四聖」堯、舜、皋陶、禹四位聖明之人。那麼，此「非聖人者」，當然非夏桀、商紂之流莫屬。但是，他們又是怎樣「無法」呢？

「無法」之一：前代暴君苛法之分析

上古暴君，主要是指夏、商兩朝亡國之君夏桀、商紂。此二者共同點，遠不止修築豪華宮殿，沉湎於「酒池肉林」那荒淫奢侈的驕縱生活，而且對外窮兵黷武，對內橫徵暴斂，讓天下黎民百姓苦不堪言。尤為令人髮指的是，他們恣肆暴戾，濫用酷刑，製作炮烙、蠆盆

318

之刑，迫害忠良，濫殺無辜。前者夏桀殘殺冒死進諫的名相關龍逢，後者商紂慘害王族重臣比干，囚禁箕子，逼走微子。最終，他們引發「順乎天而應乎人」的「湯武革命」，永遠被後世所不齒。

考究夏桀、商紂兩暴君的「無法」，無非是無視先王的禮法，既輕視大禹「民惟邦本，本固邦寧」的約法，亦蔑視成湯「邦畿千里，維民所止」的敕法。但二者自得其法，只不過他們所效法的是蚩尤的苛刑峻法。

「無法」之二：前世昏君枉法之剖析

西周封建制度崩潰的起因，最初發端於西周末期厲王、幽王的目無周禮之枉法。厲王以國有名義封山佔水，壟斷山林川澤，禁止國人採樵、漁獵，實行恐怖統治，違背周人共同享有山林川澤以利民生的典章法規，從而以其貪婪暴虐敗壞了分封制；而緊隨其後的幽王「廢后立妾，廢嫡立庶」，以其昏庸無道毀壞了宗法制。此二位自挖牆角的行徑，不僅動搖了周天子身居天下共主這封建制社會的根基，同時也碰倒了導致封建制度坍塌的第一塊多米諾骨牌。「國人暴動」之日，犬戎一炬之時，「平王東遷」之際，東周隨之裂變為列國。

西周封建制度崩潰的起因，其中瓦解於春秋諸侯爭霸與戰國爭雄的目無禮法。潘多拉魔匣一旦打開，從諸侯王到公卿大夫，乃至家臣，無一不張開貪婪的血盆大口。原本「禮樂征伐自天子出」，隨之變為「禮樂征伐自諸侯出」，繼而改為「禮樂征伐自大夫出」，直至淪為「陪臣執國命」。

當斯時也，一是血緣宗親，反目成仇，同室操戈，骨肉相殘，這就

深層損壞了維繫封建制三大支柱之一的「宗法制」；二是諸侯相互攻城掠地，無休止地兼併土地，尤其是商鞅實行的「廢井田，開阡陌」，這就徹底破壞了維繫封建制三大支柱之二的「井田制」；三是一些諸侯國兼併小國後，將所兼併的國土設置縣或郡一級地方行政區域。由於未經天子分封，也無須天子分封，從而直接任命官員就任地方官實行垂直管轄。從春秋中期楚武王於西元前688年滅權國改為權縣而初設「縣制」，到秦穆公於西元前651年設置相互並無統屬關係的縣、郡一級地方行政區域「縣郡制」，直到戰國後期商鞅變法再設「縣制」，實則是列國封建主繼宗法血緣分封制度式微之後，對所兼併而未分封疆土的稱謂。這些無法無天的目無禮法，完全毀壞了維繫封建制三大支柱之三的「分封制」。所以，西周封建制賴以維繫的三大支柱，即政治上的「分封制」、經濟上的「井田制」和文化上的「宗法制」，經過春秋戰國而分崩離析，從而終結了封建制這一社會形態。

倘若索隱楚武王初設地方行政區域何以稱「縣」，應由古漢語中「縣」通「懸」這一點來探究。本初由「縣」表未經分封而懸而未決的字義，繼而表地方行政區域，最終由動詞而名詞的演化，致使其音讀由陽平xuán改為去聲xiàn。

「無法」之三：後世法家非法之透析

若論後世法家之「非法」，亟待深究商鞅和韓非的「無法」，即無視《周禮》之法紀，極端敵視孔子為代表的儒家思想。

先就商鞅而言，他指責「儒學」的「禮樂」、「詩書」、「修善孝悌」、「誠信貞廉」、「仁義」、「非兵羞戰」，皆為亡國的「六

虱」，誹謗「儒學」是「高言偽議」，不切實際的「浮學」。再就韓非而論，他攻擊儒家「禮、樂、詩、書」教育思想和「仁、義、孝、悌」的道德準則，都是「愚誣之學」、「貧國之教」、「亡國之言」。

詳察商鞅和韓非如此惡意誹謗孔子的「無法」行徑，顯然無視，甚而敵視儒家所傳承的禹、湯、文武、成王、周公諸先王至德要道之禮法，並且成為法家「非聖人者無法」的有力佐證。值此，人們或許要問：法家所稱之「法」，到底又是什麼「法」呢？

先秦時期，法家主張以「法」治國，儒家宣導以「禮」治國。如何正確解讀儒家所講「禮治」與法家所講「法治」二者的區別，是當代國民走出長期以來深陷「極左」歷史誤區的關鍵之所在。

中華傳統文化中，孔子所力主的儒家思想核心概念「禮」，是指基於倫理道德教化的禮法。追根溯源，即對堯、舜所提倡「德治」與「禮治」一分不二的傳承。申言之，孔子所傳承的「禮」，儘管它源於上古「致神事福」的儀禮，但決不能簡單地等同於儀禮；儘管它不乏祭天敬祖時規範人們儀容、儀表、儀態等行為的禮儀，但決不能如此輕率地等同於禮儀；儘管它通過「詩書」、「禮樂」等方式進行教化，但決不能如此膚淺地等同於文藝。因為它除了外在的禮節、禮樂、禮儀等形式之外，關鍵在於其內在所具有的約束王公貴族言行這一禮法。試看孔子「祖述堯舜，憲章文武」，畢其一生致力於「克己復禮」，無非實現華夏政治文明的偉大復興，而這正是從堯舜時期的皋陶到周王朝的周公所一脈相承的禮法。

「世衰道微，邪說暴行有作」。作為法家代表的商鞅、韓非，實

際採取以偏概全的手法，僅就儒家之「禮」外在繁瑣而嚴苛的禮儀，來否定其內在之禮法具有制約王公貴族的核心價值。以「非聖人」為能事的商鞅和韓非，他們的「無法」，是目無上至堯、舜下至禹、湯、文武、成王、周公之「法」，也就是上古政治文明傳承的禮法。然而，他們極力兜售的法家之「法」，則是傳承上至蚩尤下至夏桀、商紂、周厲、周幽之「法」，也就是上古暴君禍國殃民的苛峻刑法。

試看所謂「商鞅變法」所改變的，無非是變上古政治文明的禮法，為反人類的法西斯式苛法。具體來說，商鞅變法所制定的酷刑，遠不止夏桀、商紂以炮烙（音páoluò）、蠆（chài）盆為刑殺的單一性，而是以「車裂」、「腰斬」、「鑊（音huò）烹」、「鑿顛」、「抽脅」、「絞刑」這些極端血腥的創造性發明，實現其刑殺多樣性，況且以「輕罪重罰」的殘暴性而駭人聽聞。

按照秦律，以身高六尺承擔刑事責任。秦時一尺大約23釐米；那麼，身高僅1.38米的孩童，如果將燒飯後廢棄的草木灰倒在自家門前街道上，按照秦律「棄灰於道者被刑」，其左臂就要被砍斷。此外，商鞅針對平民，始創「什伍連坐法」，尤為令人髮指。所謂「什伍」，是古代戶籍與軍隊的編制。戶籍以五家為伍，十家為什；軍隊以五人為伍，二伍為什。然而，什伍之中，倘若一人犯罪，鄰里或戰友皆不免株連而同受刑罰。如果無人告發，將以「不告奸」之罪判處殘暴的腰斬酷刑。

毋庸諱言，商鞅極力主張的以「法」治國是假，以「刑」治國是真。更何況，法家根本談不上什麼法治，實質不過是法西斯式軍國統治

與奴隸制鐵血統治的代名詞而已。劉向《新序》載，商鞅在渭水之濱，一天之內就殘殺囚犯七百餘人，乃至「渭水盡赤，號哭之聲動於天地，蓄怨積仇比於丘山」。由此慘絕人寰的殘暴行徑，可見法家之「法」，遠不止背離儒家禮法之「法」，亦不止視生民之命如草芥之法，而是血腥而殘暴的奴隸制之「法」，尤其是反人類的法西斯之「法」。

「無法」之四：強秦改制違法之厘析

西周封建制度崩潰的起因，最終歸於秦奴隸制帝國鐵血吞併的「無法」。現當代社會，史學界對於秦帝國社會形態，向來定性為「中國歷史上第一個統一的中央集權制封建國家」。

其實不然，秦帝國決不屬於封建制社會。因為從戰國秦商鞅變法推行縣制，到秦帝國併吞六國實行郡縣制，它一方面以中央集權制，壟斷了從中央到地方的行政統治權，完全摧毀了分封制；另一方面以軍功授爵制，取代了世卿世祿的貴族世襲制。因為秦國君位不按嫡長子來繼承，而是「擇勇猛者立之」，全面顛覆了宗法制；再一方面壟斷了普天之下的土地所有權，以土地的國有制，徹底廢除了井田制。那麼，這個推翻了周王朝封建制三大基石的秦帝國，實行「中央集權制」是真，而定性「封建國家」是假。這種觀點，可說背離了馬克思主義歷史唯物主義史觀。那麼，它到底屬於什麼政治建構呢？

經濟基礎決定上層建築。從商鞅「廢井田，開阡陌」來看，他所廢除的，明顯是西周封建制社會的基本經濟制度。從西元前1046年西周創建算起，到西元前356年秦國商鞅變法，封建地主階級作為井田土地所有權的擁有者，前後歷時長達690年。可誰曾料想，當上古歷

史被現當代政治扭曲的同時，西周封建領主擁有著井田再分封權的階級成份，便由其地主階級被篡改成「奴隸主階級」；而依附於西周封建領主的農民，其階級成份也不免被打成「奴隸階級」。於是，以孔孟為代表的儒家學說，便伴隨歷史的扭曲而橫遭肆意的歪曲，從而被扣上「代表沒落的奴隸主階級」大帽子，進而由「復辟的」、「落後的」、「反動的」、「倒退的」的不實之詞，進一步推導出「不符時代的社會歷史」這一謬論。

眾所周知，人類社會歷史並非單向直線發展，有時是迂迴曲折的，甚至出現相當一個時段的大倒退。從廢除西周封建社會「井田制」的秦國，到吞併列國的秦帝國，他們並不是以文明征服了野蠻，而是以野蠻強暴了文明；也並不是以先進生產力取代了落後生產力，而是以落後生產力扼殺了先進生產力。

另就秦國的社會發展史來看，三千多年前的嬴姓氏族，從周伐殷時蜚廉助紂為虐，到周滅殷商而秦人參與商紂之子武庚叛亂，致使被周公驅逐到遙遠的西域邊陲，從而與戎狄雜居，形成與之相同的遊牧生產方式和生活習俗。即使時隔一千多年後秦非子受封秦谷，亦不過為周王朝的附庸而已。後至秦襄公護送周平王東遷而被封侯建國，儘管秦國名義上成為一個邊緣封國，但一直被周王朝和諸侯國視為尚未開化的戎夷。其中關鍵之處，即缺乏封建制社會的宗法制、分封制和禮治。所以，秦國的社會形態並非封建制，充其量是個半奴隸半農奴制社會。

究其所以然，一是文化制度起步較晚，以及地理條件的局限，導致秦人與中原地區文化相隔絕，而且文化發展遠遠落後於中原各國；二

是宗法制度上的薄弱，制約了秦國世族的形成和發展；三是秦人在與戎、狄部落的爭戰中，大量戰俘淪為奴隸，使秦國農奴制中混雜著奴隸制，阻礙了秦國向封建制轉化的歷史進程。其中，尤為突出的蠻荒與落後，莫過於秦國的人殉制度。從西元前687年秦武公死後以六十六人為之殉葬，到西元前621年秦穆公死後以一百一十七人為之殉葬，再到西元前537七年秦景公死後，為之殉葬的多達一百八十六人。

秦國殉葬之人，遠不止姬妾、奴僕、工臣和奴隸，甚至大部分為近臣。據《左傳•文公六年》載：「秦伯任好卒，以子車氏之三子奄息、仲行（音「航」）、鍼虎為殉，皆秦之良也。國人哀之，為之賦《黃鳥》。」此句是指秦穆公嬴任好之死，殉葬的子車氏奄息、仲行、鍼虎三人，賢良而勇武，享有「秦之三良」的盛譽。國人悲痛萬分，賦《黃鳥》之詩唱道：「彼蒼者天，殲我良人；如可贖兮，人百其身！」秦國這種人殉制度，反映出秦國社會制度的野蠻、落後與殘酷。

相對秦國殘無人道的人殉制度，中原地區的諸侯國不僅幾近絕跡，甚至連以陶俑或木俑來代替人殉，都受到孔子「始作俑者，其無後乎」的痛斥。可以說，秦國的政治建構，分明是異於中原封建文明的另類。確切地說，春秋戰國時的秦國，是個半奴隸制半農奴制的諸侯國。那麼，正是秦國如此野蠻而殘暴的政治制度，如此落後而薄弱的經濟基礎，才為商鞅變法提供了適宜其生存的土壤：一在政治上「強國弱民」，將原本野蠻的農奴制之法，變為殘暴的奴隸制之法；二在經濟上「廢井田，開阡陌」，使井田制下每戶擁有百畝土地的農奴，淪為被剝奪了土地所有權的奴隸；三在文化上「燔《詩》、

《書》而明法令」，將儒家「以禮樂聖賢之道為教，以有德之人為師」，變為法家實施的「以法為教，以吏為師」這種扼殺且摧殘人性的法西斯教化。

顯而易見，「商鞅變法」分明是將由周公創建的西周封建制社會以禮樂仁義為核心文明禮法，謅變為奴隸主階級專政強權而血腥殘酷的反人類刑法。申言之，法家所代表的並非「新興地主階級的利益」，而是代表沒落奴隸主階級的利益；並非順應社會歷史潮流，而是逆社會歷史潮流而動，倒行逆施。秦帝國的社會形態，也並非「中國歷史上第一個統一的中央集權制封建國家」，而是中國歷史上第一個專制的中央集權的奴隸制國家。

半個多世紀前，法家在「評法反儒」思潮中沉渣泛起：明明是奴隸制的秦國，竟然被裝扮成「新興地主階級的代表」，況且其鬥爭矛頭直指儒家思想文化。而分明是代表封建制文化發展方向的孔子，卻被戴上「沒落奴隸主階級的代表」的帽子。這一顛倒歷史的伎倆，賊喊捉賊，迄今仍不免「假作真時真亦假，無為有處有還無」。

時至半個多世紀後的當下，孔子不僅恢復了「至聖先師、萬世師表」的歷史地位，而且肯定了由他創立的儒家學說，以及對中華文明產生的深刻影響。何況，儒家成為中華傳統文化的重要組成部分。誰料想，孔子頭上那頂「沒落奴隸主階級的代表」的帽子，以致今日尚未摘帽。而法家作為攻擊儒家思想的銳利武器，依然以「新興地主階級的代表」的幌子招搖過市，大行其道。如此彌天大謊，不僅未被徹底清算，反而一直腐爛發臭，毒害著國民的心靈，乃至動搖著中華民

族實現偉大復興之夢的思想理論基礎。所以，亟待人們高度警覺，決不可聽之任之。

「無法」之五：現世今人悖法之辨析

長期以來，當代國人由於史無前例的「文革」歷史和社會諸多因素，仍有相當一部分國人以其僵化的思維，將春秋戰國時期這一歷史階段的社會意識形態，認定屬於奴隸社會向封建社會過渡的階段。基於這一誤區，認為法家思想代表的是新興地主階級，其政治主張符合當時的歷史潮流；而儒家思想代表的是沒落奴隸主階級，其政治主張不符合當時的時代潮流。

基於這一思維慣性，西元2011年1月11日上午，矗立在北京天安門廣場東側的國家博物館北廣場那座9.5米高的孔子雕像，僅僅矗立百天便悄然消失。時至今日，實現中華民族文化復興之夢，即大力弘揚以儒家思想文化為代表的中華優秀傳統文化。可對於這一大政方針，有些人不僅深陷在極左的思想泥淖之中不能自拔，而且心存芥蒂，思想抵觸，甚至於大放厥詞，大肆詆毀。

實話實說，問題的焦點很明顯，此即春秋戰國時期的社會意識形態，是否屬於奴隸社會向封建社會過渡的階段？對於這個問題，其實不難解答，只是幾個問題亟待澄清：一是按大陸過去的初高中人教版歷史教材，也就是西元2010年之前，中國古代社會的意識形態，奴隸制社會上限從西元前約2070年夏朝創建開始，下限至西元前476年春秋時期結束。而封建制社會從西元前475年戰國開始，至西元1840年鴉片戰爭。這種劃分，概括了史學界自二十世紀三十年代以來對於中國古

代奴隸制社會時限劃分的主要觀點。其中郭沫若主張「奴隸社會」階段，以西元前十六世紀商高祖上甲微為起點，至西元前221年秦王嬴政統一六國結束。而范文瀾、翦伯贊則宣揚西周以前是奴隸社會，以後是封建社會。這種古史分期，後至二十世紀五十年代中葉受到黃現璠先生的挑戰，他明確提出中國上古夏商周三代不存在奴隸制社會。進入廿一世紀一十年代，史學界經過長達半個多世紀的論爭，終於撥亂反正，正本清源，以黃現璠教授為代表「無奴學派」，顛覆了以郭沫若為代表的「有奴派」觀點。

西元2010年之後，大陸初高中人教版《中國歷史》教材始無奴隸社會，並將夏朝、商朝兩代稱之為「王政時代」。而中國封建制社會，從西元前1046年周朝創建開始，至西元1912年2月12日滿清末代皇帝愛新覺羅・溥儀宣佈退位結束，前後長達2958年（其中含有秦國奴隸制社會十四年）。孰料幾年後，夏、商二代原稱「王政時代」悄然消失，而大多初高中歷史教師由於思維慣性使然，仍舊習慣性以奴隸制社會為說。那麼，到底什麼是封建制社會呢？

對於「何謂封建制社會」這個問題，這是研究中華傳統文化的根本問題。所謂「封建」，既是「列爵為封，分土曰建」，又是「分邦建國」這種政治制度的創建。具體來說，西周初年，武王在滅商以後分封天下，把王族、功臣和先代的貴族封為侯王，委派到各地建立諸侯國。其中，封國大者稱「邦」，封國小者稱「國」。爾後，諸侯在自己的封國內，又對卿大夫實行再分封；而卿大夫再將土地分賜給家士。在此封建制度下，其基本建構是封建等級制。而社會基本的階層

是封建地主階級和農民階級。農民耕種封建主的土地，而收穫的糧食要按「什一稅」，也就是以十分之一比率的實物租賦向封建主繳納。

以上通過對「暴君苛法」、「昏君枉法」、「法家非法」、「強秦違法」、「今人悖法」五方面的深層解析，勢必有助於對「非聖人者無法」這一文句的深入理解。總之，本句「非聖人者無法」，釋義當為：誹毀聖明先王的人目無禮法。

(3) 「非孝者無親」評釋

句首「非」，意為「背離」；而「非孝者」，則是指背離孝道之人；而句中「無親」，不僅指目無父母雙親，還指喪失人性，斷絕親情，薄情寡義。如《晉書‧呂光載記》所論：「吳起之術無親，而荊蠻以霸。」

吳起為戰國時期著名軍事家，既是兵家的代表人物，又是法家代表人物。但世人所言「吳起之術」，其實並非兵家的用兵戰術，而是法家為了功名利祿不擇手段的心術。所以，他的「無親」，一則是為求將而殺妻，二則是為求名而棄母，因而為世人所唾棄。

吳起年少時，因貪圖功名而散金求官，可傾家蕩產也未獲得一官半職。當遭到同鄉人嘲笑時，他一怒之下竟然殺人三十之多，不得不遠走他鄉。臨逃走時，他對母親發誓：「不為卿相，不復入衛。」後來，他在曾參的兒子曾申門下讀書，當聽到母親去世的消息時，僅仰天長嘯三聲，便埋頭繼續讀書。吳起由於母死不孝的行為，而被逐出師門。於是，他便棄儒習兵。當齊國攻打魯國，魯穆公本想任用吳起為將，但顧及其妻為齊國人而心存疑慮。為了得到魯王的信任，他親

手殺死妻子並割下她的頭顱，從而被任命為將軍。可他在人生得意之時，又先後由魯國竄至魏國，再由魏國竄至楚國，一人一度事三主。

吳起從散金求官到怒而殺人，從母死不歸至殺妻求將，無疑是一個置鄉情、親情、愛情於不顧的冷血之徒。然而，吳起為了使將士替他效死，不惜跪著為腿部生毒瘡的士兵吮吸那潰爛的瘡液。此士兵的母親聞訊後大放悲聲，因為吳起曾為她丈夫吸吮毒瘡，隨之死在戰場上。如今他又給兒子吸吮毒瘡，看來死期將至。

縱觀吳起一生的所作所為，棄母殺妻，三易其主，既可為「非孝者無親」作最好的見證，亦可為前句所議法家「非聖人者無法」作有力的佐證，尚可為前文「不愛其親而愛他人者，謂之悖德；不敬其親而敬他人者，謂之悖禮」的文句，作翔實的明證。

2. 「此大亂之道也」句讀解

終句「此大亂之道也」，是以句尾語氣詞「也」構成的判斷句，揭示了天下大亂根源之所在。

句首「此」，即近指代詞「這」，意指前文論述的「無上」、「無法」和「無親」此三種人。而這三種人，一則為指季孫氏之類逆臣，他們的罪行是要脅國君而目無君上；二則為指商鞅、韓非之流貳臣，他們的暴行是非毀聖人而目無禮法；三則為吳起之徒亂臣，他們的惡行是背離孝道而目無親情。

至於「大亂之道」，意即導致天下大亂的邪道。以上三者通過比較可以發現，前者要脅國君的季孫氏之類逆臣以其目無君上，成為引起國內動亂的禍患之根；而後兩者無論是非毀聖人的商鞅、韓非之流

貳臣，還是背離孝道的吳起之徒亂臣，他們以其「邪說暴行」，成為導致諸侯國之間動亂的禍患之源。所以，孔子這一高度概括，揭秘了天下大亂所產生的社會根源。

孔子立足於諸侯爭霸而天下大亂的春秋時期，厘清了周代封建制與宗法制一分不二的政治建構，把握住「禮崩樂壞」的社會脈搏，發現孝治文化可成為封建禮教重建的捷徑。可以說，只有深入發掘儒家力圖以孝道制約統治階級貪婪本性這一思想意蘊，才能深層領會「居上而驕則亡，為下而亂則刑，在丑而爭則兵」這一告誡的良苦用心之所在。

3、經典文句綜述

縱觀本句，凡「居上而驕」者，勢必要脅國君而目無君上，終不免自取滅亡的厄運；凡「為下而亂」者，定然非毀聖人而目無禮法，最終難以逃脫刑戮的下場；凡「在丑而爭」者，必然慘無人道而滅絕親情，終將招致刀兵殺伐的結局。那麼，無論是身遭大辟刑殺所致生命的毀滅，還是身受墨、劓、剕、宮此刑罰所致肢體的傷殘，無一不有悖父母，有辱門楣，有損家族聲譽。此即孔子開篇所說，「五刑之屬三千，而罪莫大於不孝」。

鑒於上述，本句釋義可譯為：要脅君王的人目無君上，非毀聖人的人目無禮法，背離孝道的人目無親情，此即天下大亂之道。

「安上治民」的禮敬要義

一、章題字義釋解

本章題中心詞「要道」，始見諸《孝經》首篇「開宗明義章」中孔子所言「先王有至德要道」句。然章題冠之以「廣」字，其個中玄機何在？

（一）「廣」之字義索隱

「廣」字甲骨文寫作 🔲，从黃在广內，屬會意字。其外从∩為「广」，像房屋側視之形；其內从 🔲 為「黃」，像黃色箭矢穿透黃狐靶心之狀。二者合而為一，則表示用於射靶的廳堂之廣大。其金文由西周廣簋蓋作 🔲，構形从止从黃在广內，外「广」表示依山崖建造的房屋，其內上止下黃之 🔲，按古文字上下結構而上表前、下表後的造字規則，即由一腳在前以箭矢射穿靶心之形態，表明此處依山崖建造的房屋之擴廣。

就「廣」字而言，無論從其甲骨文 🔲，至金文 🔲 的流變，亦無論從《禮記・內則》「年十五學射御」，至《孟子・滕文公上》「殷曰序，周曰庠」的記載，充分說明上古殷商貴族青少年重武習射，並將射禮教育作為州序教學主科，在廣大的廳堂之內進行。通過升降揖讓等禮節，旨在「明君臣之義」及「長幼之序」，兼具教化民眾的作用。

（二）章題字義索解

此章題「廣」字，其詞性本為形容詞，表「廣大」或「廣泛」。然此「廣」在章題用作使動詞，與其賓語「要道」，表示使先王「和其民人」的要道廣為宣化傳佈。這方面，誠如《孔傳》所言：「孝行著而愛人之心存焉，故欲民之相親愛，則無善於先教之以孝也。」

至於「要道」一詞，最初見於《孝經·開宗明義章》所言「至德要道」。所謂「要道」，意即「切要通道」。前文概略提及，本章將詳盡闡述。

本章章題「廣要道」，釋義是指：廣泛傳佈先王至德的重要通道。本章以「孝」、「悌」、「樂」、「禮」，由「教民」到「治民」，旨在達到「化民成俗」的社會效果。尤為需要指出的是，受眾是「庶民」，是「國民」，而非「庶人」，亦非當下通行版本解讀的「國人」，尤非荒誕不經的「人民」。

二、開篇經句解讀

子曰：教民親愛，莫善於孝；教民禮順，莫善於悌；移風易俗，莫善於樂；安上治民，莫善於禮。

夫子開篇此四大排比句，是以否定性不定代詞「莫」，構成的選擇判斷句。

（一）「教民親愛，莫善於孝」句釋解

本句屬選擇判斷句。前句以兼語短語為主語，後句以否定性無定

代詞「莫」用作主語，與前句形成同位語。

1、「教民親愛」句分析

此句「教民親愛」，係兼語短語用作主語。

句首動詞「教」，其賓語「民」，兼作其後動詞「親愛」的主語。至於其後動詞「親愛」，實際並非形容詞「dear」，而是表連動「親而愛之」兩個概念。

先從前者「親」來看，是指「親愛」，此即親愛自己的父母；而後者「愛」是指「敬愛」，意即敬愛他人父母。概言之，此「教民親愛」即推己及人，其釋義是說：教化民眾親愛自己的父母，以及敬愛他人父母。

除上述釋讀，「親愛」尚可解讀為「親近並敬愛著」。進一步來講，無非親近並敬愛其君王。這一觀點，可見諸北宋邢昺《孝經注疏》之灼見：「言君欲教民親於君而愛之者，莫善於身自行孝也。君能行孝，則民效之，皆親愛其君。」邢氏此段話，大意是說：孔子此言論是說，聲言國君教化國民親近並敬愛自己，沒有比自身奉行孝道更好的善舉。國君能夠奉行孝道，國民就會效法，都來親近並敬愛著他們的君王。由此看來，倘若將「親愛」的對象，如此解讀為君王本身，無疑深化了這一文句的思想內涵。

2、「莫善於孝」句辨析

句首「莫」字，為否定性無定代詞，在文言文中相當於現代漢語「沒有誰」或「沒有什麼」。其後「善於孝」，句首形容詞「善」為中心詞，表「完美」或「完好」。而「於孝」作為介賓短語，用作

「善」的補語；介詞「於」，相當於表程度的「比」。那麼，此後句是說，沒有比奉行孝道更好的善舉。

3. 本句經典釋義

總之，「教民親愛，莫善於孝」這句話的釋義，應解讀為：作為君臨天下的天子，如若教化生民親近敬愛自己的父母，進而親近敬愛他人的父母，乃至親近敬愛他們的君主，沒有什麼比奉行孝道更為親善的舉措。

（二）「教民禮順，莫善於悌」句訓解

本句句式結構，完全同上句，無須贅述。

1、「教民禮順」句解析

此句「教民禮順」，屬於兼語短語作主語。句首動詞「教」，其賓語「民」，兼作其後動詞「禮順」的主語。作為「民」的謂語「禮順」，當表「禮而順之」。其確切釋義，即「禮敬」和「順服」。

進而言之，此句受動者為庶民之「民」，那麼，施動者定然是身為君王之「君」。

2、「莫善於悌」句破析

此句「莫善於悌」，亦屬以否定性無定代詞「莫」作為關聯詞，進行選擇性判斷的謂語。

（1）「悌」字成因考正

古文字中普遍存在一字多音、多義現象。後世為避免歧義，遂在原兼義基礎上附加偏旁或部首形成原來所兼概念的後起字。換言之，其初文字稱古字，而後起字稱今字。

此句「莫善於悌」，句末「悌」字，古文《孝經》皆寫作「弟」，現代通行版本採用以「忄」為部首的「悌」。然令人不解的是，二者字音、字義相同，《孝經》古文、今文兩大版本，何以出現亦「弟」亦「悌」現象，其成因何在？

按此句之「悌」，為「弟」後起字。就「弟」而言，其音讀既表「次弟」之「第」，亦表「兄弟」之「弟」，還表「孝悌」之「悌」。索解此「弟」造字理據，當由其甲骨文結體構成進行深入鉤沉，打撈其湮滅已久的引申義與比喻義。

（2）「弟」字鉤沉

「弟」字甲骨文寫作 ，从己在干下，屬象形兼會意字。其主體从 為「干」，像前端分叉而下端截斷的枝干之狀；其下从 ，像蟒蛇蟠屈著已然死亡之形。二者合而為一，表示以帶有丫杈枝干為捕蛇工具之「干」，按捕蛇的先後次弟從上至下已然將它擊打致死。具體來說，採用工具捕蛇，首先要用前端分叉的樹杈為工具，將毒蛇的頭部壓在地面上，然後把樹杈適當地轉動一下，讓樹杈的一端正壓在毒蛇的頸部並用力壓住，最後再用另一只手去抓住毒蛇的頸部。這依次按照順序一個接一個完成的動作，在古漢語稱之為「次弟」，此即「弟」字本義。

遠古人類生存面臨的最大威脅，是出沒無常而防不勝防的毒蛇。不難想見，當人們偶遇五彩斑斕的毒蛇，面對它那閃著深綠而惡狠狠目光，眼盯著它張開血盆大口而不斷伸吐著的蛇信，定然為之毛骨悚然。當斯之時，自有勇於擔當的年輕人挺身而出，用木杈按照次序降

服毒蛇，從而衛護了年紀稍長者生命的安全。與此同時，此原本表「次弟」的「弟」，經引申兼表同輩份相對年長而年輕的男性，自此形成表「兄弟」的「弟」這一稱謂。

人類語言文字的表述，往往伴隨社會分工而細化。「弟」字原本表依次有序的「次弟」，孰料其兼表「兄弟」的字義因使用頻率較高，況且被社會廣泛接受，遂形成相對於「兄長」這一固定概念。萬般無奈，只好另加「竹字頭」，於是派生出如今表「次第」的「第」。不言而喻，「弟」字以其兼義興而本義亡。

(3)「悌」字索隱

「弟」字，屬於表抽象概念的語詞。究其造字理據，除了以帶有仿蛇信的分叉樹干依次有序地捕蛇而表「次弟」，亦由手持此分叉樹干捕蛇之人年紀較輕，兼表相對同輩「兄長」的「兄弟」。如元代關漢卿《單刀會》第三折：「那時節兄弟在範陽，兄長在樓桑，關某在蒲州解良。」況且，由危難時刻為衛護年長者生命挺身而出，兼表敬重長上的「弟弟」（音「弟悌」）。如《漢書‧劉向傳》：「舜禹忠臣，周公弟弟。」此外，此類由「弟」（音「悌」）構成的語詞，既有表兄友弟恭的「友弟」，亦有表孝順父母且敬重兄長的「孝弟」。

顯而易見，此名詞「兄弟」之「弟」，亦表彼形容詞「孝弟」之「弟」。然二者在文言文中極易混淆，尤其是表敬重長上的「弟弟」一詞，既可音讀「悌弟」表敬順兄長之兄弟，亦可音讀「弟悌」表兄弟的敬順。後世為了避免音讀混淆而產生歧義，遂附加形符「忄」，構成後起字「悌」。況且，其音讀亦由dì改作tì，從而固定表禮敬和

順服兄長。

「孝悌也者，其為人之本與？」《論語‧學而》中有若這句話是說，孝悌，大概是做人的根本吧？本章前句講「教民親愛，莫善於孝」，本句講「教民禮順，莫善於悌」。那麼，「孝」與「悌」如何加以區別？簡而言之，「孝」是為人子對於父母的愛敬和順從，而「悌」則是為人弟對其兄長的禮敬和順服。顯然，前者屬於晚輩對長輩，後者屬於年幼對年長。

3. 本句經典釋義

總之，「教民禮順，莫善於悌」這句話的釋義，應解讀為：作為諸侯的國君，如若教化國民以禮敬順服自己的兄長，進而以禮讓順服他人的兄長，乃至禮敬順服他們的君長，沒有什麼比自行悌道更為親善的方法。

(三) 「移風易俗，莫善於樂」句訓解

本句句式結構，前句是以連動結構為主語，而後句是以否定性無定代詞「莫」用作主語，與前句形成同位語。

1、「移風易俗」句考釋

「移風易俗」，是一成語。通常，人們將「移」和「易」相混同，習慣將「風」和「俗」相等同，如唐玄宗即訓解為「風俗移易」。而今，大多則釋讀成「改變舊的風俗習慣」，其實并非如此。

(1) 「移」與「易」字義鉤沉

先就「移」字而言，誠如戴侗所言：「移，移秧也。」由此可知，「移」字本義當為「移植」，是將秧苗從溫床移植到田地。

再就「易」字來看，其甲骨文寫作 ⟨，東邊日出，西邊下雨。此類天象，氣象學稱作「太陽雨」。《易・繫辭傳上》稱：「一陰一陽之謂道。」進一步來講，此「易」甲骨文 ⟨，遠不止表示亦陰亦陽此現在進行時的靜態性天象，而且表示將來時或日出雲散的全陽狀態，或烏雲遮日的全陰形態，抑或表示既無日出亦無下雨的非陰非陽的勢態。

基於上述，「易」者，變易也。從「移」到「易」，不是簡單平實的「變換」，而是除舊佈新的變革，此即移入高雅的優良風氣，變革卑劣的不良習俗。因此，其「移」不可輕率地訓作「改變」，而「易」亦不宜簡單地釋作「變換」。

（2）「風」與「俗」字義鈎稽

另就「風」與「俗」來講，二者屬於兩個完全不同的概念，切不可相提並論，混為一談。唐代張守節在其《史記正義》中，曾就「移風易俗」注解為「上行謂之風，下習謂之俗」。

且看「上行」，何以謂之「風」？對於這個問題，可從《論語》中孔子在回答季康子問政時所作的闡釋：「君子之德風，小人之德草，草上之風必偃。」此句釋義是，賢明國君的德行猶如風，卑微人臣的德行猶如草。上行而下效，風從草上吹過，野草隨風而偃伏。夫子此番精闢而形象的比喻，由此形成「風行草偃」這一成語。

子夏在《詩序》主張：「風，風也，教也。風以動之，教以化之。」對於此言，如今大多釋讀為「風的意思，是諷喻而教化。用諷喻來感化人們，教化人們」。其實不然，子夏所言之「風」，並非指

339

具有諷喻作用的詩歌形式，而是身居上位的賢明國君以其率先垂範的德行，春風化雨，感化公卿大夫諸人臣，以風行天下來感動人心；潤物無聲，以教養百姓來化育民情。

再看「下習」，何以謂之「俗」？三國韋昭認為：「人之性繫於大人，大人風聲，故謂之『風』。隨其越（趨）舍之情欲故謂之俗。」韋氏此說中的「人」，是指人臣，而「大人」，是指「人君」。那麼，此番話是說，人臣的習性取決於人君，人君風行天下的言論，所以稱作『風』。隨著人君的性情和欲望，臣僚採取或趨同、或捨棄的言行，所以稱作『俗』。這充分說明，「上有所好，下必甚焉」。王者之風由上行而下習，此即由人君言論的風行，直接影響天下人臣之習俗，最終影響整個社會的民俗。而這一點，正是儒家之所以極力宣導仁政王道的旨歸。

孔子針對春秋時期社會動亂的弊端，曾明確指出：「一人貪戾，一國作亂。」這充分說明，一個人君如果貪婪狂妄，恣肆暴戾，就會對內橫徵暴斂，巧取豪奪；就會對外窮兵黷武，攻城掠地；就會煽動起國民好勇鬥狠的殘忍狼性；就會蠱惑百姓貪得無厭的邪惡魔性；就會驅使無數生靈沉淪於黑暗而血腥的人間煉獄。鑑於此，孟子指出：「君仁莫不仁，君義莫不義，君正莫不正，一正君而國定矣。」所以，社會庶民之流俗，取決人臣之習俗，乃至取決人君以其風度與風範所形成的風氣。所以，所謂「君子之風」，無非王者的風度與風範而已。

2. 「莫善於樂」句詮釋

探求移植由人君風度與風範形成的風氣，如何變易人臣污濁之習

340

俗，乃至變革社會鄙陋之流俗，最佳舉措「莫善於樂」。

(1)「樂」之教化意義

《荀子・樂論》一文闡述道：「樂者，聖人之所樂也，而可以善民心。其感人深，其移風易俗，故先王導之以禮樂而民和睦。」這番話是說，音樂，是聖明人君與民同樂的所在，而且可以使民心向善。它的藝術魅力感人至深它以移植的王者風範，變易不良的朝政習俗，以及變革社會流俗。所以，先王用禮樂導引國民親和友睦。

關於音樂的起源，據《禮記・樂記》所言「大樂與天地同和」，這表明最完美的音樂來自天地自然之和諧，因而音樂的最高境界乃天籟之音。按中國古代「天人合一」的哲學思想，來自天地自然的音樂，與德教禮治理念存在著高度的契合。如《易・豫卦・象傳》曰：「雷出地奮，豫。先王以作樂崇德。」仲春時節，天氣回暖，驚雷響徹大地，喚醒了蟄伏的昆蟲野獸，復蘇了冬眠的枯草凋木，萬物生機盎然而勃發，是謂「豫卦」；聆聽如此天籟之聲，先王領悟到天地自然如此感奮的韻律，於是創作出崇尚仁德的樂曲。

(2)「樂」之社會功效

在儒家看來，音存乎天地自然，樂發乎人之內心，音與樂一分不二。它不僅能為人帶來心境的愉悅，更在不知不覺的無意識中心靈得以淨化。概言之，音樂既蘊含了自然協和的韻律，又契合了人類愉悅而協和的心聲。誠如《史記・樂書》所載，「故舜彈五弦之琴，歌《南風》之詩而天下治」，「夫《南風》之詩者，生長之音也。舜樂好之，樂與天地同意，得萬國之歡心，故天下治也」。太史公司馬遷

此兩段話是說，舜帝彈奏著五弦古琴，歌詠著《南風》的詩章，而天下得以大治。因為那歌吟《南風》的詩章，表現的是生長蕃育之音。舜帝彈奏樂曲時愛好歌吟它，在於樂曲與天地自然那和諧同一的意蘊，在於由此贏得家國天下的歡心擁戴，所以天下得以大治。由此可見，舜帝彈琴歌吟，重在以《南風》為休養生民之歌，貴在為天下百姓祈福。只有這樣，才能移風易俗，以樂化成天下。

3、本句經典釋義

總之，此句「移風易俗，莫善於樂」的釋義，可解讀為：作為諸侯的國君，移用賢明君王之風範，變革人臣污濁之習俗，乃至變易國民鄙陋之流俗，沒有什麼比以音樂化成天下更為和善的方策。

（四）「安上治民，莫善於禮」句訓解

本句句式結構同上，前句依然是以連動結構為主語，而後句是以否定性無定代詞「莫」用作主語，與前句形成同位語。

1、「安上治民」句考釋

何謂「安上治民」？句首「安上」的「安」，屬於形容詞用作使動詞，意即使在上君王安居其位；而「治民」，是指順治封國底層的生民。因為卿大夫作為輔政者，上有帝王，下有國民，既要使帝王安居上位，又要使生民安居樂業，方為「安上治民」。

（1）「治」之字形解讀

「治民」的「治」，並未被《說文》收錄。但就其字形來看，從水從台，屬會意字。申言之，其左從「氵」為「水」，表水流之類屬；其右從「台」，音讀「怡」，即「怡」之初文，其字義為「怡悅」。

342

（2）「台」之字義鉤稽

至於「台」字何以音讀為「怡」，不妨探究其結體構成。其金文寫作 台，從厶，從口，為象形兼會意字。其上從 台 為「厶」，即「某」字初文，像翹起拇指之狀，字義表上古諸侯覲見天子的自稱。其下從 台 為「口」，像張著翹起嘴角的口之形。依據古文字上前下後的造字規則，二者由向前翹起拇指，其後張著向上翹著嘴角的口，表示贊許而怡悅。

（3）「治」之字義鉤沉

「治」字經過此番鉤沉，其左形符「氵」，表示與水相關的類屬。其右意符「台」，像翹起拇指張口嘉許的怡悅之形。二者合而為一，會意先民為洪水得以根治，不禁伸出大拇指，並怡然交口稱讚。

基於上述，「治民」，不是苛刑峻法的防民之口，而是順治洪水一樣，順應黎民百姓安居樂業的意願，讓他們不由地向前翹起拇指，怡然交口稱讚，贏得天下的口碑。

2、「莫善於禮」句評釋

此句關鍵字，即句尾「禮」字。儒家深信，宇宙中存在著井然有序的和諧之美，從「日月運行」的晝夜變化，到「一寒一暑」時令變遷；從「在天成象」的天文，到「在地成形」的地理……不僅「天尊地卑」，而且「動靜有常」。基於此，禮者，是人類對於天地自然的禮敬。它發源於天地間晝夜交替與春夏秋冬的時序，體現為人世間長幼、尊卑、貴賤的秩序。

《禮記·樂記》提出：「大禮與天地同節。」這句是說，完美的

禮法與天地自然的節度同步。孔穎達為之疏正道：「大禮與天地同節者，天地之形各有高下大小，為限節。大禮辨尊卑貴賤，與天地相似，是大禮與天地同節也。」孔氏闡釋得很清晰，完美的禮法與天地自然的節度同步，是指天地自然的形態各自具有高下和大小，由此成為人世間的時令節度。完美的禮法能辨明尊卑貴賤，與天地自然的高下大小相類似，這就是完美的禮法與天地自然的節度同步。

孔子在《禮記・禮運》中申明，「夫禮，先王以承天之道，以治人之情。故失之者死，得之者生。《詩》曰：『相鼠有體，人而無禮；人而無禮，胡不遄死？』」，「故聖人以禮示之，故天下國家可得而正也」。此番話釋義是，那禮，是先王以此秉承昊天上帝賦予的「損有餘以補不足」之道義，以此順治人君「損不足以奉有餘」之政情。所以，喪失天道的人君難免一死，獲得天道的人君得以長生。《詩經》云：「相看那老鼠還有個形體，人君反而從無禮儀。人君倘若無禮，怎麼還不盡快去死？」此外，後文還進一步指明，所以聖明的人君用禮法明示天下，所以天下、邦國與家邑可以獲得禮法，從而步入正軌。夫子這番精闢地論述，可說是對「安上治民，莫善於禮」的最好詮釋。其中的「以治人之情」，實際上是指禮治的社會作用，也就是邢昺《論語注疏》所說的「正君臣父子之別，明男女長幼之序」。

如何廣泛傳佈先王的要道，上面通過「孝、悌、樂、禮」這四個方面，具體闡釋了「教民親愛」、「教民禮順」、「移風易俗」和「安上治民」這幾大舉措。下面承接「安上治民，莫善於禮」這一治國方略，將深入探討禮治家國天下的社會成效。

總之，此句「安上治民，莫善於禮」的釋義，可解讀為：作為輔弼君王的卿大夫，上使君王安居其位，並順治庶民安居樂業，沒有什麼比以禮治國更為完善的方略。

三、經句中篇解讀

禮者，敬而已矣。故敬其父，則子悅；敬其兄，則弟悅；敬其君，則臣悅；敬一人，而千萬人悅。所敬者寡，而悅者眾，此之謂要道也。

此句句式，前分句以助詞「者」為關聯詞構成判斷句，後分句以「故」為關聯詞構成推論因果複句，末句以近指代詞「此」與句尾語助詞「也」構成的判斷句。

1、「禮者，敬而已矣」句解析

此前分句，是以結構代詞「者」與句尾語氣詞「矣」，構成的判斷句。

（1）「禮者」句讀解

此句屬於「者」字結構。「者」用在名詞「禮」之後，並非單純表提頓，而是複指前者，因而當視作代詞。

對於「禮」，世人並不陌生。中華民族不僅以禮儀之邦著稱於世，還以其燦爛的禮法文明卓然於世。它是孔子為代表的儒家重要思想範疇，是中國傳統文化的核心，具有悠久綿長的歷史。

「禮」字，本字「豊」，大陸簡化為「礼」。其甲骨文作豊，從珏從壴（音「注」）。其上從玨為「珏」，像祭獻神

靈的玉牙璋之形；其下從 為「壴」，像帶有腳架的建鼓之狀。二者合而為一，表示以擊鼓獻玉來敬奉神靈。如孔子曾感歎說：「禮云禮云，玉帛云乎哉！樂云樂云，鐘鼓云乎哉！」而夫子的此番慨歎，反映出遠古是以瘞埋玉帛為祭物，以演奏鐘鼓為祭樂，來祭祀天神與先祖。

本諸上述，禮產生於遠古先民禮敬天地自然的祭祀儀式。許慎《說文解字》指出：「禮，履也。所以事神致福也。」隨著社會生活的發展，「禮」經引申逐漸淡化了宗教感情和色彩，而成為宗法制的行為規則。如《論語·季氏篇》記載，孔子對兒子孔鯉諄諄教誨道：「不學禮，無以立。」其意是說，不學會禮儀，就無法立足於社會，以至立身行道。

儒家承續上古夏商周三代禮學傳統，進一步增加倫理情感、人文情懷和政治意識，不僅形成了一整套以區別尊卑、貴賤、親疏為內涵的意識形態，而且形成了儒家完整而系統的禮文化思想理論體系。換個角度來看，儒家所宣導的禮，在中國古代既是政治禮法制度，又是倫理道德規範。作為上層建築，它不止維繫著與之相適應的人與人相互交往的禮節和禮儀，更重要的是規範和約束上至天子、諸侯、卿大夫，下至士庶人的一切行為。孔子的一生，面對著「禮崩」的社會現實，執著其「復禮」的願景，不懈地探討三代之治亂，論說「禮治」的價值，告誡「刑治」的危害性，從而開拓出一條禮學文化之路。

「仁」和「禮」，是孔子思想文化中最重要的範疇。據《論語·顏淵篇》載：顏淵問什麼是仁？孔子回答道：「克己復禮為仁。一日克己復禮，天下歸仁焉。為仁由己，而由人乎哉？」夫子這段話是

說，克制和約束自己，全身心致力於復興周禮，就是仁的理念。一旦克制和約束自己復興周禮，天下就會回歸仁政。致力於仁政任由自己，難道任由他人嗎？當顏淵進一步提出如何具體踐行「仁政」這個問題時，孔子明示道：「非禮勿視，非禮勿聽，非禮勿言，非禮勿動。」此話是說，不符合禮儀的行為不看，不符合禮法的言論不聽，不符合禮制的觀點不講，不符合禮節的事情不做。

（2）「敬而已矣」句辨解

孟子在《離婁章句下》提出：「敬人者人恒敬之。」只有恭敬地禮敬他人，才能贏得世人恒久的敬服。荀子在其《禮論》一文中進一步指出：「禮者，養也；禮者，敬人也。」此句說明，禮教，是修養自己；而禮節，則是禮敬他人。前者是為人的先決條件，後者是處世的基本準則。

「上好禮，則民莫敢不敬」，此句出自《論語‧子路篇》。這是孔子在樊遲問稼時所闡明的道理，身居上位的君王崇尚禮法，民眾就沒有膽敢不敬服的。而《論語‧憲問篇》中，子路提出一個問題：怎樣做才能成為君子？孔子的回答，只有簡單四個字：「修己以敬。」其意是說，修養己身，以此生發敬畏之心，崇敬之情。子路對此表示懷疑，追問道：如您所說的這樣，就能成為君子嗎？孔子隨之解答道：「修己以安人。」意思是，修養自己，以此使人君安居上位。子路仍不解，繼續追問道：如您所說的這樣，就能成為君子嗎？孔子於是進一步作出解答和補充：「修己以安百姓。修己以安百姓，堯舜其猶病諸？」這段話是說，修養己身，以此讓百官安身立命。而讓百官安身立命，帝堯、帝

舜大概還擔心難以做到這一點呢？鑒於上述，孔子從「修己以安人」到「修自己以安百姓」此番回答，無不出於對天神地祇的禮敬，無不出乎對家國盛德大業的虔敬，無不出自對黎民百姓的恭敬。

反觀「禮者，敬而已矣」，作為本段文句的段旨。其釋義是指：儒家所宣導之「禮」，一字以蔽之，無非「敬」罷了。

夫子此句所言，既是對儒家禮文化的高度概括，也是對禮之性質的深刻揭示。因為禮以敬為本，敬以禮為基。禮是外在的表象，敬是內在的核心，二者互為表裏。如果沒有發自內心的崇敬，即使外在畢恭畢敬，亦不過是走形式，裝門面，欺世盜名而已。所以，作為諸侯王，只有將外在恭敬之禮與內在崇拜之敬一分不二，才能踐行其「安上治民」這一宗旨。

2.「故敬其父，則子悅；敬其兄，則弟悅；敬其君，則臣悅；敬一人，而千萬人悅」句解析

此後分句是在前分句提出「禮者，敬而已矣」這樣一種判斷前提下，推論出一種理應如此的結果。句首連詞「故」承上啟下，針對「禮敬」這一為政要道的踐行，具體地一一展開，進行全面闡釋。

從這段話來看，字義平實簡易，並非艱深玄奧，但深入體悟它的闡述，則不無深意。從「敬其父」到「敬其兄」，從「敬其君」到「敬一人」，而與之相對應則為「子悅」、「弟悅」、「君悅」和「千萬人悅」。句式基本相同，但其中關鍵字在於「其」和「悅」倆字。那麼，這「其」和「悅」倆字究竟作何講呢？

(1)「敬其父，則子悅；敬其兄，則弟悅」句訓解

348

此兩句，是以對舉形式構成的並列因果關係複句。二者關聯詞為「則」，表示推論因果關係，表示「就」、「便」。本句關鍵字，分別為「其」與「悅」。此二字的鉤沉索隱，有助於上下文的進一步訓解。

　　先就「其」字而言，其詞性為反身物主代詞。然而，此二句「其」字，歷來被誤解為物主代詞「他人的」。究其所以然，首先在於唐玄宗理解之誤，他由於立足於帝王的角度，將「故敬其父，則子悅；敬其兄，則弟悅」這段話，片面注解為「居上敬下」。邢昺之疏訛以傳訛，進一步理解為：「天子敬人之父則其子皆悅，敬人之兄則其弟皆悅，敬人之君則其臣皆悅。」

　　其實不然，句中「其」，只有作為反身物主代詞「自己的」，才能表明卿大夫「安上治民」須身體力行的思想意蘊，才能說明其中寄寓著上行下效這一深刻涵義。否則，若以物主代詞「他人的」釋之，並將其語義曲解為表「居上敬下」，則不免偏離了孔子所講這段話的原義。

　　再就「悅」字而論，句中「悅」字，其初文「兌」，音讀yuè。其甲骨文作，從𠔁（音「悅」）從儿（音「人」），乃會意字。其上從𠔁為「𠔁」，像「八」字法令紋下張著口之形；其下從儿為「儿」，像一人躬身行肅拜禮之狀。二者合而為一，即表現為人者充滿喜悅而笑顏逐開的樣子。

　　「兌」字在文言文中，其音讀原本讀作喜悅的「悅」，兼讀兌現的「兌」。隨著社會分工的細化，書面文字亦不免與之發展和變化。此「兌」兼表抽象動詞「兌現」的字義得以實行，而原本表形容詞「喜悅」的字義雖廢止，但經過一再蛻變，先附加部首「言」，成為

349

「學而時習之，不亦說乎」的「說」，後又附加「忄」為部首，構成而今表「喜悅」的這恒定字義的「悅」。由此引申，則表使人心悅誠服的「悅服」。如《書‧武成》所言「大賚於四海而萬姓悅服」，孔穎達對此「悅服」疏解道：「悅是歡喜，服謂聽從。」此訓解不乏灼見。前者為發自內心的愉悅，後者為真誠信服的自覺行為。

基於上述，前分句「敬其父，則子悅」，是說親敬自己的父親，兒子就為之悅服；後分句「敬其兄，則弟悅」，是指尊敬自己的兄長，兄弟就為之悅服。此二者，可以周公為例：為人子，親敬其父文王，那麼其子伯禽為之悅服；為人臣，恭敬自己的兄長武王，那麼其弟召公、畢公、康叔亦為之悅服。

(2)　「敬其君，則臣悅；敬一人，而千萬人悅」句索解

此兩句亦為並列因果關係複句。二者的區別，在於前者以「則」表推論因果關係，相當於「就」；後者以「而」表說明因果關係，相當於「因而」。

前分句「敬其君，則臣悅」，是說崇敬自己的君主，臣僚就為之悅服；後分句「敬一人，而千萬人悅」，是謂恭敬天子一人，而千千萬萬的人臣因而為之悅服。此二者，亦以周公為例：為人臣，以無比的崇敬，輔弼自己的兄長武王姬發，那麼其臣僚無不為之悅服；為重臣，即作為攝政王以無限的恭敬，輔佐自己年幼的侄子姬誦，最後還政成年的成王，因而贏得天下千萬人臣為之悅服。

對於「敬一人，而千萬人悅」，尚可見諸春秋五霸之首齊桓公在管仲的輔佐下提出「尊王攘夷」這一方略：尊崇周天子一人，抵擋夷

350

狄的南侵，致使諸侯國的人君和天下人臣為之心悅誠服。這一歷史，顯然為「敬一人，而千萬人悅」作了最好的注腳。顯然，此句中的「一人」，是指天子這一人主。

然而，後世學者對於此句的釋解，並未置之於二千五百年前孔子與曾參講此孝道文化這一歷史背景進行印證。如《孔傳》對於「一人」，理解為「謂父、兄、君」，而對「千萬人」，則「謂子、弟、臣」。據此，邢昺將「敬一人，而千萬人悅」疏解為，「此皆敬父、兄及君一人，則其子、弟及臣千萬人皆悅」。

孔、邢二家觀點，建立在釋「其」為物主代詞「他人的」基礎上所作的推斷。倘若按此二人的注疏，將「一人」理解為「謂父、兄、君」，豈不知這除了「敬人之父」能夠自圓其說之外，而「敬人之君」則難於自圓其說。因為若按邢氏「天子……敬人之君」之說，那麼所敬諸侯之「君」，何止「一人」？至於「敬人之兄」亦無法說通，因為家族之「兄」眾多，又豈止「一人」？所以，句中「一人」，並非《孔傳》「謂父、兄、君」；而「敬一人」，也決非邢昺所言「此皆敬父、兄及君一人」，而是作為諸侯王，只崇敬天子一人。

本諸上述，只有將句中此「其」解讀為反身物主代詞「自己的」，對於關鍵字「其」和「悅」，才能文從字順，才能邏輯周延，才符合夫子此段論述的旨意。

本文除了將歷來釋「其」為物主代詞「他人的」，更正為反身物主代詞「自己的」，同時還將向來釋「悅」為形容詞「喜悅」，更正為動詞「悅服」。可以說，為人子的心悅誠服，源於對自己的父親那份尊

敬，此即垂先垂範的作用；而為人弟的心悅誠服，出於對自己的兄長那份欽敬，此即「行不言之教」的力量；至於臣僚的心悅誠服，在於自己對於君主那份恭敬，此即以身作則的成果；尤其是天下人臣為之心悅誠服，則在於自己對於天子那份崇敬，此即上行下效的社會效應。

3. 「所敬者寡，而悅者眾，此之謂要道」句讀解

此句是以近指代詞「此」與句尾語助詞「也」，構成的判斷句。

(1) 「所敬者寡，而悅者眾」句厘析

此句作為前分句主語，是以連詞「而」構成的表相承關係短語。

前者「所敬者寡」，從上文「敬其父」、「敬其兄」、「敬其君」，乃至「敬一人」，可見禮敬之人屬於少數；後者「而悅者眾」，從上文「子悅」、「弟悅」、「君悅」，以致「千萬人悅」，當知由此心悅誠服之人頗為眾多。

(2) 「此之謂要道」句解析

此結句「此之」，意即「如此這般」；由「此」承接前文而釋作「上行下效」，似乎更恰如其分。句尾「要道」，即先王孝治天下的切要之道。

反觀「所敬者寡，而悅者眾，此之謂要道」，足以同本章章題「廣要道」相契合，亟待廣泛傳佈。

總而言之，此段經典釋義是說：所禮敬的對象寡少，而悅服之人頗為眾多，如此上行下效，方稱作以孝平治天下的切要大道。

廣至德章第十三：

352

「至德」君子流變的衍義

一、章題字義釋解

本章章題「廣至德」，是承接上章「廣要道」而為之。題首此「廣」，依然是指「廣泛傳佈」。至於「至德」，與上章「要道」對舉，皆出自《孝經》首篇「開宗明義章」，即夫子所言「先王有至德要道」這一文句。

就「至德」而言，無疑是指至高的仁德。「至」字甲骨文寫作 ，從倒矢、一，屬象形兼會意字。其構形像射出的箭矢自上而下降至地平面之形；其字義表示「極至」，多謂達到最高、最深、最遠的極限，引申為最佳境界。

本章圍繞章題「廣至德」，闡釋廣泛傳佈的主旨，是以先王的極至德行化成天下。然「廣至德」涉及其施動者「君子」，以及「君」、「子」二字的結體構成，特別從「子」字甲骨文構形的本初取象，揭開了商族人始祖與其圖騰「玄鳥」本為子夜出沒的貓頭鷹之謎。

關鍵詞「君子」的破解，不止厘清了內在的確切涵義，而且鉤沉出詞義流變的衍義。從夏商周三代到春秋戰國，「君子」經引申一再變臉，本初由上古英明先王之尊稱，時而衍變成睿明侯王之敬稱，時而演變成賢明卿大夫之指稱，乃至嬗變為士庶人中達明修士之泛稱。這對孔子所闡發的內在義理，以及揭示以極至仁德化成天下，可謂意義重大而深遠。

如果說，上章經過對上禮敬自己的父、兄、君，以及天子一人，使下屬諸子、諸弟、諸臣、諸人君，以及天下生民為之悅服，而稱作「要道」，那麼本章將進一步闡釋如何由己及人，以孝、悌、忠施教天下，以達到敬順天下為人父、為人兄、為人君，爰至敬順為天下人之子的天子之「至德」。只有這樣，才能走出將「君子」曲解為「君王之子」的誤區，才能走出將「君子」誤解為「道德完美的人」的泥淖。

綜上所述，本章「廣至德」這一章題，其釋義是指：廣泛傳佈先王那極至的德行。

二、開篇經句解讀

子曰：君子之教以孝也，非家至而日見之也。

此句夫子所言，是以「非」構成的否定判斷句。

（一）文句誤解聚焦

本章開篇「子曰」，是指夫子首先提出的論題：君子之教以孝也，非家至而日見之也。

對於這句話的釋義，自古至今解讀為，君子用孝道進行教化，並非挨家挨戶去推行，也不是天天當面去教誨。此句理解之誤，問題出在鄭玄對於「家至」之注，因為從其「非門到戶至而見之」，可見不明句中「君子」這一主體的確指。

本章標題「廣至德」所廣泛傳佈的主旨，是以先王的極至德行化

354

成天下。那麼，這「君子」與「先王」，二者究竟屬於什麼關係呢？值此，我們首先要考正一個關鍵字「君子」，然後再弄清這「君子」具體指向？

1、「君子」考正

「君子」一詞，歷來被誤解為「道德完美的人」，而「小人」則被曲解為「沒有道德的人」，人教版教科書即如是說。

其實並非如此。要厘清關鍵字「君子」的確切字義，尚須解析「君」、「子」二字的結體構成，從根本上予以考正。

（1）「君」字考釋

「君」字甲骨文寫作 ，从尹从口，屬會意字。其上从 為「尹」，大多學者訓作持筆之狀。豈不知「筆」字初文為「聿」，其甲骨文作 或 ，前者下端帶有筆毛，後者即執筆之姿。二者相比較，此「尹」甲骨文 ，顯然同「筆」之甲骨文 或 大相徑庭。然而，就其手執器具而言，頗似擊鼓的鼓槌之「枹」（音「孚」）。

反觀「君」字甲骨文 ，其上从 為「尹」，像手執鼓枹之形；其下从 為「口」，像張口發佈命令之狀。二者合而為一，可意會為發號施令。因此，字義為動詞「主宰」，後引申為名詞，表示「君主」或「國君」。

（2）「子」字訓釋

「子」字甲骨文作 ，或作 ，二者結體不一，字形迥然。

對於前者 ，學界向來認作嬰兒的象形。其實，就 字形而言，

355

其上是個圓圓的頭，身下拖著尾，張開一雙小翅膀，像雛鳥出殼後奮力僝開翅膀之形。而後者🐦，研契學者多以「省變形體」釋之。按古文字形體「省變」，是指將字的一部分線條省略或簡化。反觀異體之🐦，與此🐦相比較，分明是結體線條的繁化，而非「省變」之簡化。

詳查「子」字異體之🐦，它不僅與「窎」（音「謝」）繁體「窵」相似，尚且與其籀文🐦相近，甚至還與「雛」字籀文🐦類似。這些同源字，既為鉤沉「子」字結體成因拓展出通幽路徑，又為揭秘「玄鳥」不再玄秘提供了難得的契機。

「子」字溯源，尚須在人們世代相傳的俗語中鉤沉。幾千年來，人們將禽鳥的蛋卵，稱作「子兒」。例如，雞蛋稱「雞子兒」，鴨蛋稱「鴨子兒」，鵝蛋稱「鵝子兒」。人類儘管屬胎生而非卵生，但對自身生命延續的後代，無論是兒是女，古漢語中一律稱作「子」。如《詩經・邶風・燕燕》中「之子於歸，遠送於野」，此詩句是說，行走的女子去出嫁，遠遠相送到郊野。其「之子於歸」中的「子」，無疑為女性。

另就男性生殖器的陰囊來看，因內含橢圓形睾丸，俗語稱「卵（音lǎn）子」。就人類生命的遺傳而言，男性由性腺睾丸產生的性細胞，稱作「精子」；女性由性腺卵巢產生的性細胞，則稱作「卵子」。由此可見，無論胎生的人類，還是卵生的禽鳥，無不稱後代為「子」。二者的差異，無非將人的兒女稱作「子」，而將禽鳥的蛋卵，則以兒化音稱作「子兒」而已。

幾千年來一脈相承的古漢語，無論口語，還是文獻典籍，皆遺存

著彌足珍貴的文化資訊。倘若追溯「子」字甲骨文的本初取象，尚須通過《詩‧商頌‧玄鳥》中「天命玄鳥，降而生商」的詩句，揭示其傳說中商族人始祖與其圖騰崇拜的歷史文化真相。

帝嚳次妃簡狄在洛水洗浴之時，因誤食一只飛鳥口裏銜著的一枚蛋卵而孕。後來生下一男嬰。由於禽鳥蛋卵稱作「子兒」，遂以「子」為氏，并以與此鳥邂近得子，而據「邂」字諧音取名為「离」。於是，此「离」遂成為商族人始祖。後世出於「為尊者諱」的緣故，遂以契刻之「栔」音讀「邂」取而代之，後衍化為「契」，乃至「偰」字。

（3）「玄鳥」語詞索隱

商族人始祖离（契）緣於「玄鳥」，而被後人尊稱「玄王」。後世學者據司馬遷《史記‧殷本紀》所載「契，母吞鳦（音「乙」）子而生，故曰子氏」。倘若探究此「玄鳥」何以稱作「鳦」，似以殷商創始者成湯稱名「天乙」而臆斷之。

至於此「鳦」屬於何種禽鳥，西漢毛亨《毛詩詁訓傳》就「燕燕於飛」訓解道：「燕燕，鳦也。」基於此，「玄鳥」始由成湯稱名「天乙」之乙，臆測為「鳦」鳥，再由「玄鳥」之「玄」為黑色，臆斷為燕子毛羽之顏色，於是「鳦」便混同於稱作「燕燕」的家燕。那麼，离（契）母簡狄所吞食「玄鳥」之蛋卵，就這樣由「鳦子兒」而「燕子兒」。孰料，此三級跳式推斷，二千多年來就這樣形成定論。

深究毛氏此說，並不盡然。成語講「天下烏鴉一般黑」，禽鳥中只有烏鴉的毛羽為黑色。而家燕從頭到背，再到尾部，甚至兩翼小覆

羽、內側覆羽和內側飛羽，儘管皆為藍黑色，但其下胸、腹和尾下所覆毛羽皆為白色或棕白色，更何況下頷和喉部，皆呈栗色或棕栗色。因此，家燕並非單一羽色。如果僅憑其上身羽色就認定為「玄鳥」，則未免過於輕率，尚且有失嚴謹。

換個角度來看，假使「降而生商」的玄鳥，即「燕燕於飛」的燕子，那麼作為商族人的圖騰，何以祭天祭祖的青銅禮器之上從未見其尊容？值此，人們不禁要問：此事關商族人圖騰的「玄鳥」，究竟是只什麼鳥？

（4）「卨」字索隱

關於「玄鳥」究竟是只什麼鳥，又何以稱「玄」，尚需從簡狄為她吞鳥卵所生兒子取名「卨」，窺其個中玄機。

追溯「卨」字流變，或寫作「离」，或寫作「离」。然楷文「离」，由古文 演變而來。儘管「卨」字甲骨文付諸闕如，但其籀文 上部所從 ，較之「子」字甲骨文異體 上部所從 ，二者面部皆以「×」為構件而呈交叉狀。可以說，此二字存儲的玄機，似乎與契母吞玄鳥之卵的傳說不無關係。

究其「离」的字義，《說文》釋之為：「蟲也。从厹（音「蹂」），象形。」許慎釋「离」字義為「蟲」，具體為何類之蟲，則語焉不詳。有的研契學者認為，「离」為「萬」訛體分化字。豈不知「萬」字甲骨文作 或 ，像蠍子之形，與「离」籀文 相去其遠。再從析其字形「从厹，象形」來講，許氏既無視其上所從之 ，又將其下 釋為「厹」。這不僅與「离」形體不符，而且與其「象

358

形」說相去甚遠。鑒於此，「离」造字理據的破解，亟待從其同源「雒」字古文之 ![字] 獲取必要的啟示。

古人對於「玄鳥」，除誤釋「鳦」之外，還另訓「雒」（音「洛」），《說文》釋其為「鵋鶀」，亦稱「角鴟」，實則即俗稱之「貓頭鷹」。但就其所載「古文 ![字]」來看，其上从 ![字]，像鵋鶀張翅下落之狀；其下从 ![字]，則像張翅鵋鶀所下落器物之形。從詞性來講，「雒」字並非表此鳥的名詞，而是以此「鵋鶀」鳥正「雒」（落）在器物上而表動詞。

在古文字中，「雒」與「落」皆為動詞，皆表示物體自上而下的降落：前者主體為動態，表示禽鳥的飛雒（落）；而後者主體為靜態，表示草木花葉的飄落。顯然，此「雒」非彼「落」。然而，傳說中玄鳥飛雒（落）的那條河水，由此稱「雒水」。此古河流之名，時至三國方改「雒」為「洛」，此即如今河南省洛河。

（5）「离鳥」鉤沉

從「离」字來看，無論是古文之 ![字]，還是楷文異體之「离」或「离」，其取象是否俗稱貓頭鷹的「角鴟」，尚須同「子」字甲骨文 ![字] 作一比較。二者只是字音不同，而字形與字義頗為一致。

且看此 ![字] 甲骨文結體構成，其上之 ⅲ，與「离」字籀文 ![字] 上部之 ⅲ 類似，即离鳥頭頂所長毛角之狀（見右圖）；其中之 ⊗，與「离」字籀文 ![字] 中間之 ⊗ 相似，即离鳥頭部寬大的面貌之形。尤其是面部所呈之 ✕，呈現出离鳥雙目上揚的眉弓與近喙內眥的白色羽毛呈輻射狀（見

左圖）；至於其下之ノL，則表离鳥正面腹部之形態，與「离」古文𦥙下部之冈（厹）完全不同。那麼，「离」字其下所從之冈（厹），分明是由𦥙其下所從ノL訛變而來。由此當知，此甲骨文𦥙音讀「子」，當由「禼」演變而來。

(6)「子」字義訓

「离」字經以上鉤沉，其离鳥湮沒已久的表意性寫真形象，終於浮出水面：從楷文「离」至籀文𦥙，乃至甲骨文𦥙，其字音始讀為「邂」，字義表 鳥；後兼讀作「子」，字義專表卵生 鳥。而「子」另一甲骨文𠀀，由本義表示卵生出殼後奮力僢開翅膀的雛鳥，轉而以其引申義表示胎生人類嬰幼兒及少兒。由此當知，該离鳥形象遺存著商族人始祖离由簡狄吞离鳥之卵，亦即吞「离子兒」而感生的資訊。

當成湯以其「順乎天而應乎人」的革命創建商王朝，成就其浩浩湯湯的不世之功，便將氏族所尊崇的始祖离，自此諱稱「契」或「偰」。而作為商族人圖騰崇拜的离鳥，由寓意「忌諱其稱謂」而簡稱「鴟鵂」。

特別是殷商祭天敬祖的青銅禮器，或以其具象形態為造型（如右圖的离卣），或以其抽象體態為紋飾（如左圖的离觶）。與此同時，商族人還依據离鳥的習性，依據它半夜三更出沒的時辰，稱作「子夜」。在曆法中，「子時」作為一天十二時辰初始，以「子」作為十二地支之首。

孰料世事無常。從文王之父季曆被商王文丁無辜迫害致死，至文王被紂王拘禁羑里長達七年，周人對於商王朝的仇視，不免延及商族人的圖騰离鳥。於是乎，將殷商諱稱的「鵂鶹」，一方面以「休要存留」的諧音而省稱「鵂鶹」（音「休留」），另一方面以「勿寧與其決絕」的諧音而省稱「鸋鴂」（音「寧決」）。然貶稱「鸋鴂」之「鴂」，本指惡稱「屠夫鳥」的伯勞，既以其殘忍暗喻离鳥的殘暴，亦以其粗厲的鳴叫，諷喻嵩鳥夜半怪異的叫聲。

伴隨武王弔民罰罪的利劍直指朝歌，一代暴君商紂被梟首示眾，周族人由商紂梟首之「梟」，直指商族人圖騰的离鳥，遠不止貶稱「鵂鶹」和「鸋鴂」，尚且結合其夜半出沒之「宵」與其淒厲叫聲之「嚻」二者諧音，遂惡稱為「鴞」。況且，還有「鴟鴞」、「怪鴞」、「角鴞」等。此外，周族人還依據嵩鳥深更半夜所發出那令人恐怖的叫聲，大造輿論，將其視作厄運的徵兆，或者死亡的跡象。

後世學者不明個中緣由，一方面將殷墟出土而以离鳥為具象造型的青銅器，一概以「鴞」稱之。如殷墟婦好墓出土的所謂「鴞尊」、山西館藏的所謂「鴞卣」等；另一方面將以离鳥形象為紋飾的青銅器，亦以「鴞」稱之，如殷商時期常見酒器而所謂「鴞紋觶」；再一方面將以側面离鳥紋與正面牛紋構成的共生圖形的青銅器，大多皆稱作「饕餮紋」或「獸面紋」（見右圖）。豈不知二者除了以大圓眼作共用構件之外，以有別於正面牛頭紋的尖勾喙、長毛角和利爪這三大顯著特徵，凸顯出反向側身离鳥紋（見左圖）。由此可見，所謂「饕餮

紋」、「獸面紋」，無非是商族人以天上的鷹與地上的牛這兩大圖騰構成的共生圖形而已。

基於上述，殷商以「子」作為天下最為尊貴之姓。其字義經引申，遂將繼承先王至德要道的賢明人物，皆以「子」相稱，如殷末的「箕子」、「微子」等。殷商覆滅之後，即使後世春秋戰國，凡傳承聖明思想的名家，亦以「子」相尊稱，如儒家的孔子、道家的老子、墨家的墨子、兵家的孫子等，概莫能外。

(7)「君子」本義的流變

對於「君」和「子」二字所進行的鉤沉索隱，為破解「君子」一詞原義奠定了堅實的基礎。

回顧一下，「君」字本義為動詞「主宰」，經嬗變成為名詞「君主」；而「子」字本義為名詞，即表示飛鳥之「离」，經引申表示「尊崇的人」。二者合而為一，構成偏正式名詞「君子」，其意指傑出的君王。然「君子」始於君王的尊稱，興於卿大夫的敬稱，盛於士庶人的嘉稱。因為處於不同歷史時期，所代指的對象自然不盡相同。

「君子」在上古時期，指聖明的帝王。如《禮記·禮運》：「禹、湯、文、武、成王、周公……此六君子者，未有不謹於禮者也。」時至春秋時代，王室衰落，天子被架空，諸侯執掌了禮樂征伐大權。當斯時也，「君子」轉而代指英明的國君，如《論語·顏淵》：「夫子之說君子也，駟不及舌。」此即成語「君子一言，駟馬難追」的緣起。後至春秋中後期，各諸侯國分崩離析，國君大權旁落，大夫或家臣凌駕於公室之上，掌控著各封國的禮樂征伐實權。當

斯時也，「君子」則泛指睿明的公卿，賢明的大夫，乃至公明的家士，庶人中達明的修士。如《論語‧顏淵》：「君子成人之美，不成人之惡。」

以上對「君子」進行的深入梳理，為本章及後幾章涉及「君子」這一概念的詮釋，作了必要的鋪墊。因為《孝經》記敘的內容在春秋時期，先由孔子向弟子曾參述作孝治文化，其後由曾參述傳其弟子，而本書經曾子的弟子編纂成書時，早已進入戰國。所以，《孝經》的解讀，只有區分和明辯「君子」代指對象的不盡相同，才能走出「君王之子」的誤區，才能走出「道德完美的人」的泥淖。

2、「君子之教以孝也，非家至而日見之也」句訓解

此句是以「非……也」形式構成的否定判斷句。否定副詞「非」，直接否定謂語動作行為；而句尾語助詞「也」，則有助於事態的判斷。

(1)「君子之教以孝也」句解析

孔子開篇所講此言，句首「君子」經過上文深入探討，首先排除早已被架空的天子「人君」；同時根據下句「非家至」的「家」，顯然排除了睿明的國君，因為只有卿大夫大封邑亦稱家邑，尚且以「家」簡稱，那麼，此「君子」無疑是指賢明的卿大夫。

關於「君子」之所以解讀為卿大夫，還在於他們無論是輔弼天子平治天下的上大夫，還是輔佐諸侯王順治邦國的下大夫，他們皆為上至天下、下至封國的執政者，一應政令均由他們負責制訂、頒佈、貫徹和落實。尤其是遵循先王的禮法以孝治國平天下，卿大夫具有更大

363

的使命擔當。如果說「廣要道」貴在諸侯王的率先垂範，身體力行，那麼「廣至德」更重在卿大夫的以身作則，躬身踐行。

細究「君子之教」，其中的「之」，並非結構助詞「的」，而是動詞「進行」；而「教」是指「教化」。至於其後「以孝也」，則是由介賓短語構成的補語。按照現代漢語語法規律，這介賓短語「以孝也」作為補語，可前置動詞謂語之前作狀語。那麼，此「君子之教以孝也」句，其釋義為：賢明的卿大夫用孝道進行教化。

(2) 「非家至而日見之也」句辨析

對於此句，鄭玄注解為：「非門到戶至而見之。」其實不然。此句否定副詞「非」，意即「並非」；其後「家至」之「家」，並非後世平民之家，而是卿大夫領地家邑之家。

從文言文語法來看，句首「非」字，為否定副詞「並非」，後面的「家至」，應為否定句賓語置於動詞「至」之前，實則為「至家」。最後「日見之」，其中「日見」，是指每天見面；後面代詞「之」，代指主語教人行孝。那麼，此句「非家至而日見之也」，其意是說：並非回到家邑每天面見教人行孝。

(3) 此句文義評析

從前後句整體來看，賢明的卿大夫，無論在朝廷輔弼天子，還是在封國輔佐國君，無不擔當著以孝教化邦國天下的重任。但是，卿大夫儘管身為所封家邑的家長，但家邑的執政者則為家宰。因此，作為賢明的卿大夫以孝行治國平天下，按上文所闡明的那樣，「敬其父，則子悅；敬其兄，則弟悅；敬其君，則臣悅」，是說為人父，只須恭

敬自己的父親，兒子就會心悅誠服；為人兄，只須愛敬自己的兄長，兄弟就會心悅誠服；為人臣，也就是指卿大夫，只須尊敬自己的君主，家臣就會心悅誠服。如果是這樣，誠如《周易·坤卦·文言》所載：「積善之家，必有餘慶。」那麼，卿大夫無須回到自己的家邑，天天耳提面命教家人行孝。否則，豈不是越俎代庖嗎？

縱觀此句「君子之教以孝也，非家至而日見之也」，其釋義無非是說：賢明的卿大夫用孝行進行教化，並非回其家邑每天面見教人行孝。

三、中篇經句解讀

教以孝，所以敬天下之為人父者也；教以悌，所以敬天下之為人兄者也；教以臣，所以敬天下之為人君者也。

此段經句，是個三層遞進關係的排比句，層層遞進，環環相扣，步步深入。前分句表示肯定一種狀況，後分句再肯定另一種有關的情況，後面的分句較之前面的分句所闡明的問題，自然更重大、更深入、更推進一層。

1、「教以孝，所以敬天下之為人父者也」解析

此句是以「者也」句式構成判斷句，在文言文中屬於最常見的形式。

（1）「教以孝」句解析

此句「教以孝」，屬動補結構。這一結構，是由動詞與其後起補充說明作用的介賓詞組構成的短語。具體來說，就是由動詞「教」與

介賓詞組「以孝」構成。按現代漢語語法，介賓詞組可置於動詞前面作狀語，從而構成「以孝」＋「教」這一偏正式結構。概言之，此「教以孝」，是「以孝」表教化方式，同時也表教化的內容；對於中心詞「教」，所教化的對象不言而喻，當然是指天下為人子者。

「孝」是什麼？「孝」的本義，是指對父母之恩以愛相報。其孝行具體有二：一為孝敬，二為孝順。概而言之，應該是兒女緣於父母親情而體現出的恭敬態度和順從的行為。從倫理角度來講，是指晚輩對長輩所應盡的孝行。至於以孝道進行教化，不止體現為執政者諸侯王的率先垂範，而且重在輔政者卿大夫的躬身踐行。

（2）「所以敬天下之為人父者也」句辨析

句首「所以」，一向被認作因果連詞，而譯作「……的原因」。其實不然，它不過是由特別指示代詞「所」和介詞「以」構成的詞組。春秋戰國時期，「所以」作為詞組，正處於向因果連詞過渡而由虛化尚未凝固的萌芽階段。因此，「所以」相當於「以所」，況且介詞「以」之後，承前省略了代詞「之」，即主語「教以孝」。那麼，此即表示「以此達到……目的」。

作為執政的卿大夫，只有以孝行進行教化，才能達到「敬天下之為人父者也」這一目標。其中「敬天下」的「敬」，是指「敬重」，也就是「恭敬尊重」；其後「之」字當為泛指代詞「所有」，而決非結構助詞「的」。那麼，通過用孝行進行教化，每位為人子者都會敬愛自己的父親，以此取得敬重普天之下身為諸侯的父君的成效。如果是這樣，天下為人父者就會得到尊重，由此形成父慈子孝的社會風

氣，又怎能為篡奪天子王位而發生「子弒其父」的慘象呢?

本句前後連接在一起，意思是說: 用孝道教化，以此敬重普天之下身為人主的父王。

2、「教以悌，所以敬天下之為人兄者也」解讀

此句承接上句，以「者也」句式構成判斷句，並與上句對舉。

(1) 「教以悌」句解析

此句承接上句「教以孝」，而講「教以悌」。所謂「悌」，體現為敬愛並順從兄長。

「孝悌也者，其為仁之本与?」作為儒家基本倫理觀念，前者「孝」是指為人子對為人父，後者「悌」是為人弟對為人兄。如果說，為孝之道屬於晚輩對長輩的尊重，那麼為悌之道則出於年幼對年長的敬重。儒家主張，人的道德從家庭倫理到社會倫理，有一個遞進而昇華的過程。鑒於此，孟子對梁惠王談治國理念，主張「謹庠序之教，申之以孝悌之義」。

本諸上述，此句「教以悌」，釋義是指: 用悌道教化。

(2) 「所以敬天下之為人兄者也」句辨析

此句是用「所以」推斷主語所指的「教以悌」，可以達到的目的，或取得的成效。

其中「敬天下」之「敬」，其施動者即「為人弟」，其釋義當為「敬從」，詳解即「敬愛」與「聽從」。儒家所宣導的悌道，就是年幼者對於年長者的敬從。以此進行教化，就會取得敬從普天之下所有兄長的結果。「兄良弟弟 (悌)」，作為「人義」之一，自然形成年

長與年幼相互友愛、相互禮敬的社會風尚。

作為輔政的卿大夫，只有以悌道進行教化，才能達到「敬天下之為人兄」這一目標。誠如孟子所言，「敬人者，人恒敬之」。如果是這樣，每位為人弟者都會敬從自己的兄長，每個為人兄者皆回報以友愛。那麼，諸侯王兄弟之間那經年無休止的征戰殺伐，即可得以消彌。

本句前後連接在一起，釋義是說：用悌道教化，以此敬從普天之下身為人主的王兄。

3、「教以臣，所以敬天下之為人君者也」解訓

此句為三層遞進關係排比句的最後分句，較之前面兩分句所闡發的問題，自然更推進一層。

（1）「臣」字之形訓

此句「教以臣」，直接涉及到以臣道教化的敬忠概念。所以，亟待探究「臣」字的結體，並通過索隱與其相關的同源字，揭秘所遺存的上古先哲的造字理據。

「臣」字，其甲骨文為𦥑，是只豎立的眼睛。即使後世金文、小篆，乃至迄今依然使用著的楷文，諸形體基本一脈相承。那麼，如何解讀這一形象呢？

東漢許慎依據小篆之臣，其《說文解字》訓解為：「牽也。事君也。象屈服之形。」現代郭沫若一方面據甲骨文之𦥑，坦言「臣」字「構成頗費解」，另一方面卻因循許說釋解道：「人首俯則目豎，所以『象屈服之形』者。」郭氏此言是說，人的頭在俯身低下時，眼

368

目就會豎立起來，因此「象屈服之形」。於是乎，此「臣」遂定性為「古之奴隸也」。

殷商甲骨文中，除「臣」為豎立眼目之 𦣻 之外，還有由其派生的同源字「柜」（音「臣」）。此「柜」甲骨文作 𣏾，從木從臣，臣亦聲。屬會意兼形聲字。其構形，像人在樹上大睜著眼目直視前方之形。由此不難想見，遠古氏族部落這一命運共同體，先民不時遭受洪水和蜂蠆虺蛇的侵襲。為了部族的生命安危，自有勇於擔當者。他們登上高大的樹木，大睜著眼目，逡巡著四周的風吹草動，尚且穿過長夜一直警戒至淩晨，因而以「晨」諧音而稱之為「臣」。久而久之，這些以恪盡職守贏得酋長和部族所信賴的臣民，逐漸被賦予治理洪水等重任，此「臣」遂成為人臣的代稱。當此「臣」作為表人臣專用字，原本表示樹上放哨警戒之「臣」，遂另加「木」字為部首，形成後起字「柜」，以此人臣之 𦣻 同彼臣民之 𣏾 相區別。

通過以上考釋，「臣」不僅與許氏「屈服」說和郭氏「奴隸」說毫無關聯，反而以其直視而大睜的眼目，放射出勇於擔當而恪盡職守的敬忠之光。

② 「教以臣」句解析

何為「教以臣」？關鍵字為「臣」字，此即「臣道」。其實，應是臣民對其氏族命運共同體那份自覺擔當的責任感，具體體現為對職責的恪守和對部族的忠誠。那麼，作為動補結構的「教以臣」，釋義是指：*以臣道教化*。

如果說，孝道屬於為人子的修持，即以孝親教化而「敬順」，即敬而順之；而悌道屬於為人弟的修行，則以弟悌教化而「敬從」，即敬而從之；那麼「臣道」則屬於為人臣的修為，當以臣賢教化而「敬忠」，即敬而忠之。

（3）「所以敬天下之為人君者也」句辨析

此句關鍵字，為句尾的「人君」。那麼，如何讀解這「人君」一詞呢？

所謂「人君」，在先秦不同歷史時期指稱亦各有不同。西周時期，「人君」特指天子，諸侯王不過是國君；後至春秋時期，由於天子失勢，「人君」逐漸蛻變為諸侯國的國君；再至戰國時期，隨著諸侯的國君相繼稱王，遂專指各國國王。

詳察本句「人君」，無疑是指周天子，而這正是孔子「克己復禮」夢寐以求的願景。反觀此句「所以敬天下之為人君者也」，亦與上章「敬一人，而千萬人悅」句相佐證。

根據以上辨析，此句釋義是指：用臣道教化，以此敬忠普天之下身為人君的天子。

（4）此句文義評析

回顧本句三個遞進排比句的「敬」，通過所敬對象「為人父」、「為人兄」和「為人君」，當知這一切皆來自卿大夫身體力行的教化功能。如此依次遞進的關係，進升到三大層次：一是以孝道教化，可由敬重「為人父」，暗寓尊重身為諸侯的君父，由此防範子弒其父的慘象；二是以悌道教化，可由敬從「為人兄」，隱寓順從身為侯王的

兄長，由此避免同室操戈的亂象；三是以臣道教化，可由敬忠「為人君」，潛寓敬畏身居顯位的天子。

「積善之家，必有餘慶；積不善之家，必有餘殃」，此名言出自《周易·坤卦·文言》。對於句中之「家」，無論是「積善之家」，還是「積不善之家」，並非後世誤解的普通平民之家，而是身處廟堂之中的卿大夫家邑之「家」。其後文句「臣弒其君，子弒其父，非一朝一夕之故，其所由來者漸矣」，不僅由此揭示出「教以孝」、「教以悌」和「教以臣」的施教者的身份，而且揭開了「非家至而日見之也」之「家」的謎底，尤其是揭秘了本章開篇「君子之教以孝也」中「君子」的本來面目。

總之，這段經典文句，其釋義當為：用孝道教化，以此敬重普天之下身為人主的父王；用悌道教化，以此敬從普天之下身為人主的王兄；以臣道教化，以此敬忠普天之下身為人君的天子。

四、中篇經句解讀

詩云：「愷悌君子，民之父母。」非至德，其孰能順民，如此其大者乎！

1、「詩云：『愷悌君子，民之父母』」句考正

本章徵引詩句，出自《詩經·大雅·泂酌》。而此篇《泂酌》，屬《詩經·大雅·生民之什》的一篇。

（1）詩題「泂酌」訓解

詩題「洞酌」，其中「洞」字，音讀「迥」，本指「邊遠的水流」，後引申為「邊遠」。「酌」字甲骨文𤔽，舊所未識。其構形從酉從匕，乃會意字。其左從𦉥為「酉」，像盛酒的酒罇之形；其右從𠤎為「匕」，像舀取酒水的曲柄酒提之狀。二者合而為一，字義由用酒提從酒罇舀取酒水，意即「舀酒」；後由舀酒為他人斟酒，引申為「斟酒」。

本詩分為四段，每段句首皆為「洞酌彼行潦，挹彼注茲」。本章所引詩句的篇名，即以此開篇詩首「洞酌」二字為題。詩中「行潦」，意謂路邊積水。而開篇這一詩句，釋義是說，從遠方舀取那路邊一點點積水，然後再把舀取的那些積水灌注到這酒罇裏。

鑒於上述，如此不辭勞苦的細微情節，似隱喻著本篇「廣至德」此章題尚未揭示的意蘊。

2. 詩句「愷悌君子，民之父母」解讀

對於此詩句的釋解，重在關鍵詞「愷弟」的確解。

（1）「愷悌」語詞鉤沉

此詩句最早的解讀，當為《呂氏春秋·不屈》所載惠子的觀點：「詩曰：『愷悌君子，民之父母。』愷者，大也；悌者，長也。君子之德長且大者，則為民父母。」由此可見，惠子將「愷悌」一詞形容君子仁德的深長廣大。這一觀點雖不乏見地，但「愷」何以釋之為「大」，「悌」何以釋之為「長」，則不免語焉不詳。按惠子此說，無非由其引申義加以闡發而已。

西晉杜預在《左傳·僖公十二年》「《詩》曰：愷悌君子，神所

372

勞矣」句下，按《爾雅・釋言》注之曰：「愷，樂也；悌，易也。」唐玄宗御注《孝經》此詩句時，援引杜注而釋之曰：「義取君以樂易之道化人，則為天下蒼生之父母也。」此注當為揭示「愷悌」本義的不易之見解。但後世學者未明何謂「樂易之道」，傳世文本多據此曲解為「和樂平易」。

其實，本章所引詩句「愷悌君子」，原詩本為「豈弟君子」。那麼，如何通過「豈弟」二字的訓詁，索隱出內在所遺存「樂」、「易」的本義呢？

(2) 「豈」字形訓

先就「豈」字而言，大陸簡體為「岂」，其音讀除了「豈敢」的「豈」，原本為「凱旋」的「凱」。

學人周知，「豈」字初文為「壴」，音讀「注」。其甲骨文作壴，像建鼓之形。其上ψ表裝飾性穗狀紅纓，中間□為圓形的鼓面，其下△為安放鼓的支架。這一穿越五千多年風雨滄桑的民族打擊樂器，先民既用於祭祀天地鬼神，又用於跳儺祛疫避邪，還用於田獵驅趕猛獸，更用於班師告捷的凱旋，乃至用於昏定晨醒的報時，尤其是用於鼓樂喧天的婚慶。那種大氣磅礡而氣勢恢弘的鼓樂，早已融入華夏民族的文化生活之中，無處不表達出粗獷豪放的思想情感，無時不展現著昂揚奮發的精神風貌。

基於上述，「壴」為「鼓」的象形，亦為「豈」字初文。換言之，「豈」為「愷」的本字，當由「凱」字而來。且看「凱」字結體：從豈從几，為會意字。其左所從之「豈」，初文即「壴」，為建

373

鼓的象形；其右所從之「殳」，當為「九」字訛變，即擊鼓的鼓槌。

由詩句「凱風自南」，當知「凱風」是指孟夏時節的南風。「夜來南風起，小麥覆隴黃」，正是夏祭祖先的禘祭時節。上古先王與先民擂響了熱烈的鼓樂，將新熟的麥子享獻於祖廟之中，以感恩祖先神明的庇佑。所以，「凱風」是指麥收祭祖時節，伴隨熱烈南風的吹拂，擂響先王與民同樂之鼓樂。當斯時也，由麥收熱烈吹拂之凱風，至擂響喜慶歡樂之凱鼓，心中自然湧起與民同樂之愷樂。

（3）「弟」字義訓

再就「弟」字而論，前文已講過，其甲骨文作 ，是用前端分叉的樹杈作為工具，捕捉其下那蟠屈蟒蛇的情形。

遠古之時，人類生存面臨最大的威脅，是出沒無常而防不勝防的蟒蛇。可以想見，當五彩斑斕的毒蛇，面對著人閃著深綠而惡狠狠目光，並張開它那血盆大口，不斷伸吐著嘶嘶作響的蛇信。然而，當它撲向人們一瞬間，自有勇於擔當的年輕人挺身而出。他們用摹仿蛇信而前端分叉的樹杈制服毒蛇，從而衛護了年長者的生命安全。在此背景下，此臨危不懼的年輕人，較之年長者遂稱作「弟」。與此同時，此表勇於擔當的「弟」以樹杈捕捉毒蛇時，自然要戒慎警惕，於是亦以戒惕之「惕」的諧音，兼表「孝弟」的「弟」。

伴隨社會的分工，與之相適應的文字而日益細化。此「弟」因專用於表年輕較之年長之「弟」，而由心存戒惕而音讀為「惕」之「弟」，則附加豎心旁「忄」為部首，於是派生出後起字「悌」，並

且由護衛年長者引申為敬重年長這一概念。

然需要特別闡明的是，此「弟」原本由捕蛇而心存的那份戒惕，亦表對於與蛇同類而俗稱「四腳蛇」蜥蜴的警惕。不過，此爬行類動物亦因表皮隨著周圍環境的變化而變色亦稱「變色龍」，所以其初名、初文皆以其擅於變易而稱「易」。但後人鑒於語言表述不易區分，首先附加詞素「蜥」，從而構成雙音節複合詞「蜥易」；後來基於古文字對物種類屬的區分，「蜥易」之「易」又附加表虺蛇類屬的左偏旁「虫」（音「虺」），進而形成後起而固定語詞「蜥蜴」。至於《詩·小雅·正月》「胡為虺蜴」其「虺蜴」即又名「科莫多龍」之巨蜥。顯然，彼「虺蜴」非此「蜥蜴」也。

本諸上述，「愷悌」一詞最初音讀，實則出於「弟」字古音所兼戒惕之「惕」。誰料想，當「弟」加豎心旁「忄」，形成後起字之「悌」時，原本假借之「易」，或加「虫」旁而為「蜴」，或加豎心旁「忄」而為「惕」。而「易」字經此蛻變而減負，回歸其原表陰陽變易的本義。

綜上所述，唐玄宗援引杜注所釋「樂易之道」之「易」，其古音實則當讀作「惕」。

（4）「愷悌君子」句訓解

通過對「豈弟」二字的鉤沉，既從「豈」字初文即鼓樂之「壴」，並由其內在鼓樂之「樂」，可傾聽到上古先王與民同樂的喧天鼓樂；還從「弟」字所表以樹杈降服盤曲蟒蛇的象形，以及對其同類「蜥蜴」所心存的那份戒懼惕厲，可參悟到上古先王與民同憂而惴

375

瘝在抱的情懷。

先王的「樂易之道」，決非「和樂平易」，而是歡樂著先民的歡樂，戒惕著先民的戒惕。只有這樣，才能理解「愷，樂也；悌，易也」此古義，才能深明何以釋「弟」為「易」（惕）的本義，才能確切解讀「愷弟君子」那以民為本的深邃思想內涵。所以，「愷弟君子」的釋義，實際是指：與民休戚與共的賢明君主。

(5)「民之父母」句訓解

前句「愷弟君子」的全新訓解，為後句詮釋「民之父母」探明了前行的路徑。

提及「民之父母」，記得《中庸》在論及「君子不出家而成教於國」時，曾引用《尚書・康誥》中那句「如保赤子」。此即衛康叔封於殷商舊地赴任前，周公對他的誡勉：「若保赤子，惟民其康。」此句釋義是說：宛若保養赤裸的新生兒那樣，惟有生民的康樂安寧。可以說，只有心繫天下黎民蒼生，像呵護初生嬰兒那樣，時時關注黎民的冷暖，處處牽掛蒼生的安危，憂傷著他們的憂傷，戒惕著他們的戒惕，快樂著他們的快樂，幸福著他們的幸福，才配稱「民之父母」。要言之，只有真正愛民如子的執政者，才有資格稱他的國民為「子民」，並成為他們的父母官。否則，凡以「民之父母」自居，凌駕於生民頭上作威作福，荼毒百姓，無非禍國殃民的獨夫民賊而已。

細究此詩句「愷弟君子，民之父母」，「愷」，宜為與民偕樂，「弟」，應為與民共「惕」。換言之，深諳此「樂易之道」而與民休戚與共的賢明君主，方可成為生民的父母。這一點，誠如唐玄宗所注

「義取君以樂易之道化人，則為天下蒼生之父母也」，確為不易之灼見。

2、「非至德，其孰能順民，如此其大者乎」句訓解

本章在引《詩》句後，又附加此概括性結語。這有別於其他各章的表述，曾一度引發諸家不同的議論。

（1）結語誤區解析

南梁皇侃《孝經義疏》認為，此句「並結『要道』、『至德』兩章，或失經旨也」。隋代劉炫《孝經述議》則以為：「《詩》美民之父母，證君之行教，未證至德之大，故於《詩》下別起歎辭，所以異於餘章，頗近之矣。」後世多以劉說為是，豈不知並不盡然。

本章「廣至德」，重在闡釋賢明的卿大夫如何以孝、悌、忠施教天下，來達到敬天下為人父、為人兄、為人君這一「廣至德」。因此，本章所引詩句旨在闡明，那些廣泛傳佈先王至德的輔政者,應具有與民休戚與共的素養，才能達到「一家仁，一國興仁；一家讓，一國興讓」這樣的社會成效，而並非「美民之父母，證君之行教」。而詩後所附加這句話，恰恰要說明這一問題。

（2）「非至德，其孰能順民」句辨析

先就此句而言，「非」為否定副詞，意為「若非」。而「非」所否定的「至德」，是指先王的至高仁德。具體來說，就是《洞酌》篇與其民一勹勺舀取路上積水那共克時艱的德行。「其」，表第三人稱代詞複數「他們」，意即卿大夫；「孰」，疑問代詞「何」，相當於「怎麼」；而「順」為使動用法「使……順」。

那麼，此句大致是說：若非極至廣大的仁德，他們怎能使子民如此敬順。

(3)「如此其大者乎」句辨析

此句「如此」，意為「如同這」；「其」為代詞，指代「愷弟君子」；而「大」，則指極大傳佈先王至德。所以，此句釋義為：如同這樣極傳佈先王至高的仁德吧！

本章在徵引詩句後所以附加此概括性結語，出於詩句中表先王的「君子」，與本章為人臣的卿大夫此「君子」，二者盡管存在階層的差異，但以「愷弟」之資質與「為民父母」的孝行相一致。若將開篇「君子之教以孝也，非家至而日見之也」，與《中庸》「君子不出家而成教於國」相比較，二者似有異曲同工之妙。

總而言之，此結語的補充，不僅並非多餘，反而不可或缺。因為它使本章前後文意貫通，并與本章「廣至德」主旨相契合。

廣揚名章第十四:

「移孝作忠」訛變的軼義

一、章題字義釋解

(1)「廣」字義訓

先就「廣揚名」的「廣」而言，用於動詞「揚」之前，當為形容詞「廣遠」。深究「廣遠」一詞，意即以至德傳世，廣在當代，遠至千秋。

不過，需要明示的是，此章「廣揚名」之「廣」，不同於前兩章「廣要道」、「廣至德」之「廣」。因為前二者之「廣」用於語詞「至德」、「要道」之前，皆屬使動用法，字義是使先王的「至德要道」得以「廣泛傳佈」。

倘若按當下有的文本，將此句之「廣」譯成「推廣」，前後文義就會解讀不通。因為所揚之名，不管是「名聲」，還是「名望」，抑或是「名譽」，皆非「推廣」所為。

(2)「揚名」義訓

再就「揚名」一詞的讀解。「揚」作為動詞，既不是「宣揚」，也不是「聲揚」，更不是「張揚」，而是當代有口皆碑的「傳揚」，以及後代青史留名的「傳頌」，從而達到廣而遠之。鑒於此，此當代所傳揚或後代所傳頌之「名」，又該是什麼「名」呢?

雁過留聲，人過留名。人的一生是有限的，關鍵是留下什麼樣的

名聲，才能讓生命活得有尊嚴，有價值，有意義，才能化有限為無限呢？每個人的價值取向不盡相同，是塵埃落地般悄無聲息，還是以造福於民的功德留芳千古，抑或以禍國殃民的罪孽臭名遠揚，這都取決於每個人的所作所為，到底留存世上什麼名聲。

(3)「廣揚名」明訓

本章「廣揚名」，重在闡發首篇「立身行道，揚名於後世」的義理，並進一步揭示孝行與揚名的相互關係，尤其是修正所謂「移孝作忠」觀念。儒家認為，「揚名後世」為孝行的最高階段。這在儒家蒙學經典《三字經》結尾概括為「揚名聲，顯父母；光於前，裕於後」。

概言之，章題「廣揚名」句義當為，以立身踐行道義，廣遠地揚名於後世。

二、正文經句解讀

子曰：君子之事親孝，故忠可移於君；事兄悌，故順可移於長；居家理，故治可移於官。是以行成於內，而名立於後世矣。

夫子所講此段話，是以「君子」為主語，形成以三重並列關係的排比句。前兩句分別闡述「積孝為忠」、「積悌為順」，並由此闡發「積理為治」的齊家之道，最後成就「名立於後世」的果行。

(一)「君子之事親孝，故忠可移於君；事兄悌，故順可移於長；居家理，故治可移於官」句考釋

此句謂語為三重並列關係的排比句，皆以「故」為關聯詞構成因果關係複句。

1、「君子之事親孝，故忠可移於君」句訓解

本句作為三重排比句之首，重在主語「君子」的詮釋。

（1）「君子」破析

此章開篇，前分句「君子」作為主語，與後分句「忠可移於君」之「君」，二者身份語焉不詳。但顧及前兩句，依據此「君子」既要移孝以忠事君，又要移悌以順事長，不難推論前者「君子」，從屬於後者之「君」。

至於此「君子」具體身份，可由「士章第五」所言「以孝事君則忠，以敬事長則順」見其端倪。簡言之，依據上述兩點所體現出「忠順不失」的孝行，此「君子」無疑出自家臣中以齊家為己任的賢良之「士」。

物有本末，事有終始。縱觀前兩章「廣要道」和「廣至德」，與本章「廣揚名」，即可發現此三章貫穿著一條相互關聯而又看不見的紅線。

先從「廣要道」來看，那廣泛傳佈先王重要政治主張的使命，定然要由以德平天下的聖明人君來擔當。

再從「廣至德」來講，那廣泛傳佈先王至高仁德的道義，當然要由以孝治國的卿大夫中賢明的人臣來承當。

現從「廣揚名」來論，只有家臣中立足於以忠順齊家而志在治國平天下的賢良家士，才能以其踐行先王「至德要道」的大孝之行，

381

「而名立於後世矣」。

　　(2)　「君子之事親孝」句解析

　　此前分句主語「君子」，通過以上索隱已訓解，即身為家臣而在卿大夫封地治理家邑的賢良家士。而謂語「事親孝」，此述補結構短語是說：事親以孝。按現代漢語表述方式，補語介賓短語「以孝」可置於動詞謂語之前，用作修飾謂語的狀語，此即：以孝事親。那麼，此「君子之事親孝」句，當訓釋為：賢良的家士以孝敬之心事奉尊親。

　　總之，此前分句不難理解，為士者，立足於齊家的現在進行時，放眼治國、平天下的將來時，但無不始於孝親這做人處世之根本。

　　(3)　「故忠可移於君」句分辯

　　此後分句以連詞「故」承上啟下，表示「所以」，在句中表結果的推斷。

　　句中「忠」為主語，意謂「忠敬之心」；而「移於君」為動補結構短語，謂語「移」本義為「移植」，引申為「變移」，甚至於「潛移」，即蘊涵著由孝而忠這「潛移默化」的寓意；而「於君」為介賓結構，用作謂語動詞「移」的補語。然而，句中之「君」，本為卿大夫在其寀（音cài）邑作為家臣之君長，亦稱為「家君」。

　　根據上述辨析，此複句釋義為：賢良之士以孝行侍奉父母雙親，所以忠愛之心可潛移默化為對於家君，乃至對於國君的忠敬。

　　(4)　「移孝作忠」論辯

　　對於本章孔子此句「忠可移於君」，後世將其理解為「移孝作忠」，並視為儒家學說的重要內涵與範疇。

孰料此「移孝作忠」之說，在現當代社會仍不免遭到誤解，甚至於成為特定歷史時期詆毀孔子及儒學的罪狀。時至今日，仍有人以此為口實，並將其歸罪於「兩千多年的時間內受到專制統治者重視的主要原因」。更有甚者，公然提出質疑：為什麼要求人們把對於父母的「孝」，轉化為對於君主的「忠」，「像孝順父母那樣忠於君主官長」？

孟子曾說過：「物之不齊，物之情也。」面對如此尖銳的問題，不是以不屑為由視而不見，充耳不聞，不是憤憤然反唇相譏，口誅筆伐，更不是心虛理虧而退縮逃避，聽之任之，而是將其置之於社會歷史發展的大潮中，追溯其迂迴曲折的潛流之所在。所以，只要不抱有成見，或固執己見，在「求同存異」或「求同尊異」基礎上，真誠探究而非對抗的論辯。相信人世間自有道義在，真理總會越辯越明的。

僅就「移孝作忠」這一命題而言，反觀《孝經》中歷代經學家對「忠可移於君」所作注疏，其實無人持有此說。如鄭玄在其下引「士章」孔說，注之為「以孝事君則忠」。其後唐玄宗之注，不過因襲此說而已。宋代邢昺之疏略有展開，主張「言君子之事親能孝者，故資孝為忠，可移孝行以事君也」。

追溯「移孝作忠」之說，當出自唐代張九齡《國親故》詩中「自家來佐國，移孝入為忠」。但古文獻典籍中作為成語，較早見諸明代袁可立《張家瑞墓誌銘》：「出不負君，移孝作忠。處不負親，忠籍孝崇。」後至清代，尚可見於王闓運《衡陽彭公行狀》：「臣墨絰從戎，創立水師，非敢曰移孝作忠。」

時至現代，新儒家大師熊十力在其《乾坤衍·辨偽》中，曾提及「以事父之孝，轉為事君之忠，謂之移孝作忠」。熊氏雖用心良苦，但終因所處時代的局限性，自然不乏偏激之見。於是乎，「移孝作忠」在由褒義淪為貶義之時，竟然被披上「專制統治」這無形的外衣。

近年來，某些否定儒家學說者借此大做文章，大張撻伐。那麼，此「移孝作忠」果真能成為一說，尚且如同洪水猛獸一般，如此可怖嗎？

其實，所謂「移孝作忠」之說，不過是後人經概括所產成的一種說法，尚且僅限於用以書面的表情達義。久而久之，便成為形式結構固定的成語。倘若與本章孔子所說這句話作一比較，不難發現這種表述有失嚴謹，甚至存在著「孝」、「忠」兩個概念認識模糊的問題。因此，若要厘清「孝」、「忠」二者關係，亟待考釋「忠」字的本義。

「忠」字，其甲骨文作 ♦（合5346），舊所未識。其構形從心從丨，会意心中自內而外的中直。古鉢金文作 ，戰國郭店楚簡作 。《說文》曰：「忠，敬也。從心，中聲。」許慎此說，將此「忠」僅以形聲字釋之。其實不然，其聲符「中」亦兼義符，表示用心「中直如一」。這一點，誠如東漢馬融《忠經》所言：「忠者也，一其心之謂也。」由此當知，此「忠」當為形聲兼會意字。細察馬氏此說之出處，當出自《易·坤卦·文言》：「君子敬以直內，義以方外。」

幾千年來，人們對「敬以直內」多有誤解，一向釋「直」為「剛直」。按其「敬」為「忠敬」，而「直」當訓作「中直」或「秉直」。鑒於此，此句釋義當為：君子的忠敬之心，以中直如一而誠

明；而道義之行，以方正不二而明誠。簡言之，忠為盡心於人，義為致力於民。然而，此二者原本植根於孝道，沒有中直如一盡心於父母之忠，何談致力於人君之忠？沒有方正不二盡力於家族之義，何談致力於家國之義？

本諸上述，對於忠、義二者本義，可說「忠」為盡心於父母的孝行，「義」為盡力於家國的孝道。孟子曾明確指出：「天下之本在國，國之本在家，家之本在身。」因此，儒家的孝道觀，其出發點並非失去自我，而是以自我為中心所展開，然後引而申之，延展至家國天下，融入整個社會命運共同體之中。

且看「忠」之本義，當為兒子對於父母那秉直如一的忠愛之心。誠如《大戴禮記・曾子本孝》中曾子所講：「君子之孝也，忠愛以敬，反是亂也。」由此反觀「移孝作忠」這一慣用語，即可發現這一說法本身的誤區：因為忠愛之心，原本由對於父母的孝敬之心生發而來，而「移孝作忠」則將這一體不二的兩個概念，硬性拆分開。這種作法，完全有悖於本章孔子所謂「君子之事親孝，故忠可移於君」這一語句的原義。

正如以上所分析的那樣，後分句主語之「忠」，意謂「忠心」，即對於父母的忠愛之心；而謂語「移」由本義「移植」，引申為「潛移默化」。鑒於此，本句「故忠可移於君」，意味著由孝親的忠愛之心，可潛移默化為對家君（卿大夫）、對國君（諸侯王）、對人君（天子）的忠敬之行。

總而言之，此「移孝作忠」出於自身表述有失嚴謹，而決非孔子

言論之誤。如果從根本上修正「移孝作忠」之誤，可由「忠可移於君」，簡化為：可移忠於君。

要言之，即化孝父忠愛之心，移作報君忠敬之行。或許只有這樣，才有消彌種種無謂的爭議，才能以免成為可供被叮的有縫之蛋。

2、「事兄悌，故順可移於長」句釋解

本句與前句同為因果關係複句，二者句義相對舉。

（1）「事兄悌」句解析

此前分句主語，承前已省略。作為謂語「事兄悌」，仍為述補結構。其句式如上句所釋，當為「事兄以悌」。按現代漢語表述習慣，補語介賓短語「以悌」，可前置動詞之前，用作修飾謂語的狀語。至於「悌」，其本義則緣於戒惕之「惕」的諧音。那麼，此「事兄悌」句，意即：以惕厉之行服事兄長。

對於謂語動詞「事」，意思為「奉事」或「服事」。就此「事」而言，其釋義應根據所事對象身份的不同而有所區分。如上句「事親孝」之「事」，以其晚輩對於長輩的關係，而釋作「奉事」；而「事兄悌」之「事」，以其年幼對於年長的關係，可釋作「服事」。

但從夏商周三代「家國同構」的社會歷史背景來看，身為家臣之弟，對於貴為家君之兄，乃至身為人臣之弟，對於尊為國君或人君之之兄，即臣下對於君上，仍當釋作「服事」為確。

（2）「故順可移於長」句辨析

此後分句主語為「順」，意謂「順從之行」。較之上句「忠可移於君」，如果說「忠」出自對父母的忠敬之心，那麼本句「順可移於

386

長」，則是對於兄長的順從之意。

深究此「順」字，其甲骨文作 ，从川从見，是一會意字。其左从 為「川」，像順流而下的河川之狀；其右从 為「見」，像一人俯首躬身之形。二者合而為一，不難意會：人由所見河川的順流而下，感悟到和順敬從的為人處世道理。所以，作為賢良之士，自然以和順敬從其兄長，進而移其和順敬從其官長。

「長」字，大陸簡體為「长」。其甲骨文作 ，研契學者多析其構形「象人披長髮之形」，因而訓其音讀為長短之「長」。按「人披長髮」理應向下，豈有向上之理？更何況向上長髮只長兩根，即使束髮，又何以呈直角之狀？

詳察此「長」甲骨文 ，从長，从丂（音「考」），乃會意字。其上所從之 ，像頭戴峨冠之人之形；其下从 為「丂」，即「考」字初文，像用於擂鼓的鼓桴之狀。二者合而為一，表示頭戴高冠之人，乃手執鼓桴而擂響戰鼓指揮三軍的統帥；其字義為「官長」，音讀則為官長之「長」。如《道德經》第二十八章：「聖人用之，則為官長。」至於「長」甲骨文 那高聳的峨冠，可見諸湖南長沙馬王堆漢墓出土的衣木俑（見左圖）。其俑頭戴之高冠，為此「長」即官長之「長」提供了實證。

然此句中的「長」字，倘若籠統地釋為「官長」，顯然有失確切。本句「君子」身份，已訓為以齊家為己任的「家士」，作為處身

387

於家邑的「家臣」或「家宰」，對於所輔佐的大夫，稱作「家長」；即使將來擢升為卿大夫，對於所輔佐的侯王，則稱為「君長」。如《周禮・秋官・朝大夫》記載：「日朝，以聽國事故，以告其君長。」鄭玄為之注曰：「君謂其國君，長其卿大夫也。」

依據以上釋解，可知作為賢良的士人，以悌道服事兄長，自然可潛移默化為對於君長的「順服」。

所以，此複句完整釋義，當讀解為：賢良的士人以惕厲服事兄長，所以由此和順敬從所體認的順從，可潛移默化為對封邑的家長，乃至於封國的君長的順服。

3、「居家理，故治可移於官」句釋解

(1) 古今誤解現象

對於此句，歷代諸家皆一筆帶過，誠如皮錫休所云「此章文意易解」，以致有失嚴謹。又如鄭注：「君子所居則化，所在則治。」對此，清代皮錫休為之疏正：「理、治是一事，不分兩項，與上孝忠、悌順當分兩項者不同。」又如孔傳：「君子之於人內察其治家，所以知其治官。」由此可見，諸家皆將「理」與「治」相提並論，混為一談。

即使現當代諸家通行文本，無不將此句解讀為：家務、家政管理得好，就能把管理家政的經驗移於做官，管理好國政。如此釋解，無不有違原意，尚且大相徑庭。

探究歷代諸家之所以「理」、「治」不分，其癥結在於始終未識「家」、「官」二字造字理據之困惑。

(2) 「家」字考正

就「家」字結體構成而言，歷來眾說紛紜，歧見紛呈，從而成為千古不解之懸案。

《說文》載：「家，居也。从宀，豭省聲。」許慎釋「家」字義，是人與眷屬生活的居所，當為不易之言。但析其字形為形聲字，則有失確切。具體來看，其上從「宀」（音「綿」），表示與宅室有關；其下從「豕」（音「史」），即豬的古稱。然將豬置於宅室之內，何以會意為「家」？許慎似無從考釋，僅以表公豬之「豭」（音jiā）以「省聲」標注。如此無奈之舉，令後世產生諸多猜想，從而成為一大疑案。

縱觀「家」字結體構成，其甲骨文作圖，金文作圖，小篆作圖，乃至現代楷文「家」，其字體幾千年來儘管有所變化，但上「宀」下「豕」的構形基本未變。鑒於此，歷代諸家不得不面臨一大尷尬：中華民族一向以禮儀之邦著稱於世，其上古先民的居所，明明擁有棲身的茅舍，何以寄身於骯髒的豬圈？而豬棲身的豬圈，又怎能稱之為「家」？

為了擺脫這有辱斯文的窘境，後人假借「突」的本字「宊」，用來表人所居住之家。於是，「宀」下面的「豕」，便由此改換成「犬」，從而形成「家」字異體之「宊」。孰料豬有圈，狗有窩，以「宊」為「家」極易誤解為狗窩。這離開豬圈又進狗窩的字義，依然讓人無法接受，以致「家」依然大行其道。

人們對此心有不甘，爽性另造一字，在「宀」下加一「人」字，便生成由人居住之「宂」。豈不知如此逐「豕」驅「犬」後，走入

「人」之「穴」並未令人看好。因為此「穴」，讓人無法理解「人」站在表宅室之「宀」內的構形，因為「家」並非一個人站立著的所在。基於此，這個闖進「人」的「穴」，與闖入「犬」的「突」命運一樣，始終徘徊在「家」門之外。顯然，二者終不免淪落為丧「家」的俗字。

直到南宋，戴侗才以俗字名義，將「突」、「穴」二字收錄其《六書故》中。孰料他在訓解此「穴」時，對初文之「家」的結體作了新解：「『家』作『穴』，人所合也。从伀（同「眾」），三人聚『宀』下，之義也。冞（音「寅」）古族字，冞訛為豕。」如此牽強附會，足見其用心之良苦。

然令人無法否認的是，「家」字從甲骨文之⿱宀豕，至金文之⿱宀豕，以及小篆之家，明明「宀」下為「豕」，決非由「伀」、「冞」那「三人聚宀下」的訛變。這種試圖以俗字說明初文的作法，儘管用心良苦，甚至煞費苦心，但經不起推敲，徒勞無益。

對於戴氏前車之鑒，元代周伯琦打道回歸「家」這一起始點。其《說文字源》反證道：「豕居之圈曰家，故从宀从豕。後人借為室家之家。」周氏此說，以假借之名釋「豕居之圈曰家」過於穿鑿。因為按其觀點推論，那牛居之圈、羊居之圈，乃至雞、鴨、鵝所居之圈，何以不「曰家」？如此訓解，以其有悖於「家」構形初義，而難以為世人所接受。

不曾料想，周氏此「豕居之圈曰家」之說，直至近現代竟然死灰復燃。不過，諸家多以古代生產力低下為名義，聲稱那時的人們多在

屋子裏養豬，所以房子裏有豬就成了人家的標誌。

對此說法，人們不禁要問：古代生產力低下，為何不在屋外養豬？難道古人以豬為寵物，甚至超過寶馬愛犬嗎？自古只見「聲色犬馬」之語，從未聽到「聲色豕豬」之說。更有甚者，進一步將「豕居之圈曰家」歸之於「幹欄式建築」。可幹欄式圈養的牲畜，難道不包括馬牛羊嗎？況且，古人何以對豬情有獨鍾？

近現代諸家如此無法自圓其說的觀點，迄今幾成定論，學界竟無人質疑。基於此，可見破解「家」字的難度之大。

大道至簡。歷代諸家無一不知「大夫之邑曰家」，但無不忽略了大夫舉行盛宴所用之特牲，此即祭禮或賓禮僅限用豕（豬）的禮制。這一方面，由先秦典籍所載餐飲禮儀即可得以見證。

《國語·楚語下》載，觀射父在回答楚昭王時陳述道：「天子食太牢，牛羊豕三牲俱全；諸侯食牛，卿食羊；大夫食豕；士食魚炙；庶人食菜。」從「周因於殷禮」角度來講，觀射父所論祀牲，當然由來已久。眾所周知，大夫的封地為寀邑，亦稱「家邑」，簡稱為「家」。所以，上古先哲造字的理據，就以大夫「盛饌以豕」這有別於其他官爵的鮮明特點，以「盛饌」所食之 𧰨（豕）為意符，以宅室之 ∩（宀）為形符，構成此合成字 𡩡（家）。後隨著春秋時期「禮崩樂壞」，甚至於「家臣陪國命」，這些餐飲禮制自然不復存在。

「家」字經過此番鉤沉索隱，其結體之「豕」終於告別了「豬圈」，並經平反還原為大夫豐盛大餐的特牲。然而，伴隨封建禮制的瓦解，大夫家邑之「家」，由單一封地的簡稱，演變為天下所有「人

與眷屬生活的居所」的泛稱。

在此「家」完成由尊稱為泛稱的黯然轉身中，與其相關的一些語詞，不免隨之發生流變。譬如，曾表家邑領主的「家君」、「家長」等，蛻變為從人到民對家父之敬稱；而表家邑臣屬的「家宰」、「家臣」、「家吏」等，僅遺存於上古文獻典籍之中，成為彌足珍貴的歷史文化記憶。

（3）「官」字考正

「官」字，古代籠統地釋之為「官長」，而近現代則稱之為「長官」，至於本初屬於什麼官爵，歷來語焉不詳。

從「官」字構形來看，其甲骨文作 ⦷，從宀覆㠯。申言之，其外從宀為「宀」，像宅室之形；其內從 ⸜ 為「㠯」，屬會意字。按「官」字所從之「㠯」，歷來被視為「以」字古文之「㠯」。

孰料許慎《說文》囿於小篆之 宮，而將其內訛誤之 阝，訓解為「𠂤」（音「堆」）。然對此「𠂤」字，《說文》又釋為「小𨸏（音『阜』）也」。徐鉉訛以傳訛，遂解讀為俗字「堆」。

值此，需要指出的是，宮室之內所見之 ⸜，若按許說釋為「土堆」之「𠂤」，顯然與「官」以諧音「管」而表「主管權力」的概念不相關聯。因此，許氏如此析形與「官」所從之「㠯」（⸜）相違，不足取信。

對於「官」的字義，《說文》釋其「史，事君也」。許氏此說，明顯是將「官」等同於「事君」之「史」。豈不知

392

「史」甲骨文作 🔲，為史官深入民間採風時手持帶有鈴舌的木鐸，以此宣教政令。由此可見，許氏以「史」釋「官」誤區之所在。

清代俞樾《兒笘錄》云：「今按官者，館之古文也。从宀覆自，正合館舍之義。」深究俞氏此說，當出自明代梅膺祚《字彙》所釋：「官，官舍曰官。」

其實不然。揭秘「官」字構形的理據，關鍵在於甲骨文 🔲 所從之 🔲 的解讀。從上個世紀抗戰時期發現的戰國「陽陵虎符」來看，此符呈伏虎之狀，那高昂的虎首與翹起的臀部呈凹形外輪廓，則與此 🔲 頗為相似。

虎符作為兵權的象徵，從上古時代登上了歷史的舞臺。如《史記正義》引《龍魚河圖》載：「天譴玄女下授黃帝兵信神符，制伏蚩尤。」原始虎符是用竹子做的，因有竹節亦稱「虎節」。後來經過發展，虎符才以青銅為材質製造而成。古代帝王為了掌控兵權，將虎符一分為二，一半由自己掌握，一半由將軍掌握。調動軍隊時，君主派出的使臣將二者合而為一，才授予其調兵遣將的權力。戰國時，信陵君「竊符救趙」的典故，即表明虎符的作用。

詳查「官」字內從之「㠯」，許慎儘管囿於小篆訛變之 🔲，釋「自」音讀「堆」，尚且將其附會「小𠂤」之「𠂤」，豈不知其音讀之fù，卻間接遺存著解密其字形、字音、字義那彌足珍貴的密碼。

概而言之，此「㠯」既可由其誤釋為「𠂤」的音讀，鉤沉出與兵符之「符」音讀相契合的玄機；另由其甲骨文 🔲 的象形，較之虎符形體的取象，索隱出此「㠯」乃「符」字初文的奧秘。前後二者合而同

之，若言音讀的些微差異，只是調值由本初陽平之「符」，後訛變為去聲之「皀」而已。

若比較此「皀」與「以」字初文「㠯」，前者「皀」之甲骨文作 ◖，以兵符之象形而表名詞；後者「㠯」之甲骨文作 ◔，以人提尖底汲水罐打水之行為而表動詞。因此，此二字無論是字形、字音，還是字義，大相徑庭，不可相提並論而混為一談。

(4) 「官」同源字驗證

至於「官」字所從之「皀」，以及訛變之「自」，是否確為兵符之「符」，尚須由其同一構件的同源字作進一步驗證。

「符」之初文為「皀」，以其為構件的同源字，有「遣」、「追」、「辥」、「師」等字。

一者「遣」字，其甲骨文作 ，從𦥑（同「掬」）持皀（同「符」），屬會意字。其字形像雙手 持兵符 ◖ 之形，用於「調兵遣將」；其字義為「差遣」、「派遣」。

二者「追」字，其甲骨文作 ，從皀從止，乃會意字。按甲骨文構形上前下後的規則，其上所從 ◖ 為「皀」，表示所持虎符在前；其下所從 ⱱ 為「止」，即「趾」本字，表示腳足在後。二者合而為一，像攜帶兵符 ◖ 放開腳 ⱱ 追趕之形。由此即可意會軍情有變，持有虎符而「奮起直追」。

三曰「辥」字，「薛」之本字。其毛公鼎金文作 ，從𡴀（音「聶」），從辛，即會意字。其左從 為「𡴀」，像兵符 ◖ 上插有表毛羽 ⱱ 之狀。那麼，兵符所插羽毛，足見

394

軍情十萬火急；右偏旁 ✦（辛），表辛苦備至。二者合而為一，表示軍情緊要，須不辭艱辛送達；其字義表示：重要軍務。

四曰「師」字，大陸簡體「师」。其甲骨文作 ✦，舊所誤識。究其原委，一方面因學界不明甲骨文 ✦ 為兵符之形，誤將其隸定為「師」字；另一方面又因不明「辥」字金文 ✦ 的造字理據，進而將 ✦ 誤訓為「辥」字。

反觀此甲骨文 ✦，此乃「師」字初文。其構形从音、斤，从𠂤，為會意字。其結體由此三意符構成：其一，从 ✦ 為「𠂤」，像軍用虎符之形，以代指兵權；其二，从 ✦ 為「斤」，像長柄開山砍柴刀之形。然「兵」之甲骨文作 ✦，即以雙手 ✦ 持砍柴刀 ✦ 之「斤」為兵器，而此「斤」即兵器之「兵」省；其三，从 ✦ 為「音」，此為專表音聲構件，意會發號施令。此三者合而為一，「師」字為掌管兵符 ✦ 而號令 ✦ 手執兵器 ✦ 的兵士的統帥。

上文對於「官」的考釋，由其同源字「遣」、「追」、「辥」、「師」的索解，知其所从之「𠂤」為兵符之「符」。基於此，由「官」諧音，知其字義為「管」，實則即掌管兵符且號令三軍之「帥」。

究其軍職，據《周禮・夏官》載：「二千五百人為師，師帥皆中大夫。五百人為旅，旅帥皆下大夫。」由此可知，「官」之軍職分為「師帥」和「旅帥」。若據《禮記・祭法》「官師一廟」之注「官師：中士、下士也」，當知「官」之下層為「官師」。

(5)「居家理」句解析

此前分句「居家理」，意即：居家以理。換言之，是指身居大夫

395

家邑的理治。提請大家注意的是，句末此「理」，其釋解何以不是語詞「治理」，而是「理治」？

一者，「居家」之「家」，誠如上文一再強調的那樣，此「家」當為卿大夫所居的家邑。因此，此大夫之「家」，並非秦漢以降平民百姓居家之「家」；二者，「居家理」之「理」，即下士對於大夫家邑的理治。

「理」，屬會意兼形聲字；左偏旁「王」表玉石，右偏旁「里」，以其諧音寓意美玉蘊藏於璞石的內裏。《說文》曰：「理，治玉也。從玉，里聲。」顯然，許慎不明就裏，將此「理」僅以形聲釋之。

豈不知所從之「里」除了作為聲符以諧音表美玉蘊藏於璞石內裏之外，亦指大夫居所的封邑。唐代李善引《爾雅》「里，邑也」注曰：「居之邑也。」不過，此名詞「里」，亦兼用作動詞之「理」，如《穆天子傳》：「乃里西土之數。」所以，徐鉉《說文注》稱：「治玉治民皆曰理。」

總之，通過以上索隱，鉤沉出「理家」一詞本義，此即身為下士的家臣，對於卿大夫封邑之「家」，象剖開璞石切磋琢磨出美玉一樣，經過由內至外悉心料理，將參差不齊化作齊整如一。

(6)「故治可移於官」句辨析

此後分句「故治可移於官」，關鍵在於對「治」字的訓詁。較之前分句之「理」，「治」的程度更深入一步。

如果說，「理」的本義，緣於璞石自內而外的加工，可說是「剖

396

開頑石始見玉」，亦即「切磋琢磨，乃成寶器」，那麼「治」的本義，則為對於汪洋恣肆大洪水那波瀾壯闊的根治。

兩相比較，「理」為家臣對於家邑由裏到外的悉心料理，重在內政；而「治」則為家宰對於家邑從內政到外交的傾力處治，貴在外交。概言之，「治」是基於「理」的賢能而進一步提升。在此基礎上，這由「理」而「治」提升的才幹，可在潛移默化中用來報效的「官」，又指稱何人呢？

據《周禮・春官・大宗伯》「六命賜官」之注「謂自置其臣屬，治家邑也」，顯然此「官」是指由軍隊的官長轉業為地方官。鑒於此，本句施動者為家宰，而受動者之「官」經過以上索隱，可認定為家邑中曾為「師帥」的中大夫與「旅帥」的下大夫，乃至曾為「官師」的中士和下士。

此句與前兩句所言「忠可移於君」、「順可移於長」主旨相一致，都是由近及遠遞進式外延。那麼，這「治可移於官」，則是由料理的才能效力於家邑，延續到以處治家邑的賢能報效官師，乃至於太師。

總之，此複句「居家理，故治可移於官」，其完整釋義即：賢能之士由料理家邑形成才幹，所以提升為治理的才能，尚可潛移為報效封邑曾為旅帥之大夫，乃至於報效封國曾為師帥之侯王。

（二）「是以行成於內，而名立於後世矣」句訓釋

本句是一推論因果複句，前分句「行成於內」承前概括現有狀況，後分句推論「名立於後世」這一必然結果。

1、「是以行成於內」句解析

此前分句「行」，乃主語「德行」，是指具備忠敬、順服，治家這三種賢能；「成」是什麼？「成」為謂語「養成」，爾後才是「功成」；「於內」作為介賓短語，為謂語動詞「成」的補語，表示從自身之內修，到大夫家邑之內治。

反言之，沒有自身內修「由孝而忠」、「而悌而順」這孝父從兄之賢德，沒有大夫家邑內治之賢才，以及「由理而治」這齊家之賢能，就不可能積健成雄，治國平天下。

2、「而名立於後世矣」句辨析

此後分句以關聯詞「而」字相承接。其「名立於後世」，既與本章「廣揚名」前後契合，因為沒有現世齊家、治國、平天下的「廣揚名」，「名立於後世」則無從談起；又與首篇「立身行道，揚名於後世」的義理遙相呼應。要而言之，以孝悌立德，以忠順立身，以道義立名，這為「始於孝親，中於事君，終於立身」作了最好的注腳。

總之，這前後分句合二而一，釋義為：因此忠敬、順服、治家這三種大孝的踐行，從自家之內「孝親」、「從兄」，到卿大夫家邑之內「理家」這賢能的養成，乃至治國、平天下那不世賢德的功成，而後英名定然樹立於後世了。

三、孝治文化「三位一體」之論說

本人開始講解《孝經》首篇「開宗明義章」時，就「夫孝，始於事親，中於事君，終於立身」這一文句，曾深入闡發了事親為

「孝」、事君為「忠」、行道為「義」的「三位一體」說。

按說，儒家孝治文化一向宣導每個人行孝盡忠之時，皆以踐義為前提。所以，孝、忠、義三位一體，相輔相成，缺一不可。進一步來講，孝謂「孝行」、忠謂「孝心」、義謂「孝道」，不容割裂和曲解，從而形成一整套系統而完備的思想理論體系。

如果說，「以孝事親」為小孝，「以忠事君」為中孝，那麼以義立身，方為人世間之大孝。因為離開「義」，一味談論孝親和忠君，決不僅僅是授人「愚孝」、「愚忠」以口實的小問題，而是確實存在極易為專制強權所利用的大問題。

試看下篇「諫諍章」，孔子專門圍繞「義」進一步闡明，如果父親、君主違反義理，作為兒子、臣子應直言勸告，盡其諫諍之義，才是真正的孝順和忠誠。可是，人們在具體闡述時，大多習慣於就「忠」、「孝」大談特談，往往剝離了後者之「義」，從而造成道義的失位。僅此而言，即使曾子這位儒家孝治文化傳承者，亦概莫能外。

試看《大戴禮記·曾子本孝》中曾子的表述：「君子之孝也，忠愛以敬」，「忠者，其孝之本與!」由此可見，曾子之說，僅「孝」、「忠」而已，豈有他哉!

對於孔子所創立這寄寓著「孝」、「忠」、「義」三位一體的政治倫理觀，真正全面論述者，當首推荀子觀點之精闢：「入孝出弟，人之小行也；上順下篤，人之中行也；從道不從君，從義不從父，人之大行也。」

匡扶「忠親」的天地大義

一、章題語詞釋解

(一)「諫諍」之分析

何謂「諫諍」？大多通行文本，把「諫諍」一詞解釋成「對尊者、長者或友人進行規勸」，大意尚可理解，但有失確切。如此解讀，不分「諫」與「諍」二者詞義的差異性，容易混淆本章所規勸的對象。

1、「諫」字之辨析

「諫」字，是指以直言規勸身居上位之人，指摘君王、官長之過錯，以及尊親之過失。

縱觀中華文明上下五千多年，「國家昏亂，有忠臣」，歷來不乏剛直不阿、為民請命的民族脊樑。歷史上第一位因直言進諫而被殺死的忠臣，是夏朝的關龍逢（音「龐」）。除此之外，還有商末的比干、吳國的伍子胥、唐代的韓愈、北宋的李綱、明代的海瑞⋯⋯「有諤諤諍臣者，其國昌；有默默諛臣者，其國亡。」自古以來，人們就把是否有一大批敢於講真話、敢於犯顏直諫的忠臣義士，看作是江山社稷興盛衰亡的重要標誌。

2、「諍」字厘析

「諍」字，不止直言指出他人過錯，較之「諫」，言論更加剛

直。對於君王稱作「諍臣」，相對家父稱作「諍子」，針對友人而稱「諍友」。

對於交友，孔子提出結交三原則：「友直，友諒，友多聞。」句首「友直」，是指結交率直的友人；句尾「友多聞」，是指結交見識廣博的友人。而其中「友諒」，歷來被曲解為「諒解」或「誠信」。豈不知《論語·衛靈公》中，孔子曾指出：「君子貞而不諒。」那麼，此話總不至於說，君子正直而不「誠信」，或不「諒解」他人吧？

就「諒」而言，不僅直接指摘對方的過錯，尚且固執到對方非改不可。基於此，孔子不僅主張交往直接指摘你過錯的「諒友」，直到你非改不可；可同時又宣導作為君子正直，但要與時俱進，善於變通而不固執。

(二)「偽說」答辯

諫諍，體現了社會的責任與道義。本章孔子從「義」角度，深入闡發臣子對於君父的過錯予以諫諍的準則。這不僅深化了「孝」、「忠」的思想文化的內涵，而且以孝、忠、義三位一體，完善了儒家的思想理論體系。

1、「偽說」溯源

關於孔子提出「故當不義，則子不可以不爭於父，臣不可以不爭於君，故當不義則爭之」的原則，清初疑古學者姚際恒予以全盤否定，其《古今偽書考》指斥這些話「何其徑直而且傷於激也」，进而質疑夫子「事父母幾諫，見志不從，又敬不違，勞而不怨」之說，存

在「多少低徊曲折」？於是，姚氏遂斷言《孝經》為偽書。

後世反孔者，往往依據這一點，在否定孔子「當不義則爭之」這積極的、進步的思想時，將「義」從孝、忠、義三位一體中割裂開來，然後加以詆毀。

2. 「偽說」辨偽

深究姚際恒稱《孝經》為「偽書」的觀點，是以夫子此「不義則爭之」之說，質疑《論語》中所論「事父母幾諫」。豈不知前者偏重臣子對君王之「諍」，後者注重人子對嚴父之「諫」。姚氏未識「諍」与「諫」的差異，恰恰體現在「諍」以「徑直而且傷於激也」，區別於「諫」之「多少低徊曲折」。显然，二者並非對立，而是相輔相成，各有側重。

縱觀儒家所宣導的倫理觀，從《論語》「君使臣以禮，臣事君以忠」，到《孟子》「君以臣為草芥，則臣以君為寇仇」，乃至《荀子·子道》「從道不從君，從義不從父，人之大行也」，忠孝歷來都是以「道義」為條件的。由此可見，姚際恒質疑孔子「當不義則爭之」的灼見，尚且反誣《論語》為「偽書」的觀點，是不能成立的。因此，古今治學，不盲目信古，尤為可貴；但決非意味信口疑古，尤其是抓住一點，不計其餘，極易步入以偏概全之誤區。所以，治學應注重多方考證，方不失嚴謹。

至於後世市井流傳甚廣的所謂「君令臣死，臣不得不死；父令子亡，子不得不亡」，實則乃小說家對專制強權社會進行的無情揭露，但決非儒家的思想主張。但歷代反孔者，皆據此作為詆毀儒家孝道文

化的口實，並冠以「愚忠」、「愚孝」的罪名。

二、開篇文句解讀

曾子曰：「若夫慈愛、恭敬、安親，揚名則聞命矣。敢問子從父之令，可謂孝乎？」

曾子開篇所言兩句話，前句以「若夫……，則……」句型構成假設關係複句，並以承接上章「廣揚名」為主旨，作出概括性總結；後句以語氣助詞「乎」構成反義疑問句。

（一）句讀勘誤之說明

就假設關係複句的性質而言，前一分句提出假設條件，此即事親的「慈愛」、「恭敬」、「安親」三要件，後一分句則表示這三要件實現後，將產生的結果為「揚名」。

試看通行文本，句讀均為「若夫慈愛、恭敬、安親、揚名，則聞命矣。」按此句讀，大多釋文譯作：諸如愛親、敬親、安親、揚名於後世等等，已聽過了老師的教誨。

如此句讀，其誤在於將「揚名」與「慈愛」、「恭敬」、「安親」相提並論，並將結果歸之於「聞命」。豈不知「揚名」並非事親的條件，而是事親三要素「慈愛」、「恭敬」、「安親」所產生的結果。

如此讀解，尚且存在諸多弊端：句首「若夫」，不免成為「無實在意義的句首發語詞」，此其一；句中「揚名」，竟然割裂與前章「廣揚名章」的關聯，此其二；後分句副詞「則」所表前後二者的因

果、條件關係，必然蕩然無存，此其三。鑒於以上論述，現行句讀與釋義，均有悖文句原意。

所以，此文句當修正為：若夫慈愛、恭敬、安親，揚名則聞命矣。

（二）「若夫慈愛、恭敬、安親，揚名則聞命矣」句訓解

此句係假設關係複句，前分句關鍵詞為「慈愛」、「恭敬」、「安親」，後分句關鍵詞為「聞命」，皆有待進一步鉤沉索隱，揭示每一語詞的本義，以期有助於此文句的確解。

1、「若夫慈愛、恭敬、安親」句解析

此前分句句首「若夫」，自唐宋以來一直被學者視作表承接或轉折而無實在意義的發語詞，近現代學者亦將其看作表示發端或另提一事的助詞。

其實不然，這一語詞是由連詞「若」與代詞「夫」構成的偏正關係詞組。

進一步來說，「若」乃假設連詞，表示「假若」、「倘若」。而「夫」為指示代詞，既表示遠指之「彼」，相當於現代漢語中的「那」或「那些」；亦表示近指之「此」，相當於現代漢語中的「這」或「這些」。二者合而為一，具有連接上文語意且指代下文的雙重作用，表示「倘若如此」，或「假若那樣」。

其後所指代的「慈愛」、「恭敬」、「安親」三項假設條件，為後分句說明在滿足假設條件情況下所產生的結果奠定了基礎。

然而，此句關鍵詞「慈愛」、「恭敬」、「安親」，尚待深入鉤

404

沉索隱，以求其確切詞義。

（1）「慈愛」詞義索隱

探究「慈愛」一詞，往往產生一點歧義。因為按現代漢語，「慈愛」這一語詞皆指上對下，長輩對晚輩，如父母對於子女之愛。如北齊顏之推《顏氏家訓・教子》：「父母威嚴而有慈，則子女畏慎而生孝矣。」按此說有失偏頗，因為古漢語中亦可指下對上之愛，如《莊子・漁父》：「事親則慈孝。」其中「慈」字，即表心繫父母的孝敬之情。

就「慈」字而言，其金文可見諸戰國中山王 壺所作之 ，從茲從心，是一會意字。對於其上所從二「玄」之「茲」，許慎《說文》誤以從「艸」之「茲」訓之，並由聲訓釋作「滋」本字。況且，其字義亦釋為「草木多益」。後世訛以傳訛，多釋之以「茂盛」。

詳察以二「玄」結體之「茲」，其甲骨文作 （合37191），後至毛公鼎金文作 ，再至小篆作 （說文・玄部），皆象兩連體丫丫葫蘆並懸之形。唐代陸德明引《左傳》「何故使吾水茲」釋之為：「茲從二玄，音玄。」陸氏以古音訓「茲」音讀「玄」，則頗為難得。

究其所以然，可由其甲骨文之 至金文之 ，發現二者上端那連接藤體的部位，已由直把變成彎把；直至春秋時代石鼓文之 ，其上端那直豎的葫蘆把，明顯增加了一短橫畫。後人多將其釋為「飾筆」，實則乃指事符。也就是說，「茲」字詞性之所以屬指示代詞，關鍵以兩丫丫葫蘆上端那一短橫畫為指事符，指明由「此」部位牽連

405

藤體而下懸。

概而言之，「茲」字初文構形，本來表懸掛之「懸」的古音與古義，其後字形與字音嬗變有二：一方面為後起形聲字「懸」所取代，自此與取象兩丫丫葫蘆下懸之形所表動詞之「茲」相揖別；另一方面則以其指事符，來凸顯其所代指的連接部位，自此音讀由「懸」轉變為「茲」。換言之，當「茲」字本義、本音隨風而去，而所兼音、兼義的「茲」得以長存。這也就是說，小篆𢆶上端之所以訛變為下垂葉狀，或許正是緣於此，才使後世將「茲」與「茲」混而為一，並經訛變衍化為此「茲」字。如《書·大禹謨》：「念茲在茲。」又如《爾雅·釋詁》釋「茲」：「此也。」再如班固《典引》：「茲事體大而允，寤寐次於聖心。」這些充分說明，「茲」字古字義已失，且衍變為近指代詞「此」。

依據以上對「慈」其上所從之「茲」索隱出的本義，結合其下所從之「心」，不難意會其結體所遺存那上牽下懸的古義。進一步來說，「慈愛」一詞，可理解為父母與子女心中彼此上下牽連懸掛的情結。由此不由人想到《尚書·康誥》「若保赤子，惟民其康乂」這一名言，其意是說，宛若保育赤裸的嬰兒那樣，惟有黎民百姓的安康。那麼，聖明人君心繫黎民百姓的心結，又何嘗不是如此？

概而言之，此句「慈愛」，明指父母與子女彼此上牽下懸的心結，實則隱喻心繫黎民百姓的拳拳情結。

(2)「恭敬」詞義鉤沉

「恭敬」一詞，可見諸《孟子·告子上》：「恭敬之心，人皆有

406

之。」然而，當今多將其釋解為：對尊長或賓客態度嚴肅，端莊有禮貌。這種解釋，不免有失偏頗。究其所以然，大多出自對《論語・季氏》中孔子所言「君子有九思」之一的「貌思恭」的誤解。其實，「貌思恭」的本義，是指由面貌思忖是否由衷謙恭，而並非將外貌等同於內心的恭順。

「恭」字，其帛書作，小篆作，二者皆从心从共，共亦聲，屬形聲兼會意字。從帛書來看，其上从為「共」，像雙方拱手揖拜之形；其下从為「心」，表示發自內心。二者合而為一，以發自內心的謙敬向對方拱手揖拜。其字義據此表示：由衷的恭敬。為人子者，對於父母的一言一行，重在由衷恭謹而敬重。

就本句「恭敬」一詞而言，可從《史記・五帝本紀》中作為五教之「兄友，弟恭」，到《左傳・昭公二十六年》中作為十倫之「兄愛，弟敬」，乃至上篇「廣揚名章」中「教以悌，所以敬天下之為人兄者也」，當知其詞義可由兄長對弟弟友愛、弟弟對兄長恭敬的悌道，延伸至對身為兄長之家君，身為兄長之國君，爰至身為兄長之天子。

簡而言之，此句「恭敬」，明指敬從天下為人兄者，實際暗喻對身為兄長的家君、國君及天子由衷的恭謹敬服。

(3) 「安親」詞義訓解

就「安親」一詞而論，其「安」為形容詞，用於名詞「親」之前為使動用法，是指使尊親安心。

從「安」字的結體構成來看，其甲骨文作，从宀从女；字

形像宅室中一側身跪坐女人之形。有學者認為，房子裏邊有女人，這家就安定了。還有人說，「安」就是有個新房，新房裏有個新娘，這家就安寧了。這些想當然的解讀，皆有悖此「安」造字初衷。試想家中有一個毫無素養而河東獅吼的潑婦，或一哭二鬧三上吊的刁婦，只會給這個家帶來無窮的災難和不幸，有何安定可談？

反觀「安」字甲骨文之𤔲，此屋室中跪坐的女人，當為具有素養的貴婦人，溫順賢淑，秀外慧中。試看周文王的母親太妊與祖母太姜，以及夫人太姒，無一不是溫柔敦厚的賢妻良母，她們深明大義，並以輔佐其夫君開創不世功業而母儀天下。

鑒於上述，句中「安親」的釋讀，明指使父母雙親安心，亦可延展為令同族親人為之心安。《論語・為政篇》中記載了魯國大夫孟懿子問孝，孔子僅回答「無違」兩字。對此「無違」，有學者解讀為「不違背禮的準則」。這從總體釋解來談，未嘗不可。其實，孔子所表述的「無違」，當為無違父母的意志、願望和要求。

就此「無違之孝」而言，孔子在《禮記・中庸》對武王、周公所給予的高度評價，即「達孝」。申言之，此即「善繼人之志，善述人之事者也」，其釋義是說，象武王那樣善於繼承父親的志向，象周公那樣善於傳述父兄的思想文化，從而完成他們未竟的事業。這一點，恐怕是對「無違」所作的最好注腳。

除此之外，其次是以「居上不驕，為下不亂，在丑不爭」為「達孝」。只有這樣，才能以免除犯上之亡、刑罰之禍和兵燹之災，才能使父母雙親為其「身體髮膚」「不敢毀傷」而心安。

再者，尚可延展為令同族親人為之心安，此即《禮記·中庸》所言「親親則諸父昆弟不怨」。所謂「諸父」，指父輩的伯父和叔父。古代天子對同姓諸侯，諸侯對同姓大夫，皆尊稱為「父」，多數即稱作「諸父」。而「昆弟」是指同父的兄和弟，以及同宗的堂兄弟。概言之，其釋義是講，親近叔伯和兄弟等親族，就會避免仇怨的產生。

本著「安親」詞義的訓解，亦可理解為，以不犯上作亂而使父母雙親為之心安，實質曉喻使親族中諸父昆弟為之安心。

2. 「揚名則聞命矣」句辨析

此後分句是在前一分句提出「慈愛、恭敬、安親」三大孝親的條件後，推斷其理應產生的結果。

(1) 「揚名」解析

對於句首「揚名」，是指傳揚名聲。較之開篇「開宗明義章」所論述「立身行道，揚名於後世，以顯父母」，既可解讀為「立身揚名」，亦可理解為「顯親揚名」，尚可釋解為「揚名後世」，實則是此三者融為一體。

從「立身揚名」來看，此即儒家所宣導的「立德」、「立功」、「立言」這「三不朽」。究其出處，可見諸《左傳·襄公二十四年》，由春秋時期魯國大夫叔孫豹提出「太上有立德，其次有立功，其次有立言」。按說，此「三立」當為：從政者以民立德，從軍者以勳立功，從文者以道立言。那麼，如此「三不朽」，自然「揚名聲，顯父母」，必然「揚名於後世」。

反觀本句「揚名」，與前篇「廣揚名章」所闡述的「以行成於

內，而名立於後世矣」這一句義相契合。其中「行成於內」，無非是指「揚名後世」的大孝之行，由內在「慈愛、恭敬、安親」的孝心所化成。

（2）「聞命」形訓

對於句末「聞命」，是指所聞之命。可問題的關鍵，在於「聞」誰之「命」？

為了解答這一困惑，首先需要弄明白，「聽」與「聞」的區別。

從訓詁學來講，「往曰聽，來曰聞」。從文字學來看，「聽」字，大陸簡體為「听」。其甲骨文作𦔻，表往行中聽到他人的問詢或呼喚（今之學者多誤訓作「聖」）；而「聞」甲骨文作𦖫，表跪坐之人邊聞聽他人講話，邊張著口打著手勢進行交流。基於此，「聽」，是直接側耳聽取他人的表述，為進行時態；而「聞」則多指聽到他人表述，隨之與其交流，為完成時態。

細審「命」與「令」的區別。按「命」與「令」甲骨文為同一字，其結體為𠆣，从亼从卩，乃會意字。其上从亼為「亼」，象廬舍或廬帳之形；其下从卩為「卩」，象人跪坐之狀。二者合而為一，表示廬帳中跪坐的官長正發佈命令。

後世隨著語言日趨細化，「令」僅有施動的發令者，原來所兼受動者的字義，遂追加一「口」派生出表受命者之「命」。然而，當古漢語由單音節詞向雙音節詞轉化時，二者便構成動詞性並列式合成詞「命令」。

本諸上述考釋，對於「聞命」究竟所「聞」誰之「命」，可理解

410

為「盡人事以聽天命」，即順其自然。但由「命」、「令」二字互訓關係，其中聽天由命與下文「子從父之令」，實則並無關聯。

依據對「揚名則聞命矣」的辨析，執政者以情繫天下黎民百姓的拳拳慈愛之孝心，以輔弼身為兄長的家君、國君及天子的恭敬之孝行，並以親近親族使諸父昆弟心安之孝道，由此「行成於內」，水到渠成，揚名只須盡人事以聞聽天命了。

3、開篇首句評述

句首「若夫」為偏正詞組，表示「如若那」。它既鏈接前章「廣揚名」語意，又由此指代下文「慈愛」、「恭敬」、「安親」此三個條件，從而推斷「慈愛」、「恭敬」、「安親」這三個條件實現後，將產生「揚名則聞命矣」這一後果。

為人子以「慈愛」為孝心，以「恭敬」為孝行，「安親」為孝道，至此可引申為政者之孝治。這也就是說，為政者既要將「慈愛」父母這由血緣上牽下懸的心結，延伸為心繫天下黎民百姓的情結；還要將對父母由衷恭謹而敬重的「恭敬」，延續為輔佐家君、輔弼國君及天子的禮敬；更要使父母雙親為之心安的孝順，延展為使親族中諸父昆弟為之心安的恭順。

總之，開篇首句釋義，大意是說：如若這樣，具有心繫天下黎民百姓的慈愛之心，具備輔助家君、輔佐國君及輔弼天子那由衷的恭敬之情，具修使諸父昆弟消彌仇怨的安親之行，揚名只須盡人事以聞聽天命了。

（三）「敢問子從父之令，可謂孝乎」句訓解

此句為反義疑問句，一般由兩部分組成：前一部分是陳述句，後一部分是簡短的疑問句。

1、「敢問子從父之令」句釋解

作為反義疑問句，此前部分為陳述句，表示提問人曾子的看法。

句首「敢問」之「敢」，是一種謙辭「膽敢」，相當於現代漢語中的「斗膽」或「冒昧」。而此句「敢問」，則為弟子以此謙卑的語氣向先生發問。句中「子」為主語，即指「人子」；其後「從」為謂語動詞，表示「遵從」。至於句末賓語「令」，即命令的「令」。

依據以上對「敢問子從父之令」句的釋解，其釋義當為：冒昧地問一句，人子遵從父親的命令。

2、「可謂孝乎」句讀解

此句作為反義疑問句的後部分，是以句尾語助詞「乎」所構成的疑問句。

句首「可」為能願動詞，表示「可能」或「能夠」；其後「謂」，表示「稱謂」或「稱作」；而句末「孝」為賓語「孝行」。

根據以上讀解，此句釋義為：可以稱作孝行嗎？

3、曾子問句評析

曾子提出「子從父之令，可謂孝乎」這個問題，似乎有點突兀。不過，這一問題的提出，自有《禮記・檀弓上》「事親有隱而無犯」這一潛在背景。那麼，這「事親有隱而無犯」，究竟意味著什麼呢？按說，此句釋義大致是說，事奉父母雙親要有所隱諱，而從無直言冒犯。

從儒家孝道觀來看，對外隱諱家人的過錯，出自人性的本能，固然是「仁」和「孝」的體現。如《論語‧子路篇》載：「葉公語孔子曰：『吾黨有直躬者，其父攘羊，而子證之。』孔子曰：『吾黨之直者異於是。父為子隱，子為父隱，直在其中矣。』」此案發生於春秋時期楚國，葉公向孔子敘說，他的鄉里有位秉持率直之道而親身躬行的人。他父親偷了羊，而他作為兒子告發父親並為之作證。孔子聽後大不以為然，聲稱自己的鄉里率直之人，不同於那葉公鄉里人的率直。父親為他的兒子隱諱，兒子為他的父親隱諱，率直就蘊涵在這相互隱諱其中了。句末這「直在其中矣」，令人頗為費解。後世學者大多將「直」解讀為「正直」，將「隱」解讀為「隱瞞」，並為之爭訟不已。

其中頗具代表性的，當屬朱熹在其《論語集注》中所闡述的觀點，他既表明「父子相隱，天理人情之至也」，又說明「父子相隱本非直，而『直在其中』」。朱子此說，雖力圖詮釋「父子相隱」如何「直在其中矣」的道理，可又坦言「父子相隱本非直」，實則與孔子觀點已然相悖。基於此，後世反孔者對於儒家此「親親相隱」的主張，迄今仍不乏借此攻訐儒家徇情枉法之說。

豈不知「親親相隱」的思想觀念，遠不止存在於以「孝」為核心的中國古代封建社會，同時也並存於文化背景不同的西方社會。在柏拉圖的《遊敘弗倫》中，講述了古希臘賢者遊敘弗倫在與蘇格拉底的談話中，告知他要控告殺了人的父親。他不僅自詡悉知何為敬神，何為瀆神，而且還認為訟父殺人當為敬神之舉。然而，蘇格拉底並未就其作法表明自己的態度，支持還是反對，只是證明遊敘弗倫指控父親

殺人這一行為，既不會滿足神的願望，亦非敬神之舉。

孔子與蘇格拉底這東西方兩大思想家，對於「情理」對「法理」這相對立的社會現象，皆從人性的角度對「容隱」思想進行了深入思索。那麼，如何破解孔子「直在其中矣」這一千古謎題呢？

視角決定視野。由老子《道德經》「曲則全，枉則直」，反觀孔子「直在其中矣」，即可窺見其中化對立為同一這辯證關係的微妙。無論從葉公所述其鄉里證父攘羊的率直之人，還是孔子所說其鄉里「父子相隱」的率直之人，二者各有其所直，亦各有其所枉。進一步來說，前者之「直」直在法理，而枉在倫理（或情理）；而後者之「直」則直在倫理（或情理），而枉在法理。至於孔子所主張的「親親相隱」，實際上並非隱瞞包庇父親的過錯，而是基於周禮「為親者諱」，不宜宣揚其父的過錯，使其家族蒙受恥辱。而是主張和悅地勸諫，並且替父擔當過錯。這倫理（或情理）的率直，實則以曲求全、以枉求直，間接地維護了法理的率直。所以，這充分體現儒家化「禮法」與「情理」這一矛盾的理念，方為對「直在其中矣」這一千古謎題的確切解答。

本諸上述，曾參之所以提出「敢問子從父之令，可謂孝乎」這一問題，顯然出於對「事親有隱而無犯」這一儒家孝道觀有所疑惑。那麼，由此引發下文孔子針對這一問題所進行的深層闡釋。

回顧開篇這段話，其釋義當為：曾子問：「如若這樣，具有情繫天下黎民百姓的慈愛之心，具備輔弼家君、國君及天子那由衷的恭敬之禮，具修使諸父昆弟消彌仇怨的安親之志，至於揚名後世就悉聽天

命了。冒昧地問一句，人子只要遵從父親的命令，就可以稱作『孝』嗎？」

三、經典文句解讀

子曰：「是何言與？是何言與？昔者天子有爭臣七人，雖無道，不失其天下；諸侯有爭臣五人，雖無道，不失其國；大夫有爭臣三人，雖無道，不失其家。士有爭友，則身不離於令名；父有爭子，則身不陷於不義。故當不義，則子不可以不爭於父，臣不可以不爭於君；故當不義，則爭之。從父之令，又焉得為孝乎！」

（一）「子曰：是何言與？是何言與？」句解析

孔子此疑問句，是對曾參前面所提「兒子遵從父命，可稱作孝行嗎」這一問題，聽後頗感意外，不禁接連反問道：「是何言與？是何言與？」

句首「是」，為指示代詞，表示「這」。其後「何言」，屬於文言文中賓語前置現象。因為此疑問句中，疑問代詞「何」作賓語，所以前置動詞「言」之前。按現代漢語語序，當為「言何」。至於句尾「與」，通「歟」，為語氣助詞。

就此疑問句的重複而言，屬於反覆修辭手法，表達出孔子對「愚孝」的強烈反感情緒。所以，孔子反問的這兩句話，大致意思是：這說的什麼話呀？這說的什麼話呀？

（二）「昔者天子有爭臣七人，雖無道，不失其天下；諸侯有爭臣五人，雖無道，不失其國；大夫有爭臣三人，雖無道，不失其家；士有爭友，則身不離於令名；父有爭子，則身不陷於不義」句辨析

為了進一步解答曾參所提出的問題，孔子以排比手法和對舉方式分別進行論證。此段話前面是三重排比句，不僅皆以「雖」為關聯詞構成轉折關係複句，而且句義相近，皆以「爭臣」論得失；後面是一對舉句，皆以副詞「則」為關聯詞構成判斷句。

1、「爭臣」考釋

這段經典前面三重排比句，關鍵詞為「爭臣」。何為「爭臣」？這直接關係到家國天下的興衰得失。

（1）「爭」字義訓

其「爭」字，大陸簡體為「争」。其甲骨文作🔱，乃象形兼會意字。其上从🔱為「ナ」，即「左」初文，像左手之形；其下从🔱為「又」，即「右」初文，像右手之形；中間从∪為「璜」，像半璧玉璜之狀。按上前下後造字規則，上下兩隻手，表示前後兩隻手。基於此，「爭」字甲骨文🔱構形，會意前後兩隻手緊握一半璧玉璜同時在向兩方用力，其音讀為zhèng，即「挣」本字，同時兼義方表爭奪之「爭」，孰料後世其兼義興而本義亡。

除此之外，「爭」以其引申義，兼表「諍」字。其意為「強諫」，即指下對上以直言，強行諫止不道義的行為。

（2）「爭臣」溯源

反觀句中「爭臣」，即指忠直耿介而敢於直諫的「諍臣」，不論

是天子，還是侯王，抑或公卿大夫，一概當面直指其錯誤。換個角度來看，如何衡量一個國家的政治文明，就在有沒有敢諫之臣。沒有敢於當面指正缺點的諍臣，一味歌功頌德，那麼這個政權則是岌岌可危的。

中華文明上下五千多年，之所以經久不息，薪火相傳，歷久彌新，應該說是與犯顏直諫的諍臣密切聯繫在一起的。只有這樣的忠直耿介之士，才是社會的良知，民族的脊樑。至於君王是否聽取和接受，則取決於明君還是昏君，尚且由此衡量盛世還是亂世。夏桀荒淫無道之時，便有犯顏以諫的關龍逢；商紂恣肆暴戾之際，遂有敢於冒死直諫的比干。二位諫諍之臣雖不免一死，但暴君夏桀、商紂由於聽不進這犯顏逆耳之良言，以致最終走向覆滅下場，並且永遠被釘在歷史的恥辱柱上。然而，關龍逢、比干則以其凜然大義，成為《道德經》所言「國家昏亂，有忠臣」的注腳。

（3）諫議制探源

西周封建制社會創建之後，鑒於夏桀、商紂兩位暴君殺戮諫諍大臣導致覆亡的歷史教訓，設置了「保氏」這一隸屬司徒的官職，形成專門規勸君主與上司的諫官制度。作為朝堂之上反對派，自此被賦予規範而合法的諫諍權力。儘管帝王的意願決定著諫議的命運，但從制度層面畢竟給予諫官以人身安全感，便於對最高決策提出異議，從而對王權構成一定的約束力。

保氏這一官職，開後代諫議大夫、光祿大夫之先河。究其何以稱之為「保」，可由《周禮・地官・大司徒》舊注「保，安也，以道安人者也」，而知諫官責任之重大。所謂「保」，是指諫官遵循天道，

肩負著以直諫來確保人君安心、天下安定的歷史使命。經過此番鈎沉，可見「保安」一詞之由來。

在中國的諫議傳統中，朝廷所設置的諫官，定然是勇於擔當而鐵骨錚錚的敢言之臣。許多忠臣義士為進諫而不怕懲罰，置生死於度外。中國歷史上素以直諫著稱的諍臣，一是身處大唐開明盛世的魏徵，一是置身大明昏昧危世的海瑞。

魏徵曾為諫議大夫，上朝時由於只顧及治國的大政方針，不免直接頂撞唐太宗李世民。一次，唐太宗氣衝衝地回到皇宮，跟皇后表示，早晚要殺了魏徵這個鄉巴佬。不料，長孫皇后卻說：「恭喜陛下，國有爭臣，則有明君。」唐太宗李世民之所以成為曠古明君，一方面與其博大的襟懷有關，另一方面更與國有諍臣相關。但不可否認的是，除了君王的聖明和諫臣的賢明，恐怕離不開長孫皇后的開明。否則，大唐那史無前例的盛世便無從開創。

而身處大明王朝的海瑞，一生鐵骨錚錚，剛直不阿，從其早年身為六品芝麻官之職，便向嘉靖皇帝呈上《直言天下第一事疏》，無情地譏諫：「嘉者，家也；靖者，淨也。嘉靖嘉靖，家家淨也。」直到後來，海瑞作為戶部主事抬棺呈其《治安疏》，冒死直諫，歷數嘉靖帝妄求長生、寵信方士、朝政日壞、民不聊生等朝政弊端。由此足見海瑞雖置身於風氣惡濁的官場，卻以肩負天下為己任，而置生死於度外的浩然正氣。

2.「昔者天子有爭臣七人，雖無道，不失其天下」句疏釋

此句是以「雖」為關聯詞構成轉折關係複句，前分句陳述「昔者

天子有爭臣七人」的史實，後分句轉而述說「雖無道，不失其天下」這與前面分句相反的理念。

（1）「昔者天子有爭臣七人」句辨析

句首提及的「昔者」，是指過去時的「往昔」，是指往日，從前的事情。

然就「昔」字而言，本字「昝」。其甲骨文𣆐與金文𣆎，皆像夕陽沉入碧波浩淼的水底之狀。反觀「昔」字音讀，即以夕陽之「夕」諧音而稱之。就其字義而言，名詞可意會為「傍晚」，亦可引申「夜晚」；而形容詞經引申而表「從前」的过去时态。但從夫子「春秋筆法」來看，其中似隱涵著曾經輝煌的往昔，尽管已成為不無遺憾的「過去」，但依稀存在明天的太陽還會升起的希冀。

試看本文所言「昔者」，如下文從天子、侯王到大夫設有「爭臣」的等級所規定的人數來看，當為周代；而社會背景大致為西周中期周懿王以降，政治的日趨腐敗和國勢的日漸衰落。其後「天子有爭臣七人」是謂，天子擁有直言諫諍的大臣七人。

細察句中「七人」，歷代諸家皆依據《禮記・文王世子》所載「《記》曰：『虞、夏、商、周有師保、有疑丞。』設四輔及三公。不必備，唯其人」這一文句，並釋之為：天子的輔政大臣有三公、四輔，合在一起是七人。具體來說，「三公」是指太師、太傅、太保；而「四輔」則是指前曰疑、後曰丞、左曰輔、右曰弼。然需要指出的是，此說難以成立。

試看《禮記》中此篇《文王世子》，其議題直接針對的，是身為

方國西伯侯的王儲，也就是世子姬昌。而他身處的學宮，乃西周諸侯為「凡學世子及學士」所設的「泮宮」。因此，無論所引古《記》「有師保、有疑丞」，還是所述「四輔及三公」，即使這「七人」所輔佐的對象並非諸王公侯的嗣子，而是後來成為天子的文王，亦顯得頗為牽強。這一方面，誠如邢昺在其《孝經疏》所提出的質疑：「《周禮》不列疑、丞，《周官》歷敍群司，《顧命》總名卿士，《左傳》云『龍師』、『鳥紀』，《曲禮》云『五官』、『六大』，無言疑、丞、輔、弼專掌諫爭者。若使爵視於卿、祿比次國，《周禮》何以不載？經傳何以無文？」

所謂「天子有爭臣七人」，以及下兩句「諸侯有爭臣五人」、「大夫有爭臣三人」，這自上而下遞減二人，其實無非按規定所設專職諫官的人員編制。至於輔佐天子的太師、太傅、太保這三公，以及所謂前疑、後丞、左輔、右弼這四輔，即作為享有參與決策的輔弼之重臣，其中當然不乏進諫的權力，但決不可簡單地等同於所設專職的諫官。

從上古政治文明來看，勇於勸諫成為從政者自覺擔當，從姜太公《六韜》，到《呂氏春秋》，人們深知「天下非一人之天下，乃天下人之天下」；從《尚書·夏書·胤征》所載「官師相規，工執藝事以諫」，到《左傳·襄公四年》所稱「昔周辛甲之為大史也，命百官，官箴王闕」，無一不體現出以天下為已任的為政者那強烈的社會責任心，以及神聖的歷史使命感。

《尚書·周書·冏命》載：穆王命伯冏：「惟予一人無良，實賴左右前後有位之士匡其不及。」對於句中「左右前後有位之士」，歷

來諸家拘泥於「四輔」之說，而釋之為前疑、後丞、左輔、右弼。其實，若從「有位之士」來看，所謂「左右前後」，似指其身邊那些居其位而「匡其不及」的諫官。所以，將「三公」、「四輔」視作「爭臣七人」，當為穿鑿之說。

(2) 「雖無道，不失其天下」句解析

此後分句以連詞「雖」承上啟下，既連接起前分句「天子有爭臣七人」的史實，又轉而提出「雖無道，不失其天下」這與其相悖的觀點，從而凸顯「爭臣」關係天下得失的重要性。

從「雖無道」來看，所謂「無道」，是指天子有違天道，致使政治昏暗；而「不失其天下」，其「不失」，意即「不致喪失」；而其中物主代詞「其」，代指「天子」，即「他的」或「自己的」；至於句末「天下」，是指「普天之下」，代指天子的統治權。

綜上所述，此句突出強調擁有七位諍臣的不可或缺作用，可在關係到天下興衰得失的關鍵時刻，以其犯顏極諫化險為夷，挽狂瀾於既倒，扶大廈於將傾。所以，後分句釋義當為：雖然有違天道，但不致於失去自己的天下。

3、「諸侯有爭臣五人，雖無道，不失其國」句詮釋

此句句式同上，仍屬以「雖」為關聯詞構成轉折關係複句。前分句陳述「諸侯有爭臣五人」的事實，後分句則以「雖無道，不失其國」，來突顯「爭臣」具有關係社稷存亡的不可替代作用。

(1) 「諸侯有爭臣五人」句辨析

此前分句「諸侯有爭臣五人」，其意是謂：諸侯的封國，設有直

言諫諍的大臣五人。

對於句中「爭臣五人」，後世讀解多有歧義。三國魏人王肅指稱為司徒、司馬、司空此三卿，再加內史、外史，以此充其五人之數。而宋代孔傳則聲稱為天子所任命輔佐諸侯的孤卿，以及三卿與上大夫。

其實不然，無論王氏所言司徒、司馬、司空，外加內史、外史彼五人，還是孔氏所稱孤卿，以及司徒、司馬、司空這三卿與上大夫此五人，皆作為侯王的輔佐之臣，雖不乏勸諫的權力，但決不可與所設專職諫官相混同。所以，王、孔二家的觀點，皆為有悖西周禮法的附會之說。

(2)「雖無道，不失其國」句解析

此後分句以連詞「雖」承上啟下，既連接起前分句「諸侯有爭臣五人」的事實，又轉而提出「雖無道，不失其國」此與其相反的視角，從而突出強調「爭臣」關係到社稷得失的重要性。

此後分句，其意是說：諸侯國設有直諫的諍臣五人，雖然昏庸無道，但不致失去自己的封國。

4、「大夫有爭臣三人，雖無道，不失其家」句詮釋

此句句式如上，仍以「雖」為關聯詞構成轉折關係複句。

(1)「大夫有爭臣三人」句辨析

此前分句「大夫有爭臣三人」，是指大夫封邑，設有直諫的諍臣三人。

對於句中「爭臣三人」，後世讀解的歧義，仍體現在王肅和孔傳二人之觀點。對於「爭臣三人」，王氏斷言乃家相、室老、邑宰；而

422

孔氏無「邑宰」，而謂之「側室」。實際並非如此，因為無論是家相、室老、邑宰，還是家相、室老、側室，皆為輔助大夫的家臣，他們固然不乏規諫的權力，但決不可混同於所設專職的諫官。

縱觀以上文句的釋解，從「天子有爭臣七人」的誤解，到「諸侯有爭臣五人」的曲解，乃至「大夫有爭臣三人」的謬解，正如邢昺所洞見的那樣，「以意解說，恐非經義」。

(2)「雖無道，不失其家」句解析

此後分句以連詞「雖」承上啟下，既承接起前分句「大夫有爭臣三人」的記實，又轉而提出「雖無道，不失其家」這與其相對的觀念，進而著重強調「爭臣」關乎宗廟得失的重要性。

此句「大夫有爭臣三人，雖無道，不失其家」，其意是說：大夫擁有勇於直諫的諍臣三人，雖然荒淫無道，可在危急時刻轉危為安，不致失去自己的家邑。

5、「士有爭友，則身不離於令名」句考釋

此句是以副詞「則」為關聯詞構成的假設關係複句。前分句假設存在「士有爭友」的情況，後一個分句說出此假設情況一旦實現，便會產生「則身不離於令名」的結果。兩個分句之間是一種假定的條件與結果的關係。

(1)「士有爭友」句解析

此前分句句首「士」，當屬於貴族階級基層之修士。他們出身卿大夫之家，只有嫡長子世襲父位而成為卿大夫，其餘庶子皆以封賜「食田」的租稅作為俸祿。

「士」由於位於貴族之基層，因而未有臣屬。如《左傳·襄公十四年》載：「是故天子有公，諸侯有卿，卿置側室，大夫有貳宗，士有朋友。」所謂「士有朋友」，若按「同室曰朋，同志曰友」，是說同一學堂的同學稱作「朋」，同一志向的同志稱作「友」。那麼，「士有爭友」無疑是指：貴族基層之士，在所交往的朋友中，若有直言規諫的諍友。

基於此，孔子在《論語·季氏篇》宣導的「益者三友」，即「友直、友諒、友多聞」，顯然是指為士者的擇友標準。

(2)「則身不離於令名」句分析

此後分句「則」，表示與前分句有因果、條件關係，相當於「就」、「便」、「那麼」；句末「令名」，指美好的名聲。因為個人名聲的優劣，直接影響到家族的名望。

此句「士有爭友，則身不離於令名」，其意是說：作為修士，若結交直言規諫的諍友，那麼自身不致遠離美好的聲譽。

6.「父有爭子，則身不陷於不義」句訓釋

此句與上句對舉，皆以副詞「則」為關聯詞構成假設關係複句。兩個分句之間是一種假定的條件與結果的關係。

(1)「父有爭子」句解析

金無足赤，人無完人。一個人，如果只有優點，沒有缺點，那是天神；如果只有只有缺點，沒有優點，那是魔鬼。那麼，只有既有優點又有缺點的人，才是活生生的人。

為人父者，即使是身居高位的家君、國君，乃至於身為天子的君

父，亦難免不犯錯誤。那麼，他們除了有敢於犯顏直諫的臣子之外，或者說是否有身為家臣、大夫，乃至身為侯王的兒子，而敢於犯言直諫的呢？

此句作為假設複句前分句，即對於為人父者提出一個問題：假定擁有敢於苦口諫諍的兒子。那么，其結果會怎樣呢？

(2)「則身不陷於不義」句辨析

此後分句以「則」為關聯詞承上啟下，既承接前分句假設存在「父有爭子」的情況，又論說此假設情況一旦實現，即可產生「則身不陷於不義」的結局。

對於句末「不義」，是指不符合道義。而所謂「道義」，就是人的行為必須遵循公眾認同的公正而利於民眾的社會準則。換言之，凡是不應該做的，不合理、不合法、不合人情、不合道德、不合風俗習慣，尤其違背公眾意願、損害民眾利益的行為，均稱為「不義」。

鑒於上述，此句「則身不陷於不義」，其釋義是說：那麼自身不致於深陷不符道義的泥淖。

回顧孔子此段話，大致意思是：往昔，天子平治天下，設有諫諍大臣七人，雖然有違天道，但不致喪失自己的天下；諸侯所屬封國，設有諫諍大臣五人，即使昏庸無道，不致喪失自己的邦國；大夫所轄的封邑，設有諫諍大臣三人，縱然荒淫無道，不致喪失自己的家邑。士若擁有諫諍的良友，那麼自身不致喪失美好的名聲；父親若有敢於諫諍的兒子，那麼自身不致陷入不義的泥淖。

(三)「故當不義，則子不可以不爭於父，臣不可以不爭於君。

故當不義，則爭之。從父之令，又焉得為孝乎」句讀解

此段經典是個多重複句。前兩句是以「故」為關聯詞構成的因果複句並列分句，同時又是以「則」為關聯詞構成的假設關係複句；最後則是以疑問詞「焉得」為關聯詞構成的反問句。

1、「故當不義，則子不可以不爭於父，臣不可以不爭於君」句解析

本句句首「故」為連詞，表示「所以」，既對上述論述作概括性總結，同時又引導其後以「則」為關聯詞構成假設關係複句。

(1)「故當不義」句釋解

此句除了句首連詞「故」之外，作為假設複句前分句，「當不義」表示一種假定的條件。

其中「當」為介詞，表示「當……時候」，或「面對……時」，與其後「不義」構成介賓結構。句中「當不義」為介賓結構作狀語，但為了突出強調此時態，而將此狀語前置。

(2)「則子不可以不爭於父，臣不可以不爭於君」句讀解

句首「則」為副詞，相當於「就」，或「那麼」；而用於假設複句後分句，以此表示事態發展的結局。其後「子不可以不爭於父，臣不可以不爭於君」，構成雙重否定的對舉句式。

所謂「雙重否定」，是用「不可以不」這種否定加否定的形式，表達肯定的語意。基於此，「不可以不爭」，實則即：大可以爭。此外，此兩複句句末「於父」、「於君」，為介賓短語。作為句子的補語，可置於動詞「爭」之前而用作狀語，此即：於父大可以爭，於君大可以爭。這也就是說，對於父親大可以諫諍，對於君王大可以諫諍。

然而，此假設複句前分句「當不義」，與後分句「子不可以不爭於父，臣不可以不爭於君」，前後存在三個否定性詞語「不」，屬於三重否定。換言之，前分句「當不義」為單重否定，後分句為雙重否定「不可以不爭」，倘若按「奇數為否定」規則，此三重否定勢必陷入「當符合道義可以諫諍」這一悖論。

究其所以然，在於前分句「不義」雖屬性質判斷，但由於與介詞「當」構成介賓結構，不免作為賓語受「面對……時候」這時態條件的限定，從而與後分句雙重否定「不可以不爭」並不發生關係。所以，前分句「當不義」作為介賓結構，以其固定不變形式，與其後分句雙重否定「不可以不爭」搭配，只有後分句雙重否定「不可以不爭」，則表示肯定。二者合而為一，此即：每當不符道義之時，即可以諫諍。

反觀此假設複句，孔子闡明為人子，面對父親的行為違背道義之時，不可愚孝；作為人臣，當人君的行為違背道義之時，不可愚忠；而應秉持敢於直言規諫的正義。

總之，此假設複句經以上解析，其釋義為：所以，每當不符合道義之時，那麼身為人子，可以直言諫諍自己的父親；身為人臣，可以直言諫諍自己的君主。

2.「故當不義，則爭之」句釋析

此句句式如上，仍以「故」承上啟下，即以前句為成因，並以本句闡釋其結果，意念上與前句形成因果關係複句。但僅就本句而言，儘管是以「則」為關聯詞構成的假設關係複句，但無疑是對全文的概

427

括和總結。

本章以「故當不義，則爭之」總括本章，表面是以「不義」展示「諫諍」，實際隱涵著一條以「義」貫穿全文始終的主線。從「開宗明義章」的「立身行道」，到「天子章」的「刑於四海」；從「諸侯章」的「和其民人」，到卿大夫章「非道不行」……乃至「庶人章第六」，此「義」不著一字，而句句隱喻此「義」。

然而，其後十二章此「義」偶有所見，從「三才章第七」的「夫孝，天之經也，地之義也」，到「聖治章第九」的「父子之道，天性也，君臣之義也」，直至終篇「喪親章第十八」結句「死生之義備矣」，僅見此三篇三「義」字。即使本「諫諍章」以臣與子的諫諍之義，論及君與父之「不義」，亦不過三句否定結構的「不義」。

縱觀一部《孝經》，孝、忠、義三位一體，不可或缺。至於孔子之所以不遺餘力地大談特談「孝」與「忠」，卻有所保留而曲折委婉地論「義」，顯然處於「春秋無義戰」那特定歷史時期，「孝」與「忠」的觀念易於為統治者所接受，而「義」的理念對於統治者不啻與虎謀皮，才以此間接而委婉方式進行滲透式表述。

究其「義」者，無論是「道義」還是「正義」，實則來自人的良知，發自公眾的意願，出自社會的準則。作為天理民心，「義」是無言的自覺擔當，是無量的社會責任，是無盡的歷史使命。否則，一切離開「義」的「孝」，當然為愚孝；一切離開「義」的「忠」，顯然是愚忠。

3. 「從父之令，又焉得為孝乎」句辨析

此句以反問的方式，提出疑問：一味遵從父親的命令，又怎麼能成為孝子呢？孔子由此否定了曾參提出的「子從父之令，可謂孝乎」這一論題。

究其所以然，在於世無完人。然而，孔子並未直接否定為人之父、為臣之君所發命令一貫正確的神話，而是策略地從西周天子的朝廷、諸侯的封國、大夫的家邑所設有「爭臣」，到士所交有「爭友」，以及為父所擁有「爭子」，並通過他們敢於諫諍的義行，提出「當不義」這一假設條件，闡發「從父之令」只能助長其父的不義行為，由此構成大不孝；進而闡明從君之令只會助紂為虐，由此釀成大不忠。所以，孔子反問曾參：「又焉得為孝乎？」

孔子對於曾參的反駁，由面臨父親的不義行為，「子不可以不爭於父」的道理，進一步引申為面對人君的不義暴行，「臣不可以不爭於君」的道義。這一觀點，是在孝親、忠君的基礎上，以道義為結點，構成以孝、忠、義三位一體為框架的孝治文化，從而築就起儒家這系統而完備的思想理論體系。

本諸上述，回眸孔子這段話，其意大致是：所以，每當不符合道義之時，那麼身為人子，決不可以不以直言諫諍他的父親；身為人臣，決不可以不以直言諫諍他的君主。

感應章第十六：

「通於神明」的感應精義

一、章題字義釋解

（一）「感應」讀解

何為「感應」？自古以來，人們依據《易·咸卦·象傳》「二氣感應以相與」，釋為天與地之間、人與自然之間、人與人之間的交感相應。除此之外，人們還認為人與鬼神的互感回應。

從上古華夏文明來看，鬼者，歸也，即回歸自然的列祖列宗之幽明；神者，申也，本為申明善惡的古聖先賢之神明。基於此，從人主到人君，從人臣到家臣，倘若篤信先王之道，並以其虔誠祭祀，既可獲得古聖先賢的神明庇佑，亦可獲得列祖列宗的幽明庇護。反觀《易經·乾·文言》「與鬼神合其吉凶」，顯然是指人君的德行與鬼神遏惡以凶、揚善以吉的感應相契合。

申而言之，「感應」一詞，即感而應之，是由兩個動詞語素「感」和「應」，所構成的雙音節合成詞。「感」者，其金文可見諸戰國晚期邵宮私官壺。其上從咸，表「皆」、「全」，意指非單一的各方；而其下從心，是指雙向的心靈。而「應」音讀ying，則指空谷之回聲。在古文言中，二字合而為一，即表天神感應到世人的言行是虔敬還是褻瀆，人鬼感應到後人的情感是真誠還是虛偽，然後給予賜福還是降災的回應。

（二）「感應」事例

在中華孝文化中，流傳著漢朝孝子董永賣身葬父，至孝上感天帝，遂派七仙女下凡與其配為夫妻的神話。三國魏人曹植《靈芝篇》詠歎道：「天靈感至德，神女為秉機。」此外，現實中尚有母子心靈感應的「齧指心痛」故事。漢代劉向《孝子傳》與東晉干寶《搜神記》皆載：曾子在野外打柴時心裏感到一痛，原來母親見有客來訪，情急之下咬了一下手指，反映出父母與子女存在著心靈感應。

本章以「感應」論述明王以孝感天地、通神明的主題，顯然與前文「孝治章」所闡述「明王之以孝治天下」相契合，並與其所產生的「天下和平，災害不生，禍亂不作」這一感應效應，遙相呼應。

二、開篇經句解讀

子曰：昔者明王事父孝，故事天明；事母孝，故事地察。長幼順，故上下治。天地明察，神明彰矣。

孔子表述的這段話，前面三個排比句，皆以「故」為關聯詞構成因果關係複句。末句對前者進行概述，屬說明因果關係複句。

（一）「事天」、「事地」考釋

本段前兩個排比句中，關鍵詞「事天」、「事地」，歷來見仁見智，眾說不一。

1、諸家之歧說

對於「事天」與「事地」，歷代諸家歧說紛呈，大致分為鄭玄

「順四時」、「別五土」說、唐玄宗「敬事宗廟」說，以及邢昺「父天母地」說。

（1）鄭玄「順四時」、「別五土」之說

東漢鄭玄之注稱：「盡孝於父，則事天明。盡孝於母，能事地察其高下，視其分理也。」由此可見，鄭氏對「事天明」的釋解，含糊其辭，不足為訓。反觀其所注「庶人章」，即提出「順四時以奉事天道，分別五土，視其高下，此分地之利」；而其所注「三才章」，亦主張「視天四時，無失其早晚也。因地高下，所宜何等」，可見與其前後所秉持以因循「四時」為天道的觀點一脈相承。但是，至於「盡孝於父」何以「事天明」，以及「盡孝於母」何以「能事地察其高下，視其分理也」，並未說出其所以然，更遑論相互之感應。

（2）唐玄宗「敬事宗廟」之說

對鄭氏「順四時」、「別五土」之說，唐玄宗大不以為然。其注依據王充《論衡》「王者父事天，母事地」之說，進一步申明「言能事宗廟，則事天地能明察也」。從此注前分句「父事天，母事地，言能敬事宗廟」來看，其釋義無非是說，作為君王，以父事天，以母事地，是指能將雙親配祀於宗廟，那麼事奉天神地祇自然能明察。

（3）邢昺「父天母地」之說

北宋邢昺之疏注，對於以上鄭玄、玄宗二家觀點，皆以與「經旨」不符而否定。尤其對於唐玄宗「敬事宗廟」之說，非但不以為然，反而質疑「此事父母，當指生者而言，不必是事死者也」。

邢氏觀點，一方面疏引《周易・說卦》「乾為天，為父」、「坤

為地，為母」之說法，另一方面援引東漢班固《白虎通》「王者父天母地」之觀點。簡言之，邢氏前者主張以天為父，以地為母；後者以父為天，母為地。於是，遂將「事天」、「事地」釋解為：事父之道通於天，事母之道通於地。邢氏此異於前人之說，引經據典，言之鑿鑿，似乎不無道理，實則未盡如經旨之義。

細察邢氏之說，一者，按「乾為天」、「坤為地」為本義，而「為父」、「為母」乃經引申則為比喻義。二者，按「父天母地」，「父」、「母」本為名詞，此句用作意動，形成動賓結構，即：以父為天，以母為地，仍為比喻義。因此，既不可簡單地等同為「父為天，母為地」，亦不可輕率地附會為「事父之道通於天，事母之道通於地」。值此，人們不禁要問：「事父之道」何以必須「通於天」？難道不可通於天地嗎？顯然，邢氏此疏依舊未能從正面解答何以「事天明」、「事地察」這一根本性問題。

2、「事天」、「事地」正義

按唐玄宗所引「王者父事天，母事地」之注，即以「王者」注解孔子所言「明王」，但由於未解「明王」究竟確指何人，遂曲解為「聰明也」。

其實不然。句中主語「明王」，可由前文「聖治章」所作考正得知，「明王」乃身居明堂的聖明之王，並以孝道「明明德於天下」的周公。因此，反觀「昔者明王事父孝」，與「事母孝」無非是指「周公郊祀后稷以配天，宗祀文王於明堂，以配上帝」的大孝之行。換言之，只有如此之孝行，才會解碼所謂「事天」，即以嚴父配祭天神；

433

而「事地察」，則以慈母配祀地祇。這兩點，可說為唐玄宗「敬事宗廟」之說作了最好的註腳。

（二）「昔者明王事父孝，故事天明；事母孝，故事地察」句訓釋

此二句句式，皆以「故」為關聯詞構成因果關係複句，尚且二者相對舉。

1、「昔者明王事父孝，故事天明」句解析

（1）「昔者明王事父孝」句讀解

此前分句「昔者明王事父孝」，不難理解：句首「昔者」，即「往昔」，或「從前」，屬於時間狀語前置。其後主語「明王」，是指「代聖明之王以至德要道化人」，而身居明堂以孝道「明明德於天下」的周公；其後「事父孝」，當為事父以孝，無非是動賓結構「事父」，與其補語「孝」之間，省略了介詞「以」而已。按現代漢語表述習慣，補語可置於動賓結構「事父」之前用作狀語，即：以孝事父。

就「事父」這一動賓結構而言，謂語動詞「事」，表「事奉」；而「父」為賓語。如果說，主語「明王」為周公旦，那麼他所奉事之父，自然為文王姬昌。

（2）「故事天明」句釋解

此後分句「故事天明」，句首「故」為連詞，表「所以」，用以承啟前後兩個並列分句，並推斷所產生的結果。

尤為需要強調的是，「事天明」的語法結構，其中「事天」，是指「事之於天帝」。這與前分句「事父孝」雖說相近，豈不知二者有所不同。「事父」為動賓結構，表示奉事父考；而「事天」則不然，

434

實則為「事之於天」。這一點，誠如《易‧豫卦‧象傳》所言：「殷薦之上帝，以配祖考。」唐代孔穎達疏注道：「配祀明堂，五分之帝，以考文王也。」再看句末形容詞「明」，其意動用法為「以……為明」。那麼，「故事天明」是說：所以，以宗祀文王配祭天帝為明明德，亦即彰明其仁德。

總之，由首句「昔者明王事父孝，故事天明」，遙想周公以文王配祀明堂祭天祭祖之時，慎終追遠，自然會追思古聖先賢的仁德，追念列祖列宗的遺訓，追憶父母生前的諄諄教誨。那麼，心靈深處與古聖先賢及列祖列宗的感應，定然像陽光一樣照耀，激發其明明德於天下的盛德大業。所以，這句釋義當為：往昔，彰明先王至德於天下的明王周公，以孝奉事嚴父，因此以宗祀文王配祭天帝為明其仁德。

2.「事母孝，故事地察」句辨析

此句「事母孝，故事地察」，與上句「事父孝，故事天明」相呼應，結構和句式等同，只不過主語「明王」承前省略。那麼，這個「事地察」如何分析呢？

其實，「事母孝」，與「事父孝」結構一樣。「事母」為動賓結構，動詞「事」為謂語，表「奉事」；而「母」為賓語。句末「孝」為補語，與前面動賓結構「事母」之間，省略了介詞「以」。按現代漢語表述習慣，補語可置於動賓結構「事母」之前用作狀語，即：以孝事母。

後分句「故事地察」，其中「事地」，是指「事之於地祇」。若按「聖治章」所載「周公郊祀后稷以配天」，所祀「地祇」除了土神后土之外，顯然包括穀神后稷。那麼，周公以孝所侍奉其母太姒，在「宗

435

祀文王以配上帝」之餘，自然事奉其母於地祇。亦即配祀於周人先祖后稷。句末動詞「察」，其使動用法為「使之以察」。那麼，「事地察」是說：使太姒宗祀后稷來奉事地祇，以明察大地那厚德載物之理。

總之，次句「事母孝，故事地察」，其釋義當為：以孝奉事慈母，所以使太姒宗祀后稷來事奉地祇，以明察大地博厚之理。

本諸上述，反觀「事天明」與「事地察」，實際上是事天以明，「明」的是天之道；而事地以察，「察」的則是地之理。此二者合而為一，其中自不乏「道理」之所在。

(三)「長幼順，故上下治」句釋析

此句仍以「故」為關聯詞，構成因果關係複句。

1、「長幼順」句訓解

此前分句主語承前省略，「長幼順」，為偏正結構。其「長幼」，為年長與年幼縮寫；而句末「順」為中心詞，意為「對……順」。然此「順」一方面體現為對年長的「達順」，如《禮記・禮運》：「先王能修禮以達義，體信以達順。」孫希旦《集解》引朱熹曰：「達順是致和底意思。」另一方面表現為對年幼者的「和順」，如《易・說卦》：「和順於道德，而理於義。」孔穎達就此疏正道：「上以和協順成聖人之道德，下以治理斷人倫之正義。」

聯繫上下文句，本句「長幼順」，是指聖明的先王，對年長者示其達順，對年幼者致其和順。然其中微言大義，意味身為攝政王的周公，不止對其輔弼的兄長武王以達順，尚且對其輔佐的侄子成王以和順。

當下通行文本，多將「長幼」解讀成「長輩與晚輩」，並將

「順」解讀為使動用法，從而誤解為「使長輩與晚輩關係和順融洽」，但其語義遠非如此簡單。

基於上述，此前分句釋義是謂：對年長以達順，對年幼以和順。

2、「故上下治」句析解

此後分句「故上下治」，無非是基於前分句「長幼順」之成因，最後取得「上下治」之成果。

其中「上下」，當下通行文本由於將「長幼」理解為「長輩與晚輩」，遂曲解為「上上下下」。其實，僅就周公而言，除了先輔弼其上的武王、後輔佐其下成王之外，其封於鎬京南部的采邑周南，以及由其長子伯禽所治分封的魯國，這從上至下皆得以治理。所以，此「上下」，意即「自上而下」。所以，此句「故上下治」，當理解為：所以自上而下得以順治。

總之，此句「長幼順，故上下治」經上述釋析，其譯義是謂：對年長以達順，對年幼以和順，所以天下國家自上而下皆得以順治。

（四）「天地明察，神明彰矣」論析

此句係未用關聯詞語的說明因果關係複句。前分句提出「天地明察」這樣一種情況作為依據，後分句表示由此情況，必然導致「神明彰矣」的結果。

1、「天地明察」句訓解

何謂「天地明察」？對於此句釋讀，鄭玄注曰：「事天能明，事地能察，德合天地，可謂彰矣。」鄭氏此說，是將「天地明察」作為主謂詞組，成為承前省略的主語「明王」所事奉的對象。唐玄宗鑒於

437

鄭注進一步延展，其注曰：「事天地能明察則神感至誠而降福佑，故曰彰也。」不過，世上自不乏持不同觀點者，如《瑞應圖》：「聖人能順天地，則天降膏澤，地出醴泉。」此說是將「天地明察」這一主謂詞組，看作敬順的對象。

其實，本句基於前面三個排比句進行概括性總結。此「天地」為主語，而並非「事天」、「事地」之「明王」，亦非「順天地」之聖人；其後「明察」則為其謂語，表明主語「天地」的動態。這無非是說，天神地祇對明王所作所為予以明察，而非「事天地能明察」的明王。因此，只有這樣，才能「神明彰矣」。

2、「神明彰矣」句析解

何謂「神明彰矣」？對於「神明」，歷來理解為天地間一切神靈。這一方面，誠如《易經·說卦》所言：「昔者聖人之作易也，幽贊於神明而生蓍。」與此同時，「神明」尚可指人君明睿如神。漢代焦贛《易林·旅之漸》提出：「黃帝紫雲，聖且神明。」從醫家來講，當如《難經·六十一難》所云：「望而知之謂之神，聞而知之謂之聖。」從兵家來看，則如《淮南子·兵略訓》所載：「見人所不見謂之明，知人所不知謂之神。」那麼，本句「神明」究竟是指天地間的一切神靈，還是指明君的明慧如神呢？

深究「神明」一詞，是指古聖先賢以「邦畿千里，維民所止」的思想造福於民，並以此合乎天道的民本主義而慧明千秋萬代，「死而不亡者壽」。概而言之，即指先哲不滅的精神，猶如普照天下的日月，濟世惠民以不世的恒久光明。這一點，正如《易·乾卦·文言

傳》所言：「夫大人者，與天地合其德，與日月合其明，與四時合其序，與鬼神合其吉凶。」

孔子此言是指那聖明的人君，具有「四合」之功德：一者，與無不覆幬、無不持載之天地，合乎其無私覆載的仁德；二者，與一陽一陰、光照天地之日月，合乎其普世日新的昌明；三者，與寒來暑往、秋收冬藏之四時，合乎其自然和諧的時序；四者，與列祖列宗之鬼、古聖先賢之神，合乎其遏惡以凶、揚善以吉的道義。換言之，與天地無私覆載相契合的，係「惟民所止」這一惠民之仁；與日月無量普照相契合的，為「振民裕德」這一教化之義。與四時無止更替相契合的，是秩序井然這一和諧之禮；與鬼神無情吉凶相契合的，乃明辨是非這一聖明之智。

承上所言，末句主語「天地」，既為周公以父考文王配祀由古聖先賢構成的天神地祇，亦為以其母太姒配祀包括先祖后稷在內的列祖列宗。顯然，天地神祇與列祖列宗一分不二，經明察明王周公「事父孝，故事天明；事母孝，故事地察；長幼順，故上下治」這一系列大孝之行，並為之而感應，從而「神明彰矣」。

具體來說，如「孝治章」所彰顯「天下和平，災害不生，禍亂不作」，即孝治天下所彰顯的神明。換言之，此神明亦彰顯為：普天之下祥和太平，危害生民的洪澇、乾旱等天災不再發生，謀反作亂的人禍不再興作。豈不知周公以孝道彰顯先王未竟意願之「神明」，此即中華歷史上空前啟後的太平盛世——「成康之治」：天下安寧，國力強盛，禮樂昌明，經濟繁榮，社會安定，「車同軌，書同文，行同倫」，尚且「刑錯四十餘年不用」。

三、中篇經句訓解

故雖天子，必有尊也，言有父也；必有先也，言有兄也。宗廟致敬，不忘親也：修身慎行，恐辱先也。宗廟致敬，鬼神著矣：孝悌之至，通於神明，光於四海，無所不通。

（一）「故雖天子，必有尊也，言有父也；必有先也，言有兄也」讀解

此句為多重複句，第一層次是以句首連詞「故」承接前句，構成因果複句後分句；第二層次是以其後「雖」為關聯詞，構成讓步關係複句；第三層次是以兩句尾語助詞「也」構成的並列判斷句。

1、「故雖天子，必有尊也，言有父也」句解析

除了句首「故」之外，前者「雖天子，必有尊也」，其「雖」為連詞，表示「即使」的意思，表示假設讓步。而其中「尊」字，是指尊長。那麼，此句表示認同這一假設事實：即使貴為天子，必定自有尊崇之人。

後者「言有父也」，為上句「必有尊也」的補充說明。其「言」字，表示「是謂」。至於句末「父」字，既可理解為天子的父親，如帝舜對其父瞽叟的尊重；亦可解讀為天子死去的父親，如周公對已逝父考文王姬昌的尊奉；尚可引申為以父尊稱太師、太傅、太保那三公之老者，如武王對姜尚以「尚父」相稱之尊崇。

依據以上解析，此句釋義當為：所以雖然貴為天子，必定自有尊崇之人，是謂或有健在的父親，或有逝去的父考，或有以父尊稱的上公之老。

2. 「必有先也，言有兄也」句辨析

此後句承前省略主語「天子」，句式與前句「必有尊也，言有父也」相同，尚且與其對舉。

對於「必有先也」，其中「先」字，按上古漢語意即「先生」，本指首先降生的「長兄」，經引申為「先行」、「先達」。所以，此句是說：即使貴為天子，必定有先行於他的人。此即為補充說明的短語「言有兄也」。

對於其中「兄」字，既可理解為同胞兄長，如商紂王的庶兄微子啟；亦可解讀為逝去的兄長，如武王已故的兄長伯邑考；尚可延伸為同宗的堂兄，甚至以兄尊稱卿大夫之老者。如鄭玄之注曰：「雖貴為天子……必有所先，事之若兄者，即五更是也。」句中所謂「五更」，當為卿大夫之老者。

根據上述辨析，此句釋義當為：必定有先其而生之人，是謂自有同胞兄長，或同宗諸兄，以及事之若兄的卿大夫之老。

3. 經典段落小結

縱觀前後兩句，重在以孝悌教化天下，其釋義是謂：所以，即使貴為天子，必定自有尊崇之人，是謂擁有嚴父，以及父輩位居上公之老；必定有先其而生之人，是謂自有同胞兄長，或同宗諸兄，以及事之若兄的卿大夫位居上公之老。

（二）「宗廟致敬，不忘親也；修身慎行，恐辱先也」句釋解

此前後兩句對舉。二者皆以謂語句末加語助詞「也」，構成說明判斷句。

441

1、「宗廟致敬，不忘親也」句解析

此句「宗廟致敬」為前提，「不忘親也」為旨歸。

（1）「宗廟致敬」句釋讀

句首「宗廟」，本為天子或諸侯祭祀同宗先祖的廟宇。宗廟設在都城之內，是供奉歷代君王牌位而舉行祭祀的地方。按宗廟建制，天子七廟，諸侯五廟，大夫三廟。它既是先人亡靈寄居的場所，亦為孝文化教育基地。

本句「宗廟」前面省略介詞「以」，表示行為的憑藉或依據。其後「致敬」，即謹致禮敬。至於如何憑藉宗廟向先祖父考「致敬」，則如鄭玄所注：「設宗廟，四時齊戒以祭之，不忘其親。」由此可知，古人在春夏秋冬四季每季的首月，以剛收成的農作物向祖先薦獻，以此致以由衷的無限崇敬。

若按董仲舒《春秋繁露》的說法，春祭稱「祠」，其義同「食」（音「飼」），是指孟春正月，向祖先獻祭剛割的頭茬韭菜；夏祭稱「礿」（音「越」），其義同「汋」（音「酌」），是指汋洗，亦即孟夏四月，向祖先獻祭剛收的新麥；秋祭稱「嘗」，意為「品嘗」，是指孟秋七月，讓祖先品嘗新收穫的菽秫黍粟；冬季稱「烝」（音「蒸」），是指孟冬十月，將新稻所蒸米飯進獻給祖先神靈。作為宗廟祭祀，不僅以「四時齊戒以祭之」致其崇敬之心，亦如《禮記·統祭篇》所載：「春秋祭祀，以時思之，不忘親也。」

（2）「不忘親也」句解讀

後句「不忘親也」，除了念念不忘父母的養育之恩，同時還追思

先祖創業而「德教加於百姓」的不世之功，感念先輩守業而「刑於四海」的傳世之德。

在此基礎上，尚須反躬自省，檢點自身的言行，即為內在心靈所產生的感應：觀照起心動念，是否有違先祖父考的教誨而遏惡揚善，是否有愧於祖先所開創的盛德大業而砥礪前行，是否明明德於天下而止於至善。

顯然，只有經過心靈與神靈的此番深層感應，才能「辟於其義，明於其利，達於其患」，才能「先天而天弗違，後天而奉天時」。其實，也只有這樣，才能明心見性，真正提升「宗廟致敬」的思想境界，才能達到「不忘親也」的終極效果。

2.「修身慎行，恐辱先也」句辨析

此句「修身慎行，恐辱先也」，當視為對於前句「宗廟致敬，不忘其親」的補充說明。

心靈經由追思而與神靈感應，自然內化成為自覺行為。因此，前句「宗廟致敬，不忘其親」，與後句「修身慎行，恐辱先也」，當為相互關聯的完整文句。

為什麼要「修身慎行」？修身，當緣於心靈感應所喚起的感恩情愫，從而檢點自身以往言行，並予以修正；慎行，則是基於反躬自省，意識到所擔當責任之重大，從而對於決策所秉持恭謹而慎重的態度。從《孝經・諸侯章》所引《詩經》「戰戰兢兢，如臨深淵，如履薄冰」的詩句，到《道德經》所言「豫兮若冬涉川；猶兮若畏四鄰」的文句，先哲之所以一再強調統治者要「慎行」，則誠如孔子在《禮

記·大學》指出的「一言僨事，一人定國」這一要害。這充分說明，掌握著生殺予奪權力的帝王，倘若一句話出口不慎，勢必荼毒天下黎民蒼生，甚至喪失江山社稷，從而辱沒列祖列宗。反之，作為人君，倘若謹言慎行，則勢必安邦定國，造福於民，光宗耀祖。

歷覽夏商周三代，從夏桀到商紂，以及周厲、周幽，無一不以禍國殃民而失去江山。鑒於此，真正以天下為己任的帝王，以史為鑒而「修身慎行」，深知天下非一人之天下,乃天下人之天下。因此，他們「選賢與能，講信修睦」，因為決策者的一言一行，既關係到江山社稷的興衰，亦關係到對先祖功業的存亡。所以，此句「恐辱先也」，即指：唯恐辱沒祖先。

反觀前後兩句，其釋義是謂：以宗廟祭祀謹致禮敬，不忘尊親的恩德。由此修養身心，謹言慎行，唯恐辱沒祖先。

(三) 「宗廟致敬，鬼神著矣：孝悌之至，通於神明，光於四海，無所不通」句訓解

此段經典文句，前句是以語助詞「矣」用於句末的陳述句；後句為不用關聯詞語的因果句。

1、「宗廟致敬，鬼神著矣」句分析

此句是以語助詞「矣」用於句末的陳述句。

(1) 「宗廟致敬」句釋讀

此句復言「宗廟致敬」，與前面文句重文。對此，學者歷來存在不同見解。

東漢鄭玄之注曰：「事生者易，事死者難。聖人慎之，故重其

444

文。」鄭氏此注，有違孔子原意，不足為信。北宋邢昺大不以為然，遂疏正道：「上言『宗廟致敬』，謂天子尊諸父，先諸兄，致敬祖考，不敢忘其親也。此言『宗廟致敬』，述天子致敬宗廟，能感鬼神，雖同稱『致敬』，而各有所屬也。」邢氏此言，自不乏其灼見。孰料清代皮錫瑞因襲鄭說，認為復言「宗廟致敬」，「祇是一意」，旨在「不惜丁寧反復以申明之」，反而斷言邢氏「其說非也」。

其實，前句聲言「宗廟致敬」，與此句復言「宗廟致敬」，二者性質有別：一是從表達形式來看，前者「不忘親也」，為否定式陳述句；而後者「鬼神著矣」，則為肯定式陳述句。二是從行為的主客體關係來講，前者「不忘親也」，其施動者以「天子」為主體；而後者「鬼神著矣」，其「鬼神」則為受動者作客體。三是從文句闡述的主旨來論，前者「不忘親也」，旨在通過「宗廟致敬」追念至親先人的思想與豐功偉績，由此體現由思想感念先人至「修身慎行」那身心感應的過程；而後者「鬼神著矣」，則是經過「宗廟致敬」感應到先人與祖神不滅思想之神明，使先人與祖神的思想光華得以感召天下的終極目標。

(2)「鬼神著矣」句解讀

後句「鬼神著矣」之所以成為問題的焦點，關鍵在於對主語「鬼神」如何訓解。

按《禮記‧中庸》所載：「郊社之禮，所以事上帝也；宗廟之禮，所以祀乎其先也。」由此當知，在都城郊外舉行的祡祭之禮，所事奉的為昊天上帝；而在都城之內的宗廟舉行的瘞祭之禮，所祀奉的則為列祖列宗之先人。

對於「宗廟致敬」的「鬼神」，其「鬼」，無非是指人死之後回歸自然的列祖列宗。如《禮記・祭義》載：「眾生必死，死必歸土，此之謂鬼。」那麼，其「神」又該如何釋解呢？

對於此句之「神」，歷代學者存在頗為片面的觀點，大多認為是由配祀上帝而轉達人世祈求的文王。如朱熹《集傳》釋解道：「蓋以文王之神在天，一升一降，無時不在上帝之左右，是以子孫蒙其福澤，而君有天下也。」朱氏此言，不知周公將文王配享五方上帝，是在布政的明堂，而並非宗廟。按說，宗廟所祀宗族列祖列宗之人鬼，其中自不乏其祖神。因此，周人宗廟所「致敬」的祖神，實則為姜嫄履巨人跡所生之棄，此即周人始祖而被尊奉為農神或穀神之后稷。

至於謂語動詞「著」字，音讀為zhù，即「昭著」之意，表示鬼神恩澤後人所昭示出的輝光。或者說，是因後人「宗廟致敬」而「日新其德」，從而昭彰天下。其中「昭」字，是指陽光，猶如透過雲層的陽光，灑向大地。人們有時會提到往古來今名家的「著作」，就是通過作品把思想光華昭示於天下，彰顯於後人。所以，「鬼神著矣」，其「鬼」為先人，其「神」為祖神，他們所傳承的「先王至德要道」那思想光華昭著於天下。

就「著」字音讀而言，學界另有音讀zhuó一說，意為「附著」、「依附」。目前，社會上有的通行文本據此釋解為，「鬼魂歸附宗廟，不為凶厲，從而佑護後人」。此說法雖頗為流行，但忽略了此「著」施動者明明是主語「鬼神」。如此捨「神」論「鬼」，且釋之為「鬼魂」，不知置其「神」於何處？更何況孔子所言之「鬼」，本

為回歸自然的先人，不同於半個世紀後東漢佛教所傳入「六道輪迴」中的「惡鬼」。更何況上古時代，只有橫死之鬼作祟才能稱作「凶厲」，而「歸附宗廟」之鬼當為本宗族之先祖，顯然「凶厲」無從談起。基於此，反觀本句「宗廟致敬，鬼神著矣」，是在前句「宗廟致敬，不忘親也」基礎上的進一步深化。

(3) 本段經典小結

本諸上述，天子通過「宗廟致敬」，感應的是列祖列宗與祖神之恩德；而「神明彰矣」昭彰顯著的，無疑是互為因果的雙向交感。天子一方面感應先祖思想文化的神明，另一方面彰顯自我心靈因感召而煥發的神明。

總之，此陳述句經過此番訓解，其釋義為：以宗廟向先祖謹致禮敬，使先祖之「鬼」與始祖之「神」的思想光華昭著於天下。

2.「孝悌之至，通於神明，光於四海，無所不通」句訓解

此句為不用關聯詞語的推斷因果句，前者提出「孝悌之至」已發生的「通於神明，光於四海」狀況，末句推斷出「無所不通」這理應如此的結果。

(1)「孝悌之至」句解析

此句「孝悌之至」，是以主謂詞組作主語。

句首「孝悌」，前文一再提及，意即：孝親敬長。如有子在《論語·學而》所言：「孝弟也者，其為仁之本與？」因此，孝悌之道，乃為人處世的根本。其中「之」為動詞，表示「達到」；而句末「至」，則表示「極至」。因此，「孝悌之至」是說，孝親敬長達到極至。

其實，開篇所陳述的「事父孝」、「事母孝」，以及「長幼順」，無不闡明「孝悌」的道理，而所論述的「事天明」、「事地察」、「上下治」，無不寄寓「孝悌之至」達到的思想境界。

（2）「通於神明，光於四海」句辨析

此二句以並列動補結構，作為主語「孝悌之至」的補語。

前句「通於神明」，其動詞「通」，意即「感通」。此即是說，此有所感而彼有所通，也就是一方的行為感動對方，從而產生相應的反應。其後「於神明」為介賓結構，「於」為介詞，即「對於」，而賓語「神明」是指天地神祇不滅的思想光華。

感應天地之神靈而交應於心靈，感應鬼神之神明而感召天下之良知。因此，感知列祖列宗的教誨，感應他們的思想睿智，內心的崇敬與懺悔、反思與砥礪，不免油然而生。

後句「光於四海」，句首「光」為使動用法，意即「使之光大」。其後「於四海」亦為介賓結構，「四海」作為介詞「於」的賓語，以借代方式代喻「天下」。

依據上述辨析，此句釋義是指：感通先祖與始祖神不滅的思想光明，使其不朽的思想光大天下。

（3）「無所不通」句釋析

此句作為因果複句的謂語部分，是以雙重否定「無所不」形式，表達肯定語意。

對於「無所不通」，句首副詞「無」用於名詞「所」之前，表示範圍否定。而「無所」，意即「沒有什麼地方」、「沒有什麼處

448

所」；其後「不」用於動詞「通」之前，表示性質否定。至於「不通」，則指「不通達」。所以，此「無所不通」句，是指：沒有什麼事理不通達。

僅就「通達」一詞而言，此句意即「感通明達」。實則是指天子與鬼神相感通的神明。究其出處，則源於《易·繫辭上》所言「寂然不動，感而遂通天下」。

回顧此段文句，其釋義是謂：以宗廟謹致禮敬，使先祖與始祖的思想光華昭著於天下；孝悌達到極至，就會感通於鬼神的神明，光大其仁德於四海，就沒有什麼不通達的地方。

三、結尾詩文詮釋

《詩》曰：自西自東，自南自北，無思不服。

（一）詩文出處考正

孔子徵引的此詩句，出自《詩·大雅·文王有聲》。全詩共八章，前四章寫周文王遷豐，後四章寫周武王營建鎬京，追述周文王以遷豐、武王以遷鎬京來擴大疆域，為周人謀福祉的不世之功。

此詩以句首「文王有聲」為標題。但幾千年來，歷代學者皆將「有聲」解讀為「有著好聲望」，或「享有好聲譽」。然而，倘若以此釋解，其後「遹（音「域」）駿有聲」則無從讀解。

試看詩中之「遹」，《說文》釋為：「回避也。」而顧野王《玉篇》則正之為「循也，述也。」顯然，詩中「遹」的字義，無非表示文

王、武王對於先王遺志的遵循與傳述。如此大孝之行，充分體現出孔子在《禮記‧中庸》所言：「夫孝者，善繼人之志，善述人之事者也。」

孰料清人陳奐《詩毛氏傳疏》則提出：「全詩多言『曰』、『聿』，唯此篇四言『遹』。『遹』即曰『聿』，為發語之詞。」後世基於陳說訛以傳訛，不僅湮滅了「文王有聲，遹駿有聲」所傳承孝道文化的回聲，而且直接影響本章所引詩句「有聲」意蘊的訓解。

古漢語中，以「聲」為中心詞所構成偏正式複合詞，既有「金聲」一詞，還有以「金聲」與「玉振」兩個偏正式複合詞構成並列結構的成語「金聲玉振」。究其出處，為孟子以此高度讚譽孔子對禹、湯、文、武、成王、周公此六君子思想文化的傳述與弘揚。值此，尤為需要指出的是，成語「金聲玉振」，歷來穿鑿附會為「以鐘發聲，以磬收韻，奏樂從始至終」。其實不然。幾年前，本人在研究河南偃師二里頭村夏文化遺址所出土的青銅鈴鐸，以及玉質的鈴舌時，感悟到「金聲而玉振之也」的本義，是指鈴鐸以玉石為鈴舌，經振擊其金屬腔體，才發出悠遠之聲。

引而申之，「金聲」意即堯、舜、禹、湯、文王、武王、成王、周公這些古聖先賢的光輝思想；而「玉振之」則是主謂賓結構，其主語「玉」即比喻孔子深邃之哲思，而謂語動詞「振」所振盪的對象，即賓語代詞「之」所代指前賢那閃光的思想。換言之，此成語的詮釋，即古聖先賢猶如那沉寂已久的青銅之鐸，有賴於孔子這一玉石之鈴舌全力振盪之，才重新發出響徹化成天下的金聲。可以說，只有這樣詮釋，才能真正彰顯孔子光大古聖先賢思想之偉大，才能確切理解

孟子評價孔子之本義，才能真正揭示出「金聲玉振」這一成語的深層內涵。

顯而易見，將「金聲玉振」穿鑿附會為奏樂「以鐘發聲，以磬收韻」，不僅抹殺了鈴鐸以玉石為鈴舌經振盪而撞擊其金屬腔體發出悠遠之聲的本義，而且還湮沒了後聖與先哲思想文化相感應而進一步弘揚光大的比喻義。因此，「文王有聲」亦同理可證：其「聲」當緣於周族人始祖從后稷至公劉，乃至古公亶父，在歷經漫長而艱辛的遷徙過程中，世世代代相互感應而火爐薪傳的「金聲」，此即「邦畿千里，維民所止」這心繫黎民蒼生的民本主義思想。

反觀「遹駿有聲」，並非當代有的學者譯解的「文王有著好聲望，如雷貫耳大名享」。據上文所訓，此「遹」字義，表示「遵從」和「傳述」。而其後「駿」字，古同「俊」。若按《春秋繁露‧爵國》「十人者曰豪，百人者曰傑，千人者曰俊，萬人者曰英」，其「俊」則為才智超出千人者，意即「才俊」。基於此，詩句「文王有聲，遹駿有聲」，恰恰表現出文王思想之金聲，既遵從並傳承著從后稷至公劉，乃至亶父等才俊的思想之金聲，又由傑出的武王秉承父志進一步傳述而聲振後世。更何況，這「金聲」一代代由後世「玉振」，從而震盪出一個響徹金聲的「成康盛世」。

（二）引詩寓意辨析

此詩原句為「鎬京辟雍，自西自東，自南自北，無思不服」，乃無關聯詞的因果關係複句。

1、詩句原意之訓解

本章通過對所引詩題《文王有聲》的鉤沉索隱，以及詩句「遹駿有聲」的考正，將有助於對所引詩句「自西自東，自南自北，無思不服」，作進一步的解讀。

此詩原句前有偏正結構為主語的「鎬京辟雍」，其定語「鎬京」，即西周國都，為武王滅商後所建。其故址位於現今陝西省西安市西南灃水東岸。而中心詞「辟雍」，則為西周天子為教育貴族子弟設立的太學，以推行禮樂，宣揚教化。其後「自西自東，自南自北，無思不服」，是指經過禮樂教化，傳述先祖從西至東遷徙的苦難歲月，感念從南至北征伐的滅殷歷程，無一追思不為之悅服。

2. 引詩寓意之歧見

自西漢以降，歷代學者對本章徵引詩經「自西自東，自南自北」這方位順序的解讀，基本因襲曾子所主張此詩句闡揚以孝道教化天下之說，進而理解為「四面八方」。

試看《大戴禮記・曾子大孝》與《禮記・祭義》所載：「夫孝者，天下之大經也。夫孝置之而塞於天地，衡之而衡於四海，施諸後世而無朝夕，推而放諸東海而準，推而放諸西海而準，推而放諸南海而準，推而放諸北海而準。詩云：『自西自東，自南自北，無思不服，』此之謂也。」顯然，曾子徵引此詩的用意，旨在以其引申義闡釋其孝行「放諸四海而皆準」的道理。此番論述，不僅構成闡釋某種思想理論具有普世價值的成語，而且還由此形成對本章所引詩句「自西自東，自南自北」這方位順序釋解的定論。

按曾子引用此詩闡釋孝行「放諸四海而皆準」的觀點，與孔子徵

452

引此詩以周族人由遷徙到發展壯大的歷程，具有兩種截然不同的價值取向。確切地說，孔子所徵引與曾子釋解的是同一詩句，但表述的側重點有所不同：前者旨在闡明感應父兄遷都與王兄征伐的秉承性；後者則重在說明以孝行化成天下的普及性。然而，後世學者並未意識到這一點，遂將曾子之說奉為圭臬。

從鄭玄《孝經注》認為「義取孝道流行，莫不被義從化也」，到唐玄宗御注《孝經》「義取德教流行，莫不服義從化也」，其中唯有南朝梁代皇侃持有異議，其《孝經義疏》則主張：「先言西者，此是周詩，謂化從西起，所以文王為西伯，又為西鄰，自西而東滅紂。」顯然，皇氏對於「自西自東，自南自北」這方位順序的訓釋，解讀為文王的教化與武王滅紂這歷程方位的次序，自不乏其灼見。但以此釋解《孝經·感應章》所徵引的這一詩句，無疑偏離了由此感應武王以滅紂之玉振，弘揚文王「維民所止」之金聲，這秉承父志而聲振後世這交感的旨歸。

然而，皇侃此說非但未能得到唐玄宗的認同，甚至遭到邢昺「恐非其義也」的質疑。那麼，孔子所引此詩的主旨何以不為世人所知？其癥結到底在哪里？

3. 引詩背景之探究

形象大於思想，是西方文藝批評理論中頗具影響的一個理念。它一方面認為文學作品所表達的思想形象，或者說包含的社會意義和思想，遠遠大於作家或詩人的思想認識；另一方面則強調讀者在欣賞文學作品的同時，能夠以個人體驗和感悟，闡釋出超越文學作品所固有的思想形象。

孔子身處「不知詩，無以立」的春秋時代，那「賦詩言志」的社會風尚，又何嘗不是如此？當斯時也，各諸侯國之間，公卿大夫在政治、外交場合中，稱引《詩經》中的詩句相互應答，以顯示其貴族的才智與風範，一時蔚然成風。況且，這種相互應答斷章取義，無須顧及原詩題旨，自由地表達各自的思想觀點。這一方面，既可以達到「可以興，可以觀，可以群，可以怨」的多維效應，還可收到「言有盡而意無窮」的表達效果。這種社會風氣，尚且體現在先秦典籍之中，往往在篇末援引《詩經》中的詩句，作為收篇的結語。

4、引詩寓意之訓解

此句徵引「自西自東，自南自北，無思不服」詩句，因與前句主語「鎬京辟雍」相剝離，從而喪失了原本的因果關係。而後句「無思不服」，則是以雙重否定「無……不」形式表示肯定，作為此複句謂語部分。

(1) 歧義癥結所在

關於孔子所徵引「自西自東，自南自北」此詩句的方位順序，到底表達了怎樣的主旨，顯然關係到對於本章題旨的深化讀解。然而，倘若深究這一問題產生歧義的癥結之所在，實則出自歷代學者不解「無思不服」中「思」的確切字義。

從以上提及的歷代名家來看，曾子的徵引，引而不論；鄭玄、皇侃、唐玄宗的注解，避而不談；而邢昺的疏證，則語焉不詳。直至清代王引之在其《經傳釋詞》宣稱「『無思不服』，無不服也。思，語助耳」，此詩句「無思不服」之「思」，遂被打入語助詞的冷宮，自

此訛以傳訛，迄今無人提出異議。所以，孔子本章所徵引此詩句的主旨，遂不為後人所知，不止疏遠了詩句原意，尚且與之漸行漸遠。

(2) 「思」字義訓

究其「思」字，其實並非「無實在意義的語助詞」，而是表示抽象思維活動「思想」或「思考」的動詞。

殷墟出土的甲骨文中，有一字作 ⚲（合1110），舊所未識。此字从囟从儿（人），乃會意字。其上所从 ⚲ 為「囟」，頭中有一丫為 山（舌）省文；其構件丫，表示欲言之「舌」尚未出口。從構形來看，像一俯身站立的人傾仄著頭之形，呈著有所思之狀。顯然，其字義無非「思想」而已。如此簡筆勾勒的形象，表現如此抽象的思想，不得不令人為上古先哲造字的睿智拍案叫絕，歎為觀止。所以，此甲骨文 ⚲ 經過上述鉤沉索隱，當隸定為「思」字。

面對「思」字甲骨文之 ⚲，眼前不禁浮現出法國大雕塑家奧古斯特·羅丹的代表作《思想者》的形象，同時又令人不由得想到笛卡爾的傳世名言「我思故我在」。尤其是這句名言的拉丁文直譯：我思考，所以我存在。回顧詩句「無思不服」中的「思」字，又何嘗不是「思考」呢？所謂「思考」，即思而考之。作為並列式複合詞，「思考」表示思維的探索活動。

(3) 詩句義訓

探究孔子本章徵引「自西自東，自南自北，無思不服」詩句的用意，應在基於原詩本義前提下，求索由詩題「文王有聲」鉤沉出後句「遹駿有聲」的意蘊，進而揭示「無思不服」由「思考」而「感應」

的內在意蘊。

先就「自西自東」來說，通過追溯周人祖神后稷被封有邰（今陝西武功）開創基業之勞苦，追憶公劉由有邰遷徙至豳地（今陝西邠縣）篳路藍縷之艱辛，追念古公亶父再由豳地遷徙至歧山周原（今陝西寶雞）開疆拓土之偉績，追思文王自歧遷都酆京（今陝西長安縣灃河西岸），以及武王遷都於鎬京（今西安市）之豐功，可感念其先祖與先王基於「維民所止」理念而由遷徙到定都發展歷程。

再就「自南自北」來看，經過追懷武王南征克殷滅紂之壯舉，追尋召公北伐殷商殘餘勢力之足跡，可感通先輩為「弔民伐罪」，以「順乎天而應乎人」的革命義舉所開創的不世功德。這由思考而感應的心路之旅，由唐代宋之問《為文武百寮等請造神武頌碑表》所載「無思不服，有感必通」，可進一步感悟周人對於先祖砥礪前行的信念，無一追思不為之悅服，有所心靈感應，必然感通神明。

縱觀本章從「天地明察，神明彰矣」，到「宗廟致敬，鬼神著矣」，這兩個相同的句式，完整地揭示了「感應章」的主題。無論是「天地明察」也好，還是「宗廟致敬」也罷，感應的是古聖先賢之神明，昭彰的是列祖列宗與祖神不滅之思想，體現的是「明於天之道，而察於民之故」，從而以孝悌之道化成天下。

總之，此句援引《詩‧大雅‧文王有聲》的詩句，其釋義是說：追溯先祖由西向東的遷徙，追念明王周公自南自北的征伐，無一追思不感通先人那不滅精神，並為之心悅誠服。

456

事君章第十七:

「匡救其過」的事君明義

一、章題字義釋解

所謂「事君」，是指奉事君主。本章題義，主要闡述臣子在朝廷怎樣以忠奉事君王。

邢昺在其疏注中指出：「其意蓋謂上章惟陳諫諍之義，未及盡言事君之道，故於此章見之也。」其言是說，本章題意，大概是說上章祇陳述諫諍的道義，尚未涉及竭盡言說事奉君王的道理，所以在本章可見到這一切的。

至於具體「事君之道」，邢疏進一步闡釋道：「此章首言『君子之事上』，又言『進思盡忠，退思補過』，皆是事君之道。孔子曰：『天下有道則見，無道則隱。』前章言明王之德，應感之美，天下從化，無思不服。此孝子升朝事君之時也，故以名章，次《應感》之後。」邢氏此番闡述，實則未得要領。

詳察孔子倡言「君子之事上」，不止「進思盡忠，退思補過」，亦不止「將順其美」，最終還重在「匡救其過」。況且，本章所言「進思盡忠」之「進」，是指入朝謀慮國事；而「退思補過」之「退」，則指退朝念及職事，與其所援引孔子語出《論語·泰伯篇》「天下有道則見，無道則隱」這句話根本無涉。僅此而言，邢疏不免與本章題義相悖。

當今有學者據此批判《孝經》乃「變相《忠經》」，則尤為荒

謬。因為《忠經》本為東漢馬融仿《孝經》而撰寫的一部儒學經典。若論「變相」，也祇能說《忠經》乃變相《孝經》，決不可說《孝經》乃「變相《忠經》」。因為世間祇有兒子為老子之變相，豈有老子由兒子變相之說？

僅就本章以忠事上這一主旨來看，無非在上章之「義」基礎上，為人臣者須恪盡職守，盡職盡責。

醉翁之意不在酒。有些學者無視此章之「忠」建立在上章之「義」基礎上，明顯囿於極左思維之慣性而斷章取義。那麼，以此章大談什麼「變相《忠經》」是假，乘機否定《孝經》是真。

二、經典解讀

子曰：君子之事上也，進思盡忠，退思補過；將順其美，匡救其惡，故上下能相親也。

此句為二重複句，全句是以「故」為關聯詞構成的因果關係複句，而前分句為陳述句。

（一）「君子之事上也，進思盡忠，退思補過，將順其美，匡救其惡」句訓解

此前分句，是以申述人觀點為句型的陳述句。

1、「君子之事上也」句辨析

此句作為陳述句，是由主謂賓短句構成。句末以語助詞「也」強化肯定語氣。

（1）施事「君子」考釋

本章首句施事主語，歷代版本諸多，除了唐代李隆基《孝經注》為「孝子」之外，其他皆作「君子」。那麼，此句主語到底是「孝子」，還是「君子」呢？

對於唐玄宗所作「孝子之事上也」，宋代邢昺為之疏正為「此明賢人君子之事君也」，並由此進一步論證道：「經稱『君子』有七焉，一曰『君子不貴』，二曰『君子則不然』，三曰『淑人君子』，四曰『君子之教以孝』，五曰『愷悌君子』。已上皆斷章指於聖人君子，謂居君位而子下人也。六曰「君子之事親孝」，故此章「君子之事上」，則皆指於賢人君子也。」顯而易見，邢氏將君子分為兩類，或為「居君位」之「聖人君子」，或為居臣位之「賢人君子」。

按此劃分，本章主語「君子」為「賢人君子」。那麼，受事賓語「上」所代指的顯然為前者「居君位」之「聖人君子」。這從邏輯方面彌補了「君子之事上也」存在施動與受動二者概念重合而不夠周延的缺憾。

深究邢氏這種劃分「君子」的標準，無論「聖人君子」，還是「賢人君子」，顯然屬於道德評價範疇。但隨著表達的需要，「君子」又延伸為「居君位」這一政治評價概念。顯然，這有違邏輯思維同一律的原則。換言之，倘若只按「居君位」這一政治評價範疇劃分，無非是居於君位的聖明人君和居於臣位的賢明人臣之別。前者可具體分為表帝王之「人君」、「國君」，後者則分為表卿大夫之「人臣」與表士之「家臣」。

清代學者阮元主持校刻的《十三經注疏》時，就唐玄宗《孝經注》本章開篇誤作「孝子」，即明確指出：「石臺本、唐石經、宋熙

寧石刻、嶽本、閩本、監本、毛本作『君』，此本誤『孝』，今改正。」阮氏以「孝」為誤雖不乏灼見，但並未闡明其所以然。

（2）受事之「上」考正

對於施事主語是「孝子」還是「君子」這一問題的解答，尚須從句子語法結構著手。

從本句這個簡單的主謂賓單句來看，雖無關主語原則性的性質判斷，但畢竟涉及類別性概念的判別。因此，對於主語是「孝子」還是「君子」的判別，取決對「事上」動賓結構的分析。

其中「事」作為謂語動詞，顯然表示下屬對上級的「奉事」，其賓語「上」，則表示作為臣屬的卿大夫對居於上位帝王的敬稱。先秦稱天子為「君上」或「主上」，意即居於上位的君主；而稱諸侯王為「王上」，意即居於上位的侯王。基於此，「事上」這一動賓結構，實則是指奉事君王，亦即「君上」或「王上」。不過，無論本句「事上」，還是本章標題「事君」，二者所奉事的受動者皆稱為「君」。

反觀本句受動者以「上」代指「君王」，無非避免產生「君子之事君」這一歧義。由此可知，本句作為施動者的主語一目了然，當然是「君子」，而非「孝子」。

2. 「進思盡忠，退思補過，將順其美，匡救其惡」句釋解

此句為陳述句謂語，是由連動結構組成。

（1）「進思盡忠，退思補過」句解讀

作為「賢人君子」如何奉事君王，具體可體現「進思盡忠，退思補過」此兩個方面。

先從「進思盡忠」來說，其「進」，表示上朝進見君王；在句中作為狀語表示時態，修飾其後動補短語「思盡忠」。謂語動詞「思」，則表示「思忖」；至於補語「盡忠」，顯然是指竭盡忠貞。

進一步來說，所謂「盡忠」，並不意味著對於君王暴虐的政令也要執行，無原則地遷就忍讓，甚至於助紂為虐，而是除了鞠躬盡瘁之盡職，還要忠直耿介之盡責，乃至於「臣不可以不爭於君」而直言勸諫。這一方面，誠如《古文孝經孔傳》所言：「進見於君，則必竭其忠貞之節，以圖國事，直道正辭，有犯無隱。」

再從「退思補過」來看，其「退」，與上句「進」相對，表示下朝退歸其家；至於「補過」，歷來多釋解為補救君主的過失，如《古文孝經孔傳》所論：「退還所職，思其事宜，獻可替否，以補主過，所以為忠。」又如劉炫《孝經述議》所載：「修己心以補君失。」

換個角度來看，倘若立足於「內省其身則稱退」這一視角，尚可理解為：內省自身檢討不夠忠貞的過失。又如《論語·學而篇》中曾子提出「吾日三省吾身」之說，首先反省的是「與人謀而不忠乎？」按此句釋義，是指省察自身為人君謀劃之時，是否未竭盡其忠貞？

對於「退思補過」，究竟補君之過，還是補己之過，實則只要顧及上下文句，便一目了然。如果說，前句「進思盡忠」是指盡己之忠，那麼此句「退思補過」，不是反躬修己，而是思忖著「修己心以補君失」，此即下文的「匡救其惡」。

(2)「將順其美，匡救其惡」句解讀

本句是在上句盡己之忠貞而補君之過失基礎上，進一步闡釋如何

461

「將順」君王之美政，「匡救」君王之惡政。

先就「將順其美」而言，鄭玄徵引《禮記・坊記》「善則稱君」為之注。顯然，鄭注對於謂語動詞「將順」之「將」，以未置一詞而付諸闕如。至唐玄宗御注，則訓「將」為「行也」。迄今，大陸諸學者因襲玄宗之說，或釋解為「執行」、「實行」，或釋讀為「順勢促成」。

其實不然。此並列式複合詞「將順」，歷來未得確解。僅就「將」字而言，異體「牆」。其甲骨文作 ✄ （合8402），從爿、二手，乃會意字。申言之，其左從 ❙ 為「爿」，即「牀」初文之象形；其右從 ❨ 為「𠬪」，音讀biào，像前後二手相對之狀。二者合而為一，並由《說文》釋「𠬪」為「物落，上下相付也」，當會意用前後兩手將人自上而下放到牀上。至於向牀上所放何人，儘管語焉不詳，但有一點是確定無疑的，那就是用前後兩手將老弱病殘者攙扶上牀。戰國晚期兆域圖銅版金文作痁，即異體「牆」，從爿、從爪從酉，似乎用前後兩手將飲酒過量之人攙扶到牀上。

依據上述，「將」字音讀jiāng，本義表示「扶將」，其意表「攙扶」、「扶持」。如《詩・大雅・桑柔》：「天不我將。」意思是，上天不扶持我。又如《樂府詩集・木蘭詩》：「爺孃聞女來，出郭相扶將。」另如魯迅《南腔北調集・為了忘卻的記念》：「慣於長夜過春時，挈婦將雛鬢有絲。」由此扶持之義，經引申而表「攜帶」、「帶領」，如元結《賊退示官吏》：「將家就魚麥，歸老江湖邊。」

鑒於「將順」之「將」已破解，而「將順」之「順」，則表示「順遂」。此二語素所構成的動詞性並列式複合詞「將順」，其意

即扶助與順遂。而「其」為物主代詞「他的」，本句則表示「君王的」；至於賓語「美」，則指有益於民眾的美政。

再就「匡救其惡」而論，「匡救」亦為並列式複合詞，其「匡」表示「匡正」，而「救」表示「補救」，二者表示匡正與補救。至於賓語「惡」，意為「惡政」，意即荼毒生民的嚴苛政令。

詳查孔子此兩句要旨，前句「將順其美」，無非是指胸懷敬順之心，以輔弼其美政；而後句「匡救其惡」，無疑是指秉承忠正之義，以匡正其惡政。二者合而為一，充分反映出「忠順不失，以事其上」的為臣之孝道。申言之，君王治理天下，政治清明，而政令符合民心，那麼身為臣子就要順應遂其意願，尚且大力推行仁政；而當君主有違道義，政治昏昧，政令嚴苛而奴役黎民百姓，就要加以匡正，並及時補救其惡政。這一點，正如孔傳所言：「道主以先王之行，拯主於無過之地，君臣並受其福，上下交和，所謂相親。」

顯而易見，孔子主張造福於民的善政要輔弼，而造孽於民的惡政不僅決不輔佐，尚且要予以匡正，拯救那些深受暴政荼毒的黎民百姓。所以說，儒家如此之忠順，是責任與道義的自覺擔當。但儘管如此，竟然仍不免遭受極左者「愚忠」之詆病，豈非咄咄怪事！

（二）「故上下能相親也」句釋解

此句作為因果複句後分句，表示前分句所闡述的事實必然導致的結果。

1、「上下」語詞分析

此句所言「上」和「下」，是指人君與人臣在社會中所處政治地位的高低。

463

先就「上」字而言，即指居於上位之「君」，而「下」字則指居於下位之「臣」。如《論語・學而篇》：「其為人也孝悌，而好犯上者，鮮矣。」又如《易・乾卦・文言》：「是故居上位而不驕，在下位而不憂。」

2、「相親」語詞解析

至於其中「相親」，是指相互親和。至於「親和」，意即親愛和睦。如《史記・五帝本紀》：「契主司徒，百姓親和。」鑒於此，本句「相親」一詞，是指君臣上下相互親和，同心同德，而無隔閡。

關於君臣上下關係，《論語・八佾》載有魯定公與孔子一段對話：「定公問：『君使臣，臣事君，如之何？』孔子對曰：『君使臣以禮，臣事君以忠。』」由此可見，定公認為國君役使臣子，臣子奉事國君，是天經地義的。孔子的回答卻是國君要按禮法差使臣子，臣子要以忠正奉事國君。所以，只有這樣，君臣之間才能心心相印，同心同德，才能上下「感應以相與」，相互親和，共謀國是。

本章經句，通過以上逐一訓釋解讀，其釋義為：孔子說，賢明君子對於奉事君上，上朝進見時思量竭盡忠正，下朝退歸家中時思忖補救君王過失。扶助且順遂君王有益於民的美善政令，匡正並補救君王荼毒生民的嚴苛政令，所以君臣上下相互親和無間。

三、結尾詩文詮釋

《詩》云：心乎愛矣，遐不謂矣，中心藏之，何日忘之。

孔子所引這一詩句，出自《詩・小雅・隰桑》。這是一首歌詠愛

情的詩。

（一）詩文主旨分析

就其詩題而言，其「隰」（音「席」），本指低濕之地；而「桑」則指桑樹。它以「隰桑」起興，先寫桑樹枝條的婀娜柔美，次寫桑葉的潤澤豐茂，後寫桑林的濃密幽深，通過物象的變化，比興時序的遞進，抒寫女子魂牽夢縈而永不忘懷的「君子」，不僅寓意思念的層層深入，而且蘊涵著情感的愈加滋長而潤澤，暗喻情意的愈加繁茂而幽深。

關於此詩的主旨，自《毛詩序》囿於此詩類屬「小雅」而延續其「刺詩」之說，亦有將其比附周文王自羑里獲釋回歸後，周人之歡歌。即使後世朱熹、姚際恒、方玉潤諸人，亦不免將其解讀為「喜見君子之詩」。

尤為難得的是，朱熹在其《詩集傳》解說本詩末章「心乎愛矣，遐不謂矣，中心藏之，何日忘之」時，即援引《楚辭‧九歌‧山鬼》中的詩句與之相比照：「楚辭所謂『思公子兮未敢言』，意蓋如此。愛之根於中深，故發之遲而有之久也。」由此看來，朱熹不乏指其為情詩之意。

（二）詩句意蘊解析

1、「心乎愛矣，遐不謂矣」讀解

先就句首「心」字而言，其詞性有二：一曰名詞「心中」，此句作主語；其後「乎」用於名詞之後，表示感歎語氣，相當於現代漢語的「啊」；二曰動詞「用心」，其後「乎」為介詞「於」。此句與後句的句末語氣詞「矣」，皆表示過去完成時態「了」。

再就後句「遐不謂矣」來講，「遐」為形容詞，表示時間的「久

465

遠」；而「謂」，作為行為動詞，表示「訴說」。

總之，此詩前分句「心乎愛矣，遐不謂矣」，釋義是謂：心動於殷殷情愛，久遠而無法表白。

2. 後分句「中心藏之，何日忘之」讀解

前句「中心藏之」，其「中心」，是指「心中」；而「藏」，是謂「珍藏」；句末代詞「之」，則代指那份情感。後句「何日」，乃疑問詞「何」與名詞「日」構成的偏正式複合詞，表示「什麼時日」；而「忘」則指「忘卻」。

總之，此詩後分句「中心藏之，何日忘之」，釋義是謂：心中珍藏那份思念，何時忘卻如此情懷。

(三) 引詩寓意辨析

孔子闡述事君之道後又以《詩・小雅・隰桑》末章作為結篇。以詩中少女對於「君子」那愛情的忠貞不渝，寄寓賢臣事君不阿的忠正：從上朝「進思盡忠」，到下朝「退思補過」，何嘗不是「心乎愛矣，遐不謂矣」？

歷覽先秦賢臣君子，從伊尹的披肝瀝膽，夙興夜寐，到姜尚的戎馬倥傯，宵衣旰食；從周公的握髮吐哺，殫精竭慮，到屈原的披髮行吟，至死不渝；乃至孔子的周遊列國，顛沛流離……無一不心繫江山社稷而念念不忘，無一不情牽黎民蒼生而夢繞魂縈，無一不精忠報效君王而鞠躬盡瘁，嘔心瀝血，肝腦塗地，可謂是以生命詮釋出「中心藏之，何日忘之」這一詩句的深層意蘊。

喪親章第十八：

孝子「死生之義」的達義

一、章題字義釋解

（一）何為「喪親」？

所謂「喪親」，是指父母亡故，從此喪失了賦予其生命的至愛親人。

「喪」字，大陸簡體作「丧」。其甲骨文作 或 ，為會意字。其字形雖紛繁不一，但結體皆从木从叩（音「宣」）。其主體从，研契學者多訓其象桑木之形。然細察此之「木」，實則由枝杈上端被砍斷而致殘傷之樹木。那麼，由樹木斫傷之「傷」的諧音，小者表哀傷之「傷」，大者表國殤之「殤」。其主體兩側从之「叩」，或多「口」，表示孝子呼天搶地時持續發出的號啕聲。況且，由此眾口放聲號啕的構形，會意喪親之「喪」。

另從古代以「桑梓」代指故鄉這一角度來看，古人在家宅旁皆栽種桑樹和梓樹，由於為父母親手種植，從而又以蘊涵雙親的殷殷情懷，從而令人對其充滿敬意。如《詩・小雅・小弁》：「維桑與梓，必恭敬止。」其意是說，惟有桑樹和梓樹，必須畢恭畢敬地面對它們。又如《孟子・梁惠王上》：「五畝之宅，樹之以桑，五十者可以衣帛矣。」孟子此話是說，方圓五畝的宅基地，栽上桑樹,五十歲的人

就可以穿絲織的帛衣了。朱熹在其《詩集傳》明確指出：「桑、梓二木。古者五畝之宅，樹之牆下，以遺子孫給蠶食、具器用者也……桑梓父母所植。」所以，後世多以「桑梓」寓意故鄉或鄉親父老。

依據此「喪」甲骨文結體的訓解，從樹木枝杈被砍斫致傷，到感念父母曾親手所植之桑，乃至為喪失尊親而傷心號啕之喪，可進一步感悟本章孝子「喪親」背後這深切的知恩、感恩的情懷。

(二) 喪亡之稱謂

按照治喪禮儀，古代對於天子、諸侯、大夫、士，以至於庶人生命的喪亡，各有不同的稱謂。據《禮記·曲禮下》記載：「天子死曰崩，諸侯死曰薨，大夫死曰卒，士曰不祿，庶人曰死。」

1、喪亡稱謂探源

倘若究其所以然，一是天子死亡所稱之「崩」，亦稱「駕崩」、「崩殂」，無非將帝王比喻成崇高的山陵，而且以其山崩象徵其死撼天震地；二是諸侯死亡所稱之「薨」，是以擬聲詞象徵侯王像山一樣轟然倒塌；三是大夫死亡所稱之「卒」，既比喻大夫生前像步卒一樣衝殺前行且死而後已之忠誠。又以其異讀為「猝」而表示「倉卒」，寓意其死如仆然倒下而猝不及防；四是士死亡所稱之「不祿」，是指士作為卿大夫的家臣，自此不再享有以其田邑中稻穀充作食祿這一待遇；五是庶人死亡之所以稱作「死」，無論是東漢班固《白虎通》所言「死之言澌，精氣窮也」，還是許慎《說文》所釋「死，澌也。人所離也」，抑或是劉熙《釋名》進一步解讀為「死者，澌也，若冰釋澌然盡也」，諸家皆認為人死亡時精氣窮盡，猶如水釋水盡而無聲之「澌」。

2. 「死」字考正

對於「死」字，除此「因聲求義」的聲訓，尚可通過「因形求義」進一步考釋其字義。

就此「死」而言，其甲骨文作 𣦵（合17060）、𣦵（合17057）、𣦵（合21306），其金文作 𣦵（大盂鼎）、𣦵（卯簋蓋），其小篆作 𣦵（說文·死部），其楷文亦作「夘」或「夗」。鑒於此，從甲骨文、金文，到小篆，乃至楷文，可見其字結體一脈相承，基本未變。

然歷代學者對於此「死」從歺（音「厄」）、從卩（或從「人」）這一字形，不僅從無異議，況且對其左偏旁「歺」的釋解，無不秉持《說文》誤釋為「剡（音「列」）骨之殘也。從半冎（同「剮」）」之說，從而將其曲解為「殘骨」，並據此將「死」穿鑿為「人的形體與魂魄分離」，等等。

其實不然。「死」字左偏旁「歺」，從其甲骨文所作 𣦵（合6589）、𣦵（合18805）、𣦵（合2212）來看，其下所從 𣦵 或 𣦵，或者金文所作 𣦵，顯然是墳墓以土掩埋或裸露地面之狀，而其上所從 𣦵 或 𣦵，無疑是以樹杈製成的靈幡，送靈後插在墳頭之狀。另從音訓角度來看，「歺」，音讀同「噩」，無非表示「噩耗」令人「驚愕」。這充分說明，「歺」字形義當為埋葬死者的墳墓，而與「殘骨」並無關聯。

本諸上述，此「死」從歺從卩（或從「人」），為會意字，字形像生者俯首緬懷或伏身跪下祭祀墓中死者之形，字義意會生命終止之

「死亡」。

二、開篇經典文句

子曰：孝子之喪親也，哭不偯，禮無容，言不文，服美不安，聞樂不樂，食旨不甘，此哀感之情也。

孔子此段言論，是主謂結構「孝子之喪親也」以其句末語助詞「也」表間隔，而其後為並列動補結構謂語，後句以語助詞「也」表肯定語氣的判斷句。

（一）「孝子之喪親也，哭不偯，禮無容，言不文，服美不安，聞樂不樂，食旨不甘」句訓解

此句作為判斷句的前分句，是以申述孔子觀點為句型的陳述句。

1、「孝子之喪親也」句解析

此句主語「孝子」，是指孝親之子。其中「之」，歷來多釋為「用於主謂結構之間，取消句子的獨立性」，實則本為動詞「至」，相當於「直至」。

對於「喪親」，當下通行文本大多釋作「父母亡故」，雖然未嘗不可，但不免有失確切。因為喪亡之「親」，或許是父親，或許是母親，難於確指。倘若確指「父母」，則意味父母雙親同時亡故。此種現象有之，但畢竟並非常態。所以，此句「喪親」之「親」，宜譯作「尊親」。至於句末語助詞「也」，亦非僅僅表「停頓」，而是表現在完成時態，相當於「了」。依據以上解析，此句釋義當為：孝親之

470

子直至喪失了尊親。

至於具體該如何做，下文將闡述「孝子」喪失尊親後，要求真實地表露其哀痛悲戚的情態。

2、「哭不偯」句辨析

此句句法為動補結構，謂語動詞為「哭」，其後補語「不偯（音「已」）」，是以加「不」表示否定。

（1）「偯」字索解

句末「偯」字，是指喪親者情感有所保留地哭。其否定形式「不偯」，是不控制悲痛的情感，像孩子那樣放聲慟哭。進而言之，「不偯」是指沒有保留地盡情宣洩內心的傷痛，不可摻雜任何矯情的情感而拿腔作調。如《禮記・間傳》載：「斬衰之哭，若往而不反。」此句「若往而不反」，無非是說，孝子哭喪時那聲嘶力竭地號啕，宛若隨氣息竭盡而自然停止。這一陳述，無疑為「不偯」一詞作了頗為形象的描繪。另外，從《禮記・雜記》所載「童子哭不偯」來看，可知「不偯」是服孝之子像孩童那樣放聲大哭。那麼，此句「哭不偯」意即：服孝之子的痛哭，无所保留地宣洩內心的傷痛。

（2）「偯」、「悠」之索解

此句「哭不偯」，東漢許慎誤作「哭不悠」，即將「偯」視作「悠」字異體。且看其《說文解字》之釋：「悠，痛聲也。从心，依聲。《孝經》曰：『哭不悠。』」許氏以「偯」為「悠」，其誤有二：先從音訓來看，「悠」音讀平聲yī，較之「偯」音讀上聲yǐ，二者同音而調值不同。再從形訓來講，「悠」从心从依，依亦聲，為形聲兼會

471

意字。其上從依，除表聲符之外，亦表依從情感；其下從心，表示发自內心，當意会依從內心情感而大放悲聲。較之「俍」從人從哀，由具有官爵之人哀傷哭泣，經引申而表情感有所節制地哀哭。二者傷痛情感表達亦有所不同。另從義訓來論，此「悠」字義表依從內心情感而大放悲聲，較之「俍」表情感有所節制地哀哭，二者存在著表達情感的哭聲輕重之差別，可謂此「悠」非彼「俍」也，決不可相提並論，混為一談。

進一步說，如果按許氏釋「悠」為依從內心傷痛毫無顧忌地盡情宣洩的字義，而其否定式「不悠」，則變成不可依從內心傷痛毫無顧忌地盡情宣洩。那麼，這無疑同「哭不俍」所表示像未成年孩子那樣發自內心大放悲聲的本義相悖。因此，《孝經》「哭不俍」，並非許氏《說文》所誤解的「哭不悠」。

清代阮福在其《孝經義疏補》謂：「更有《雜記》『童子哭不俍』，言童子不知禮節，但知遂聲直哭，不能知哭之當俍不當俍，故云『哭不俍』，正與此經文『哭不俍』同。」這段話是說，另有《禮記‧雜記》載「童子哭不俍」，認為未成年孩童不知曉禮儀和節制，只管放聲痛哭，不能知道這樣哭應當有所顧忌，還是不應當有所顧忌，所以稱「哭不俍」。在此基礎上，阮氏還通過曾子答覆他的兒子曾申提出的問題和鄭玄之注進一步提出：「可見曾子答曾申之言實受之孔子，即《孝經》『哭不俍』之義也。《說文》云：『悠，痛聲也。從心，依聲。《孝經》曰：『哭不悠。』此『悠』字之義與『俍』同。」由此可見，阮文前面引經據典進一步推論「《孝經》『哭不俍』之義也」，條分縷析，言簡意賅，確為不易之言。但令

人遺憾的是，其結尾苟同許氏之說，最終得出「此『悠』字之義與『悢』同」這一結論，不啻畫蛇添足，無疑是謬誤的。

3、「禮無容」句分析

此句句法類型同上，亦為動補結構。其「禮」為謂語動詞，表示「致禮」、「禮敬」，其後補語「無容」，是指無須顧及儀容。

《禮記・問喪》載：「稽顙觸地無容，哀之至也。」所謂「稽顙」，亦為「啟顙」，古時以額頭觸地的跪拜禮。據此，鄭玄為之注曰：「禮不容，觸地無容。」唐玄宗因襲鄭說，亦注曰：「觸地無容。」邢昺之疏則進一步釋為：「以其悲哀在心，故形變於外，所以稽顙觸地無容，哀之至也。」

需要指出的是，孔子所言「禮無容」，當然包括「稽顙觸地」這一跪拜禮，但「觸地無容」僅僅是禮敬弔喪者的喪禮內容之一，而不是唯一。因此，「觸地無容」不可簡單地等同於「禮無容」。所以，無論鄭注，唐玄宗之注，還是邢昺此疏，皆有失偏頗。

依據以上分析，此句「禮無容」，是指服孝之子處理喪事時，禮敬無須顧忌自身儀容。

4、「言不文」句厘析

此句句法類型同上，亦為動補結構。其謂語動詞「言」，表示「言談」。其後補語「不文」，鄭玄為之注曰：「言不文，不為文飾。」顯然，其「文」是指「文飾」，而「不文」則指不以華美文辭加以修飾。

對此「言不文」，另據《禮記・雜記下》載：「三年之喪，言而

不語，對而不問。」而《禮記・間傳》則謂：「斬衰唯而不對，齊衰對而不言。」豈不知此二者，前者是指守喪之日，後者是指出殯之時。因此，二者無論是「言而不語」，還是「對而不言」，皆不可與喪親之際「言不文」相提並論。

對於上述兩種說法，自不乏混為一談者。如《禮記・喪服四制》謂：「後漢鄭玄云，『書云高宗諒闇（音「安」），三年不言』，又曰『然而曰言不文者，謂臣下也』，注引孝經說云『言不文者指士人也』。」此番話是說，東漢鄭玄稱：「《尚書》云：『殷高宗武丁居喪，三年內閉口不言』」，又提出「然而聲稱『言不文』者，是謂臣下」，其注援引《孝經》之說，而宣稱『言不文者，是指士人』。」

按說，鄭玄前者之注稱「言不文，不為文飾」為是，而見諸《喪服四制》其觀點為非。因為後者不止將守喪期間「言而不語」，與《孝經》喪親之際「言不文」相混淆，而且還將「言不文者」，片面地臆斷為「臣下」或「士人」。其實，本章開篇孔子即稱「孝子之喪親者」，其「孝子」是指自天子以至於士，決非單指「臣下」或「士人」。所以，鄭氏後者之說不可從。

此句經過以上厘析，「言不文」，是指服孝之子處理喪事時，言談不以華美的文辭加以修飾。

5、「服美不安」句分析

此句謂語「服美」為動賓詞組作主語，其後「不安」，則為偏正詞組作謂語。

先從「服美」來看，其意是指「穿著華美的章服」。鄭玄值此注

解為：「去文繡，衣衰（音「崔」）服也。」鄭氏此說，不免有些以偏概全，因為「服美」不應僅限於「衣畫而裳繡」這章服服飾的華美，還應包括羔裘類華貴服裝。這一點，可見諸《禮記‧檀弓》：「始死，羔裘、玄冠者易之。」此句是說，尊親死亡初始，身穿的羔裘皮衣，頭戴的黑色朝冠，遂為之更服易冠。

對於「服美」，可由《論語‧鄉黨》窺其端倪：「緇衣，羔裘；素衣，麑裘；黃衣，狐裘。褻裘長，短右袂。……去喪，無所不佩。」這段話翻譯過來，其釋義是說，黑色羔羊裘皮衣，罩上黑色的外衣；白色鹿裘皮衣，罩上白色外衣；黃色狐裘皮衣，罩上黃色外衣。……喪服期滿，脫下喪服後，便佩帶上各式各樣的裝飾品。據此，可為「服美」並非僅僅「去文繡」的佐證。

其實，所謂「服美不安」，意即為人子獲悉尊親的噩耗之時，不管身上所穿「衣畫而裳繡」的華美章服，還是羔裘、狐裘等華貴服裝，皆於心感覺不安。所以，才改穿縗（音「崔」）麻，即邊緣不緝的黑色粗麻布喪服。據此西周前期《書‧康王之誥》此文獻記載：成王去世，其子康王即位。在即位典禮上，康王身穿麻冕黼裳，接受諸侯群臣的朝賀。當典禮完畢，則「王釋冕，反喪服」。此言是說，康王釋解下頭上所戴王冕，反身穿上服喪所穿的斬衰。

至於「衣衰服」，具體如《禮記‧喪服》所載：「喪服，斬衰裳，苴絰（音「居疊」），杖、絞帶、冠繩纓、菅屨（音「艱巨」）。」其釋義是說，喪服分為：將粗麻布斬裁，製成邊緣不緝的上衰下裳；用苴麻這種粗布做成無頂的緇布冠與腰帶；孝杖用黑色竹

子做成；繩帶用黑麻絞編成；頭冠的繩帶用枲麻製成；草鞋用菅草編成。究其所以然，鄭玄引《禮記‧檀弓》注解道：「衰絰之制，以絰表孝子忠誠之心，衰明孝子有衰摧之義。」

此句經過以上分析，「服美不安」，是指為人子獲悉靈耗，以穿著華美的章服於心不安。

6. 「聞樂不樂」句破析

此句句法類型同上，謂語「聞樂」亦為動賓結構作主語，其後「不樂」，仍為偏正詞組作謂語。

此句有兩個「樂」字，其音讀則大相徑庭。從其字音、字義兩個角度來看，前者之「樂」（音「悅」），為名詞「樂舞」，意即宮廷樂舞，樂工演奏音樂，宮女為之輕歌曼舞。如《國語‧越語》：「今吳王淫於樂而忘其百姓。」而後者之「樂」（音「要」），為意動詞，亦稱作形容詞意動用法，表示「以……為樂」。如《論語‧雍也》：「知者樂水，仁者樂山。」其意顯然是，智慧的人以流水為和樂，仁德的人以高山為安樂。水之流遠，象徵古聖的要道周流通達，因而溯之愈遠；山之崇高，寓意先賢的至德威重高大，因而「仰之彌高」。那麼，只有志存高遠，方可如水之淡泊以致遠，方能似山之靜穆而明志。當斯之時，「觀海則意溢於海」，智者深諳「有容乃大」之哲理，焉能不以水為和樂哉？當斯之時，「登山則情滿於山」，仁者深明「無欲則剛」之大義，又豈能不以山為安樂乎？

對此「聞樂不樂」，唐玄宗之注釋解為：「悲哀在心，故不樂也。」而邢昺則進一步疏正道：「言至痛中發，悲哀在心，雖聞樂

聲，不為樂也。」細察二家之說，其表述皆有失貼切。值此，人們不禁要問：難道孔子所言「聞樂不樂」，僅僅由於「悲哀在心」，服孝之子就會一邊觀聞，一邊為之悶悶「不樂」嗎？或者是「雖聞樂聲」，便「不為樂也」嗎？

深究此句「聞樂不樂」，前者「聞樂」，意即「觀聞樂舞」。也就是說，喪親之子聞知噩耗時，正在宮廷觀賞樂舞；後者「不樂」，意即不以觀賞的樂舞為快樂，隨即下令中止娛樂，不再享樂。這最後一點，與邢昺所稱「不為樂也」頗為相同。但確切地講，其前提應為：當即輟其樂聲，而決非「雖聞樂聲」。另據《尚書‧舜典》記載：「堯崩，百姓如喪考妣，三載，四海遏密八音。」其中「遏密八音」，是指禁絕金石八音的娛樂，也就是當即停止演奏鐘磬一類樂器。僅此而言，足以作為「聞樂不樂」的明證。

此句「聞樂不樂」，經過上述破析，其釋義是指：為人子獲悉尊親噩耗，觀聞的樂舞當即中止，不再以此為快樂。

7、「食旨不甘」句評析

此句句法類型同上，謂語「食旨」亦為動賓詞組為主語，其後「不甘」，仍為偏正詞組作謂語。

句首「食」字，音讀「飼」，為動詞「食用」；其後「旨」字，其甲骨文作 ，其上從 為「匕」，像湯匙之形；其下從 為「口」，像人口之形。二者合而為一，會意以匙入口；字義表示「美食」。

句尾「甘」字，其甲骨文作 ，從口含一，乃象形兼指事字。

口中所含那一短橫，既可視作舌尖，亦可視作指事符。從味覺角度來講，舌尖為甘，舌根為苦，舌邊前鹹後酸。因此，「甘」字甲骨文 ，可意會口中舌尖味覺之「甘甜」。

關於「食旨不甘」，三國吳人韋昭徵引《禮記‧曲禮上》辨析道：「『有疾則飲酒食肉』，是為『食旨』，故宜『不甘』也。」韋氏此說，實則是談「居喪之禮」，即為尊親守孝期間，倘若患有疾病則可「飲酒食肉」。這一變通，充分體現出儒家孝文化中的人文關懷。有學者認為有助於將所食之「旨」解讀為酒肉。但韋氏此言，當為守喪之中，即服孝之子喪親之後，而非「食旨不甘」所指喪親之時，語境顯然完全不同。因為獲悉尊親喪亡這一噩耗之際，除了身穿華美的章服，觀聞著樂舞，還在大張筵席，美味佳餚，玉液瓊漿，應有盡有，自然不乏山珍海味，又何止「飲酒食肉」？

縱觀歷代學者對於「食旨不甘」的讀解，其誤區有二：一是「食旨」的時態，究竟「食」於喪親之時，還是喪親之後？二是「不甘」的語義，到底是表示非心所願的不甘於心，還是味覺感不到甘甜。對於以上兩個問題，大多選擇的是後者，認為事發孝子喪親後，即使食用美味的食物，由於哀痛至極，也不會感到甘甜。其中頗具代表者，當屬南朝齊梁學者嚴植之的觀點。他認為：「美食，人之所甘，孝子不以為甘，故《問喪》云『口不甘味』，是不甘美味也。《間傳》曰：『父母之喪既殯，食粥。既虞卒哭，疏食水飲，不食菜果』，是『疏食水飲』也。」

細究人們之所以誤解了孔子「食旨不甘」原意，關鍵由於未能顧

及全文上下文句的語義，辨明「食旨」是指孝子喪親之時，即進行時態，而非「父母之喪既殯」這喪親之後的完成時態，從而誤將由「不甘」轉義所表示的「不肯」，理解為「不甘美味」，或者「不以為甘」。概而言之，為人子處於酒食宴樂之中，當獲悉尊親亡故這一噩耗，無論近在咫尺，還是遠在天邊，酒宴須當即中止。對於喪親的孝子來講，眼前大張的筵席，非心所願，不肯再享用下去。如果說，上文「聞樂不樂」理解為中止歌舞之娛樂，那麼此「食旨不甘」則應解讀為中止宴飲之享樂。

反觀唐玄宗為之所作注解：「不甘美味，故疏食水飲。」從這一因果判斷句來看，倘若以「不甘」本義理解，人們不禁要問：是緣於不以美味為甘美，才食用粗糲的米飯，並飲用涼水嗎？這種解讀，不免給人以牽強附會之感。反之，如果以「不甘」轉義「不肯」或「不願」來讀解，其釋義則為：孝子喪親之時，當即中止宴飲之享樂，不再以食用佳餚為甘美。二者孰是孰非，顯然不難作出判斷而選擇後者。

（二）「此哀感之情也」句詮解

此句作為判斷句的後分句，是對前分句所陳述的狀況判定其性質。

句首「此」為復指代詞「這些」，復指前分句對孝子喪親時一系列言行舉止：從毫無保留大放悲聲的「哭不偯」，到無須顧忌形象的「禮無容」；又從言談表述不加修飾的「言不文」，到當即脫下「衣畫而裳繡」的華美章服，或羔裘、狐裘等華貴服裝的「服美不安」；再從中止正在觀聞音樂歌舞的娛樂，不再進行宴飲享樂的「聞樂不

樂」，到不肯再食用美味佳餚的「食旨不甘」。由此可見，盡孝之子的所作所為，無一不屬於獲悉尊親喪亡的進行時態。

其後「哀感之情」，是對前分句申述情況所作的性質判斷。「哀感」，意即「哀痛悲感」；其後所修飾中心詞「情」，表示「情感」。句末以語助詞「也」，強化這一肯定判斷的語氣。

總而言之，開篇經典文句經過此番索隱，其釋義為：孔子說：孝親之子喪親時，痛哭要毫無顧忌地大放悲聲，禮敬跪拜叩首無須顧及形象，言談不宜加以文辭修飾，衣着華美章服而於心不安，觀聞樂舞當即終止而不以此為快樂，食用的宴飲立即中止而不以此為甘美，此即當時哀痛悲感的內心情感。

三、中篇經典文句

三日而食，教人（民）無以死傷生，毀不滅性，此聖人之政也。喪不過三年，示人（民）有終也。

此前後兩句，皆屬以語助詞「也」作為結尾的判斷句。此段言論，重在闡明服孝之子有關守喪的基本原則，深層反映了儒家的人文關懷。

（一）「三日而食，教人無以死傷生，毀不滅性，此聖人之政也」句訓解

此句是以語助詞「也」為句尾加重判定語氣的判斷句。

1、「三日而食，教人無以死傷生，毀不滅性」句辨析

喪親之子初聞喪親這一噩耗時，從號啕大哭的悲愴，過度到痛徹心扉的悲哀，內心世界可謂遭受到晴天霹靂般巨大而沉重的打擊。飲食方面，則經歷了從「食旨不甘」到食不下咽這一過程。

（1）「三日而食」句讀解

此句「三日而食」，其中「而」為副詞，表示「才」。此句是說，服喪三日才可進食。《禮記‧閒傳》載：「斬衰，三日不食。」此言是說，尊親亡故後，身著粗生麻布裁制而斷處不緝邊那斬衰喪服，三天之內不可進食。二者相比較，前者屬服孝之子服喪三日期滿的規定，後者屬服孝之子服喪三日期間的禮法。另據《禮記‧問喪》所載：「親始死……水漿不入口，三日不舉火，故鄰里為之糜粥，以飲食之。」其意是說，尊親剛剛死去，不飲用水和汁液，三天不生火做飯，所以鄰里為孝子熬出米粥，以此讓其進用飲食。

（2）「教人無以死傷生」句析解

此句句首「教民」疑似「教人」之訛誤。因為從上文「孝子之喪親」來看，從「哭不偯，禮無容，言不文」，到「服美不安，聞樂不樂，食旨不甘」，其身份無非自天子以至於庶人，而非「庶民」。因此，此句「教民」當為「教人」。

從句法結構來看，此句為兼語結構，即由句首謂語「教」屬於含有「使令」意思的動詞，與其後賓語「人」形成動賓短語「教人」，同時前賓語「人」兼作其後謂語「無以死傷生」的主語而構成主謂短語，表明前一個謂語「教」的目的或結果。

句首「教人」，是指「教導人君與人臣」。其後「以」為連詞，

481

表示「因為」；而「以死」，是指因為哀悼死去的尊親；句末「傷生」，則指損傷服孝之子的生命。

人固有一死，因為生命是有限的，總是要離開這個世界的。但不能由於尊親的離世，就悲慟到哀毀骨立，直至損傷其生命，這樣做反而有違於孝道，無法告慰尊親的在天之靈。因此，「無以死傷生」意即：不要因為哀痛死去的先人，傷害生存著的後人。

(3)「毀不滅性」句確解

此句「毀不滅性」的確解，關鍵在於索解「毀」的造字理據。先就其楷文的結體構成來看，「毀」字，本字為「毀」。二者除了部首皆為「殳」之外，其左偏旁上下皆不同：現行字「毀」左上為「臼」，左下為「工」。而本字「毀」左上為「𦥑」，音讀「掬」，其甲骨文 𦥑 像兩手捧物之形；左下為「土」。上下意符合而為一，表示以雙手搏土，即「埏埴以為器」之狀。然究其字義，則無從知其所以然。

殷商甲骨文有一未隸定字 𣪚（合9101），從殳，下擊一倒置毀損之杯，舊所未識。其左從 𣪚，像倒置杯子之形，杯體下部兩點，似向下掉落的泥土殘渣。其右從 𠂤 為「殳」，像拉坯後修圈足的工具之狀。二者合而為一，表示手執修陶器具，將無法修復的杯形泥坯毀掉重來。倘若將此簡筆倒置之杯 𣪚 顛倒過來，此杯形 𠙶 與海寧市博物館收藏的龍山文化代表作黑陶高柄杯（見左圖）相比，何其相似乃爾！鑒於此，依據《說文》釋「毀」為「缺也」，以及段注「缺者，器破也」，由此可以推斷，此甲骨文 𣪚，當隸定為「毀」字。

482

經過上述考釋，由「毀」字本義表示「毀壞缺損」這一點，可知此句「毀不滅性」之「毀」，即由其比喻義表人體因過度悲痛哀感而毀損生命之「哀毀」，或者因哀慟過度而瘦得皮包骨的「毀瘠」。至於「滅性」，是謂孝子居喪期間，因哀慟過度而體膚毀瘠，骨瘦如柴，甚至喪失性命。如《易經・節卦》卦辭「苦節不可貞」，便申明了過猶不及這一道理：苛苦迁執地信守節制，不免過分偏執。總之，此句「毀不滅性」是說，孝子居喪因哀慟過度而體膚毀瘠，但不可毀滅性命。

2. 「此聖人之政也」句厘析

此句作為判斷句的後分句，以代詞「此」復指前分句所陳述的狀況，並為之作出性質判斷。

句首「此」除了復指前分句陳述的「教人無以死傷生，毀不滅性」這一舉措之外，還進一步判定其作法屬於「聖人之政」。其中「聖人」，意即「聖明的人君」；而「政」，則指「善政」。所以，此句「此聖人之政也」，釋義是說：此乃聖明人君實施的善政。

回顧全句，經過上述釋解，其釋義無非是說：三天後進食，教導人臣不要因哀痛死去的人來傷害生存著的人，毀損身體不至於滅絕性命，這是聖明人君實施的善政。

（二）「喪不過三年，示人有終也」句剖解

此句句式同上，仍屬於以句末加語助詞「也」強化語氣的判斷句。後句「示人有終也」中「示人」，各家版本俱為「示民」。然而，顧及上下文，明顯與「民」無關，當為「示人」之訛誤。

1、「喪不過三年」句解析

句首「喪」，當為「居喪」、「守喪」，亦別稱「丁憂」。其後「喪不過三年」是說，為亡故尊親守喪，不超過三年。

孰料《禮記・三年問》記載：「三年之喪，二十五月而畢。」上個世紀七十年代初，長沙馬王堆漢墓出土的帛書中，有一幅題名為「三年喪屬服廿五月而畢」的服敘圖，這對先秦及後世「喪不足三年」這一改制服喪期提供了參證。值此，人們不禁要問，「喪不過三年」作為上古喪制，何時打折演變成「喪不足三年」呢？

關於「三年之喪」，是指為人子者，應為父母守喪三年。究其原因，則誠如孔子在《論語・陽貨》中面對宰予的質疑所闡明的那樣：「子生三年，然後免於父母之懷。夫三年之喪，天下之通喪也。」此段話的意思是說，為人子出生三年，然後才離開父母的懷抱。這守喪三年的喪期，是天下通行的喪制。因此，服喪三年，除了對父母難於割捨的深切懷念之情，關鍵在於回報父母三年懷抱的養育之恩。

深究「三年之喪」這一喪制，當由原始氏族社會簡易的喪葬禮儀進化而來。如《周易・繫辭下》載：「古之葬者，厚衣之以薪，葬之中野，不封不樹，喪期無數。」又如《尚書・堯典》載：「二十有八載，帝（堯）乃殂落。百姓如喪考妣，三載，四海遏密八音。」這段話的釋義是說，二十八年後，堯帝才逝世。百官如同死了父母，為其服喪三年，天下停止一切娛樂。鑒於上述，從遠古先民的「喪期無數」，至堯帝「三載，四海遏密八音」，可見華夏喪葬文化中的喪期由「無數」至「三載」這逐漸形成和發展的運行軌跡，並由此以「三

年之喪」傳承至夏、商、周三代。如《尚書·無逸》載：「高宗（殷武丁）亮陰，三年不言。」此句是說，殷高宗武丁為其父小乙守喪，權力交予塚宰，三年不過問政事。

2. 「三月之喪」、「期年之喪」離析

近年來，有學者根據《禮記·曾子問》所載孔子所言「夏后氏三年之喪，既殯而致事；殷人既葬而致事；周人既卒哭而致事」，將「致事」誤認為「從事」，因而提出先秦時有「三月之喪」、「期年之喪」之說。

豈不知古代所謂「致事」，是指致意於君王，辭去所掌管行政權力的事宜，亦即「辭官」。如《禮記·曲禮上》載：「大夫七十而致事。」由此可知，孔子所述「致事」，非但不是當下有學者所理解的「致力於政事」，反而是辭去官職，致力於守孝三年之喪事。

反觀孔子回答曾子的那番論述，其釋義當為：夏后氏時代的三年之喪，是在出殯之後辭去所負責政務，致力於守喪事務；殷人是在下葬之後辭去所負責政務，致力於守喪事務；周人是在慟哭之後便辭去所負責政務，致力於守喪事宜。所以，「致事」即守孝之子專心致志服孝三年，可見與「期年之喪」和「三月之喪」毫無瓜葛。

尤為需要指出的是，上古喪期的長短，取決於服喪之人與死者關係的親疏，並由所穿喪服的輕重體現出來。先秦的「三月之喪」、「期年之喪」，實則是由「三年之喪」派生而來。因為在「五服」中，這「三月之喪」與「期年之喪」兩種喪期位列「斬衰」之後，類屬於二等級別的「齊（音「茲」）衰」。

對於「齊衰」，前文曾專門介紹過，相對於「斬衰」這種為父母亡故所穿的用最粗生麻布製作，而衣領、袖口、褲角等斷處外露毛邊的喪服，則是用粗疏的麻布製成，並以上下分製衣裳緣邊部分縫緝整齊而得名。那麼，身著此「齊衰」喪服者的具體喪期，是除了在父親亡故前提下為母親或繼母守喪三年之外，一則父親健在，而母親亡故，須為母守喪一年，此即所謂「期年之喪」。二則曾祖父母亡故，則須為之守喪三月，此乃所謂「三月之喪」。因此，切不可在未確解夏后氏「既殯」、殷人「既葬」，以及周人「既卒哭」後究竟何謂「致事」詞義情況下，將其曲解的「致事」與「三月之喪」、「期年之喪」混為一談，並以此否定「三年之喪」。

至於上古的「三年之喪」是否實足三年的問題，無論依據先於孔子的《尚書》，從帝堯「殂落」，百官為其服喪三年，到殷高宗「亮陰」，為其父小乙守喪三年；還是根據與孔子同時期《春秋左傳》和《晏子春秋》，從晉國大夫叔向斥責晉昭公不為其母歸氏守孝三年的「非禮」，到晏子為其母「服喪三年」，抑或儒家代表人物從孔子到孟子、荀子有關「三年之喪」的論述，皆可見所謂「三年」，既非一個籠統而模糊的概念，亦非概指一段較長的時間，而是與「三年之喪」的「三年」相對應，指的就是父親逝世之後的三年居喪之期。尤其是《論語・陽貨》記載，宰我向孔子提出「三年之喪，期已久矣」這一問題，說明為亡故的父母守喪三年，這由上古傳承的喪期已然過於久遠，尚且過於長久了。那麼，這一質詢足以從一個側面，為「三年之喪」提供了實足三年的有力佐證。

換個角度來看，宰予否定「三年之喪」所陳述的理由，君子三年不習禮，禮一定會敗壞；三年不演奏音樂，音樂一定會荒廢。舊穀已經吃完，新穀已經登場，取火用的燧木已經輪換了一遍，並且由此提出服喪一年就可以了。孔子面對宰予這一有悖喪禮的請求，只是反問道：喪期不到三年就吃稻米，穿錦緞，對你來說心安嗎？不料宰我竟然直接回答「心安」。萬般無奈，孔子只好一再強調：你心安，那就這樣做吧！通過這段對話，其實可以斷定：孔子極力維護和大力弘揚的「三年之喪」這上古法定喪期，時至春秋時代竟悄然瓦解。當斯時也，喪期已大打折扣，淪為喪期不足三年的二十五月。於是乎，宰我一離開，孔子就憤憤不平地指斥他「予之不仁也」。這個評價，無非是說：宰予不是有仁德之人！

　　孔子本章所宣導的「喪不過三年」，與其「三年無改於父之道」的主張，可謂一脈相承，足以看出他一生為維護宗法社會的禮法制度所作的不懈努力。這不僅是對「三年之喪」這上古喪葬禮儀的堅守，而且還是對「喪不足三年」這打折喪期的直接否定。

　　3、「示人有終也」句讀解

　　鑒於「喪不過三年」句的深入索隱，其結句判定其性質為「示人有終也」。顯然，此「示人」與原「示民」雖一字之差，而句義卻大相徑庭。從「禮不下庶人」來看，無論前文論述的「服美不安，聞樂不樂，食旨不甘」，還是下文將要論及的「為之棺槨衣衾而舉之，陳其簠簋而哀慼之」，足以說明本章中的「孝子」，實乃天子、諸侯、卿大夫，乃至於士人，而決非「面朝黃土背朝天」的庶民。否則，一

介草民，豈能「為之棺槨衣衾」？豈可為之「陳其簠簋」？

且看唐玄宗之注：「聖人以三年為制者，使人知有終竟之限也。」由其「使人知有終竟之限」中的「使人」，可見所使的受動者為守孝之「人」，而決非與其毫不相干之「民」。因此，「示民有終也」，當為「示人有終也」之誤。那麼，反觀此句「示人有終也」，實質是說：明示居喪之人，對父母的哀思無盡，但喪期自有終結完畢之時限。

總之，此句經上述釋解，其意是說：服喪不超過三年，明示居喪之人當有終竟的時限。

四、終篇經典文句

為之棺槨、衣衾而舉之，陳其簠簋而哀慼之；擗踴哭泣，哀以送之，卜其宅兆而安厝之。為之宗廟，以鬼享之；春秋祭祀，以時思之。

此段言論，旨在申明守孝之子從送終到送葬的禮儀，以及三年後宗廟祭祀之事宜。

（一）「為之棺槨、衣衾而舉之，陳其簠簋而哀慼之」句訓解

此兩句，皆以連詞「而」表示事理上前後相因的關係。

1、「為之棺槨、衣衾而舉之」句解析

此句「為之棺槨衣衾」，屬於雙賓語結構。這一結構，指一個動詞「為」，後面出現了兩個動作的承受者：一個是代詞「之」，用以指代亡故的尊親；而另一個是名詞「棺槨」和「衣衾」，用以表示物。其中

488

表示人的「之」，稱作間接賓語；而表示物的「棺槨」和「衣衾」，稱作直接賓語。從其間接賓語「之」來看，明顯代指的是亡故的尊親；而從其直接賓語「棺槨」和「衣衾」來講，前者為死者打製盛裝死屍的內棺和外槨，後者為死者穿上壽衣，並在屍體上覆蓋單被。

先就「棺槨」而言，是由兩個詞素構成的名詞性並列複合詞。其「棺」是裝殮屍體的棺材，而「槨」則為棺材外面放置隨葬品的套棺。按照周代喪葬禮儀的規定，天子用二槨五棺，諸侯用一槨三棺，大夫用一槨二棺，士用一槨一棺。至於庶人，則有棺而無槨。此外，棺槨的材質，亦有明確的等級規定，如《禮記・喪大記》記載：「君松槨，大夫柏槨，士雜木槨。」其意是說，君王的棺槨用料，材質為松木；大夫的棺槨用料，材質為柏木；元士的棺槨用料，材質為雜木。

再就「衣衾」而論，亦屬由兩個詞素構成的名詞性並列複合詞。其「衣」，音讀為「易」，本指斂衣，此句用作動詞，是指為死者穿上壽衣；而「衾」本指單被，此句亦用作動詞，指為屍體覆蓋單被。因此，「衣衾」一詞，是指為死者穿上壽衣，並在屍體上覆蓋單被。

至於「舉之」，「舉」為動詞，表示舉屍入殮；而代詞「之」為賓語，代指屍體。這一動賓結構，表示將尊親屍體從停放的靈床上舉起，放入棺材之中。

根據上述解析，此句「為之棺槨、衣衾而舉之」，其釋義是說：為亡故的尊親打製棺槨，穿上壽衣，並在屍體上覆蓋單被，然後將其屍體從停放的靈床上舉起，放入棺材之中。

2. 「陳其簠簋而哀感之」句辨析

此後分句句首「陳其簠簋」為動賓結構，動詞「陳」，表示「陳放」；其後代詞「其」，代指亡故的尊親。就賓語「簠簋」而言，其方形稱「簠」，其圓形稱「簋」，它們既是貴族宴饗時盛放黍、稷、稻、粱的食器，又是祭祀天神、地祇與人鬼的禮器。據《周禮·舍人》載：「凡祭祀共簠簋。」但句中此「簠簋」，是由兩個語素組成的名詞性並列偏義複詞，其後語素「簋」代表這個合成詞的意義，而其前語素「簠」只起陪襯的作用。在古代喪葬禮制中，是以鼎和簋兩種禮器代表死者的身份和等級。其種類和數量，《周禮》皆有嚴格規定：天子用「九鼎八簋」，諸侯用「七鼎六簋」，卿大夫用「五鼎四簋」，士用「三鼎二簋」。

按喪禮規定，尊親去世，到出殯入葬，死者的身旁皆以酒食祭奠。當斯時也，酒食與祭器尚在，而人亡故，睹物思人，喪親之子不由得哀痛悲感，此即句末「哀感之」所述之情態。此正如唐玄宗御注所言：「陳奠素器而不見親，故哀感之也。」

「事死如事生，事亡如事存，孝之至也」，這是孔子在《禮記·中庸》第十九章中提出的這一喪葬禮儀原則。本句闡述喪親之子為亡故的尊親送終，從「棺槨」的打製，到「衣衾」的穿用，乃至「簠簋」的陳放，這些喪葬禮儀無一不表現儒家的這一喪葬觀。

尤為需要指出的是，上述喪葬禮制雄辯地說明，所有這一切所針對的對象，皆為王公貴族，而與庶民無關。那麼，本章原文中無論「教民無以死傷生」，還是「示民有終也」，其中的「民」，無疑皆為「人」之訛誤。

總之，此句「為之棺槨、衣衾而舉之，陳其簠簋而哀感之」，其意是說：先為亡故的尊親打製棺槨，穿上壽衣，並在屍體上覆蓋衾被，隨之將其屍體從停放的靈床上舉起放入棺槨之中；然後按其貴族身份陳放簠簋等禮器後，為之哀痛悲感。

（二）「擗（音「匹」）踊哭泣，哀以送之；卜其宅兆而安厝（音「措」）之」句釋解

此前後兩句，皆為敘述事實的陳述句。前句描述服孝之子為亡故尊親送葬的情態，後句敘述安葬的狀態。

1、「擗踊哭泣，哀以送之」句解析

此句為無關聯詞連接的判斷句。前句是兩個以單音節語素組成的並列式合成詞，分別描述喪親之子為亡故尊親送葬時與送葬後的不同情態，後句經歸納判斷其屬性。

（1）「擗踊哭泣」句釋讀

前者「擗踊」，其「擗」，為捶打胸膛；而「踊」，表以腳踩地。前二者以捶胸頓足，形容送葬之際悲慟欲絕的形態。其後「哭泣」，二者區別在於：有聲有淚謂之哭，有淚無聲謂之泣。後二者從有聲到無聲，體現送葬之後痛定思痛的悲感的樣子。

（2）「哀以送之」句解讀

此句「哀以送之」，屬動補結構。謂語動詞「哀」，表示哀慟悲感；其後「以送之」為介賓短語；介詞「以」表示「因為」、「由於」，其賓語「送之」則為動賓結構，動詞「送」，意即「送殯」、「送葬」；代詞「之」，指亡故的尊親。那麼，介賓短語「以送之」

491

是指: 以此送別尊親。

《禮記·問喪》謂: 「三日而斂, 在床曰屍, 在棺曰柩, 動屍舉柩, 哭踴無數。惻怛之心, 痛疾之意, 悲哀志懣氣盛, 故袒而踴之, 所以動體安心下氣也。」這段話是說, 尊親死後三天舉行大斂。死者停放在床上稱作「屍體」, 裝進棺槨稱作「棺柩」。挪動屍體入斂之時, 舉起棺柩下葬之際, 服孝之子無數次地頓腳痛哭。那種肝腸寸斷的心情, 那種痛心疾首的心態, 悲苦哀傷而情志煩悶, 乃至悲氣盛大無法容納。所以, 服孝之子才袒胸頓足, 以此來活動肢體, 安定情緒, 宣洩鬱積之氣。

本諸上述, 此句釋義是指: 入殮、起靈和下葬時捶胸頓足地失聲嚎啕, 安葬後逐漸由痛哭而啜泣, 所有的哀慟皆因送別了至愛尊親。

2. 「卜其宅兆而安厝之」句辨析

此後分句是以連詞「而」構成的因果單句。從句意來看, 較之前句描寫送殯、送葬的情態, 本句則側重敘述安葬的旨歸。

先就「卜其宅兆」而言, 「卜」為動詞, 意即「占卜」, 表示用占卜的方法選擇墓地。「其」為代詞, 代指亡故的尊親。對於「宅兆」, 歷來說法不一。東漢鄭玄之注為: 「宅, 葬地。兆, 吉兆也。葬大事, 故卜之。」孰料鄭氏另注《周禮·小宗伯》「卜葬兆, 甫竁(音「萃」), 亦如之」句, 卻將「兆」釋作「墳塋域」。由此可見, 鄭氏對於兩篇經典同一「兆」字的注解, 竟然如此迥然不同, 令人莫衷一是, 不免產生歧義。

鑒於鄭注, 唐代賈公彥為《周禮·小宗伯》所作之疏, 即引此

《孝經》「卜其宅兆」句，注「兆」以為「龜兆」。直至唐玄宗御注《孝經》此句時，徵引鄭氏《周禮·小宗伯》「卜葬兆」句之注，遂釋之為「兆，塋域也」。其實，若據《周禮·春官》所載「掌公墓之地、辨其兆域而為之圖」，當知「兆」表示「兆域」，而「宅兆」不過是指墳墓的四界而已。西元1983年，河北省平山縣中山國古墓中，發掘出一塊二千四百多年前的銅版兆域圖。這塊世界現存最早的建築設計平面圖，可為「兆」即「兆域」的明證，從而修正了所謂「吉兆」、「龜兆」之謬說。另從風水學角度來看，所謂「宅」，即指陰宅，也就是安葬靈柩而得以長眠的地方。

至於何以「卜其宅兆」，唐玄宗御注曰：「葬事大，故卜之。」此注是說，喪葬事關重大，所以通過占卜慎重地選擇理想的陵墓。具體來說，誠如孔安國所言：「恐其下有伏石、湧水泉，復為市朝之地，故卜之也。」此話是說，惟恐墳塋地下暗伏礫石而影響地氣，或間歇湧水的泉眼有損棺木，以及曾為爭名逐利的市集之地，所以為之占卜。

通過占卜為亡故的尊親選取陰宅陵園為前提條件，其目的則為「安厝之」。不過，有的版本亦作「安措之」。此「安」為形容詞意動用法，表示主觀上認為後面的賓語「厝之」所代表亡故的尊親，具有此形容詞所代表的狀態。或者說，即以「厝之」的方式，使尊親得以安息。其後「厝」為名詞使動用法，即由其本指房宅這一名詞，經引申表示停放靈柩待葬或淺埋以待正式安葬的地方；後者代詞「之」，代指亡故的尊親。

基於上述，此句釋義是說：入殮、起靈和下葬時捶胸頓足地失聲嚎啕，安葬後逐漸由痛哭而啜泣，是以悲哀之情為亡故的尊親送葬；尚且以占卜方式擇取陰宅陵園而使其入土為安。

（三）「為之宗廟，以鬼享之；春秋祭祀，以時思之」句詮解

此兩段文句，前者是以「為……以……」為句型構成的目的關係複句，後者是採用「以」為關聯詞構成的目的複句。

1、「為之宗廟，以鬼享之」句釋析

此句為目的複句。前分句表示一種行為，後分句表示該行為的目的。

（1）「為之宗廟」句讀解

此句「為之宗廟」，屬於雙賓語結構：間接賓語為代詞「之」，代指亡故的尊親；直接賓語為名詞「宗廟」。此「宗」為動詞，表示「尊崇」；而「廟」，因亡父尊稱「禰」（音「你」），遂尊稱「禰廟」，亦稱「父廟」，或稱「考廟」。簡言之，此「為之宗廟」句是指：為先考建立令人尊崇的禰廟。

所謂「立廟」，據《穀梁傳・僖公十五年》載：「因此以見天子至於士皆有廟。天子七廟，諸侯五，大夫三，士二。」是指自天子至士皆立有宗廟：天子有七所廟，諸侯有五所，大夫有三所，士有兩所。范寧《集解》引《禮記・祭法》稱，「王立七廟，曰考廟、王考廟、皇考廟、顯考廟、祖考廟，有二祧，遠廟為祧」，諸侯之廟為「考廟、王考廟、皇考廟、顯考廟、祖考廟」，大夫之廟為「考廟、王考廟、皇考廟」，士之廟為「考廟、王考廟」。另外，「官師一

廟，曰考廟。庶人無廟」。

(2)「以鬼享之」句釋解

此後句「以鬼享之」，似曾相似。前面講「孝治章第八」，就全面闡釋過「祭則鬼享之」。由此前後兩句的相互轉注，可見此句「以鬼享之」，是指將亡靈迎回考廟，以人鬼之禮致祭，使先考得以享祀。

試看《禮記‧問喪》所載：「祭之宗廟，以鬼饗之，徼幸復反也。」申述之，守喪之子待三年期滿，將先考安葬在陵園之後，再行迎回其魂靈而入考廟致祭。那麼，此以酒食使父考歆享的祭饗，企求嚴父以其魂靈的復歸，從而成為考廟享祀的人鬼。基於此，所謂「鬼者，歸也」，祇有父考的魂靈經招魂迎回考廟歆享祭饗，纔以此復歸稱作「人鬼」，

當斯時也，除喪之子以酒食致祭，以此告慰父考復歸之人鬼，於心方安。所以，為父考立廟後的祭饗，由此心神方感受到這份寧靜與慰藉，因而亦稱作「虞祭」。

2、「春秋祭祀，以時思之」的解析

此句是用「以」為關聯詞構成的目的複句。

(1)「春秋祭祀」句訓解

此句「春秋祭祀」，是指春夏秋冬四時的祭祀。記得前面講《感應章》第十六時，曾作過深入的探討。

鄭玄就前文《感应章第十六》「宗廟致敬」句注解道：「設宗廟，四時齊戒以祭之，不忘其親。」詳述之，是指古人在春夏秋冬四季每季的首月，向祖先祭獻剛收穫的農作物。據《禮記‧王制》載：

「天子諸侯宗廟之祭，春曰礿，夏曰禘，秋曰嘗，冬曰烝。」具體來說，首先春薦韭，即孟春正月，向祖先薦獻剛割的頭茬韭菜；其次夏薦麥，即孟夏四月，向祖先薦獻剛收的新麥；再次秋薦黍，即孟秋七月，讓祖先品嘗新收穫的黍稷；最後冬薦稻，即孟冬十月，將新稻蒸熟的米飯進獻給祖先神靈。

(2) 「以時思之」句剖解

至於「以時思之」，鄭玄為之注曰：「四時變易，物有成孰，將欲食之，故薦先祖，念之若生，不忘親也。」其注是說，春夏秋冬四時流變更易，農作物遇有成熟，將要食用，所以薦獻先祖，追念其生前教誨而音容宛在，不忘至親的養育之情。

末句「以時思之」，言辭簡約而意蘊豐厚。先就前者「以時」來看，它不止表示「應時」含義，還寓意「及時」、「不時」、「時時」多重意蘊；再就後者「思之」來講，表現了「追思亡故先考」的含義。申言之，一者，指祭品時令，即以應時的菜蔬和稻穀；二者，指祭祀時間，即四季首月，及時向先考薦獻；三者，指祭祀時態，或祭祀前預備祭品時，不時對父考那份深切的思念，或祭祀中薦獻祭品時，時時思念嚴父的養育之恩；或祭祀後隨時追念其生前的諄諄教誨。

尤為需要明示的是，「春秋祭祀」的旨歸，是將對於先考之追思，化作勤政愛民之德行。只有這樣，也只有這樣，才能「慎終追遠，民德歸厚矣」。不過，曾子所言「民德歸厚」，既非歷代學者所誤解的「民心歸向淳厚」，亦非當下民間所曲解的「使百姓日趨忠厚老實」，而是為天下生民謀福祉的功德，日趨歸向博厚。否則，「君

496

子以厚德載物」則無從談起。

總之，此句「為之宗廟，以鬼享之；春秋祭祀，以時思之」，其意是說：為先考設立禰廟，將其亡靈迎回後，以人鬼的禮儀致祭而得以享祀。春夏秋冬這四時的祭祀，以應時的菜蔬和稻穀及時地薦獻，表達內心那份深切的思念，追思先考生前的諄諄教誨。

五、結篇經典文句

生事愛敬，死事哀慼。生民之本盡矣，死生之義備矣，孝子之事親終矣。

一部經典如何收筆，關鍵在於能否在書盡其言，言達其意。本章篇末收筆這段結語，亦即《孝經》這部經典的結尾，係孔子最終以簡潔凝練的語言，對儒家孝治文化所作的高度概括和精闢總結。

（一）「生事愛敬，死事哀慼」句釋解

本章篇末以此「生事愛敬，死事哀慼」寥寥八個字，極盡孝子對尊親生前死後所盡孝道的總體概括。言簡意賅，明白曉暢，可謂「言有盡而意無窮」。

句首「生」與「死」，意即尊親「生前」和「死後」；其後「事愛敬」與「事哀慼」，分別為動補結構，即「事之以愛敬」和「事之以哀慼」的縮寫形式。其謂語動詞「事」，可與子夏在《論語·學而》中闡述的「事父母能竭其力」相印證，表示生前的「事奉」與死後的「奉事」之意。那麼，按現代漢語語法規則，此二句語序大致

497

為：生前以愛敬來事奉，死後以哀感來奉事。

對此經典文句，邢昺所作之疏詮釋道：「言親生則孝子事之，盡其愛敬；親死則孝子事之，盡其哀感。」邢氏此疏，其釋義當為：此言是說，尊親生前，孝子竭盡自己的親愛恭敬之心來事奉；尊親死後，孝子竭盡自己的哀慟悲感之情來奉事。邢氏此說，自不乏其灼見。

本諸上述，此「生事愛敬，死事哀感」句，其釋義當為：尊親生前的事奉，應竭盡親愛之孝心與恭敬之孝行；尊親死後的奉事，當竭盡哀痛之悲傷與感憂之悲情。

（二）「生民之本盡矣，死生之義備矣，孝子之事親終矣」句訓解

從句法結構來看，本句是個先分說、後總說的解說性複句。孔子此番言論，可謂點睛之筆，辭約而義豐，言近而旨遠，足見其「春秋筆法」及「微言大義」。

1、「生民之本盡矣，死生之義備矣」句分析

此先分說部分，是由二並列分句構成。但就全句語法結構而言，主語決非「生民之本」與「死生之義」這兩個偏正式詞組，而是後總說句承後省略的「孝子」。

（1）「生民之本盡矣」句校讀

歷代學者忽視本章末句句法結構的分析，往往將其簡單解讀為並列結構陳述句。況且，古今諸家不知何故，均對首句「生民之本盡矣」視而不見，避而不談。

且看兩漢以來諸家對於此句之注疏，無不避實就虛，繞道而行。鄭玄為之注曰：「無遺纖也。尋繹天經地義，究竟人情也。行畢，孝

498

成。」唐玄宗御注亦釋解為：「備陳死生之義，以盡孝子之情。」可見二家之注，無論鄭注的「尋繹天經地義」，還是唐玄宗注的「備陳死生之義」，皆圍繞次句「死生之義備矣」作文章，而無視首句「生民之本盡矣」。

即使邢昺對此二家所作之疏，仍然與前句「生民之本」無涉。如對鄭注所作之疏：「鄭注云『無遺纖也。尋繹天經地義，究竟人情也。行畢，孝成』者，承上『三才章』云『天之經也，地之義也，民之行也』而總結之。『行畢』，即『民之行』畢也。」又如對唐玄宗御注所作之疏：「云『備陳死生之義，以盡孝子之情』者，言孝子之情無所不盡也。」顯然，邢氏之疏，前者由鄭注「尋繹天經地義」，附會「『三才章』云『天之經也，地之義也，民之行也』」，其觀點正確與否姑且不論，但論說的主旨依然是「死生之義」。如此置「生民之本」於不顧，遑論「無遺纖也」？而後者由唐玄宗之注「備陳死生之義，以盡孝子之情」，僅僅闡述其「言孝子之情無所不盡也」，仍無隻言片語涉獵「生民之本」。豈非咄咄怪事？那麼。從孔傳《古文孝經》至鄭玄《孝經注》，從唐玄宗《御注孝經》至邢昺《孝經正義》，乃至皮錫瑞《孝經鄭注疏》……何以無視首句「生民之本盡矣」面「顧左右而言他」。這一反常現象，頗為令人費解。

再看現當代學者，多將此句「生民」臆斷為名詞，並將詞義等同於「人民」。試看近年來由中華書局出版，由胡平生、陳美蘭譯注，尚且作為「中華經典藏書」之一，而頗具影響的《孝經》，其篇末對此句所作注解，即如是說：

生民之本盡矣：這是說，能夠做好上述事情，人民就算是盡到了根本的責任，盡到了孝道。孔傳：「謂立身之道，盡於孝經之誼也。」生民，人民。本，根本，指孝道。

由此句釋「生民」為「人民」，當知《孝經》問世二千多年來，古今學者曲解「生民之本盡矣」的癥結所在。這一問題的關鍵，並非人們對「生民之本」缺乏足夠的重視，而是對「生民」一詞認知的根本性誤解。因此，倘若確解何謂「生民之本」這一難題，首要的一點，則既要從詞彙學方面厘清「生民」確切的詞性與詞義，又要從語法學方面弄清其在句中充當的句子成份。

(2)「生民」語詞訓讀

本句關鍵詞，為「生民」。歷代學者對首句「生民之本盡矣」由於從無論及，致使「生民」詞義付諸闕如，乃至文句釋義語焉不詳。

從詞彙學角度來看，「生民」的詞性和詞義有三：一是用作偏正式複合名詞，其詞義表示「先民」，如《孟子・公孫丑上》：「自有生民以來，未有孔子也。」二是用作「蒼生黎民」的縮略形式，其詞義表示「具有生存權的民眾」，如張載《橫渠語錄》稱：「為天地立心，為生民立命。」三是用作動賓式複合動詞，其詞義表示「生養民眾」，如《左傳・文公六年》：「生民之道，於是乎在矣。」

鑒於「生民」詞性與詞義的確解，顯然不可等同於偏義複詞「人民」。因為文言文中的「人」，是擁有貴族官爵或失去官爵者，而「民」則為從來與擁有貴族官爵毫不相關的蒼生黎民。如《論語・學而篇》所載：「子曰：『道千乘之國，敬事而信，節用而愛人，使民

以時。』」孔子此段話是說，治理擁有千輛兵車的諸侯國，篤敬事業而不失信義；節制費用而關愛人臣，役使國民而不違農時。

由上述徵引的經典文句不難發現，句中「人」為卿大夫等貴族，而「民」為黎民蒼生，二者相對，分屬不同的社會階層。「人」與「民」二詞素並列，而並不意味二者社會地位並列。因為二者社會地位屬於主從關係。即使當代社會，人事部門，從中央人事部，到地方人事廳、人事局的職能，負責服務達官貴人；民政部門，從中央民政部，到地方民政廳、民政局的職能，負責管理平民百姓；二者的主從關係依然如此。更何況，「人民」屬偏義複詞，與「國家」一樣，皆由兩個意義相關的語素組成，祇有前語素「人」具有實在意義，而後語素「民」無非作陪襯而已，無有半點實際意義。

總之，對於「生民」詞性的判定，究竟屬於名詞表示「蒼生黎民」，還是屬於動詞而表示「生養眾民」，只要兼顧上下文句義的關係，顧及《孝經》全篇文義，就不難斷定其屬於後者，即屬於「生養眾民」的動賓短語。

(3)「生民之本盡矣」句辨讀

此句作為先分說後總說複句的分說首句，其句法屬於動賓倒裝句，亦稱賓語前置句。具體來說，此句是將「生民之本」前置動詞「盡」之前。若按現代漢語語法規則，其句序當為：盡生民之本矣。

從漢語語法結構來講，此句承後省略了主語「孝子」。句末動詞「盡」，其字義直譯當為「竭盡」。然而，此「盡」作為謂語，前置的「生民之本」並非其賓語，只是缺失中心詞「責任」的定語。至於

句末所加語氣詞「矣」，當表示完成時態。簡言之，此句經上述辨析，其釋義是說：已盡到以生養民眾為本的責任。

特別需要指明的是，此前分句首句「生民之本」，其句法結構決非簡單的偏正詞組，其句義亦非當代有學者解讀的「人民就算是盡到了根本的責任，盡到了孝道」。確切地說，而是「以生民為本」。換言之，是以蒼生黎民為本，或者說是自天子、諸侯、卿大夫，以及士人所盡孝道之根本。這一點，不僅揭示了「生民之本盡矣」何以列於句首的用心之所在，而且也昭示出此乃「孝子之事親」的先決條件。

回顧首篇「開宗明義章」，孔子首先向曾參提出「先王有至德要道」這一主旨問題，至此收篇方揭開謎底：即本篇居首此句「生民之本盡矣」。那麼，只有這樣，才能「以順天下，民用和睦，上下無怨」；也只有這樣，才能與「天子章」中「而德教加於百姓，刑於四海」這「孝治天下」相契合，才能與「諸侯章」中「而和其民人」這「孝治封國」相吻合。否則，就不能徹悟孔子所言「夫孝，德之本也，教之所由生也」那直指帝王平治天下的玄機。

縱觀古今經典文獻，從《書‧夏書‧五子之歌》所載「民惟邦本，本固邦寧」的告誡，到《詩經‧商頌‧玄鳥》所云「邦畿千里，惟民所止」的箴言；從《春秋穀梁傳》聲稱「民者，君之本也」的思想；到《孟子》所疾呼「民為貴，社稷次之，君為輕」的觀點，從《尸子》所宣揚「天子忘民則滅，諸侯忘民則亡」的理念，直到《史記》所倡言「王者以民人為天」，「得民心者得天下，失民心者失天下」這種種警句……無不體現先王的「聖德要道」，無不貫通孔子所

力主「生民之本」的核心價值，無不折射出中華上下五千年所傳承的民本主義這不滅的政治文明之光。

（4）「死生之義備矣」句解析

此句作為先分說後總說複句的分說次句，與首句「生民之本」對舉。其句法亦為賓語前置句。此即將「死生之義」前置動詞「備」之前。其語序當如上述，即：備死生之義矣。

句末動詞「備」，其字義直譯當為「畢備」或「完備」。然而，此「備」作為謂語，前置的「死生之義」並非其實際賓語，實則是所缺失中心詞「禮制」。此「死生之義備矣」句，大致是說：已畢備「死生之義」的喪葬禮制。

對於此句的解讀，唐玄宗御注則為「備陳死生之義」。這一釋解，雖將「死生之義」視作賓語前置句，尚且復原了應有的語序，豈不知此謂語「備」之後附加一「陳」字，遂使其由動詞表「畢備」的字義，訛變為副詞「備陳」而表示「詳盡」，亦即「詳盡地陳述」。這從語義學角度來看，完全背離此文句固有的字義與詞義。究其所以然，則出在不解「死生之義」的確切語義。

細究「死生之義」的語義，應視作「以死生為義」。然而，孔傳將「死生之義」理解為：「事死事生之誼備於是也。」孔傳此說，意即事奉尊親死後、事奉尊親生前的情誼全在於此。值此，令人困惑不解的是：若按孔傳之說，此句語序何以不是「生死之義」，而是「死生之義」呢？

後世學者對孔傳這一說法，多不認同。鄭玄避其觀點，而注解為

「尋繹天經地義」。「尋繹」，表示「反復探索及推求」；而「天經地義」作為比喻義，不免概念籠統模糊，給人以虛與委蛇之感。邢昺就鄭注所作之疏稱：「承上『三才章』云『天之經也，地之義也，民之行也』。」可見邢說亦給人以牽強附會之感。通過鄭、邢二家之注疏，即可發現：二者既未直接回答究竟何謂「死生之義」這一關鍵問題，亦未從根本上揭開其詞序何以為「死生」而非「生死」這一謎底。如此解讀，不免與「死生之義」固有語義漸行漸遠。

即使現當代學者，對於「死生之義」，非但未有發現諸家誤區之所在，反而依據孔傳之說，進一步譯解成「指父母生前奉養父母，父母死後安葬、祭祀父母的義務」。於是，此句「死生之義」亦被曲解為偏正結構。誰曾料想，這由「死生」到「生死」的顛倒，以及語義的臆斷，已徹底顛覆了孔子此句「死生之義」思想觀點之初衷。那麼，人們不禁要問：此「死生之義」到底作何釋解？

其實，只要回顧一下本章結句的首句「生事愛敬，死事哀慼」，則如邢昺《孝經正義》所言「合結生死之義」，意即合當終結生前與死後所擔當的道義。顯然，為人子對於尊親應盡「天經地義」的孝道，已然闡明。然而，追溯本句「死生之義」，實則出自《禮記·中庸》孔子倡言的「事死如事生，事亡如事存」句。因此，所謂「死生」，無非「事死如生」的縮寫形式而已。

深究此句「死生之義」，顯然是說：以奉事尊親死後的禮儀如同事奉其生前一樣為道義。而這一點，自然彰顯出儒家宣導的「慎終追遠」這一孝道文化。反觀前文，從「卜其宅兆而安厝之」，至「為之

504

宗廟，以鬼享之」，乃至「春秋祭祀，以時思之」，足見「死，葬之以禮，祭之以禮」這喪葬禮制之完備。所以，由此「事死如生」這喪葬禮儀之完備，足以與「死生之義備矣」相印證，並成為其翔實而確切的注腳。

總而言之，此句「死生之義備矣」，大致是說：已畢備奉事先考死後如同生前的喪葬道義。

2. 「孝子之事親終矣」句評析

本句這收筆的一句話，既作為先分說後總說複句的總說部分，對前面分說的情況進行高度概括，又作為篇末結語，對《孝經》這部經典進行全面的總括。

收筆這句話，文句簡約，語言平實，足見其充分建立在前面分說的堅實基礎之上。從首句「生事愛敬，死事哀慼」，所闡明對於尊親生前以愛敬為始與死後以哀慼為終的孝行，到分說句「生民之本盡矣，死生之義備矣」，不僅竭盡「以生民為本」的社會責任，又畢備以「事死如事生」為喪葬道義的崇高義務。

對於以總說為結語的「孝子之事親」，其所「事」之「親」有二：前者已竭盡其以生民為本的責任，所事之親當為「庶民」，即以民為親；而後者從「卜其宅兆而安厝之」，到「為之宗廟，以鬼享之；春秋祭祀，以時思之」，已畢備以「事死如事生」為喪葬禮制的道義，所事之親當為「先考」，或稱作「顯考」。

基於上述，此終篇結句主語「孝子」，其身份雖未著一字，但無論憑其將「生民之本盡矣」那「事民」的孝治之道，還是據其「死生

505

之義備矣」這「事親」的孝道之義，具有這份擔當者不言而喻，實乃帝王的大孝之行。所以，透過這「禮不下庶人」的表象，實質折射出天下盛衰興亡，取決於最高統治者是否秉持以生民為本這一孝治準則。

至於句末「終」字，從「生事愛敬，死事哀感」角度來看，尊親的生命得以善終，孝子的孝行當然稱得上善終。然而，相對「事死如事生，事亡如事存」而言，即便父母至親雙雙亡故，即使守喪三年終止，孝子只要一息尚存，其尊親的祭祀不會終止，其「事民」的孝治之道更不會終結。那麼，只有以這樣孝行來「告終」，才能昭示孔子以民本主義為核心的價值觀，才能彰明儒家以宗法倫理為根基的孝道觀。值此，此「終」尚可解讀為行文至此的告終。

總而言之，此終篇結語經上述訓解，其釋義當為：尊親生前，以親愛與恭敬之心事奉；尊親死後，以哀痛與悲感之情奉事。已盡到以生養民眾為本的責任，已畢備奉事死後如同生前的喪葬道義，孝子以事奉生民為本，以奉事尊親為根的孝道，至此告終。

結語

一部《孝經》，自問世兩千多年來，歷代帝王與名家所作之注疏，可謂汗牛充棟，數不勝數。但由於諸家的視角和立場存在著一定的歷史局限性，遂有意或無意中淡化、掩蓋及曲解了固有的中華傳統文化精華。

縱觀歷代諸家對於《孝經》的誤區，一是孝治文化主旨的偏離，二是孝道受眾主體的迷失，三是孝行思想核心的認知缺位。

首先，從孝治文化主旨偏離的角度來看，透過這部經典孝親、忠君的表象，可窺見其中隱涵著一條以「義」貫穿全文始終的主線，尚且由此構成儒家孝治文化以孝、忠、義三位一體為基礎的的思想理論體系。然而，歷代注家由於思想認識之偏差，著眼於「孝」與「忠」，而無視「義」的存在。豈不知「孝」和「忠」失去「義」的鏈接，則猶如散落的珍珠而明珠暗投，失去應有的光彩。特別需要指出的是，偏離孝治文化主旨的「孝」與「忠」，不免被詬病為「愚忠」和「愚孝」。

其次，從受眾主體迷失的背景來講，歷代注家不明孔子力主的先王「至德要道」所針對的受眾主體為統治者，而並非普羅大眾。其目的非常明確，以宗法倫理之孝道，規範為政者天子的威權，局限執政者諸侯王的霸權，制約輔政者卿大夫的擅權，控制佐政者家士的專權。但是，二千多年來，尤其是近現代以來，其受眾主體從高端滑落至社會底層，完成了由統治者到被統治者這「禮下於庶人」的暗淡轉

身。受眾主體的迷失，遂導致視「孝道以『尊老、敬老、養老、送老』為基本內涵」的迷惑。要而言之，這一受眾主體在「普羅」的路上，由於走得太遠太遠，以致忘記了出發的起點。

最後，從核心思想缺位的層面來論，《孝經》這部經典，無論是首篇「開宗明義章」提出的「民用和睦」，還是終篇「喪親章」結語「生民之本盡矣」，無不體現出「以民為本」的平治理念。

孰料後世注家皆受託名《管子‧小匡》一文影響，遂將戰國後期至兩漢才形成以「士農工商」為四民這種觀念，用以解讀《孝經》中所謂「士」和「庶人」，致使「庶人」同「庶民」相混淆。其中頗具代表性的，可見諸《後漢書‧陳忠傳》所載陳忠所持之觀點：「臣聞之：《孝經》始於事親，終於哀戚，上至天子，下至庶人，尊卑貴賤，其義一也。」更有甚者，由於不解「以民為本」這大孝之行的文化內涵，皆將「人」和「民」訓解為偏義複詞「人民」，由此抹殺了二者分屬統治與被統治兩個不同階級的屬性。

總而言之，《孝經》這部闡發儒家孝治、孝道與孝行的經典，因歷代統治者與學者的曲解或誤解，致使側重闡發其家庭倫理，注重闡釋社會倫理，竟然摒棄其核心價值的政治倫理，致使其中閃爍著民本主義光華而彌足珍貴的文化內涵，悄然湮沒於歷史文化的長河。

目前，中華民族正處在一個重要的歷史發展時期。當代學者亟待以訓詁學、甲骨學、考古學的最新研究成果進一步鉤沉索隱，正本清源，撥亂反正，走出「瞞」和「騙」的歷史沼澤，還孝道以孝忠義三位一體的歷史真相，發掘其「生民之本」的孝行主旨。「輝光日新其

德」，應是實現中華民族文化復興的先決條件。

時不我待，行者無疆。作為炎黃子孫，尚須自昭明德，砥礪前行，以向學喚起內心道德感，以向德激發社會責任感，以向道感召歷史使命感。因為，啟蒙任重道遠，求索未有窮期。

後記

　　題寫後記，不無輕鬆的釋懷之感。然釋懷之餘，心中不由產生諸多感想、感慨與感念，以致不得不訴諸筆端而感言。

　　首先，感想所感者，是飲水思源的深遠感恩。此部近二十八萬字的拙作《〈孝經〉真義鉤沉》的即將付梓，旨在鉤沉孔子所述作的這惟一以「經」稱名的儒家經典久已湮滅的真義。不難想像，倘若沒有孔子這部儒家經典，沒有這位「祖述堯舜，憲章文武」的至聖那深邃的思想，沒有歷代仁人志士捨生忘死的珍藏，沒有諸多鴻儒名家生死相許的注疏，一切文句真義的解密無從談起。進而言之，倘若沒有伏羲這位遠古先哲以「一畫開天」肇啟華夏文明八千年那淵遠流長的一片天，沒有先祖描繪在彩陶所遺存六千年那神奇玄奧的原始文化藝術，沒有先人鐫刻在甲骨那三千年之久博大精深的表意文字，一切語詞本義的揭秘無從談起。

　　其次，感慨所感者，是感慨良多的深刻感動。這部深層闡發儒家孝治的經典論著，重在還原孔子以道義制約統治者專制強權的政治文明光華。可想而知，假設沒有當今大力弘揚優秀傳統文化的開放年代，沒有當代實現中華文化偉大復興之夢的遠大願景，尤其沒有香港心一堂出版社伸出的援手，一切探究傳統經典文化的意願無從談起。

　　最後，感念所感者，是念念不忘的深切感謝。這部論著從主講到整理、從編輯到編審的成書過程，無不滲透著諸多同人殷切關懷與弟子鼎力支持的深情厚誼。可以想見，如果沒有弟子韓東的懇求，並與

劉東輝的共同整理，乃至其他弟子陳金福、袁兆輝、朱麗梅一道參與文稿的編校，以及柳玉峰教授、任聖章、馮立平、陳明傑的協助，如果沒有弟子田雨光、孫連喜、韓東、肖雪白、曾凡、淦方榮的傾力襄助，如果沒有吉林大學文學院馬大勇教授秉筆為之題寫「審讀意見」並作序，如果沒有弟子陳鐵騎封面裝幀設計，以及出版社美編趙學雙女士的總體修訂，如果沒有好友朱泰以其「皈一眼滴」醫治好所患白內障，沒有摯友許純一大夫醫治好所患沉疴，以及弟子「小針刀」李景春大夫、錫伯族「臍罐療法傳人」郝寶玉大夫的悉心療治，如果沒有友人閆鶴廷與未曾謀面的莊圓先生，以及著名慈善家傅廣榮女士的溝通聯絡，一切無從談起。進而論之，如果沒有香港心一堂出版社社長陳劍聰先生的仗義之舉，此書仍難以通過「莫須有」的審察，仍不免胎死腹中，而無法付梓出版。

本諸上述，深深地感恩自古薪盡火傳而一脈相承這中華文明乳汁的哺育與滋養，深切地感動當今志在實現中華文化偉大復興之夢的時代契機，深情地感謝對於本書出版付出心血、汗水與智慧的良師益友，以及給予襄助與贊助的諸多弟子。

作者

初記辛丑歲初（西元2021年2月24日）子夜

終記壬寅仲春（西元2022年2月24日）子夜